Designers' Manual

Designers' Manual

BASISWISSEN FÜR SELBSTÄNDIGE DESIGNER

Herausgegeben von
Wolfgang Maaßen

3. vollständig überarbeitete
und erweiterte Auflage

PYRAMIDE

Designers' Manual

BASISWISSEN FÜR SELBSTÄNDIGE DESIGNER

Herausgegeben von   Wolfgang Maaßen

Mit Beiträgen von   Wolfgang Emmerling, Ria Hinzmann, Dieter Kahl, Reinhard Knobelspies, Ulla Knütel, Margarete May, Christian Sprotte, Regelindis Westphal

Mit Texten der   Künstlersozialkasse, Deutschen Ausgleichsbank

Gestaltung   Regelindis Westphal, Berlin
Druck   druckhaus köthen GmbH

ISBN   3-934482-04-x
©   2003 PYRAMIDE Verlag, Düsseldorf

VORWORT

Designer müssen nicht nur die Instrumentarien der kreativen Gestaltung beherrschen, um in ihrem Beruf Erfolg zu haben. Mindestens genauso wichtig sind elementare Kenntnisse der wirtschaftlichen, steuerlichen und rechtlichen Grundlagen der freiberuflichen Existenz. Designer, die sich nur als Künstler sehen und die kaufmännischen Aspekte ihres Berufs vernachlässigen, werden es sehr schwer haben, sich auf dem freien Markt zu behaupten.

Das Handbuch gibt einen Überblick über die wichtigsten praktischen Fragen, mit denen die selbständigen Grafikdesigner, Industriedesigner, Mode- und Textildesigner ebenso wie diejenigen, die in den neu entstehenden Designberufen im Multimediabereich selbständig arbeiten, in ihrem beruflichen Alltag laufend konfrontiert sind. Es vermittelt insbesondere Berufsanfängern die Basisinformationen, über die sie bei ihrem Einstieg in die berufliche Selbständigkeit verfügen sollten, wenn sie Fehlentscheidungen und unnötige Pannen vermeiden wollen. Aber auch für Designer, die schon einige Jahre selbständig arbeiten, kann das Handbuch als Nachschlagewerk eine wichtige Hilfe sein, um die oft nur rudimentären berufswirtschaftlichen Kenntnisse zu vertiefen oder einzelne Rechts- oder Steuerfragen zu beantworten, die sich manchmal erst lange nach dem Einstieg in den Beruf stellen.

Das Buch wurde für die dritte Auflage vollständig überarbeitet und erweitert. Die Neuauflage berücksichtigt die Euro-Umstellung und die zahlreichen Änderungen, die es in den letzten Jahren im Bereich der Steuern und Sozialversicherungen gegeben hat. Außerdem sind alle wichtigen Reformgesetze des Jahres 2002 eingearbeitet: die Schuldrechtsreform, das neue Urhebervertragsrecht und die Einführung des Gemeinschaftsgeschmacksmusters. Erweitert wurde nicht nur das Kapitel zur Existenzgründung, sondern auch der fünfte Teil des Buches, der sich mit dem Abschluss und der Abwicklung von Verträgen befasst. Er enthält jetzt in dem Abschnitt „Forderungsmanagement", für den Rechtsanwältin Margarete May als neue Autorin gewonnen werden konnte, ausführliche Informationen zur Durchsetzung von Honorarforderungen.

Kritik, Hinweise und Anregungen der Leser sind stets willkommen.

Düsseldorf, im April 2003
Wolfgang Maaßen

INHALTSVERZEICHNIS

1 Existenzgründung

INFORMATIONSQUELLEN	10
FÖRDERPROGRAMME DES BUNDES UND DER LÄNDER	13
EXISTENZGRÜNGUNGSZUSCHUSS FÜR DIE „ICH-AG"	28
CHECKLISTEN ZUR EXISTENZGRÜNDUNG	31
ERFAHRUNGSBERICHT EINES EXISTENZGRÜNDERS	37

2 Akquisition von Designaufträgen

AKQUISITIONSSTRATEGIEN	46
AUFTRAGSAKQUISITION BEI WERBEAGENTUREN	50
PORTFOLIOPRÄSENTATION IM INTERNET	53

3 Formen der Zusammenarbeit

GESELLSCHAFT BÜRGERLICHEN RECHTS	58
PARTNERSCHAFTSGESELLSCHAFT	63
GESELLSCHAFT MIT BESCHRÄNKTER HAFTUNG (GMBH)	68
EUROPÄISCHE WIRTSCHAFTLICHE INTERESSENVEREINIGUNG (EWIV)	72

4 Teilnahme an Designwettbewerben

VERFAHRENSREGELN UND RECHTE DER TEILNEHMER	76
CHECKLISTE ZUR ÜBERPRÜFUNG VON WETTBEWERBSAUSSCHREIBUNGEN	79

5 Abschluss und Abwicklung von Verträgen

GRUNDZÜGE DES VERTRAGSRECHTS	82
TIPPS ZUR AUFTRAGSABWICKLUNG UND VERTRAGSGESTALTUNG	102
FALLBEISPIEL ZUR ABWICKLUNG UND ABRECHNUNG EINES GRAFIKDESIGNAUFTRAGS	108
FORDERUNGSMANAGEMENT	121

6 Urheberrecht

GRUNDLAGEN DES URHEBERRECHTS DER DESIGNER	132
WAHRNEHMUNG VON URHEBERRECHTEN DURCH DIE VG BILD-KUNST	154

7 Geschmacksmusterschutz und andere gewerbliche Schutzrechte

GESCHMACKSMUSTERSCHUTZ	166
SCHUTZ TYPOGRAFISCHER SCHRIFTZEICHEN	175
TECHNISCHE SCHUTZRECHTE (PATENT- UND GEBRAUCHSMUSTERSCHUTZ)	178
KENNZEICHENSCHUTZ	180
ERGÄNZENDER WETTBEWERBSRECHTLICHER LEISTUNGSSCHUTZ	189

8 Kalkulation von Designhonoraren

ENTWICKLUNG DER HONORARBERECHNUNGSSYSTEME IM DESIGNBEREICH	194
INDIVIDUELLE BERECHNUNG VON DESIGNHONORAREN	198

9 Anerkennung als Freiberufler (Künstler)

BEDEUTUNG DER ANERKENNUNG EINER FREIBERUFLICHEN (KÜNSTLERISCHEN) TÄTIGKEIT	124
RECHTSPRECHUNG UND VERWALTUNGSPRAXIS	221
TIPPS ZUR SICHERUNG DER ANERKENNUNG EINER FREIBERUFLICHEN (KÜNSTLERISCHEN) TÄTIGKEIT	239

10 Steuern und Buchführung

EINKOMMENSTEUER	250
GEWERBESTEUER	259
UMSATZSTEUER (MEHRWERTSTEUER)	264
BUCHFÜHRUNG	271
DESIGNER ALS ARBEITGEBER	277

11 Sozialversicherungen

KÜNSTLERSOZIALVERSICHERUNG	286
SOZIALVERSICHERUNG DER EXISTENZGRÜNDER, SCHEINSELBSTÄNDIGEN UND ARBEITNEHMERÄHNLICHEN SELBSTÄNDIGEN	298
GESETZLICHE UNFALLVERSICHERUNG	306

12 Anhang

WICHTIGE ADRESSEN	314
FACHLITERATUR	318
FACHZEITSCHRIFTEN	320
ABKÜRZUNGEN	321
STICHWORTVERZEICHNIS	325
AUTOREN	334

Existenzgründung 1

INFORMATIONSQUELLEN

Wolfgang Maaßen

Das Informationsangebot für Existenzgründer ist inzwischen so umfassend, dass man leicht den Überblick verlieren kann. Außer zahllosen Ratgeberbüchern, die Hilfe bei der Existenzgründung versprechen, gibt es eine Fülle von Internetadressen, die Informationen für Existenzgründer bereitstellen. Wer in dieser Informationsflut nicht untergehen will, sollte sich auf das Wesentliche konzentrieren und gezielt dort recherchieren, wo am ehesten eine seriöse, kompetente und übersichtliche Beratung zu erwarten ist.

1 Nützliche Links im Internet

Das Bundesministerium für Wirtschaft und Arbeit (BMWA) bietet Existenzgründern im Internet eine Reihe von Hilfestellungen an unter:
- www.bmwi.de/Homepage/Existenzgründer

Dort werden Tipps für den Start, Hinweise zu Finanzierungshilfen, Onlineprogramme wie „Business-Planer" und „Existenzgründungsberater", wichtige Adresse für Gründerkontakte sowie weiterführende Links bereitgestellt. Auf der BMWA-Internetseite sind außerdem Informationen über Broschüren des Ministeriums zu finden, die Existenzgründer bei ihren Planungen unterstützen und die kostenlos bestellt werden können.

Eine ausgezeichnete Übersicht über die Webseiten, die für Existenzgründer relevant sind, bietet:
- www.gruendungskatalog.de

In diesem Internet-Suchkatalog, den die Deutsche Ausgleichsbank (DtA) betreut und dessen Aufbau vom Bundesministerium für Wirtschaft und Arbeit gefördert wurde, sind über 10.000 Links sowie Beratungs- und Förderangebote zu finden. Der Katalog ist in verschiedene Rubriken unterteilt, so dass die Informationen zur Gründungsberatung, zur Gründungsfinanzierung oder zu regionalen Fördermaßnahmen für Gründer rasch zu finden sind. Ein „Gründungsmarktplatz" erleichtert die Kontaktaufnahme mit wichtigen Institutionen. In der Rubrik „Gründungstools" kann man Checklisten, Formulare, Publikationen und nützliche Software für Existenzgründer abrufen. Alle Informationen und Links, die in dem Gründungskatalog zu finden sind, werden von der Deutschen Ausgleichsbank sorgfältig geprüft und regelmäßig aktualisiert.

Ein weiteres interessantes Internetangebot ist die „Online Akademie für Existenzgründer", die das Bundesministerium für Wirtschaft und Arbeit gemeinsam mit FOCUS-Online eingerichtet hat:
- www.focus.msn.de/D/DB/DBY/dby.htm

Die Online Akademie bietet umfassende Informationen zu allen Themen, die für Existenzgründer von Bedeutung sind. Die Bandbreite reicht von der Konzeptentwicklung über Marktanalysen und Finanzierungsfragen bis hin zum Krisenmanagement.

2 Individuelle Beratung

Bei der Suche im Internet und beim Lesen von Broschüren und Ratgeberliteratur findet man nicht immer die passenden Antworten zu den Fragen, die sich bei der Existenzgründung insbesondere im Zusammenhang mit der Finanzierung stellen. Eine gezielte individuelle Beratung ist deshalb in vielen Fällen unumgänglich. Sowohl das Bundesministerium für Wirtschaft und Arbeit als auch die Deutsche Ausgleichsbank halten dafür spezielle Beratungsangebote bereit.

Die Auskunftsstelle des Bundesministeriums für Wirtschaft und Arbeit informiert schnell und kostenlos über die Förderprogramme, die es im Bund, in den Ländern und in der Europäischen Union für Existenzgründer sowie für kleine und mittlere Unternehmen gibt. Die BMWA-Förderberatung ist über folgende Kontaktmöglichkeiten erreichbar:
- Telefon: 0 18 88/6 15-76 49/-76 55
- Telefax: 0 18 88/6 15-70 33
- eMail: foerderberatung@bmwa.bund.de

Auch die Deutsche Ausgleichsbank bietet eine telefonische Beratung für Unternehmensgründer und junge Unternehmer an. Beantwortet werden Fragen zu den DtA-Finanzierungshilfen und den Serviceleistungen der Ausgleichsbank. (DtA-Info-Line: 01 80/1-24 24 00)

Wer sich in einem persönlichen Gespräch beraten lassen möchte, kann dazu eines der DtA-Beratungszentren aufsuchen. Dort stehen Finanzierungsexperten zur Verfügung, mit denen man alle Details des Gründungsvorhabens besprechen kann. Wo solche Beratungszentren zu finden sind, ist auf der folgenden Internetseite unter dem Menüpunkt „Beratung > Beratungszentren" zu ermitteln:
- www.dta.de

Eine besondere Form der Beratung bietet das Bundesministerium für Wirtschaft und Arbeit mit dem Computerprogramm „Existenzgrün-

dungsberater". Diese Software wird sowohl für die Online-Anwendung als auch zum Download bereitgestellt unter:
- www.bmwi.de/Homepage/Existenzgründer/Programme.jsp

3 Förderdatenbank

Da die Finanzierung der Existenzgründung in der Regel das entscheidende Problem ist, das der Gründer beim Start in die Selbständigkeit zu bewältigen hat, ist die Förderdatenbank des Bundes eine der wichtigsten Informationsquellen. Mit dieser Datenbank, die über die folgende Website zugänglich ist, gibt das BMWA einen vollständigen und aktuellen Überblick über die Förderprogramme des Bundes, der einzelnen Bundesländer und der Europäischen Union:
- www.bmwi.de/Homepage/Förderdatenbank

Die verschiedenen Finanzierungshilfen werden dort unabhängig von der Förderebene oder dem Fördergeber nach einheitlichen Kriterien und in einer konsistenten Darstellung zusammengefasst. Dabei werden auch die Zusammenhänge zwischen den einzelnen Programmen aufgezeigt, die für eine effiziente Nutzung der staatlichen Förderung von Bedeutung sind.

Die Handhabung der Förderdatenbank ist recht einfach. Am besten klickt man auf der Seite „Förderdatenbank > Förderdatenbanksuche" auf „Standardsuche". Es öffnet sich ein neues Fenster, in dem aus vorgegebenen Listen das Fördergebiet (Bund, EU, einzelne Bundesländer), der Förderbereich (z.B. „Beratung"), der Förderberechtigte (z.B. „Existenzgründer" oder „Freiberufler") und die Förderart (z.B. „Darlehen" oder „Bürgschaft") auszuwählen ist. Wenn man nach der Auswahl die Suche startet, erscheint eine Liste der Förderprogramme, auf die die ausgewählten Förderkriterien zutreffen. Man braucht dann nur noch auf die einzelnen Programme in der Liste zu klicken, um Informationen über die Details des jeweiligen Programms zu erhalten.

FÖRDERPROGRAMME DES BUNDES UND DER LÄNDER

1 Beratungsförderung*

*Textautor:
Wolfgang Maaßen

Wer als Designer bei der Gründung einer selbständigen Existenz Erfolg haben will, braucht das entsprechende Know-how. Ein Existenzgründer kann sich aber in der Regel keine Berater leisten, die ihm die notwendigen Informationen und Kenntnisse vermitteln. Deshalb fördern der Bund und die Länder die fachliche Beratung bei Existenzgründungen und allgemeine Beratungen zu allen wirtschaftlichen, finanziellen und organisatorischen Problemen der Unternehmensführung.

Zuschüsse des Bundes

Gründungsberatung

Der Bund fördert Beratungen, die betriebswirtschaftliche, organisatorische und technische Aspekte der Existenzgründung betreffen und der Erarbeitung eines Gründungskonzepts dienen. Die Beratung soll klären, ob und wie eine beabsichtigte Existenzgründung zur wirtschaftlich tragfähigen Vollexistenz führen kann.

Die Beratungen dürfen nur von anerkannten selbständigen Beratern oder Beratungsunternehmen durchgeführt werden. Inhalt, zeitlicher Ablauf und die wesentlichen Ergebnisse der Beratung sind in einem schriftlichen Beratungsbericht zusammenzufassen.

Nach Abschluss der Beratung und nach Zahlung aller in Rechnung gestellten Beratungskosten kann der Beratene bei einer vom Bundesamt für Wirtschaft und Ausfuhrkontrolle (BAFA) benannten Leitstelle die Gewährung eines Förderzuschusses beantragen. Der Antrag muss auf einem entsprechenden Formblatt erfolgen. Ihm sind der Beratungsbericht und eine Kopie der Rechnung beizufügen. Die Unterlagen müssen der Leitstelle spätestens bis zum 31. Mai des auf die Beratung folgenden Jahres vorliegen.

Die Leitstelle prüft den Antrag und leitet ihn an das Bundesamt für Wirtschaft und Ausfuhrkontrolle weiter, das dann die bewilligte Fördersumme auszahlt. Der Zuschuss beträgt 50 Prozent der Beratungskosten, höchstens jedoch 1.500,00 €.

Aufbauberatung und allgemeine Beratungen

Der Bund fördert auch die Aufbauberatung sowie allgemeine Beratungen. Für die Aufbauberatung kann in einem Zeitraum von zwei Jahren nach der Unternehmensgründung ein Zuschuss beantragt werden. Anfragen und Anträge sind an das Bundesamt für Wirtschaft und Ausfuhrkontrolle zu richten. Erstattet werden 50 Prozent der Beratungskosten, höchstens aber 1.500,00 €.

Wer eine allgemeine Beratung zu betriebswirtschaftlichen, organisatorischen und technischen Problemen der Unternehmensführung oder zu Fragen in Anspruch nehmen will, die mit der Vollendung des Europäischen Binnenmarktes zusammenhängen, kann dafür ebenfalls einen BAFA-Zuschuss beantragen. Der Zuschuss beträgt 40 Prozent der Beratungskosten, höchstens aber 1.500 €.

Antragsformulare

Die Einzelheiten der Förderung sind in einer Richtlinie geregelt. Der Text der Richtlinie und ein Verzeichnis der Leitstellen, bei denen der Förderantrag eingereicht werden kann, ist auf den Antragsformularen abgedruckt. Die Formulare sind über folgende Adresse zu beziehen:
- W. Bertelsmann Verlag & Co. KG
Postfach 10 06 33, 33506 Bielefeld
Telefon: 05 21/9 11 01-0
Telefax: 05 21/9 11 01-79
www.wbv.de
Bestellnummer: Antrag 12 01 006b

Zuschüsse der Länder

Einige Bundesländer fördern die Beratung von Existenzgründern und jungen Unternehmern ebenfalls mit finanziellen Zuschüssen. So gibt es beispielsweise in Nordrhein-Westfalen ein „Beratungsprogramm Wirtschaft", das speziell für Personen konzipiert ist, die ein Unternehmen gründen wollen oder innerhalb eines Zeitraums von zwei Jahren vor der Antragstellung ein Unternehmen gegründet haben. Gefördert wird die Gründungsberatung und die begleitende Beratung (Coaching) von neu gegründeten Unternehmen in den ersten Jahren ihrer Existenz. Weitere Informationen sind dazu auf folgender Internetseite unter dem Menüpunkt „Beratung > Beratungsprogramm Wirtschaft" zu finden:
- www.go.nrw.de

In den anderen Bundesländern kann bei den jeweiligen Wirtschaftsministerien erfragt werden, ob und unter welchen Voraussetzungen das Land eine Gründungsberatung mit Zuschüssen unterstützt. Einfacher und schneller lassen sich diese Informationen allerdings über die Förderdatenbank des Bundes beschaffen, die im Internet unter folgender Adresse zu finden ist:
- www.bmwi.de

Dort wählt man den Menüpunkt „Förderdatenbank > Förderdatenbanksuche" und klickt auf „Standardsuche". Danach ist dann unter „Fördergebiet" das Bundesland zu bestimmen, dessen Förderangebote erkundet werden sollen. Anschließend wählt man unter „Förderbereich" den Listenpunkt „Beratung", unter „Förderberechtigte" entweder „Existenzgründer" oder „Freiberufler" und unter „Förderart" den Listenpunkt „Zuschuss". Nach dem Suchlauf ist sofort zu sehen, ob es in dem ausgewählten Bundesland eine Beratungsförderung gibt und an welche Bedingungen diese Förderung geknüpft ist.

2 Finanzierungshilfen*

*Der Text wurde mit freundlicher Genehmigung der Deutschen Ausgleichsbank im Wesentlichen den Informationsblättern „DtA-Kompakt" entnommen.

Den meisten Jungunternehmern fehlt bei der Existenzgründung das notwendige Startkapital. Um dieses Manko auszugleichen, unterstützen der Bund und die Länder den Schritt in die Selbständigkeit mit Finanzierungshilfen.

Für den Bund bietet die Deutsche Ausgleichsbank (DtA) verschiedene Förderprogramme an, die eine günstige Finanzierung von Existenzgründungen ermöglichen. Die DtA-Programme wurden zu Beginn des Jahres 2003 mit den Förderprogrammen der Kreditanstalt für Wiederaufbau (KfW) unter dem Dach der neuen Mittelstandsbank zusammengeführt. Nach der geplanten Verschmelzung der Deutschen Ausgleichsbank mit der KfW, die bis zum 31. August 2003 erfolgt, werden bestehende Überschneidungen zwischen den DtA- und den KfW-Förderprogrammen bereinigt und die Finanzierungshilfen insgesamt neu strukturiert. Dazu können aktuelle Informationen unter folgender Internetadresse abgerufen werden:
- www.mittelstandsbank.de

Die nachfolgende Übersicht entspricht dem Sachstand per Februar 2003. Vorgestellt werden hier nur die DtA-Förderprogramme, da die Finanzierungshilfen des Bundes in der Regel der wichtigste Baustein beim Aufbau einer freiberuflichen Existenz sind. Über die Förderprogramme der einzelnen Bundesländer, die eine Ergänzung zu den Finanzierungshilfen des Bundes darstellen, informiert die Förderdatenbank des Bundesministeriums für Wirtschaft und Arbeit. Diese Datenbank ist im Internet zu finden unter:
- www.bmwi.de/Homepage/Förderdatenbank

ERP-Eigenkapitalhilfedarlehen

Welches Ziel hat das Darlehen?

Vielen Unternehmern mangelt es an Eigenkapital – vor allem jenen, die es erst noch werden wollen. Der Weg zur Selbständigkeit ist damit oft schon von Anfang an verbaut. Denn kaum eine Bank gibt die benötigten Kredite, wenn nicht genügend Eigenmittel vorhanden sind.

Abhilfe schafft die Deutsche Ausgleichsbank mit der ERP-Eigenkapitalhilfe (EKH) des Bundes. Das EKH-Darlehen wird über eine Hausbank beantragt. Es wird in Form eines zinsgünstigen Darlehens gewährt, hat aber eigenkapitalähnlichen Charakter:

- Sicherheiten sind nicht erforderlich.
- Das Geld steht zehn Jahre in voller Höhe zur Verfügung, erst dann erfolgt eine schrittweise Tilgung.
- In den ersten beiden Jahren fallen derzeit keine Zinsen an.
- Das Darlehen hat Eigenkapitalfunktion, d.h. die Ansprüche der DtA treten im Haftungsfall hinter den Forderungen der anderen Gläubiger zurück.

Wer kann die Eigenkapitalhilfe in Anspruch nehmen?

Das ERP-Eigenkapitalhilfedarlehen ist gedacht für alle natürlichen Personen,
- die eine Vollexistenz anstreben,
- die fachlich und kaufmännisch qualifiziert sind bzw. angemessene Berufserfahrung haben.

Was wird gefördert?

Erstens gewerbliche oder freiberufliche Existenzgründungen: vom Handwerk über Handel, Industrie und Dienstleistungen bis hin zu Steuerberater- und Ingenieurbüros, auch freischaffende Künstler. Der Empfänger kann die Mittel beispielsweise für Bau- und Grundstückskosten, für Maschinen oder die Warenausstattung verwenden. Im Rahmen der Existenzfestigung lassen sich darüber hinaus auch Neuinvestitionen bereits bestehender Unternehmen, deren Geschäftseröffnung in den alten Ländern höchstens zwei, in den neuen Ländern und Berlin in der Regel höchstens vier Jahre zurückliegt, finanzieren. In den neuen Ländern und Berlin kann die Vierjahresfrist überschritten werden, wenn die Investitionen für das Unternehmen eine besondere finanzielle Herausforderung darstellen.

Gefördert wird zweitens der Kauf eines Unternehmens bzw. der Erwerb einer tätigen Beteiligung (mit Geschäftsführungsbefugnis) einschließlich der damit zusammenhängenden Investitionen. Auch hier ist eine Existenzfestigung innerhalb der genannten zwei bzw. vier Jahre möglich.

15 Prozent der gesamten Investitionssumme sollte der Antragsteller aus eigenen Mitteln erbringen. Dieser Betrag wird dann bis zu einer Höhe von maximal 40 Prozent mit Eigenkapitalhilfe aufgestockt. Der absolute Höchstbetrag liegt bei 500.000,00 € pro Person. Für Re-Privatisierungen in den neuen Ländern und Berlin gibt es bis zu 1 Million Euro Förderung aus der ERP-Eigenkapitalhilfe.

Bei bestehenden Betrieben ist in den neuen Ländern und Berlin je nach Haftkapitalausstattung des Unternehmens ein EKH-Anteil von mehr als 40 Prozent der Investitionen möglich.

Welche Voraussetzungen müssen erfüllt sein?

Der Antragsteller darf mit dem Vorhaben noch nicht begonnen haben; bevor rechtlich bindende Verträge geschlossen werden, muss das aktenkundige Finanzierungsgespräch bei der Hausbank stattgefunden haben. Er muss seinen Lebenslauf sowie einen Investitions-, Kosten- und Finanzierungsplan vorlegen, außerdem die Stellungnahme einer unabhängigen, fachlich kompetenten Institution, etwa einer Kammer, eines Wirtschaftsprüfers oder Steuerberaters veranlassen. Außerdem sollte er mindestens 15 Prozent der gesamten Investitionen aus eigener Tasche beisteuern können. Dazu zählen:

- Bargeld und Bankguthaben,
- Sacheinlagen in Form betriebsnotwendiger Güter,
- aktivierungsfähige Eigenleistungen,
- unbesicherte Darlehen von privaten Dritten, auch Banken, die durch eine entsprechende Vereinbarung im Unternehmen eigenkapitalwirksam werden,
- Finanzmittel, die durch zumutbare Beleihungen von Immobilien und anderen Vermögensgegenständen mobilisiert werden.

Ausnahmen sind allerdings möglich bei innovativen Vorhaben, bei Vorhaben in den neuen Bundesländern und Berlin, sofern der Antragsteller aus den neuen Bundesländern stammt, und bei größeren Investitionsvorhaben (> 500.000,00 €). Hier kann eine Förderung auch mit weniger als 15 Prozent Eigenmitteln erfolgen.

Wie läuft der Antragsweg?

Erster Schritt: Zunächst informiert sich der Gründer umfassend über seine Möglichkeiten für eine Existenzgründung und über geeignete Fördermittel. Neben der Deutschen Ausgleichsbank beraten die Handwerks- oder die Industrie- und Handelskammern, Unternehmensberater und Steuerberater, Wirtschaftsprüfer und Fachverbände. Diese erstellen später auch die für EKH benötigte fachliche Stellungnahme. Sie bescheinigt dem Gründer Eignung, einen passenden Standort und ein schlüssiges Gründungskonzept für sein Vorhaben.

FÖRDERPROGRAMME DES BUNDES UND DER LÄNDER

Zweiter Schritt: Jetzt folgt das gut vorbereitete Gespräch mit einer Bank nach freier Wahl, über die der Förderantrag laufen soll. Der Gründer sollte darauf achten, dass die Bank das Gesprächsergebnis auch protokolliert.

Dritter Schritt: Willigt die Hausbank in eine Finanzierung ein, geht der Antrag an die Deutsche Ausgleichsbank. Kommt auch von dort eine Zusage, schließen Hausbank und Antragsteller den Kreditvertrag ab.

Vierter Schritt: Der Gründer setzt nun die vorhandenen eigenen Mittel und anschließend das bewilligte EKH-Darlehen für die Realisierung seines Vorhabens ein. Anschließend erstellt er einen Verwendungsnachweis, in dem er den korrekten Einsatz des Geldes belegt.

ERP-Existenzgründungsdarlehen

Welches Ziel hat das Darlehen?

Junge oder neu gegründete Unternehmen sind finanziell meist nicht auf Rosen gebettet. Umso mehr sind solche Gründer auf eine verlässliche Kalkulationsbasis mit liquiditätsschonenden Krediten angewiesen. Das ERP-Existenzgründungsdarlehen leistet dazu einen wichtigen Beitrag. Es bietet:
- günstige Zinssätze, in der Regel deutlich unter den Marktkonditionen und für zehn Jahre festgeschrieben,
- tilgungsfreie Anlaufzeiten bis zu drei Jahren, in den neuen Ländern und Berlin bis zu fünf Jahren,
- lange Laufzeiten bis zu zehn Jahren, in den neuen Ländern und Berlin bis zu 15 Jahren; bei Bauvorhaben verlängern sich diese Fristen nochmals um jeweils fünf Jahre. Eine vorzeitige Rückzahlung ist im Übrigen jederzeit ohne Mehrkosten möglich.

Wer kommt dafür in Frage?

Antragsberechtigt sind alle Gewerbetreibenden, darüber hinaus auch Freiberufler (ausgenommen Heilberufe).

Was wird gefördert?

Gefördert werden zunächst einmal die Gründung oder der Kauf eines Unternehmens sowie alle damit zusammenhängenden Festigungsinvestitionen innerhalb von drei Jahren. Gefördert werden aber auch der Einstieg in ein anderes Unternehmen durch Übernahme einer Beteiligung (mit Geschäftsführungsbefugnis), ferner Betriebsverlagerungen, die einer Neugründung gleichkommen, auch dann, wenn die selbständige Tätigkeit bereits länger als drei Jahre besteht.

Allerdings sind gewisse Obergrenzen zu beachten: Die genannten Investitionen lassen sich bis zu 50 Prozent in den alten Ländern bzw. 75 Prozent in den neuen Ländern und Berlin über ein ERP-Existenzgründungsdarlehen finanzieren. Die Grenzen der Anteilsfinanzierung sind hierbei einzuhalten. Der absolute Höchstbetrag liegt dabei in den alten Bundesländern bei 500.000,00 €, in den neuen Ländern und Berlin bei 1 Million Euro.

Welche Voraussetzungen müssen erfüllt sein?

Der Antragsteller muss einschlägige fachliche und kaufmännische Qualifikation und Berufserfahrung nachweisen, die Gründung auf Dauer als Haupterwerbsquelle anstreben und seiner Hausbank, über die das Darlehen läuft, entsprechende Sicherheiten stellen.

Welche Möglichkeiten gibt es, wenn die Sicherheiten nicht ausreichen?

Bei Vorhaben in den neuen Bundesländern und in Ost-Berlin kann die Deutsche Ausgleichsbank auf Antrag der Hausbank eine fünfzigprozentige Haftungsfreistellung gewähren. Dies bedeutet, dass die DtA der Hausbank im Fall der Zahlungsunfähigkeit einen Teil des Ausfallbetrages erstattet.

Die Hausbank entscheidet, welche banküblichen Sicherheiten zur Absicherung des Darlehens herangezogen werden. Sie darf aber den nicht haftungsfreigestellten Darlehensteil (50 Prozent) nicht vorrangig absichern. Sollte das geförderte Vorhaben scheitern, übernimmt die DtA 50 Prozent des der Hausbank entstandenen tatsächlichen Ausfalls. Die Haftungsfreistellung ist also kein Sicherheitenersatz, ermöglicht aber bei Sicherheitenengpässen die Finanzierung von erfolgversprechenden Vorhaben, die ohne diese Hilfe nicht umgesetzt werden könnten.

Wie läuft der Antragsweg?

Erster Schritt: Am Anfang steht das gut vorbereitete Gespräch mit der Hausbank.

Zweiter Schritt: Willigt die Hausbank in eine Finanzierung ein, geht der Antrag an die DtA. Kommt auch von dort die Zusage, schließen Hausbank und Antragsteller den Kreditvertrag ab.

Dritter Schritt: Nach der Unterzeichnung kann der Antragsteller das DtA-Darlehen für die vorgesehenen Investitionen einsetzen.

DtA-Existenzgründungsdarlehen

Welches Ziel hat das Darlehen?

Mit den öffentlichen Förderprodukten ERP-Eigenkapitalhilfe und ERP-Existenzgründungsdarlehen lassen sich maximal 75 Prozent der geplanten Investitionen abdecken. Wer als angehender Unternehmer diese Grenze nicht ausschöpft oder eine andere Finanzierungsmöglichkeit in Anspruch nehmen möchte, findet im DtA-Existenzgründungsdarlehen die optimale Ergänzung: Er kann die staatlichen Hilfen damit ebenfalls bis auf 75 Prozent der förderfähigen Ausgaben aufstocken. Schafft er dabei neue Arbeits- und Ausbildungsplätze, sind sogar bis zu 100 Prozent der Investitionssumme finanzierbar. Auch der Arbeitsplatz, den ein Existenzgründer für sich selbst schafft, wird hierbei berücksichtigt.

Wer kommt dafür in Frage?

Antragsberechtigt sind alle Gewerbetreibenden, darüber hinaus auch Freiberufler und Angehörige der Heilberufe.

Was wird gefördert?

Gefördert wird die gewerbliche oder freiberufliche Existenzgründung, auch durch Kauf eines Unternehmens oder tätige Beteiligung (mit Geschäftsführungsbefugnis). Gefördert werden außerdem alle Investitionen, die ein junges Unternehmen bis zu acht Jahre nach Gründung festigen, etwa

- Aufbau von Filialen,
- Erweiterung oder Umstellung des Produkt- und Dienstleistungsangebots,
- Lageraufstockung,
- Standortsicherung,
- Investitionen zur Schaffung von Arbeits- und Ausbildungsplätzen,
- Innovationen,
- Standortverlagerung,
- Qualifizierungs- und Weiterbildungskosten,
- Markterschließungskosten.

Welche Voraussetzungen müssen erfüllt sein?

Die selbständige Tätigkeit muss mittelfristig die Haupterwerbsquelle sein. Der Hausbank, über die das Darlehen läuft, müssen entsprechende Sicherheiten gestellt werden.

Welche Möglichkeiten gibt es, wenn die Sicherheiten nicht ausreichen?

Bei Vorhaben in den neuen Bundesländern und Ost-Berlin kann die DtA der Hausbank auf Antrag eine fünfzigprozentige, für Vorhaben in den alten Bundesländern eine vierzigprozentige Haftungsfreistellung gewähren. Lediglich bei der endfälligen fünfzehnjährigen Laufzeitvariante und der Ausbildungsplatzförderung ist keine Haftungsfreistellung möglich. Alternativ bieten die regionalen Bürgschaftsbanken bis zu achtzigprozentige Ausfallbürgschaften an.

Wie läuft der Antragsweg?

Erster Schritt: Am Anfang steht das gut vorbereitete Gespräch mit der Hausbank.

Zweiter Schritt: Willigt die Hausbank in eine Finanzierung ein, geht der Antrag an die Deutsche Ausgleichsbank. Kommt auch von dort die Zusage, schließen Hausbank und Antragsteller den Kreditvertrag ab.

Dritter Schritt: Nach der Unterzeichnung kann der Antragsteller das DtA-Darlehen für die vorgesehenen Investitionen einsetzen.

DtA-Existenzgründungsdarlehen für Betriebsmittel

Welches Ziel hat das Darlehen?

Mit zusätzlicher Liquidität will die Deutsche Ausgleichsbank wachstumsstarken Unternehmen helfen. Während die herkömmlichen Förderprodukte überwiegend nur Sachinvestitionen finanzieren, lassen sich mit der Betriebsmittelvariante des DtA-Existenzgründungsprogramms immaterielle Investitionen und laufende Kosten finanzieren. Und dies geht auch ohne zusätzliche Sachinvestitionen und unabhängig vom Einsatz weiterer öffentlicher Mittel. Hier ist eine Förderung bis zu 100 Prozent möglich.

Was wird gefördert?

Gefördert wird zusätzlich erforderlicher Betriebsmittelbedarf innerhalb von acht Jahren nach Gründung, z.B. für die
- Vorfinanzierung von Aufträgen,
- Aufstockung des Warenlagers,
- Entwicklung neuer Produkte,
- Einräumung von Zahlungszielen,
- Markterschließung.

Welche Voraussetzungen müssen erfüllt sein?

Die selbständige Tätigkeit muss mittelfristig die Haupterwerbsquelle sein. Der Hausbank, über die das Darlehen läuft, müssen entsprechende Sicherheiten gestellt werden.

Welche Möglichkeiten gibt es, wenn die Sicherheiten nicht ausreichen?

Bei Vorhaben in den neuen Bundesländern und Ost-Berlin kann die DtA der Hausbank auf Antrag eine fünfzigprozentige, für das Vorhaben in den alten Bundesländern eine vierzigprozentige Haftungsfreistellung gewähren. Lediglich bei der Förderung von Ausbildungsplätzen ist keine Haftungsfreistellung möglich.

Wie läuft der Antragsweg?

Erster Schritt: Am Anfang steht das gut vorbereitete Gespräch mit der Hausbank.

Zweiter Schritt: Willigt die Hausbank in eine Finanzierung ein, geht der Antrag an die DtA. Kommt auch von dort die Zusage, schließen Hausbank und Antragsteller den Kreditvertrag ab.

Dritter Schritt: Nach der Unterzeichnung kann der Antragsteller das DtA-Darlehen für die vorgesehenen Investitionen einsetzen.

DtA-StartGeld

Welches Ziel hat das Darlehen?

Gründer mit geringem Finanzierungsbedarf haben vielfach Probleme, die geeignete Finanzierung zu finden. Hierbei kann das DtA-StartGeld Abhilfe schaffen. Die Vorteile:

- Günstige Finanzierungsmöglichkeit aus einem Topf, denn 100 Prozent der Investitions- und der Betriebsmittelaufwendungen können mit diesem Darlehen gefördert werden.
- Auch bei geringen Sicherheiten ist eine Finanzierung möglich.
- Durch ein festes Bearbeitungsentgelt wird ein zusätzlicher Anreiz für die Banken zur Finanzierung kleinerer Vorhaben geschaffen.

Wer kommt dafür in Frage?

DtA-StartGeld erhalten Gründer, die sich im Bereich der gewerblichen Wirtschaft oder als Angehörige der Freien Berufe einschließlich der Heilberufe selbständig machen. Hierbei kann es sich auch zunächst um einen Nebenerwerb handeln. Die Gründung kann in Form der Neuerrichtung oder des Erwerbs eines Betriebes oder durch Übernahme einer tätigen Beteiligung (mit Geschäftsführungsbefugnis) erfolgen.

Was wird gefördert?

Gefördert werden sowohl Sachinvestitionen (z.B. Betriebs- und Geschäftsausstattung, Kosten für Umbau und Renovierung sowie Warenlager) als auch Betriebsmittel.

Welche Voraussetzungen müssen erfüllt sein?

Das Finanzierungsvolumen für Investitionen und Betriebsmittel beläuft sich auf maximal 50.000,00 €. Der Antragsteller darf nicht bereits selbständig sein. Mit dem zu finanzierenden Vorhaben soll bei Antragstellung noch nicht begonnen worden sein. Eine Kombination mit anderen DtA-Produkten ist nicht möglich.

Welche Möglichkeiten gibt es, wenn die Sicherheiten nicht ausreichen?

Auch bei Sicherheitenengpässen ist eine Finanzierung möglich, da die DtA zusammen mit dem Europäischen Investitionsfonds (EIF) obligatorisch eine achtzigprozentige Haftungsfreistellung gewährt. Dies bedeutet, dass die DtA und der EIF der Hausbank im Fall der Zahlungsunfähigkeit einen Teil des Ausfallbetrages erstatten.

Die Hausbank entscheidet, welche banküblichen Sicherheiten zur Absicherung des Darlehens herangezogen werden. Sie darf aber den nicht haftungsfreigestellten Darlehensteil (20 Prozent) nicht vorrangig absichern. Sollte das geförderte Vorhaben scheitern, übernehmen DtA und EIF 80 Prozent des der Hausbank entstandenen tatsächlichen Ausfalls. Die Haftungsfreistellung ist also kein Sicherheitenersatz, ermöglicht aber dennoch bei Sicherheitenengpässen die Finanzierung von erfolgversprechenden Vorhaben, die ohne diese Hilfe nicht umgesetzt werden könnten.

Wie läuft der Antragsweg?

Erster Schritt: Am Anfang steht das gut vorbereitete Gespräch mit der Hausbank.

Zweiter Schritt. Willigt die Hausbank in eine Finanzierung ein, füllt sie mit dem Gründer zusammen den Engagementfragebogen für das DtA-StartGeld aus. Hierin sind Angaben zu den Vermögens- und Einkommensverhältnissen zu machen. Darüber hinaus ist ein Business-Plan erforderlich. Darin erläutert der Antragsteller seine Geschäftsidee, beschreibt den relevanten Markt mit seinen potentiellen Kunden sowie den bereits vorhandenen Wettbewerbern und seinen geplanten Standort. Im Lebenslauf beschreibt der Antragsteller seinen bisherigen beruflichen Werdegang und gibt damit Auskunft über seine Qualifikation. Mit Hilfe einer Umsatz- und Ertragsvorschau sowie eines Liquiditätsplanes stellt er außerdem seine Zukunftsaussichten dar.

Diese Unterlagen werden mit dem vollständig ausgefüllten Antragsvordruck und dem Begleitschreiben der Hausbank an die Deutsche Ausgleichsbank geschickt. Kommt von dort die Zusage, schließen Hausbank und Antragsteller den Kreditvertrag ab.

Dritter Schritt: Nach der Unterzeichnung des Kreditvertrages kann das Darlehen für das Vorhaben eingesetzt werden.

DtA-Mikro-Darlehen

Welches Ziel hat das Darlehen?

Viele Unternehmen fangen klein an. Sie werden zunächst als Nebenerwerb oder aus der Arbeitslosigkeit heraus gegründet. Auch steigt der Anteil an Dienstleistungsunternehmen, die einen geringeren Finanzierungsbedarf haben. Daher hat die DtA speziell für solche „Kleinstgründungen" ein Förderprodukt mit einem schnellen und unbürokratischen Antrags- und Entscheidungsverfahren entwickelt.

Mit diesem Förderprodukt können auch erneute Unternehmensgründungen („Zweite Chance") finanziert werden. Voraussetzung ist, dass Verpflichtungen aus der ersten Gründung das neue Vorhaben nicht belasten.

Wer kommt dafür in Frage?

Antragsberechtigt sind natürliche Personen, insbesondere Arbeitslose, Ausländerinnen und Ausländer (unabhängig von ihrer Staatsangehörigkeit) sowie Immigrantinnen und Immigranten (u.a. Aussiedler, Spätaussiedler), sowie kleine Unternehmen im Bereich der gewerblichen Wirtschaft und der Freien Berufe mit bis zu zehn Beschäftigten.

Was wird gefördert?   Finanziert werden können: eine gewerbliche oder freiberufliche Existenzgründung, Kauf oder Pacht eines Unternehmens sowie die Übernahme einer tätigen Beteiligung. Gefördert wird auch eine anfängliche Nebenerwerbstätigkeit, wenn sie später in einen Haupterwerb mündet. Die Förderung erstreckt sich auch auf eine Festigungsphase von bis zu drei Jahren nach Aufnahme der Selbständigkeit.

Welche Voraussetzungen müssen erfüllt sein?   Bis zu 25.000,00 € können Existenzgründer im Rahmen des DtA-Mikro-Darlehens von der Deutschen Ausgleichsbank erhalten und damit, gegebenenfalls zusammen mit ihren eigenen Mitteln, ihr Vorhaben realisieren. Eine Kombination mit anderen DtA-Produkten ist nicht möglich. Auch bestehende Unternehmen mit maximal zehn Beschäftigten können dieses Angebot für ihre Investitionen während der ersten drei Jahre nach ihrer Gründung nutzen.

Welche Möglichkeiten gibt es, wenn die Sicherheiten nicht ausreichen?   Auch bei Sicherheitsengpässen ist eine Finanzierung möglich, da die Deutsche Ausgleichsbank zusammen mit dem Europäischen Investitionsfonds (EIF) obligatorisch eine achtzigprozentige Haftungsfreistellung gewährt.

Die Hausbank entscheidet, welche banküblichen Sicherheiten – soweit vorhanden – zur Absicherung des Darlehens herangezogen werden. Diese Sicherheiten haften aber dann für den gesamten Darlehensbetrag. Sollte das geförderte Vorhaben scheitern, übernehmen DtA und EIF 80 Prozent des der Hausbank entstandenen tatsächlichen Ausfalls. Die Haftungsfreistellung ist also kein Sicherheitenersatz, ermöglicht aber dennoch bei Sicherheitenengpässen die Finanzierung von erfolgversprechenden Vorhaben, die ohne diese Hilfe nicht umgesetzt werden könnten.

Wie läuft der Antragsweg?   Erster Schritt: Im Gespräch mit der Hausbank wird das Vorhaben vorgestellt. Anhand einer Erläuterung der Geschäftsidee, einer Umsatz- und Ertragsvorschau für die ersten Geschäftsjahre sowie der persönlichen und fachlichen Qualifikation des Gründers entscheidet die Hausbank, ob sie das Vorhaben begleiten möchte. Bei Existenzfestigern sollte zusätzlich aktuelles Zahlenmaterial des Unternehmens eingereicht werden.

Zweiter Schritt: Willigt die Hausbank in eine Finanzierung ein, füllt sie mit dem Gründer den Antrag auf ein Mikro-Darlehen aus. Hierin sind auch Angaben zu den Vermögens- und Einkommensverhältnissen zu machen. Das Antragsformular wird mit dem Begleitschreiben der Hausbank an die Deutsche Ausgleichsbank geschickt.

Dritter Schritt: Kommt von der DtA die Darlehenszusage, schließen Hausbank und Antragsteller einen Kreditvertrag ab. Nach der Unterzeichnung des Vertrages können die Mittel für das Vorhaben eingesetzt werden.

GuW-Finanzierung

Bundes- und Landesförderung aus einer Hand bietet die Deutsche Ausgleichsbank im Rahmen ihrer Gründungs- und Wachstumsfinanzierung (GuW) an. In mehreren Bundesländern können Gründer und Unternehmer auf diese kombinierten Angebote zurückgreifen. Hierbei werden das DtA-Existenzgründungsdarlehen sowie Programme bzw. Programmbestandteile des jeweiligen Landes zusammengefasst. Vorteil: Durch die Kombination bieten sich bessere Fördermöglichkeiten – und das mit nur einem Antrag.

Ein GuW-Darlehen kann bislang in folgenden Bundesländern beantragt werden: Baden-Württemberg, Brandenburg, Hessen, Nordrhein-Westfalen, Saarland, Sachsen, Thüringen. Gefördert werden
- gewerbliche und freiberufliche Existenzgründungen, Unternehmensübernahmen oder eine aktive Beteiligung an einem Unternehmen;
- Wachstumsinvestitionen, die innerhalb der ersten acht Jahre nach Gründung oder Übernahme durchgeführt werden;
- Sprunginvestitionen, d.h. Investitionen, die eine finanzielle Herausforderung darstellen (gilt nicht für Nordrhein-Westfalen).

Mit dem GuW-Darlehen sind bis zu 75 Prozent der förderfähigen Investitionen finanzierbar. Dieser Anteil erhöht sich bei Investitionen zur Schaffung von sozialversicherungspflichtigen Dauerarbeitsplätzen und Ausbildungsplätzen um bis zu 25.000,00 € für jeden zusätzlichen, sozialversicherungspflichtigen Arbeits- bzw. Ausbildungsplatz auf bis zu 100 Prozent. Ohne gleichzeitige Investitionen kann jeder zusätzliche Arbeits- bzw. Ausbildungsplatz mit 25.000,00 € gefördert werden. Betriebsmittel können bis zu 100 Prozent gefördert werden.

Die Bundesländer, die eine Gründungs- und Wachstumsfinanzierung anbieten, verfolgen mit dieser Förderung teilweise unterschiedliche Ziele. Unterschiede zeigen sich auch bei einzelnen Darlehenskonditionen:

Baden-Württemberg

Ziel des Gemeinschaftsprogramms von Bund, Land Baden-Württemberg, L-Bank und DtA ist die Schaffung und Sicherung von wettbewerbsfähigen kleinen und mittleren Unternehmen (KMU) in Baden-Württemberg. Das Land Baden-Württemberg verbilligt Gründungs- und

Festigungsdarlehen in den ersten zehn Laufzeitjahren, sofern die KMU-Definition der Europäischen Union erfüllt wird.

Brandenburg Ziel des Gemeinschaftsprogramms von Bund, Land Brandenburg, Investitionsbank des Landes Brandenburg und DtA ist die Förderung mittelständischer Unternehmer, Freiberufler und Existenzgründer. Brandenburg verbilligt Darlehen für kleine Unternehmen mit weniger als 50 Beschäftigten und maximal 7 Million Euro Jahresumsatz, sofern die Fördermöglichkeiten aus dem ERP-Eigenkapitalhilfe- und dem ERP-Existenzgründungsprogramm ausgeschöpft sind. Die Zinsverbilligung wird für Darlehen bis zu maximal 500.000,00 € gewährt.

Hessen Ziel des Gemeinschaftsprogramms von Bund, Land Hessen, InvestitionsBank Hessen AG (IBH) und der DtA ist es, die Transparenz der Mittelstandsförderung zu erhöhen, die Antragstellung zu vereinfachen und die Kreditentscheidung weiter zu beschleunigen. Das Land verbilligt unter bestimmten Voraussetzungen Darlehen für Festigungsvorhaben sowie Investitionen zur Unterstützung des Strukturwandels und zur Verbesserung der Wettbewerbsfähigkeit von Unternehmen in Hessen. Die Zinsverbilligung gilt für die ersten zehn Jahre der Darlehenslaufzeit.

Nordrhein-Westphalen Ziel des Gemeinschaftsprogramms von Bund, Land Nordrhein-Westfalen, Investitions-Bank NRW und DtA ist die Schaffung und Sicherung von Arbeitsplätzen. Angesprochen werden wettbewerbsfähige kleine und mittlere Unternehmen.

Anders als in den anderen Bundesländern werden Sprunginvestitionen in Nordrhein-Westfalen nicht gefördert. Gefördert werden dagegen Investitionen zur Unterstützung des Strukturwandels und zur Verbesserung der Wettbewerbsfähigkeit sowie besondere Zielgruppen.

Kleine und mittlere Unternehmen der gewerblichen Wirtschaft können für Betriebserweiterungsinvestitionen ab dem dritten Jahr nach Geschäftseröffnung (auch über acht Jahre hinaus) Darlehen erhalten. Der Erwerb eines bestehenden gewerblichen Unternehmens durch Existenzgründer ist ebenfalls förderfähig. Der Höchstbetrag pro Vorhaben beträgt 500.000,00 €.

Eine zusätzliche Zinsverbilligung durch das Land erhalten besondere Zielgruppen: Frauen und erwerbswirtschaftliche Beschäftigungsinitiativen, die die Voraussetzungen für Förderdarlehen aus dem ERP-Eigenkapitalhilfe- und dem ERP-Existenzgründungsprogramm nicht erfüllen.

Saarland   Ziel des Gemeinschaftsprogramms von Bund, Saarland, SIKB und DtA ist es, die Transparenz der Mittelstandsförderung zu erhöhen, die Antragstellung zu vereinfachen und die Kreditentscheidung weiter zu beschleunigen. Das Saarland verbilligt Darlehen für Gründungs- und Festigungsvorhaben sowie Investitionen zur Unterstützung des Strukturwandels und zur Verbesserung der Wettbewerbsfähigkeit von Unternehmen im Saarland. Die Zinsverbilligung gilt für die ersten zehn Jahre der Darlehenslaufzeit.

Sachsen   Ziel des Gemeinschaftsprogramms von Bund, Freistaat Sachsen, Sächsischer AufbauBank (SAB) und DtA ist die Schaffung und Sicherung von Arbeitsplätzen in Sachsen durch Existenzgründer, Unternehmer im Bereich der gewerblichen Wirtschaft und Angehörige freier Berufe. Der Freistaat Sachsen verbilligt Gründungs- und Festigungsdarlehen mit Ausnahme der Sprunginvestitionen in den ersten zehn Laufzeitjahren, sofern die KMU-Definition der Europäischen Union erfüllt wird. Dabei werden vorzugsweise innovative und wachstumsorientierte Vorhaben, insbesondere solche von Existenzgründern, berücksichtigt.

Thüringen   Ziel des Gemeinschaftsprogramms von Bund, Freistaat Thüringen, Thüringer Aufbaubank (TAB) und DtA ist die Schaffung und Sicherung von Arbeitsplätzen in Thüringen durch Unternehmen und Freiberufler. Der Freistaat Thüringen verbilligt Gründungs- und Festigungsdarlehen in den ersten zehn Laufzeitjahren, sofern die KMU-Definition der Europäischen Union erfüllt wird. Existenzgründer, die sich erstmals selbständig machen, erhalten eine zusätzliche Zinsverbilligung.

Wolfgang Maaßen

EXISTENZGRÜNDUNGSZUSCHUSS FÜR DIE „ICH-AG"

Seit dem 1. Januar 2003 haben Arbeitslose, die ihre Arbeitslosigkeit durch Aufnahme einer selbständigen Tätigkeit in der Form der „Ich-AG" beenden, Anspruch auf einen monatlichen Existenzgründungszuschuss. Diese Regelung ist zunächst bis zum 1. Januar 2006 befristet. Danach soll sie nur noch gelten, wenn der Zuschussanspruch vor diesem Tag bestanden hat.

1 _____ „Ich-AG" und „Familien-AG"

Der Begriff „Ich-AG" („Unwort" des Jahres 2002!) hat keine rechtliche, insbesondere keine gesellschaftsrechtliche Bedeutung. Es ist also nicht so, dass derjenige, der den Existenzgründungszuschuss in Anspruch nehmen will, eine Aktiengesellschaft gründen muss. Die Bezeichnung „Ich-AG" soll lediglich verdeutlichen, dass es darum geht, die Beendigung der Arbeitslosigkeit durch Gründung einer selbständigen Existenz zu fördern.

Die „Ich-AG" wird zur „Familien-AG", wenn der Existenzgründer Familienangehörige beschäftigt. Andere Arbeitnehmer darf er nicht beschäftigen, denn sonst verliert er den Anspruch auf den Existenzgründungszuschuss.

2 _____ Anspruchsvoraussetzungen

Den Existenzgründungszuschuss erhalten nur Arbeitslose, die zuvor Arbeitslosengeld, Arbeitslosenhilfe oder eine ähnliche Leistung erhalten haben. Weitere Voraussetzung ist, dass die Arbeitslosigkeit durch die Aufnahme einer selbständigen Tätigkeit beendet wird. Das bedeutet allerdings nicht, dass man den Zuschuss erst von dem Zeitpunkt an erhält, zu dem die selbständige Tätigkeit aufgenommen wird. Auch kurze Phasen der Vorbereitung auf die Selbständigkeit (z.B. die Teilnahme an Existenzgründerseminaren) können mit dem Zuschuss überbrückt werden.

Mit einer Bewilligung des Existenzgründungszuschusses kann nur rechnen, wer nach Aufnahme der selbständigen Tätigkeit ein Arbeitseinkommen von nicht mehr als 25.000,00 € pro Jahr erzielt. Deshalb muss bei der Antragstellung eine Prognose über das voraussichtliche Arbeitseinkommen erstellt werden. Existenzgründer, bei denen von vornherein abzusehen ist, dass ihr Arbeitseinkommen bereits im ersten Jahr der Selbständigkeit die Höchstgrenze von 25.000,00 € übersteigen wird, haben keinen Anspruch auf den Zuschuss.

Der Zuschuss wird längstens für ein Jahr bewilligt und höchstens für einen Zeitraum von insgesamt drei Jahren gezahlt. Er beträgt im ersten Jahr nach Beendigung der Arbeitslosigkeit monatlich 600,00 €, im zweiten Jahr monatlich 360,00 € und im dritten Jahr monatlich 240,00 €. Diese Einnahmen sind steuerfrei (§ 3 Nr. 2 EStG).

Für jedes Bewilligungsjahr muss der Zuschuss neu beantragt und das Vorliegen der Voraussetzungen für eine Zuschusszahlung erneut nachgewiesen werden. Überschreitet das Arbeitseinkommen des Existenzgründers in dem Jahr, für das ein Zuschuss bewilligt wurde, entgegen der ursprünglichen Prognose die Höchstgrenze von 25.000,00 €, so fällt der Zuschuss lediglich für die Zukunft weg. Die für die zurückliegenden zwölf Monate erbrachte Förderung braucht nicht zurückgezahlt zu werden, auch wenn das Überschreiten der Höchstgrenze bereits unterjährig eingetreten ist.

Der Zuschuss ist ausgeschlossen, wenn die Aufnahme der selbständigen Tätigkeit bereits durch ein Überbrückungsgeld des Arbeitsamtes (§ 57 SGB III) gefördert wird. Der Arbeitslose muss sich also entscheiden, ob er für die Existenzgründung das Überbrückungsgeld oder den Existenzgründungszuschuss in Anspruch nehmen will. Ein gleichzeitiger Bezug beider Leistungen ist nicht möglich.

3 ____ Sozialer Schutz der „Ich-AG"

Die Gründer einer „Ich-AG" sind in der gesetzlichen Rentenversicherung versicherungspflichtig. Dazu sind weitere Einzelheiten auf Seite 298 f. nachzulesen.

Die Mitgliedschaft in der gesetzlichen Krankenversicherung ist für Existenzgründer freiwillig und nur bei Vorliegen der entsprechenden Vorbeschäftigungszeiten möglich. Freiwillige Mitglieder in der gesetzlichen Krankenversicherung sind versicherungspflichtig in der Pflegeversicherung. Sie können sich aber davon befreien lassen, wenn sie privat gegen Pflegebedürftigkeit versichert sind.

In den Schutz der Arbeitslosenversicherung sind die Bezieher eines Existenzgründungszuschusses nicht unmittelbar einbezogen. Die Zeit ihrer selbständigen Tätigkeit begründet also – wie bei anderen

Selbständigen auch – keinen Anspruch auf Arbeitslosengeld oder andere beitragsabhängige Leistungen. Allerdings wird der vor der Existenzgründung erreichte Versicherungsschutz in begrenztem Umfang aufrecht erhalten. So kann die Restdauer des Arbeitslosengeldanspruchs in den Fällen, in denen der Gründer scheitert und seine selbständige Tätigkeit einstellt, bis zu vier Jahre nach der Entstehung des Leistungsanspruchs wieder geltend gemacht werden. Bezieher von Arbeitslosenhilfe, die eine selbständige Tätigkeit aufnehmen und dann wieder einstellen, können den Leistungsanspruch bis zu drei Jahre nach dem letzten Bezugstag wieder geltend machen.

4 Zuständige Stelle

Für die Bewilligung des Existenzgründungszuschusses sind die örtlichen Arbeitsämter zuständig. Dort können sich Arbeitslose, die eine „Ich-AG" gründen wollen, auch zu den Einzelheiten der Förderung beraten lassen.

Die Förderung durch den Existenzgründungszuschuss ist unabhängig von den sonstigen Fördermöglichkeiten, die ein Gründer in Anspruch nehmen kann. Wer den Zuschuss erhält, ist also nicht gehindert, die Existenzgründung zusätzlich durch ERP-Darlehen, das DtA-Start-Geld oder andere Finanzierungshilfen fördern zu lassen.

Wolfgang Maaßen

CHECKLISTEN ZUR EXISTENZGRÜNDUNG

1 Gründungskonzept

Die Existenzgründung bedarf sorgfältiger Planung. Deshalb sollte jeder Designer, der sich selbständig machen will, zunächst ein Gründungskonzept entwickeln. Eine schriftliche Ausarbeitung des Konzepts ist dringend zu empfehlen, zumal die Fragen, mit denen sich das Gründungskonzept befasst, auch Thema der Beratungsgespräche und der Gespräche mit den Kreditinstituten sein werden. Der folgende Katalog listet die Fragen auf, die das Gründungskonzept beantworten sollte:

Marktchancen
- Welche Leistungen/Produkte kann ich anbieten?
- Besteht ein Bedarf für mein Leistungs-/Produktangebot?
- Wie groß ist der Markt für ein solches Angebot?
- Wie wird sich die Auftragslage/der Bedarf voraussichtlich entwickeln?
- Welche Kundengruppen will ich ansprechen?

Wettbewerbssituation
- Kenne ich meine Mitbewerber am Markt?
- Kenne ich die Honorare/Preise meiner Mitbewerber?
- Was mache ich besser als meine Konkurrenten?

Standortwahl
- Welchen Anforderungen muss der Standort genügen?
- Kenne ich geeignete Standorte?
- Gibt es genügend Kunden an meinem Standort?
- Wie ist die Verkehrsanbindung meines Standortes?
- Gibt es in der Gemeinde kommunale Einrichtungen (z.B. Gewerbeparks), in die ich mich günstig einmieten kann?

Rentabilitätsvorschau
- Habe ich an alle Kosten gedacht?
- Kann ich mit meinem Unternehmen ausreichende Erträge erzielen?

Finanzierung
- Wie hoch ist der Kapitalbedarf für meine Existenzgründung?
- Wie viel Eigenkapital steht mir zur Verfügung?
- Wie kann ich mir das notwendige Fremdkapital beschaffen?
- Welche öffentlichen Fördermittel kann ich in Anspruch nehmen?

2 — Kostenplan

Jeder Existenzgründer sollte sich eine Übersicht über die laufenden Kosten verschaffen, die monatlich abzudecken sind und die er erst einmal erwirtschaften muss, bevor er in die Gewinnzone kommt. Die folgende Liste enthält die wichtigsten Kostenpositionen, die in einer solchen Übersicht zu berücksichtigen sind:

	Kosten	monatlich
Bereitstellungskosten	Personal	€
	Miete/Pacht	150 €
	Strom/Wasser/Heizung	€
	Gerätemieten/Leasing	€
	Waren- und Materiallager	100 €
	Sonstiges	€
	Zwischensumme 1	250 €
Betriebskosten	KFZ-Unterhaltungskosten	100 €
	Wartung/Reinigung	50 €
	Werbung	200 €
	Versicherungen/Beiträge	€ ?
	Geschäftsreisen	100 €
	Verpackung/Vertrieb	€
	Instandhaltung/Reparatur	€
	Sonstiges	€
	Zwischensumme 2	450 €
Verwaltungskosten	Fortbildung	50 €
	Bücher/Zeitschriften	50 €
	Büromaterialien	30 €
	Telefon/Porto/Fax	50 €
	Beratung	€
	Kontoführung	€
	Sonstiges	€
	Zwischensumme 3	180 €
Kapitaldienst	Zinsen (kurz- und langfristig)	€
	Tilgung	€
	Sonstiges	€
	Zwischensumme 4	€
Private Ausgaben	Einkommensteuer	€ ??
	Kranken-/Künstlersozialvers.	200 €
	Sonstige Versicherungen	40 €
	(z.B. Lebensversicherung)	€
	Private Miete	500 €
	Lebensunterhalt	200 €
	Sonstige private Ausgaben	100 €
	Zwischensumme 5	1140 €
	Gesamtsumme	2020 €

CHECKLISTEN ZUR EXISTENZGRÜNDUNG

3 Notwendige Unterlagen

Für Gespräche mit Beratern und Kreditinstituten und für Anträge auf öffentliche Finanzierungshilfen benötigen Existenzgründer eine Reihe von Unterlagen, die sie rechtzeitig zusammenstellen sollten. Die folgende Checkliste gibt dazu eine Übersicht:

Lebenslauf
- Der Lebenslauf sollte tabellarisch abgefasst sein und sich auf den beruflichen Werdegang konzentrieren.

Fachzeugnisse
- Hierzu gehört insbesondere das Diplom, falls eine Hochschulausbildung absolviert wurde.

Einkommens-/ Vermögensverhältnisse
- Als Nachweis kommen z.B. Steuerbescheide oder Bescheinigungen des Steuerberaters in Betracht.

Gründungskonzept
- Dazu wird auf die Checkliste auf Seite 31 verwiesen.

Finanzplan
- Dieser sollte den konkreten Bedarf an lang- und kurzfristigen Finanzmitteln für Investitionen und laufende Kosten (Betriebsmittel) belegen.

Finanzierungsstruktur
- Es sollte eine Übersicht erstellt werden, aus der zu ersehen ist, zu welchen Anteilen die Betriebsmittel durch Eigenkapital, durch Fremdkapital und durch öffentliche Fördermittel finanziert werden.

Erfolgsplan
- In einer weiteren Übersicht sollten die voraussichtlichen Kosten (dazu Kostenplan auf Seite 32) den erwarteten Umsätzen gegenübergestellt und der mögliche Gewinn ermittelt werden.

Kreditsicherheiten
- Bankkredite müssen abgesichert werden. Deshalb sollte rechtzeitig eine Liste der Vermögensgegenstände und Bürgschaften zusammengestellt werden, die den Banken als Sicherheit angeboten werden können.

4 Wichtige Punkte bei der Inanspruchnahme öffentlicher Fördermittel

Hier werden noch einmal die wichtigsten Punkte aufgelistet, die Sie generell bei der Inanspruchnahme öffentlicher Fördermittel beachten müssen:

- Öffentliche Fördermittel werden nur bewilligt, wenn die Gesamtfinanzierung des Vorhabens gesichert ist.
- Anträge auf öffentliche Fördermittel sind auf den vorgeschrieben Formblättern bei einem Kreditinstitut eigener Wahl (Hausbank) einzureichen.
- Alle Angaben in den Förderanträgen müssen den Tatsachen entsprechen. Anderenfalls droht ein Strafverfahren wegen Subventionsbetrug (§ 264 StGB).
- Mit dem Vorhaben darf erst begonnen werden, wenn der Förderantrag eingereicht ist.
- Es besteht kein Rechtsanspruch auf die Gewährung öffentlicher Fördermittel. Die Fördermittel werden meist aufgrund bestimmter Haushaltsbudgets vergeben. Wenn diese Budgets erschöpft sind, kann ein Existenzgründer auch bei Erfüllung der Fördervoraussetzungen keine Mittel mehr beanspruchen.
- Die öffentlichen Fördermittel müssen für den festgelegten Zweck verwendet werden. Über die zweckentsprechende Verwendung ist ein Nachweis zu führen.
- Öffentliche Zuschüsse zu Investitionen sind wahlweise als Erträge zu versteuern oder von der Abschreibungsbemessungsgrundlage abzusetzen. Der Existenzgründungszuschuss, den das Arbeitsamt zahlt, ist dagegen einkommensteuerfrei (§ 3 Nr. 2 EStG).

5 _____ Meldepflichten, Meldeempfehlungen

Anmeldung beim Finanzamt

Wer eine freiberufliche Tätigkeit als Designer aufnimmt, hat dies dem Finanzamt mitzuteilen. Zuständig ist das Wohnsitz-Finanzamt.

Anmeldung bei der Künstlersozialkasse

Designer gehören in der Regel zu den Künstlern, die nach dem Künstlersozialversicherungsgesetz (KSVG) in der gesetzlichen Kranken- und Rentenversicherung pflichtversichert sind. Sie müssen deshalb die Aufnahme ihrer freiberuflichen (künstlerischen) Tätigkeit der Künstlersozialkasse melden.

Anmeldung bei der Berufsgenossenschaft

Jeder Unternehmer ist kraft Gesetzes Mitglied einer Berufsgenossenschaft. Diese sind die Träger der gesetzlichen Unfallversicherung.

Da es sich bei der gesetzlichen Unfallversicherung um eine Pflichtversicherung handelt, sind selbständige Designer verpflichtet, die Eröffnung ihres Unternehmens der zuständigen Berufsgenossenschaft anzuzeigen. Grafik- und Fotodesigner müssen sich bei der Berufsgenossenschaft Druck und Papierverarbeitung melden. Für die freiberuflichen Industriedesigner ist die Verwaltungs-Berufsgenossenschaft zuständig.

Eine Meldepflicht besteht auch dann, wenn keine Angestellten beschäftigt werden. Allerdings hat die Meldung bei der Verwaltungs-Berufsgenossenschaft für einen Unternehmer, der ohne Angestellte arbeitet, zunächst keine finanziellen Folgen, da bei dieser Berufsgenossenschaft nur Versicherungsbeiträge für die in dem Unternehmen beschäftigten Arbeitnehmer zu zahlen sind. Bei der Berufsgenossenschaft Druck und Papierverarbeitung sind dagegen aufgrund der Satzungsbestimmungen dieses Unfallversicherungsträgers die Unternehmer selbst pflichtversichert, so dass Beiträge im Prinzip auch dann zu zahlen sind, wenn es sich um ein Einmann-Unternehmen handelt.

Neuerdings gibt es für Einmann-Unternehmen bei der Berufsgenossenschaft Druck und Papierverarbeitung die Möglichkeit, die mit der Pflichtversicherung verbundene Beitragslast legal zu umgehen bzw. hinauszuzögern. Wird nämlich ein solches Unternehmen nicht bereits bei der Gründung, sondern erst später angemeldet, kann die Berufsgenossenschaft nach ihrer Satzung für zurückliegende Jahre keine Beiträge mehr berechnen. Der Verzicht auf eine zurückwirkende Beitragserhebung ändert zwar nichts an der grundsätzlichen Unfallversicherungspflicht für Unternehmer, die allein arbeiten. Für Existenzgründer eröffnet sich damit jedoch die Möglichkeit, der Beitragslast durch ein Hinausschieben ihrer Anmeldung zunächst zu entgehen. Wer davon Gebrauch macht, sollte allerdings bedenken, dass er dann unversichert bleibt und für Arbeitsunfälle oder Berufskrankheiten von der Berufsgenossenschaft keine Entschädigung erhält.

Abschluss eines Wahrnehmungsvertrages mit der Verwertungsgesellschaft BILD-KUNST

Es besteht zwar keine Verpflichtung, sich bei der VG BILD-KUNST anzumelden, doch ist eine solche Meldung und der Abschluss eines Wahrnehmungsvertrages jedem Bildautor, insbesondere den Grafikdesignern und Illustratoren, zu empfehlen. Zur Funktion der Verwertungsgesellschaften und zu den Vorteilen, die sich für Designer aus der (kostenlosen) Mitgliedschaft in der VG BILD-KUNST ergeben, wird auf die Erläuterungen im Sechsten Teil (Seite 154 ff.) verwiesen.

Keine Meldung an die Gewerbemeldestelle

Wer eine freiberufliche Tätigkeit als Designer aufnimmt, sollte sich auf keinen Fall an die Gewerbemeldestelle wenden. Die Gewerbemeldestellen sind – wie schon der Name sagt – nur für die Anmeldung von Gewerbebetrieben zuständig. Ein Designer, der freiberuflich arbeitet, übt kein Gewerbe aus. Folglich besteht für ihn auch keine Verpflichtung, die Aufnahme seiner Tätigkeit beim Gewerberegister der Gemeinde anzumelden.

ERFAHRUNGSBERICHT EINES EXISTENZGRÜNDERS

Reinhard Knobelspies

Vorbereitungen

Studio 38 wurde am 1. November 1996 von Yannah Bandilla und mir in Berlin-Mitte gegründet. Die Vorbereitung zu diesem Schritt begann aber eigentlich bereits ein Jahrzehnt vor diesem Termin.

Die ersten Erfahrungen mit der beruflichen Selbständigkeit habe ich direkt nach meinem Abitur 1985 gemacht. Für mich stand fest, dass meine berufliche Zukunft in irgendeiner Form mit kreativer Umsetzung von Werbung oder Design zu tun haben muss. Also bewarb ich mich um ein sechsmonatiges Praktikum in der Zentralabteilung Werbung bei Bosch in Stuttgart. Diese interne Abteilung hatte die zentrale Aufgabe, alle Werbemaßnahmen des Unternehmens in Europa zu koordinieren, zu beauftragen und abzuwickeln. Für mich ergaben sich aus dieser Zeit zwei wichtige Erkenntnisse. Zum einen wurde mir durch die Arbeit dort schnell klar, dass mein Platz nicht der auf der Seite eines werbungstreibenden Unternehmens sein wird, da die kreativen und persönlichen Freiräume dort erheblichen Einschränkungen unterworfen sind. Auf der anderen Seite haben sich die Erfahrungen über interne Entscheidungsstrukturen, Sichtweisen, Marketinginstrumente, Projektabläufe etc. bis heute im Kontakt mit Kunden bezahlt gemacht, da man lernt, seine Arbeit nicht nur unter kreativen Aspekten zu beurteilen, sondern auch unter Berücksichtigung der betriebs- und marktwirtschaftlichen Bedürfnisse des Kunden.

Direkt im Anschluss an die Zeit bei Bosch arbeitete ich als Praktikant in einem grafischen Studio in der Nähe von Stuttgart und lernte dort die Grundlagen von Layout, Montage, Repro und Fotosatz. Auch wenn viele der vor 15 Jahren gebräuchlichen Techniken mittlerweile ausgestorben sind, erweist sich die daraus resultierende handwerkliche Erfahrung auch beim Umgang mit Schrift und Layout am Computer immer noch als hilfreich.

1989 begann ich mein Grafikdesign-Studium an der Hochschule für Bildende Künste, Braunschweig. Wir hatten das Glück, dass man dort (was zu diesem Zeitpunkt noch keine Selbstverständlichkeit war) bereits das enorme Potential in der Entwicklung von DTP-Systemen gesehen hatte. Ein MacPlus war unser erstes Übungsinstrument. Am faszinierendsten war für uns die Vorstellung, einen Gestaltungs- und Produktionsablauf komplett kontrollieren und abwickeln zu können, unabhängig von teuren Repro- und Lithogeräten. Mit der Zeit gingen uns die Projekte an der Hochschule nicht mehr weit genug, und so beschlossen zwei Kommilitonen und ich 1991, eine Firma zu gründen.

Die erste Firma

OKK, Oehlschlager, Knobelspies & Kaese nannte sich die GbR, die wir im dritten Semester auf den Weg gebracht hatten. Das Unternehmen war für uns eher Experiment und Plattform, um Gelerntes in die Praxis umzusetzen, als ein ernstgemeinter Schritt in die berufliche und finanzielle Selbständigkeit. Dennoch wurde diese Entscheidung von Professoren und Studenten mit Argwohn betrachtet, denn dieser Schritt war zu dem Zeitpunkt – anders als heute – noch ziemlich unüblich (um nicht zu sagen arrogant), und nicht wenige hätten uns einen Misserfolg gegönnt. Es kam anders. Innerhalb kürzester Zeit konnten wir mehrere Kunden gewinnen und hatten eine hervorragende Auftragslage. Dies stellte uns aber nach und nach vor ein Problem, auf das wir so nicht vorbereitet waren. Zu den gestalterischen Arbeiten kamen immer mehr organisatorische Arbeiten wie Korrespondenz, Auftragsabwicklung, Buchhaltung, Steuererklärung etc., die auch immer mehr Zeit in Anspruch nahmen, zumal wir in diesen Arbeiten noch nicht auf sonderlich viel Erfahrung zurückgreifen konnten. Dies führte schließlich zu der Frage, wie Ernst es uns war mit unserem ersten Ausflug ins Unternehmertum. Da jeder von uns in dieser Phase noch diverse Pläne und Ziele hatte, die er im Laufe des Studiums erreichen wollte, beschlossen wir daher einvernehmlich, das Experiment Mitte 1993 zu beenden und die Firma aufzulösen. Meine wichtigste Erkenntnis aus dieser Zeit ist, dass man in dieser Phase auch Fehler macht, die man ein zweites Mal so sicher nicht wieder machen wollte. Das Positive daran ist, dass wir diese Erfahrungen zu einem Zeitpunkt gemacht haben, als noch nicht unsere berufliche und finanzielle Existenz daran hing. Dies war im Hinblick auf meine spätere Unternehmensgründung mit Sicherheit die wertvollste und hilfreichste Vorbereitung, und ich kann daher jedem, der sich mit dem Gedanken der beruflichen Selbständigkeit befasst, nur eindringlich dazu raten, diese Möglichkeit der Vorbereitung zu nutzen: learning by doing.

Im Ausland

Während eines Kurztrips Mitte 1993 nach New York besuchte ich dort auch einige Design-Studios. Daraus ergaben sich verschiedene interessante Gespräche und Kontakte, was schließlich dazu führte, dass ich im Anschluss an die GbR-Auflösung ein Angebot hatte, zu DoubleSpace nach Manhattan zu gehen. Zwar war zu Beginn nur ein dreimonatiges Praktikum geplant. Ziemlich schnell machten sich jedoch die Erfahrungen aus unserer ersten Firma bezahlt, und nach Ablauf der Praktikumzeit blieb ich als Mitarbeiter weitere drei Monate, bis mich der Ablauf meines Visums wieder zum Heimflug zwang. Ich hatte zwar noch ein Angebot zu einer Festanstellung mit Arbeitsvisum von DoubleSpace erhalten, aber ich wollte zum einen erst mein Studium in Deutschland beenden und zum zweiten dann auch eher wieder zurück in die Selbständigkeit als in ein Angestelltenverhältnis.

Spätestens nach der Rückkehr aus N.Y. war klar, dass die Episode Braunschweig demnächst abgeschlossen sein müsste, und für mich stellte sich damit die Frage, ob ich wieder zurückgehen sollte in die USA oder ob es noch eine Alternative dazu gab. Die Wahl fiel letztlich auf Berlin, nicht weil das kreative Umfeld bedeutender gewesen wäre als in New York, sondern weil die Atmosphäre des Aufbruches und historischen Wandels erheblich mehr Gestaltungsspielraum bietet als eine vergleichsweise etablierte Szene in anderen Städten. 1995 bin ich schließlich in die neue Hauptstadt umgezogen, und damit began<!-- obscured -->
gentliche Vorbereitung auf die Unternehmensgründung.

Klotzen oder Kleckern?

Die wichtigste und gleichzeitig schwerste Entscheidung war die, wie wir unsere Startposition definieren sollten. Es gab zwei Optionen: entweder fangen wir bescheiden an, halten die monatlichen Belastungen niedrig, arbeiten in weniger repräsentativer Umgebung, verringern dadurch aber eventuell unsere Chancen, mit größeren Kunden in Kontakt zu kommen. Oder wir steigen mit mehr Investitionen, mehr Möglichkeiten in der Kundenakquise, aber auch mit mehr Risiko ein. Wir haben uns für den zweiten Weg entschieden. Nachdem wir in anderen Agenturen bereits für Kunden wie MTV, Philips und West gearbeitet hatten, war es auch unser Ziel, in unserer eigenen Firma mit Kunden aus dem überregionalen Bereich zusammenzuarbeiten.

Insofern spielte auch die Standortfrage für uns eine wichtige Rolle. 1995 bedurfte es noch einiger Phantasie sich vorzustellen, wie manche Ostbezirke sich in absehbarer Zukunft entwickeln würden. Um den Hackeschen Markt herum existierte beispielsweise nur ein Café, keine Einkaufsmöglichkeiten, baufällige Häuser. (Mittlerweile ist dieser Bereich zur attraktivsten Ausgehmeile avanciert und beheimatet zudem den neuen Kern der Berliner Galerieszene). Wir konzentrierten uns bei unserer Suche trotzdem auf dieses Gebiet unweit vom Alexanderplatz und wurden schließlich in einem alten Ballhaus fündig, in dem unter anderem ein traumhaft geschnittener Ballsaal in unrenoviertem Zustand zur Vermietung angeboten wurde.

Die Finanzierung

Parallel dazu wurde unser Gründungsvorhaben in Form eines Business-Plans schriftlich fixiert, einmal zur Einschätzung der eigenen Handlungsspielräume und zum anderen natürlich auch als Entscheidungsgrundlage für Verhandlungen mit unserer zukünftigen Hausbank. Für Designer werden bei deutschen Banken aber keineswegs die roten Teppiche ausgerollt. Wenn man beispielsweise Brancheneinschätzungen der Berliner Volksbank für Grafikdesigner und Werbeagenturen vergleicht, wird auch deutlich, warum. Unter dem Punkt Chancen und Risiken steht: „Eine Existenzgründung als freier Grafik-Designer birgt ein großes Risiko", während „die Chancen für versierte Newcomer auf dem Werbemarkt nicht schlecht stehen".

In der ersten Phase hatten wir mit einer Kreditaufnahme von 50.000,00 DM bei einer Berliner Bank kalkuliert und ein entsprechendes Konzept bei zwei Banken eingereicht. Obwohl die Einnahmen für das erste Jahr bereits durch laufende Aufträge gesichert waren und alle Argumente für eine positive Entwicklung sprachen, lehnten die Banken eine Beteiligung ab (Grund s.o.?!?). Ein staatliches Existenzgründerdarlehen kam ohnehin nicht in Frage, da der abwickelnden Hausbank der Verwaltungsaufwand unter einer Kreditsumme von 100.000,00 DM zu hoch war. Wir haben die Gelder schließlich von Verwandten geliehen. Interessanterweise lagen unsere Umsatzzahlen bereits im zweiten Jahr nach Gründung um 200 Prozent über unseren vorsichtig kalkulierten Zahlen, und mittlerweile schicken die Banken, die unsere Gründung nicht begleiten wollten, ihre Anlageberater vorbei. Das wirft ein bezeichnendes Licht auf die Risikobereitschaft und die Beratungskompetenz der Banken gegenüber Gestaltern.

Aber auch ohne die Notwendigkeit, mit Banken in Verhandlung treten zu müssen, macht ein Business-Plan Sinn, da er eine solide Grundlage für alle weiteren internen finanziellen Entscheidungen und Controlling-Maßnahmen sein kann. Gleichzeitig hilft die Planung, die eigenen finanziellen Spielräume und Möglichkeiten realistischer einzuschätzen.

Die Rechtsform der Partnerschaft

Bis 1995 stand freiberuflich tätigen Designern nur die GbR als Rechtsform offen, zumal wenn sie Leistungen der Künstlersozialkasse in Anspruch nehmen wollten. Seit dem 1. Juli 1995 bietet sich die Partnerschaftsgesellschaft als Alternative an, die in ein paar entscheidenden Punkten Vorteile gegenüber der GbR bietet. Das wichtigste Argument für die Partnerschaft war für uns die Möglichkeit der Haftungsbeschränkung, d.h. Schadensersatzansprüche an die Gesellschaft können bei Vorsatz oder grober Fahrlässigkeit auf den betroffenen Mitgesellschafter beschränkt werden. Da die Partnerschaftsgesellschaft in ein entsprechendes Register beim zuständigen Amtsgericht eingetragen wird, wirkt sie auf viele Kunden außerdem seriöser als eine GbR. Auch im Vergleich zur GmbH bietet die Partnerschaftsgesellschaft einige Vorteile: Im Unterschied zur GmbH benötigt man kein Mindestkapital. Das Gründungsprocedere ist weniger aufwendig. Ein einfacher Vertrag ohne notarielle Beurkundung genügt. Die Partnerschaft unterliegt außerdem nicht der Buchführungs- und Bilanzierungspflicht und ist weder körperschafts- noch gewerbesteuerpflichtig.

Allerdings erwies sich unsere Eintragung ins Partnerschaftsregister doch als umständlicher als gedacht, da Grafikdesigner nicht zu den Katalogberufen gehören, die in der entsprechenden Gesetzesgrundlage ausdrücklich genannt werden (wie z.B. Rechtsanwälte, Steuerberater, Künstler, Schriftsteller, etc.). Das Amtsgericht erwartet daher den Nachweis über die Ausübung einer künstlerischen Tätigkeit. Die Kriterien werden allerdings weniger streng als bei einer Steuerprüfung ausgelegt. Daher reichte ein abgeschlossenes Studium an einer künstlerischen Hochschule in unserem Fall als Nachweis.

Ein erfolgreicher Start

Da die Gesamtmietkosten der Räumlichkeiten von insgesamt immerhin 290 qm unsere damaligen Finanzierungsspielräume natürlich bei weitem überstiegen hätten, beschlossen wir, einen Teil des Studios an zwei Fotografen unterzuvermieten, was für uns den zweifachen Nutzen hatte, dass wir uns die Räume leisten konnten und sich uns zudem die Möglichkeit eröffnete, eigene Fotojobs anzunehmen und selbst zu fotografieren. Ende 1996 war es schließlich soweit. Die Renovierungsmaßnahmen waren abgeschlossen und der „Ballsaal" wurde durch ein variables, semipermanentes Vorhangsystem in zwei Bereiche unterteilt: eine Grafikabteilung und ein Fotostudio.

Unsere Erwartungen wurden bereits in den ersten Monaten unserer Geschäftstätigkeit weit übertroffen. Dies lag zwar zum einen mit Sicherheit in der sorgfältigen Vorbereitung und in der Summe unserer bereits erworbenen Erfahrungen begründet. Aber auch der beste Plan funktioniert nur dann, wenn man die Gelegenheit dazu hat, ihn in die Tat umzusetzen. Deshalb denke ich, dass der entscheidende Grund für unseren erfolgreichen Start darin lag, dass uns in dieser entscheidenden Phase die vielfältigen Kontakte und Geschäftsbeziehungen jedes einzelnen Studiomitgliedes zugute kamen.

Zu den interessantesten Aufgaben gehörte die Entwicklung eines Messeauftritts für ein expandierendes Berliner Softwarehaus, sowie eine Videoproduktion und verschiedene Packagingkonzepte für die in Hamburg ansässige Firma Elida Fabergé. Bezeichnend für unsere Arbeitssituation war, dass wir erst nach einem halben Jahr die Zeit fanden, unsere Visitenkarten zu produzieren.

Das Spektrum der Arbeiten war von Beginn an sehr breit gestreut, was in erster Linie daran lag, dass wir in den ersten zwei Jahren keinerlei aktive Akquise betreiben mussten, sondern die Kunden auf uns zukamen. Dies hatte aber auch zur Folge, dass uns, obwohl wir mittlerweile auch für Kunden wie Levi's, Nike und das Schuhhaus Görtz arbeiteten, kaum einer in der Branche kannte. Deshalb entschlossen wir uns, nachdem wir den Einstieg in die berufliche Selbständigkeit erfolgreich überstanden hatten, durch verstärkte Pressearbeit und Eigenwerbung das Profil von Studio 38 weiter zu schärfen und unsere Kernkompetenzen zu kommunizieren.

Von der Partnerschaft zur GmbH

Ein großer Schritt war für uns die Zusammenarbeit mit dem Kunden Timberland, den wir 1999 nach internationalem Pitch für uns gewinnen konnten und den wir bis heute als Designagentur europaweit betreuen. Das Aufgabenspektrum war breit gefächert und umfasste bald den kompletten Markenauftritt von der Messegestaltung und den Showrooms über Ladeneinrichtung, Point-of-Sale, Displays und Schaufenstergestaltung, Fotoproduktionen, Kataloggestaltungen und Materialien zur Mitarbeiterschulung bis hin zur Produktion und Versandlogistik für den gesamten europäischen Markt.

Dies hatte auch für unsere Struktur weitreichende Folgen. Unsere Mitarbeiterzahl verdoppelte sich schlagartig und entsprechend wuchs unser Raumbedarf. Da traf es sich gut, dass durch die Komplettsanierung unseres Gebäudes Flächen auf unserer Etage frei wurden, die wir mit unserem Studioraum zusammenlegen konnten. Im Zusammenhang mit unserer damaligen Rechtsform einer Partnerschaft ergaben sich daraus aber zwangsläufig Probleme, die schließlich dazu führten, dass wir unsere Firma in eine GmbH umwandelten.

Haftung Die Partnerschaftsgesellschaft bietet zwar einen besseren Haftungsschutz als die GbR, dennoch kann im Haftungsfall auf das Privatvermögen der Gesellschafter zurückgegriffen werden. Dies lässt sich zwar auch bei einer GmbH nicht komplett vermeiden (entgegen der allgemeinen Meinung). Die Möglichkeiten, Privates von Geschäftlichem zu trennen, sind aber bei einer Kapitalgesellschaft im Vergleich zur Personengesellschaft deutlich größer. In Anbetracht unserer sprunghaft gestiegenen Umsätze und laufenden Kosten lag somit der Wechsel zur GmbH nahe.

Investitionszuschüsse Jedes Bundesland hat eigene Richtlinien zur Wirtschaftsförderung von Unternehmen der jeweiligen Region. Diese Fördermaßnahmen sind in der Regel auf bestimmte Branchen und Geschäftszweige, manchmal auch auf bestimmte Rechtsformen beschränkt. Dazu zählen beispielsweise Investitionszuschüsse für die Anschaffung neuer Anlagen, die bestimmten Branchen der gewerblichen Wirtschaft vorbehalten sind – was die Gruppe der Freiberufler, also auch der Partnerschaftsgesellschaften, explizit ausschließt. Ein Argument mehr für die GmbH.

Künstlersozialkasse Ein letztes Argument war der Umstand, dass unsere Mitgliedschaft in der Künstlersozialkasse an Bedingungen geknüpft war, die wir nicht mehr erfüllen konnten. So ist es einer in der KSK versicherten Person nicht gestattet, mehr als eine andere Person zu beschäftigen. Man sollte nun meinen, da wir drei in der KSK versicherte Geschäftsführer waren, dass es auch möglich sein müsste, drei Angestellte zu beschäftigen. Aber die Künstlersozialkasse hat da ihre eigene Logik, nach der die Ein-Personen-Regelung auch für mehrere Versicherte gemeinsam gilt. Absurd wird die Position der KSK bei der Beurteilung von GmbH-Geschäftsführern. Ist deren Tätigkeit mehrheitlich künstlerischer Natur, muss die Gesellschaft dafür Beiträge (Künstlersozialabgabe) bezahlen. Die GmbH-Geschäftsführer haben aber im Gegenzug keinen Anspruch auf Leistungen aus der Kasse.

Magere Zeiten?

Wir schreiben inzwischen das Jahr 2003. Das Studio geht mittlerweile ins siebte erfolgreiche Jahr. Die Branche spürt derzeit allerdings heftigen Gegenwind – unserer Meinung nach nicht ganz ohne eigenes Verschulden. Es ist noch nicht sehr lange her, dass auch die Designbranche im Glauben auf endloses Wachstum mit Fusionen und Akquisitionen auf den Boom reagiert hat.

Wir haben diese Entwicklung von Anfang an sehr skeptisch betrachtet und es vorgezogen, in unserem eigenen Tempo zu wachsen. Derzeit arbeitet im studio 38 ein Team aus 12 festen Mitarbeitern, welches jobspezifisch um weitere freie Mitarbeiter ergänzt wird. Dass wir dadurch den Aufbau von Überkapazitäten vermeiden konnten, kommt uns heute zugute.

Ein weiterer integraler Bestandteil unserer Firmenphilosophie sind Kooperationen mit Netzwerkpartnern, die unser Angebotsspektrum ideal ergänzen und komplettieren. So arbeiten wir unter anderem für unsere Kunden Timberland und BMW Lifestyle eng mit den Architekten Plajer & Franz in Berlin zusammen, die ihr Expertenwissen im Messebau und in der Retailgestaltung einbringen. Für die Kunden bedeutet diese Kooperation eine quasi Full Service Betreuung aus einer Hand, da wir so das komplette vom Kunden gewünschte Aufgabenspektrum zur Betreuung einer internationalen Marke anbieten können.

Ein nicht zu unterschätzender Nebeneffekt ist dabei, dass sich die jeweiligen Kontakte der Partnerunternehmen potenzieren, was sich insbesondere im Neugeschäft bemerkbar macht. Wir sind daher trotz der momentan schwierigen wirtschaftlichen Rahmenbedingungen weiterhin optimistisch, was die positive Entwicklung unserer GmbH betrifft. Wir bleiben weiter der Maxime treu: Engagement und Qualität zahlen sich letzten Endes immer aus.

Akquisition von Designaufträgen 2

AKQUISITIONSSTRATEGIEN

Ria Hinzmann

Ganz egal, ob man es Verkauf oder Akquise nennt: Die meisten Menschen hierzulande fühlen sich unwohl, wenn es darum geht, sich selbst zu vermarkten. Und Aussagen wie die folgende sind nicht gerade selten: „Ich bin Designer – kein Verkäufer." Wunderbar! Nur: Wer soll denn Ihre Arbeit verkaufen, wenn nicht Sie selbst?

In Deutschland ist es leider noch immer so, dass die meisten Verkäufer ihren Job ziemlich ungern tun. Das schlechte Image der Verkäufer ist dafür aber nur ein Grund. Weitaus bedeutender ist die Tatsache, dass die meisten von uns noch immer glauben, Verkaufen sei Klinkenputzen. Vor diesem Hintergrund verwundert es nicht, dass rund 70 Prozent der deutschen Verkäufer lieber ihren Job oder ihre Existenz aufs Spiel setzen als z.B. zum Telefonhörer zu greifen, um einen potentiellen Kunden anzurufen. Diese eher traurige Tatsache bietet jedoch jedem von Ihnen ungeahnte Chancen! Die folgenden praktischen Tipps werden Ihnen helfen, diese Chancen zu nutzen:

Motivation und Disziplin

■ Freiberufler müssen sich heute mehr denn je in der hohen Kunst der Selbstmotivation üben. Sunnyboys und -girls sind natürlich sehr beliebt. Ein kurzer „Durchhänger" ist jedoch noch kein Weltuntergang. Und gelegentliche Melancholie hat nichts mit Depression zu tun. Erlauben Sie sich einfach hin und wieder mal einen kleinen Rückzug. Das erhöht langfristig die Motivation und Disziplin. Beides benötigen Sie, um Ihre Arbeit erfolgreich zu vermarkten. Signalisieren Sie Ihren Kunden, dass Ihnen Ihre Arbeit Spaß macht, und vor allem, dass man sich auf Sie verlassen kann.

Stärken und Schwächen

■ Wo liegen Ihre Stärken und Schwächen? Konzentrieren Sie sich auf Ihre Stärken, denn es ist viel einfacher etwas Positives zu verstärken als ein Schwäche abzubauen.

Zielgruppen

■ Für welche Zielgruppe möchten Sie arbeiten? Grenzen Sie anfangs Ihre Zielgruppe lieber stark ein, um auf einem speziellen Gebiet der oder die „Beste" zu sein. Wenn Sie sich z.B. mehr als Künstler sehen, dann sollten Sie Ihre Kunden nicht unbedingt in der Schwerindustrie oder bei Billigproduktanbietern suchen. Erstellen Sie zunächst eine Positiv- und dann eine Negativliste. Diese Vorgehensweise hat sich bei der Zielgruppendefinition bewährt.

Kundenorientierung | ▪ Unternehmensberater haben festgestellt, dass nur 4 Prozent der deutschen Firmen eine echte Kundenorientierung haben mit der Folge, dass die Kundenzufriedenheit auf einem niedrigen Niveau stagniert. Deshalb sollte Ihr oberstes Ziel „Kundenorientierung" heißen.

Sicht der Kunden | ▪ Haben Sie möglicherweise eine verzerrte Wahrnehmung Ihrer Leistungen? Wie werden Sie von anderen wahrgenommen, insbesondere von Ihren Kunden? Selbstbild und Fremdbild klaffen oft weit auseinander. Wenn Sie an echter Kundenorientierung interessiert sind, sollten Sie den Mut haben, Ihre Kunden und andere Ihnen wichtige Personen um eine Einschätzung zu bitten. Für den Anfang genügt es, wenn Sie das „Fremdbild" bei Ihren Freunden und Bekannten erkunden.

Kundenbeziehung | ▪ Wie denken Sie über Ihre zukünftigen Kunden? Welchen Stellenwert räumen Sie ihnen ein? Wenn Sie z.B. Ihre Kunden nur als Geldquelle sehen oder sie gar gering schätzen, weil sie Ihrer Meinung nach keinen Sinn für gutes Design haben, dann wird das früher oder später negative Auswirkungen auf Ihre Arbeit und somit auf die Kundenbeziehung haben. Sie müssen Ihre Kunden nicht lieben, aber wertschätzen!

Arbeitszeit | ▪ Wie viel Zeit wollen und können Sie in Ihre Arbeit investieren, ohne sich zu verausgaben? Vorsicht vor Selbstüberschätzung! Zeitmanagement ist nur so gut, wie Sie bereit sind, sich Regeln zu unterwerfen.

Erreichbarkeit | ▪ Achten Sie darauf, dass Sie während der üblichen Bürozeiten möglichst persönlich erreichbar sind. Grundsätzlich gilt jedoch: Handy aus bei Terminen mit Kunden! Auch wenn es dank der modernen Kommunikationstechnik möglich ist, auf mehreren Leitungen gleichzeitig zu kommunizieren, sollten Sie damit aber lieber sparsam umgehen. Sie vermitteln Ihrem Gesprächspartner kein gutes Gefühl, wenn Sie ein laufendes Gespräch ständig unterbrechen um festzustellen, wer Sie auf der anderen Leitung oder am Handy sprechen will.

Netzwerke | ▪ Suchen Sie nach geeigneten Netzwerken zur Anknüpfung von Kontakten. Im Internet finden Sie dazu umfangreiche Informationen. Die altbewährte Methode des Umhörens und Fragens ist damit aber nicht out. Denn manchmal sind es die kleinen, aber feinen Treffen, die besonders hilfreich sein können. Und die Klassiker sind immer noch die Berufsverbände – nicht nur Ihre eigenen, sondern vor allem die anderer Berufsgruppen.

AKQUISITIONSSTRATEGIEN

von Synergien • Erhöhen Sie Ihre Attraktivität durch Nutzung von Synergien. Suchen Sie nach Kooperationspartnern. Die Zeit der Einzelkämpfer ist vorbei. Die heutigen Marktanforderungen verlangen immer mehr nach Komplettlösungen.

Imageförderung • Machen Sie mit relativ geringem finanziellen Aufwand auf sich und Ihre Leistungen aufmerksam. Besuchen Sie Ausstellungen, Messen oder Kongresse. Auch die Übernahme eines Sponsorships, das hohen gesellschaftlichen Stellenwert genießt, ist eine wirkungsvolle Marketingmaßnahme. Konkrete Leistung könnte z.B. die Gestaltung einer Imagebroschüre oder eines Geschäftsberichts für eine angesehene Sozial- oder Umweltorganisation sein. Ebenso wirkungsvoll lassen sich Sponsorships in der Kunst- und Kulturszene vermarkten.

Dumpingpreise • Bieten Sie Ihre Leistungen nur dann zu Sonderkonditionen an, wenn Sie sicher sein können, dass weitere Aufträge zu den üblichen Honoraren folgen oder Sie in ein neues Marktsegment eintreten können.

Adressen • Beschaffen Sie sich ausreichende Adressen von Ihrer Zielgruppe mit den dazugehörigen Ansprechpartnern. Dabei können Sie auf Adressverlage zurückgreifen (z.B. agenturen + marken adress, panadress direktmarketing, Schober-Verlag, Hoppenstedt etc.).

Mailings • Direktmailings gelten auch heute noch – trotz „Informationsoverkill" – als sinnvolle Akquisitionsmaßnahme. Vermeiden Sie jedoch mittelmäßige Massenaussendungen. Kleine, aber feine Mailings sind nicht nur erfolgversprechender, sondern geben Ihnen auch die Möglichkeit, die „Follow-up-Telefonate" in einem angemessenen Zeitraum zu erledigen. (Spätestens nach vier Tagen sollten Sie anrufen.)

Selbstpräsentation • Bereiten Sie eine kurze, aber prägnante Selbstpräsentation für den persönlichen Erstkontakt vor. Ihr Angebot mag noch so interessant sein: Wenn Sie den Kunden nicht durch Ihre persönliche Ausstrahlung überzeugen können, haben Sie kaum eine Chance, einen Auftrag zu bekommen.

Aktives Zuhören • Zu Beginn eines jeden Verkaufsgesprächs sollten Sie die Vorgehensweise und den zeitlichen Rahmen klären. Danach ist aktives Zuhören Ihre wichtigste Fähigkeit. Fassen Sie zwischendurch das Gehörte mit eigenen Worten zusammen, um so sicherzustellen, dass Sie alles richtig verstanden haben.

Verlässlichkeit ▪ Auch wenn ein Auftrag noch so verlockend ist: Machen Sie keine Zusagen, die Sie nicht einhalten können.

Pareto-Prinzip ▪ Das Pareto-Prinzip besagt, dass wir 80 Prozent unserer Zeit für 20 Prozent unserer Kunden aufwenden – das gilt natürlich auch umgekehrt. Finden Sie heraus, welche Ihrer Kunden Sie 80 Prozent Ihrer Zeit kosten. Diese Kunden sollten Sie auf eine faire Weise los werden. Das bedeutet für Sie: Setzen Sie Prioritäten!

Bei allem, was Sie tun, sollten Sie nie vergessen, dass alle Verhaltensweisen wirklich zu Ihnen passen müssen. Die besten Tipps nützen nichts, wenn sie stereotyp angewandt werden. Vieles kann man jedoch durch Training positiv verändern. Deshalb sollen Ihnen all diese Anregungen nur als Anstoß für eigenes Handeln dienen. Tun müssen Sie es schon selbst!

AUFTRAGSAKQUISITION BEI WERBEAGENTUREN

Ulla Knütel

Das „Sich-Vorstellen" im Art Buying ist für viele junge Freelancer aller Sparten mit einer gewissen Schwellenangst verbunden. Ob diese Angst berechtigt ist oder nicht, lasse ich hier einmal außer acht. In den vielen Jahren meiner Tätigkeit als Art Buyer habe ich die Zeit für die Besuche von Freelancern immer als die interessanteste empfunden. Auch wenn es für beide Seiten zeitraubend und manchmal unerfreulich ist, sollte das Betrachten von Mappen von großer Wichtigkeit sein.

Um das Unerfreuliche zu vermeiden, das nicht gerade zur Jobvergabe führt, liste ich hier einige Punkte auf, die, wenn sie beachtet werden, die Besuche für beide Seiten effektiver gestalten können.

Der Mensch

Da der Mensch für mich immer im Vordergrund steht und von seiner Arbeit nicht getrennt werden sollte, fange ich damit an:

- Erkundigen Sie sich zuerst telefonisch, ob die Agentur ein Art Buying hat, und erfragen Sie die Namen der Art Buyer (AB) oder welcher Art Director (AD), welches Gestaltungsteam (z.B. Packungsdesign) für Vorstellungen zuständig ist.
- Vereinbaren Sie telefonisch einen Termin und zeigen Sie nicht Ihre Enttäuschung, falls es nicht sofort möglich ist, denn ABs/ADs haben viele Termine wahrzunehmen.
- Sollte Ihnen ein Job dazwischenkommen, sagen Sie die Verabredung rechtzeitig ab und vereinbaren Sie einen neuen Termin.
- Seien Sie nicht gekränkt, wenn das Art Buying auch mal einen Termin absagt. Die Gründe dafür sind immer zwingend und können Ihnen nicht dargelegt werden.
- Falls Sie es für sinnvoll halten, Ihre Arbeit auf CD-ROM oder DVD zu präsentieren, erfragen Sie vorab, ob die Zeit und die Möglichkeit dafür gegeben sind.
- Präsentationen nur durch DVD, CD-ROM oder Internet sind als Vorabinformation interessant. Der persönliche Besuch ist aber immer noch erfolgreicher.
- Bei DVD- und CD-ROM-Präsentationen lenken Überblendungen, Musik, Ausschnitte, zu schneller Wechsel etc. von einer ernsthaften Bildbetrachtung ab, werden häufig als störend empfunden und vermitteln den Eindruck, als sollten qualitative Mängel vertuscht werden.

- Erzählen Sie während des Gesprächs etwas über sich und Ihre Arbeit und versäumen Sie nicht, auf besondere Leistungen hinzuweisen, die andere Freelancer vielleicht nicht bieten können, z.B. Computer und die damit verbundene Schnelligkeit sowie der günstigere Preis, besonders im Bereich der Änderungswünsche. Drucksysteme mit Profiqualität und Farbverbindlichkeit zeigen, dass Sie hoch qualifiziert sind.
- Vermeiden Sie, über komplizierte Jobs zu stöhnen. Das signalisiert nur, dass Sie mit Aufgabenstellungen Schwierigkeiten haben.
- Nörgeln Sie nicht über Art Directoren und Art Buyer anderer Agenturen oder über Agenten.
- Erfragen Sie, ob das Art Buying Arbeitsproben behalten möchte und in welcher Form das gewünscht wird. Sie können Ihre Arbeitsproben auch später nachreichen.
- Gute Eigenwerbung wird vom Art Buying auch an die ADs weitergegeben und führt häufig dazu, dass um die Mappe oder um den persönlichen Besuch gebeten wird.
- Sollten Sie sich durch einen Agenten vertreten lassen, informieren Sie Ihren Repräsentanten ausführlich über alle Ihre technischen Möglichkeiten oder besonderen Vorteile und stellen Sie sich wenigstens einmal persönlich in den Agenturen vor.
- Wiederholen Sie Ihren Besuch nach ca. einem Jahr – aber nur, wenn sich Ihr Arbeitsangebot verändert hat. Art Buyer haben ein sehr gutes visuelles Gedächtnis.
- Bitten Sie um Kritik, auch wenn es unangenehm sein sollte. Sie können dadurch die unterschiedlichsten Meinungen über Ihre Arbeit erfahren. Außerdem wird Ihre Arbeit davon profitieren.
- Demonstrieren Sie Ihr „Künstlertum" nicht durch Ungepflegtheit, Arroganz und Knoblauchgeruch.

Die Mappe

Und nun zu der ewigen Frage, wie die Mappe gefüllt und gestaltet sein sollte. Dazu vorweg: Der Inhalt ist entscheidend.

Welchen Inhalt soll die Mappe haben?

Auftragsarbeit und freie Arbeit sollten gezeigt werden. Die Auftragsarbeit zeigt, ob Sie schon erfolgreich für Agenturen oder Verlage layoutgerecht gearbeitet haben. Die freie Arbeit sagt viel über Sie, die Umsetzung Ihrer Ideen und die Gestaltungsmöglichkeiten ohne Vorgaben einer Agentur. Sollten Sie keine Auftragsarbeit haben, was bei jungen Freelancern verständlich ist, präsentieren Sie Arbeiten, die Ihr ganzes Talent zeigen. Vielseitigkeit ist dabei besonders attraktiv.

- Farbkopien, Cuttings und Proofs, Fotos Ihrer Objekte oder Dummies sind wirkungsvoll. Originalillustrationen und Objekte im Original können Sie selbstverständlich bei einem persönlichen Besuch mitbringen, um die Qualität von Material und Technik noch optimaler zu demonstrieren.
- Auch mit wenigen (mindestens jedoch 10) Arbeiten kann man sich präsentieren.

Wie soll die Mappe selbst aussehen?

- Ein protziges Mappenstyling ist kein Beweis für gute Arbeit. Ebenso sollte der abgegriffene Karton vermieden werden.
- DIN A 4/A 3-Mappen mit Klarsichthüllen oder Laminationen sind am besten zu handhaben und auch für den Anfänger bezahlbar.
- Riesige Metallkoffer oder Lederkoffer sind für die Art Buyer schwer zu tragen und auch beim Versand mit höheren Transportkosten belastet. Ihre Mappe sollte auf keinen Fall ein Ärgernis darstellen.
- Falls Sie einen Repräsentanten haben, empfiehlt es sich trotzdem, über eine zweite Mappe zu verfügen, damit Sie schnell Ihre Arbeiten präsentieren können, falls Ihr Agent gerade auf Reisen ist.

Die Zusammenarbeit mit Werbeagenturen ist faszinierend und nie langweilig. Aber es wird auch viel von Ihnen gefordert. Werbeagenturen verlangen nicht nur die perfekte Realisation ihrer Ideen, sondern auch den souveränen Organisator mit dem optimalen Team. Terminzuverlässigkeit, eine sichere Kalkulation und eine mit allen Belegen gut sortierte Rechnung werden ebenso erwartet.

All das können Sie natürlich nicht bei Ihrem Vorstellungsgespräch dokumentieren, aber ein gewisses Maß an Sicherheit sollten Sie schon ausstrahlen.

Und last – but noch least: Der Ehrliche ist nicht der Dumme.

PORTFOLIOPRÄSENTATION IM INTERNET

Dieter Kahl

Das Internet hat in den letzten Jahren eine immer größere Bedeutung als Kommunikationsmedium erlangt. Es bietet Foto- und Grafikdesignern die Chance einer weltweiten Präsentation ihrer Arbeiten. Diese Erweiterung und Ergänzung der vorhandenen Präsentationsmöglichkeiten hat ihre eigenen technischen und ästhetischen Aspekte.

Darstellungsmöglichkeiten

Für Designer, die eine Präsentation im Internet planen, gibt es prinzipiell folgende Darstellungsmöglichkeiten:

Eigene Internetseiten

Die eigene Internetseite ermöglicht einen individuellen Auftritt mit eigener grafischer Gestaltung, eigener URL-Adresse (z.B. www.meier.de) und eigener eMail-Adresse (z.B. hugo@meier.de). Die Gestaltung wird entweder selbst übernommen oder als externe Leistung vergeben. Durch diese individuellen Möglichkeiten wirken die eigenen Internetseiten als gestalterischer Gesamtauftritt.

Gruppenpräsentation

Designern wird vielfach angeboten, sich gemeinsam mit anderen Designern zu präsentieren. Eigene Arbeiten werden in ein vorgegebenes Layout eingepasst. Die Designer liefern nur die Bilder/Daten. Das macht diese Form der Präsentation unkompliziert, erlaubt aber kaum individuelle Gestaltungsmöglichkeiten.

Ein gutes Beispiel für eine Präsentation von Fotodesignern in einem gemeinsamen Rahmen ist der Auftritt von Christian von Alvensleben auf der Website des BFF (www.bff.de). Dieser Internetauftritt ist sowohl über eine eigene Adresse (www.alvensleben-photography.de) als auch über die BFF-Adresse erreichbar.

Eintragung in eine Adressdatenbank

Wer sich nicht im Rahmen einer Gruppenpräsentation vorstellen, sondern lediglich seinen Namen und seine Adresse im Internet bekannt geben will, kann sich in spezielle Adressdatenbanken eintragen lassen. So ist z.B. unter www.medienhandbuch.de ein kostenloser Datenbankeintrag (auch mit einem Link zur eigenen Homepage) möglich.

Kriterien für die Gestaltung von Internetseiten

Die folgende Checkliste soll in erster Linie eine Hilfestellung bei der Gestaltung eigener Internetseiten geben. Sie kann aber auch zur Überprüfung und Bewertung von Angeboten für eine Gruppenpräsentation verwendet werden.

Speed
- Die drei wichtigsten Punkte für die Gestaltung einer Internetseite sind: Speed, Speed, Speed. Alle Seiten müssen sich schnell aufbauen. Deshalb sollte die Datenmenge nicht zu groß sein (maximal 35 KB pro Seite). Die einzelnen Bilder sollten in einer Auflösung von 72 dpi gezeigt werden.

Layout
- Achten Sie darauf, dass das Layout der einzelnen Seiten klar und übersichtlich bleibt. Weniger ist auch beim Internetdesign mehr (z.B. nerven zu viele Frames). Erleichtern Sie dem Betrachter durch Navigationsleisten die Orientierung. Der logische Aufbau und die Verknüpfung der Seiten dürfen für den Betrachter kein Labyrinth sein.

Browser-Check
- Die Internetpräsentation sollte mit allen Monitorauflösungen, allen gängigen Browsern und allen Betriebssystemen funktionieren. Überprüfen Sie den Empfang der Seiten auf unterschiedlich großen Monitoren und mit verschiedenen Browsern und Betriebssystemen.

Alternativen
- Bei Verwendung spezieller Techniken (Layer/Shockwave/Flash/Quicktime etc.) sollten alternative Seiten ohne diese Techniken angeboten werden.

Validation
- Überprüfen Sie die einzelnen Seiten mit dem Validator des „World Wide Web Consortium" (http://validator.w3.org). Dieser Dienst überprüft innerhalb von Sekunden die HTML-Syntax und erstellt gegebenenfalls eine Fehlerliste.

Schriften
- Definieren Sie die Schriften plattformübergreifend für den PC und den MAC.

Impressum
- Für kommerzielle Seiten besteht seit Anfang 2002 eine Anbieterkennzeichnungspflicht. Wer gegen diese Kennzeichnungspflicht verstößt, muss mit einer wettbewerbsrechtlichen Abmahnung und weiteren unangenehmen Konsequenzen rechnen. Ergänzen Sie deshalb Ihre Internetseiten durch ein Impressum, das ohne großen Aufwand über einen Link erreichbar ist. Beim Anklicken des Link sollten die notwendi-

gen Informationen auf einer statischen Webseite im aktiven Browserfenster oder in einem neuen Browserfenster erscheinen.

Das Impressum muss mindestens folgende Angaben enthalten: Name und Anschrift, eMail-Adresse, Umsatzsteueridentifikationsnummer. Gegebenenfalls ist das Handels- oder Partnerschaftsregister nebst Registernummer bekannt zu geben. Weitere Einzelheiten zur Anbieterkennzeichnung sind u.a. in dem Beck-Rechtsberater „Internet-Recht im Unternehmen" (ISBN 3-423-05686-x) nachzulesen.

Copyright ∎ Bei allen Arbeiten, die Sie im Internet präsentieren, sollten Sie auf das Copyright hinweisen. Sichern Sie Ihre Arbeiten zusätzlich durch ein digitales „Wasserzeichen" (z.B. Digimarc- oder SysCoP-Markierung).

Aktualisierungen ∎ Sie sollten Ihre Internetseiten in kurzen Abständen aktualisieren, um potentielle Interessenten immer wieder anzuziehen.

Anmeldung ∎ Die Internetseiten müssen bekannt gemacht werden. Melden Sie also die Seiten bei allen wichtigen Suchmaschinen an (z.B. google, altavista, lycos, hotbot etc.).

URL ∎ Die eigene Internetadresse ist Teil der Adresse. Sie gehört daher auf alle gedruckten Publikationen, auf die Visitenkarte und auf das Briefpapier.

Links ∎ Die Links auf den Internetseiten müssen stimmen und regelmäßig auf ihre Aktualität überprüft werden.

Erfahrungen mit der eigenen Internetseite

Seit ca. vier Jahren habe ich eigene Internetseiten; zunächst unter der Sub-Adresse meines Providers (www.mein-provider.de/studiokahl) und seit ca. drei Jahren unter einem eigenen Domain-Namen. Der persönliche Ausgangspunkt für mich war die Neugier auf eine neue Technik, gepaart mit technischem Interesse und der Perspektive, meine Arbeiten in einem neuen Medium vorstellen zu können. Inzwischen ist für mich die Gestaltung von Internetauftritten ein zweites Standbein geworden.

Die ersten Seiten erstellte ich mit einem Texteditor und einem einfachen HTML-Programm, dem Netscape-Composer, den es als Zugabe zum Netscape-Communicator gibt. Es entstanden ein paar Seiten, die ich ins Netz stellte. Die URL teilte ich Kunden mit und veröffentlichte sie im BFF-Jahrbuch.

Da ein Großteil meiner Kunden aus dem Elektronik- und Computerbereich stammt, gab es einiges Interesse und verschiedene Anknüpfungspunkte für interessante Gespräche. Ich bekam Anfragen mit dem Tenor „... wir haben Ihre Bilder im BFF-Jahrbuch gesehen und Ihre Internetseite angeschaut ...". Bis heute habe ich noch keinen Auftrag nur über meine Internetseiten erhalten, aber es hat bei einigen Aufträgen wie eine Verstärkung, eine Bestätigung der Kompetenz gewirkt.

Seit den ersten Anfängen habe ich meinen Auftritt mehrfach geändert und verbessert. Ein wichtiger Aspekt für mich ist inzwischen ein „geschlossener Bereich" auf meiner Internetseite (Kunden-Login), der nur über ein Passwort zu betreten ist. Dorthin lade ich aktuelle Arbeiten für den jeweiligen Kunden, die dieser dann unmittelbar betrachten kann.

Mich kosten zur Zeit mein Zugang und meine Internetpräsenz ca. 45,00 € im Monat. Da ich die Seiten selbst gestalte, fallen für mich (außer für Hard- und Software) keine weiteren Kosten an. Allerdings ist der Zeitaufwand für das Erstellen eigener Internetseiten nicht zu unterschätzen.

Beim Vergeben eines Auftrags zur Gestaltung von Internetseiten empfiehlt sich ein genauer Preisvergleich, da die Preise für ähnliche Leistungen stark schwanken.

Jede meiner Internetseiten beinhaltet einen Browser-Check, der Betrachter mit älteren Browsern automatisch auf Seiten umleitet, die für diese ältere Technik darstellbar sind. Dadurch schließe ich keinen Betrachter aus und behalte die Kontrolle über die Darstellung meiner Seiten in verschiedenen Softwareumgebungen. Ohne diesen Browser-Check würden die Seiten auf älterer Software verstümmelt dargestellt.

Inzwischen habe ich in meinen Internetauftritt auch eine Bilddatenbank integriert, die dem Betrachter eine gezielte Suche nach Stichworten ermöglicht. Meine Internetadresse ist selbstverständlich in meine gedruckte Werbung, mein Briefpapier und meine Visitenkarten integriert. Kunden können sich somit, sofern sie Zugang zum Internet haben, schon vor dem Anfordern meiner Mappe einen Eindruck von meinen Arbeiten verschaffen. Ich denke, dass in Zukunft die Präsentation im Internet immer wichtiger werden wird. Gerade in einer Kombination aus eigener Homepage und der Präsenz in übergreifenden Datenbanken mit allen Möglichkeiten des Verweises (Links) auf die eigene Homepage sehe ich für die Zukunft eine gute Chance, sich als Designer im Internet sinnvoll zu präsentieren.

Formen der Zusammenarbeit 3

GESELLSCHAFT BÜRGERLICHEN RECHTS (BGB-GESELLSCHAFT)

Wolfgang Maaßen

Wenn Designer auf Dauer oder auch nur bei der Abwicklung einzelner Aufträge mit anderen Personen oder Unternehmen zusammenarbeiten möchten, bietet die Gesellschaft bürgerlichen Rechts (abgekürzt: GbR oder BGB-Gesellschaft) vielfach die geeignete Rechtsform.

1 Gründungsvoraussetzungen

Für die Gründung einer BGB-Gesellschaft ist kein großer Aufwand erforderlich. Es genügt die formlose Vereinbarung, dass sich die Beteiligten zur Erreichung eines gemeinsamen Zwecks zusammenschließen wollen. Sind sich also zwei Designer darüber einig, dass sie ständig zusammenarbeiten oder einzelne Aufträge gemeinsam ausführen wollen, so haben sie bereits eine Gesellschaft bürgerlichen Rechts gegründet, auch wenn Sie sich dessen überhaupt nicht bewusst sind.

Zwar setzt die Gesellschaftsgründung den Abschluss eines Gesellschaftsvertrages voraus. Der Vertragsabschluss kann aber ohne weiteres mündlich erfolgen. Eine schriftliche Fixierung oder eine notarielle Beurkundung der Vereinbarung, durch die sich die Beteiligten zur Förderung eines gemeinsamen Zwecks verpflichten, ist nicht notwendig. Dennoch ist eine schriftliche Fixierung des Gesellschaftsvertrages dringend zu empfehlen, damit es später nicht zu Streitigkeiten über den Inhalt der getroffenen Vereinbarungen kommt. Nur ein ausführlicher schriftlicher Gesellschaftsvertrag schafft für alle Beteiligten die notwendige Rechtssicherheit und Klarheit. Abgesehen davon verlangt auch das Finanzamt die Vorlage eines schriftlichen Vertrages.

Notwendige Voraussetzung für die Entstehung einer BGB-Gesellschaft ist die wechselseitige Verpflichtung, die Erreichung eines gemeinsamen Zwecks zu fördern (§ 705 BGB). Es spielt keine Rolle, ob es sich dabei um einen wirtschaftlichen oder einen ideellen Zweck handelt. Wesentlich ist nur, dass der Zweck ein gemeinsamer ist und dass die Förderung dieses Zwecks für die Beteiligten verpflichtend ist.

Der gemeinsame Zweck fehlt z.B. in den Fällen, in denen ein Designer einen angestellten oder freien Mitarbeiter bei der Abwicklung eines Auftrags hinzuzieht. Da bei einer solcher Zusammenarbeit keine gemeinsamen Rechte und Pflichten begründet werden und insbesondere keine Beteiligung des Mitarbeiters am Gewinn oder am Vermögenszuwachs vorgesehen ist, sind die Voraussetzungen einer BGB-Gesellschaft nicht erfüllt. Erst wenn alle Beteiligten bei der Erreichung eines bestimmten Ziels an einem Strang ziehen, ist der Zweck ein gemeinsamer.

An der Verpflichtung zur gemeinsamen Zweckverfolgung fehlt es, wenn die Beteiligten offensichtlich keine rechtliche Bindung eingehen wollen. So wird beispielsweise durch die unverbindliche Verabredung, gemeinsam Spaziergänge zu unternehmen oder Sport zu treiben, noch keine Gesellschaft bürgerlichen Rechts gegründet. Anders sieht es dagegen aus, wenn mehrere Designer den gemeinsamen Einkauf ihres Atelierbedarfs vereinbaren, um so günstigere Preise zu erzielen. Aus einer solchen Vereinbarung kann bereits eine BGB-Gesellschaft entstehen, auch wenn den Beteiligten das Vorhandensein einer Gesellschaft überhaupt nicht bewusst ist.

2 Rechtsnatur und Erscheinungsformen

Die Gesellschaft bürgerlichen Rechts ist im Gegensatz zur GmbH keine juristische Person. Sie ist jedoch nach der neueren Rechtsprechung des BGH rechts- und parteifähig, d.h. sie kann als solche Trägerin von Rechten und Pflichten sein und im Zivilprozess klagen oder verklagt werden, soweit sie als Außengesellschaft am geschäftlichen Verkehr teilnimmt. Die BGB-Gesellschaft ist damit in ihrer rechtlichen Konstruktion weitgehend der offenen Handelsgesellschaft gleichgestellt.

Den Gläubigern haftet einmal die GbR mit ihrem Gesellschaftsvermögen, darüber hinaus aber auch jeder einzelne Gesellschafter persönlich und mit seinem gesamten Vermögen. Anders als bei der GmbH, deren Haftung sich auf das Gesellschaftsvermögen beschränkt, besteht also bei einer BGB-Gesellschaft nach außen prinzipiell eine unbeschränkte Haftung aller Gesellschafter.

Die Gründung einer BGB-Gesellschaft bedarf keiner öffentlichen Bekanntmachung oder Registereintragung. Es ist nicht einmal notwendig, dass die Gesellschaft nach außen in Erscheinung tritt. Wenn z.B. zwei Designer einen Auftrag gemeinsam ausführen wollen, können sie ohne weiteres vereinbaren, dass nur einer von ihnen gegenüber dem Auftraggeber auftritt. Die BGB-Gesellschaft existiert in diesem Fall lediglich als sogenannte Innengesellschaft. Eine solche Innengesellschaft ist – abweichend von der Regel – weder rechts- noch parteifähig.

Meist wird allerdings die Gesellschaft nach außen in Erscheinung treten. Man bezeichnet sie in diesem Fall als Außengesellschaft. Die Außengesellschaft entspricht dem im Gesetz vorgesehenen Regelfall.

3 Rechte und Pflichten der Gesellschafter

Die Gesellschafter einer BGB-Gesellschaft sind verpflichtet, Beiträge an die Gesellschaft zu leisten. Die Beitragsleistung kann durch das Einbringen von Sachen, durch Geldzahlungen oder auch in Form von Dienstleistungen erfolgen. Wenn keine abweichenden Vereinbarungen getroffen werden, haben alle Gesellschafter gleiche Beiträge zu leisten (§ 706 Abs. 1 BGB). Eine Pflicht zur Erhöhung der vereinbarten Beiträge oder zur Ergänzung der durch Verlust verminderten Einlage (Nachschusspflicht) besteht dagegen grundsätzlich nicht.

Da die Gesellschaft bürgerlichen Rechts eine Personengemeinschaft ist und zwischen den Beteiligten in der Regel starke persönliche Bindungen bestehen, gilt für alle Gesellschafter eine allgemeine Treuepflicht. Aus ihr ergibt sich positiv die Verpflichtung, die Interessen der Gesellschaft zu wahren, und negativ die Pflicht, alles zu unterlassen, was der Gesellschaft schaden könnte.

Wenn nicht der Gesellschaftsvertrag eine andere Regelung vorsieht, hat jeder Gesellschafter ein Recht zur Geschäftsführung (§ 709 BGB). Aber auch Gesellschafter, die nach dem Gesellschaftsvertrag von der Geschäftsführung ausgeschlossen sind, haben ein Recht auf persönliche Unterrichtung über alle Angelegenheiten der Gesellschaft (§ 716 BGB). Sie können zu diesem Zweck die Geschäftsbücher und die Papiere der Gesellschaft einsehen.

Jeder Gesellschafter hat bei Gesellschafterbeschlüssen ein Stimmrecht. Gesellschafterbeschlüsse sind einstimmig zu fassen, sofern der Gesellschaftsvertrag nichts anderes bestimmt.

Die Beiträge der Gesellschafter und die für die Gesellschaft erworbenen Gegenstände werden gemeinschaftliches Vermögen aller Gesellschafter (§ 718 BGB). Die Anteile der Gesellschafter am Gewinn und Verlust sind normalerweise im Gesellschaftsvertrag festgelegt. Enthält der Vertrag dazu keine Regelung, so hat jeder Gesellschafter ohne Rücksicht auf die Art und die Größe seines Beitrags einen gleichen Anteil am Gewinn und Verlust (§ 722 BGB).

4 Geschäftsführung, Vertretung und Haftung der Gesellschafter

Die BGB-Gesellschaft als solche ist handlungsunfähig. Für sie müssen die Gesellschafter tätig werden. Diese Tätigkeit für die Gesellschaft bezeichnet man als Geschäftsführung. Die Geschäftsführung umfasst nicht nur den Abschluss von Verträgen und anderen Rechtsgeschäften, sondern beispielsweise auch die Buchführung oder die Erledigung der Korrespondenz.

Die Geschäftsführung steht – wie oben bereits erläutert – prinzipiell allen Gesellschaftern gemeinschaftlich zu. Eine solche Gesamtgeschäftsführung ist zwar sehr schwerfällig, aber auch weniger gefährlich als die Geschäftsführung durch einzelne Gesellschafter. Sie ist daher für die BGB-Gesellschaft, deren Mitglieder meist keine Kaufleute sind, aus Vorsichtsgründen als gesetzliche Regel vorgesehen. Die Gesellschafter können aber, wenn sie es wünschen, von dieser Regel ohne weiteres abweichen und im Gesellschaftsvertrag die Geschäftsführung auf einzelne Gesellschafter übertragen.

Soweit einem Gesellschafter nach dem Gesellschaftsvertrag die Befugnis zur Geschäftsführung zusteht, ist er im Zweifel auch ermächtigt, die Gesellschaft gegenüber Dritten zu vertreten (§ 714 BGB). Ein Rechtsgeschäft, das ein Gesellschafter im Rahmen seiner Vertretungsmacht abschließt, berechtigt und verpflichtet alle Gesellschafter.

Für Verpflichtungen aus Rechtsgeschäften, die im Namen der Gesellschaft abgeschlossen werden, haften die Gesellschaft mit dem Gesellschaftsvermögen und außerdem alle Gesellschafter als Gesamtschuldner mit ihrem Privatvermögen. Eine Beschränkung der Haftung auf das Gesellschaftsvermögen ist zwar möglich, doch muss eine solche Haftungsbeschränkung – anders als bei einer GmbH – jeweils individuell mit den Gläubigern vereinbart werden.

5 Eintritt, Ausscheiden und Ausschluss von Gesellschaftern

Die Aufnahme neuer Gesellschafter in die BGB-Gesellschaft ist möglich. Dazu muss zwischen dem neuen Gesellschafter und allen bisherigen Gesellschaftern ein Aufnahmevertrag abgeschlossen werden. Neue Gesellschafter können aber auch im Wege der Erbfolge in die Gesellschaft eintreten, sofern der Gesellschaftsvertrag bestimmt, dass die Gesellschaft durch den Tod eines Gesellschafters nicht aufgelöst, sondern mit dessen Erben oder einem der Erben fortgesetzt werden soll.

Will ein Gesellschafter aus der Gesellschaft ausscheiden, müssen die übrigen Gesellschafter ihr Einverständnis erklären. Wird das Einverständnis verweigert und ist die Möglichkeit eines freiwilligen Ausscheidens auch nicht im Gesellschaftsvertrag vorgesehen, bleibt nur die Kündigung, die zur Auflösung der gesamten Gesellschaft führt.

Der Ausschluss eines Gesellschafters ist gegen dessen Willen nur zulässig, wenn der Gesellschaftsvertrag für den Fall einer Kündigung die Fortsetzung der Gesellschaft unter den übrigen Gesellschaftern vorsieht und außerdem in der Person des auszuschließenden Gesellschafters ein Grund eintritt, der die übrigen Gesellschafter zur außerordentlichen Kündigung der Gesellschaft berechtigen würde (§ 737 BGB). Ein solcher wichtiger Grund liegt in der Regel nur vor, wenn ein Gesellschafter wesentliche gesellschaftsvertragliche Verpflichtungen vorsätzlich oder grob fahrlässig verletzt.

6 Beendigung der Gesellschaft

Das Gesetz (§§ 723 bis 728 BGB) zählt eine Reihe von Gründen auf, die zur Auflösung der BGB-Gesellschaft führen. So hat beispielsweise der Tod oder die Kündigung eines Gesellschafters die Auflösung der Gesellschaft zur Folge, falls der Gesellschaftsvertrag keine andere Regelung vorsieht. Die Auflösung kann außerdem durch einen einstimmigen Beschluss der Gesellschafter oder dadurch herbeigeführt werden, dass ein Gesellschafter alle Anteile in einer Hand vereinigt. Anders als bei einer GmbH kommt eine Einmanngesellschaft bei Personengesellschaften nicht in Betracht.

Wird eine BGB-Gesellschaft aufgelöst, so ist sie damit in der Regel noch nicht vollständig beendet. Meist schließt sich an die Auflösung noch ein Liquidationsverfahren an, in dem die zum Zeitpunkt der Auflösung noch offenen Forderungen eingezogen, die bestehenden Verbindlichkeiten beglichen und die danach verbleibenden Vermögensgegenstände unter den Gesellschaftern aufgeteilt werden. Die vollständige Beendigung der Gesellschaft tritt erst ein, wenn kein gemeinsames Vermögen mehr vorhanden ist und auch alle sonstigen Rechtsbeziehungen unter den Gesellschaftern beseitigt sind.

7 Steuern und Künstlersozialversicherung

Zu einigen steuerlichen Besonderheiten, die bei der Zusammenarbeit von Designern in einer BGB-Gesellschaft zu beachten sind, wird auf die Erläuterungen im Neunten Teil (Seite 246 f.) verwiesen. Dort finden sich auch Hinweise zu den Auswirkungen einer solchen Zusammenarbeit im Bereich der Künstlersozialversicherung.

PARTNERSCHAFTSGESELLSCHAFT

Wolfgang Maaßen

1 Rechtsnatur der Partnerschaft

Die Partnerschaftsgesellschaft ist eine Gesellschaftsform, die speziell auf die Bedürfnisse der Freiberufler zugeschnitten ist. Sie ist als Personengesellschaft konzipiert, hat aber eine ähnliche Struktur wie eine offene Handelsgesellschaft (OHG).

Als Personengesellschaft ist die Partnerschaft zwar keine juristische Person. Da sie jedoch einen eigenen Namen führt, außerdem ins Grundbuch eingetragen wird und in Prozessen als Partei auftreten kann, besteht eine weitgehende Annäherung an die juristische Person.

Das Partnerschaftsgesellschaftsgesetz (PartGG) regelt die Rechtsverhältnisse der Partnerschaft in enger Anlehnung an die handelsrechtlichen Bestimmungen über die Personengesellschaften (§§ 105 ff. HGB). Ergänzend dazu gelten die Vorschriften über die BGB-Gesellschaften (§§ 705 ff. BGB).

2 Voraussetzungen der Partnerschaft

Die Beteiligung an einer Partnerschaft ist auf natürliche Personen beschränkt. Die einzelnen Partner müssen innerhalb der Partnerschaft einen freien Beruf ausüben.

Das Gesetz listet in § 1 Abs. 2 PartGG die Berufe auf, die als freie Berufe gelten. Einzelne künstlerische Berufe werden in dem Katalog nicht erwähnt, doch stellt das Gesetz klar, dass auch die selbständige Berufstätigkeit der „Künstler" als Ausübung eines freien Berufes anerkannt wird.

Der Kreis der partnerschaftsfähigen freien Berufe ist weit zu ziehen. So kann nach der amtlichen Begründung zum PartGG unter den Begriff „Künstler" auch die Tätigkeit der Designer (Foto-, Grafik-, Industrie-, Mode-, Schmuck- und Textildesigner) fallen.

Die Partnerschaft ist eine „Berufsausübungsgesellschaft". Das bedeutet, dass Gesellschaftszweck die gemeinsame Ausübung freier Berufstätigkeit sein muss. Bloße Kapitalanlagen und stille Beteiligungen sind in einer Partnerschaft also nicht möglich. Auch für lockere Kooperationsformen wie z.B. die Büro- oder Ateliergemeinschaft ist die Partnerschaft nicht gedacht.

3 Gründung und Eintragung der Partnerschaft

Partnerschaftsvertrag

Anders als bei der BGB-Gesellschaft und den Personengesellschaften (OHG, KG) bedarf der Partnerschaftsvertrag zwingend der Schriftform (§ 3 Abs. 1 PartGG). Der Vertrag muss den Namen und den Sitz der Partnerschaft, den Namen und Vornamen sowie den in der Partnerschaft ausgeübten Beruf und den Wohnort jedes Partners und schließlich Angaben zum Gegenstand der Partnerschaft enthalten.

Genügt der Partnerschaftsvertrag den gesetzlichen Anforderungen nicht, ist er nichtig. Gleichwohl kann die Partnerschaft auch in einem solchen Fall durch die Eintragung in das Partnerschaftsregister wirksam entstehen (§ 7 Abs. 1 PartGG).

Eintragung in das Partnerschaftsregister

Speziell für die Partnerschaftsgesellschaften wurde ein Partnerschaftsregister geschaffen, das bei den Amtsgerichten weitgehend nach den für das Handelsregister geltenden Vorschriften geführt wird. In dieses Register ist jede Partnerschaft einzutragen.

Bei der Anmeldung einer Partnerschaft zum Partnerschaftsregister braucht der Partnerschaftsvertrag nicht vorgelegt zu werden. Die Anmeldung muss die für den Vertrag vorgeschriebenen Angaben enthalten. Außerdem ist das Geburtsdatum der einzelnen Partner bekannt zu geben und die Vertretungsmacht der Partner nachzuweisen. Diese Angaben werden vom Registergericht nicht auf ihre Richtigkeit überprüft, sondern ohne weitere Nachweise der Eintragung in das Partnerschaftsregister zugrunde gelegt, sofern nicht dem Registergericht die Unrichtigkeit der Angaben positiv bekannt ist.

Ursprünglich war vorgesehen, dass bei der Registeranmeldung ein Nachweis über die Zugehörigkeit jedes Partners zu dem Beruf geführt werden muss, den er in der Partnerschaft ausübt. Dadurch sollte sichergestellt werden, dass sich nur Angehörige freier Berufe zu einer Partnerschaft zusammenschließen. Der Gesetzgeber hat dann aber auf eine volle Nachweispflicht bei der Anmeldung verzichtet und die bloße Nennung des freien Berufes der einzelnen Partner für ausreichend erachtet. Damit ist zugleich die Prüfungspflicht des Registergerichts weitgehend entfallen. Diese Prüfung beschränkt sich jetzt darauf, ob der bei der Anmeldung angegebene Beruf seiner Art nach zu den freien Berufen gehört. Ob dagegen der zur Eintragung angemeldete Beruf auch tatsächlich ausgeübt wird, braucht das Registergericht nicht nachzuprüfen.

4 Rechtsbeziehungen der Partnerschaft im Innen- und Außenverhältnis

Name und rechtliche Selbständigkeit der Partnerschaft

Die Partnerschaft führt einen Namen, der
- den Namen mindestens eines Partners,
- den Zusatz „und Partner" oder „Partnerschaft" sowie
- die Berufsbezeichnungen aller in der Partnerschaft vertretenen Berufe enthalten muss (§ 2 Abs. 1 PartGG).

Die Partnerschaftsgesellschaft kann unter ihrem Namen Rechte erwerben und Verbindlichkeiten eingehen, Eigentum und andere dingliche Rechte an Grundstücken erwerben und vor Gericht klagen oder verklagt werden.

Geschäftsführung und Vertretung

Soweit der Partnerschaftsvertrag keine anders lautenden Regelungen enthält, sind alle Partner zur Führung der Geschäfte der Partnerschaft berechtigt und verpflichtet. Eine vertragliche Beschränkung der Geschäftsführungsbefugnis ist zwar zulässig, doch darf kein Partner vollständig – also auch für den von ihm ausgeübten Beruf – von der Geschäftsführung ausgeschlossen werden (§ 6 Abs. 2 PartGG).

Zur Vertretung der Partnerschaft gegenüber Dritten ist jeder Partner ermächtigt, wenn er nicht durch den Gesellschaftsvertrag von der Vertretung ausgeschlossen ist. Der Ausschluss eines Partners von der Vertretung, die Anordnung einer Gesamtvertretung sowie jede Änderung in der Vertretungsmacht eines Partners ist zur Eintragung in das Partnerschaftsregister anzumelden.

Der Umfang der Vertretungsmacht ist im Gesetz festgelegt und umfasst ohne Beschränkungsmöglichkeit alle gerichtlichen und außergerichtlichen Geschäfte und Rechtshandlungen.

Haftung der Partner

Für Verbindlichkeiten der Partnerschaft haften den Gläubigern, neben dem Vermögen der Partnerschaft, die Partner als Gesamtschuldner

(§ 8 Abs. 1 PartGG). Wer in eine bestehende Partnerschaft eintritt, haftet gemeinsam mit den anderen Gesellschaftern auch für die vor seinem Eintritt begründeten Verbindlichkeiten der Gesellschaft.

Die Partner können ihre Haftung für Ansprüche aus Schäden wegen fehlerhafter Berufsausübung auf den Partner beschränken, der innerhalb der Partnerschaft die berufliche Leistung zu erbringen oder verantwortlich zu leiten und zu überwachen hat (§ 8 Abs. 2 PartGG). Die Vereinbarung einer Haftungskonzentration auf einen Partner kann durch eine individuelle Vertragsabrede, aber auch unter Verwendung von Allgemeinen Geschäftsbedingungen (AGB) erfolgen. Der Partner, der die Verantwortung für das konkrete Vertragsverhältnis übernehmen soll, ist dabei namentlich zu benennen.

Die Möglichkeit der Haftungskonzentration soll verhindern, dass in jedem Fall jeder Partner mit seinem Privatvermögen für Ansprüche aus der fehlerhaften Berufsausübung eines anderen Partners haftet. Zulässig ist allerdings nur ein Ausschluss der persönlichen Haftung derjenigen Partner, die mit dem betreffenden Vertragsverhältnis nicht befasst sind. Ein weitergehender Haftungsausschluss ist nicht möglich. Insbesondere haftet neben dem verantwortlichen Partner auf jeden Fall noch das Partnerschaftsvermögen.

Ausschluss eines Partners und Auflösung der Partnerschaft

Für das Ausscheiden eines Partners und die Auflösung der Partnerschaft gelten dieselben Regeln wie bei der OHG. Der Tod eines Partners und die Eröffnung des Konkursverfahrens über das Vermögen eines Partners, die Kündigung eines Partners und die Kündigung durch den Privatgläubiger eines Partners bewirken nur das Ausscheiden aus der Partnerschaft, nicht aber die Auflösung der Gesellschaft.

Die Übertragung von Anteilen an der Partnerschaft ist ohne eine entsprechende Regelung in dem Partnerschaftsvertrag, die eine solche Übertragung zulässt, bzw. ohne die Zustimmung aller Partner nicht möglich. Soweit der Partnerschaftsvertrag eine Anteilsübertragung erlaubt, kommt eine Übertragung nur auf solche Personen in Betracht, die bereit und in der Lage sind, sich an der gemeinsamen Ausübung der freien Berufstätigkeit zu beteiligen.

Die Beteiligung an einer Partnerschaft ist an sich nicht vererblich. Der Partnerschaftsvertrag kann allerdings bestimmen, dass die Beteiligung an solche Personen vererblich ist, die als Freiberufler in die Partnerschaft eintreten können.

5 Steuerliche Behandlung der Partnerschaft

Die Partnerschaft als solche ist nicht einkommensteuerpflichtig, da sie keine natürliche Person ist. Ebenso wenig besteht eine Körperschaftssteuerpflicht, denn die Partnerschaft gehört nicht zu den in § 1 Abs. 1 KStG aufgeführten Körperschaften, Personenvereinigungen oder Vermögensmassen. Sie übt kein Handelsgewerbe aus (§ 1 Abs. 1 Satz 2 PartGG) und unterliegt deshalb auch nicht kraft ihrer Rechtsform der Gewerbesteuer. Allerdings wird die einkommensteuerliche Abgrenzung zwischen freiberuflicher und gewerblicher Tätigkeit durch die Eintragung einer Partnerschaft in das Partnerschaftsregister nicht präjudiziert. Es kann deshalb in Grenzfällen durchaus vorkommen, dass die Einkünfte einer Partnerschaft steuerlich als Einkünfte aus Gewerbebetrieb zu behandeln sind.

Wolfgang Maaßen

GESELLSCHAFT MIT BESCHRÄNKTER HAFTUNG (GMBH)

1 — Wesen und Zweck der GmbH

Die GmbH ist eine Handelsgesellschaft, die eine eigene Rechtspersönlichkeit hat. Sie kann zu jedem gesetzlich zulässigen Zweck errichtet werden.

Die GmbH ähnelt in mancher Hinsicht der Aktiengesellschaft (AG). Ebenso wie die AG ist sie eine juristische Person, die vom Mitgliederbestand unabhängig ist und durch eigene Organe (Geschäftsführer) nach außen tätig wird. Die GmbH kann als Gesellschaft klagen und verklagt werden. Die Gesellschafter haften – wie die Aktionäre einer AG – nicht persönlich für die Schulden der Gesellschaft; es haftet nur das Gesellschaftsvermögen (§ 13 Abs. 2 GmbH-Gesetz).

Nach der Intention des Gesetzgebers ist die GmbH in erster Linie eine Gesellschaftsform für kleine und mittlere Unternehmen, bei denen keiner der daran Beteiligten die volle persönliche Haftung übernehmen will. Typischerweise wählt man diese Unternehmensform, wenn einerseits eine Haftungsbeschränkung auf das Gesellschaftsvermögen gewünscht wird, andererseits aber wegen der geringen Unternehmensgröße und der beschränkten Zahl der Gesellschafter die Rechtsform der AG nicht geeignet bzw. nicht sinnvoll erscheint.

2 — Gründungsvoraussetzungen

Eine GmbH kann durch eine oder mehrere Personen errichtet werden. Gibt es nur einen Gründer, entsteht eine Einmann-GmbH. Auch die nachträgliche Vereinigung aller Geschäftsanteile einer Mehrpersonen-GmbH bei einem Gesellschafter führt zur Entstehung einer Einmann-GmbH. Die Möglichkeit der Einmann-Gründung unterscheidet die GmbH von der Personengesellschaft, die nur mit mindestens zwei Gesellschaftern gegründet werden und fortbestehen kann.

Der Abschluss des Gesellschaftsvertrages bedarf bei der GmbH der notariellen Form (§ 2 GmbHG). Der Vertrag muss Angaben zum Namen (Firma), zum Sitz der Gesellschaft und zum Gegenstand des Unternehmens enthalten. Außerdem ist der Betrag des Stammkapitals festzulegen sowie die von jedem Gesellschafter auf das Stammkapital zu leistende Einlage (Stammeinlage).

Das Stammkapital einer GmbH entspricht der Summe der Stammeinlagen. Es muss mindestens 25.000,00 € betragen (§ 5 Abs. 1 GmbHG) und zum Schutz der Gläubiger dauerhaft erhalten bleiben. Die Höhe der Stammeinlage, die der einzelne Gesellschafter leistet, bestimmt seinen Geschäftsanteil an der GmbH (§ 14 GmbHG).

Die GmbH entsteht als juristische Person erst mit der Eintragung in das Handelsregister. Die Anmeldung zum Handelsregister setzt voraus, dass mindestens 12.500,00 € bereits auf die Stammeinlage geleistet sind. Bei einer Einmann-Gründung muss zusätzlich für den noch fehlenden Teil der Geldeinlage eine Sicherung bestellt sein.

Im Gesellschaftsvertrag oder durch einen späteren Beschluss der Gesellschafter muss ein oder auch mehrere Geschäftsführer bestellt werden. Geschäftsführer können nur natürliche und unbeschränkt geschäftsfähige Personen sein. Sie können, müssen aber nicht Gesellschafter der GmbH sein.

3 Verfassung der GmbH

Eine GmbH hat mindestens zwei notwendige Organe: den/die Geschäftsführer und die Gesamtheit der Gesellschafter.

Die Geschäftsführer vertreten die Gesellschaft gerichtlich und außergerichtlich (§ 35 Abs. 1 GmbHG). Ihre Bestellung ist jederzeit widerruflich. Jede Änderung in der Person der Geschäftsführer und die Beendigung ihrer Vertretungsbefugnis ist zur Eintragung in das Handelsregister anzumelden.

Die Gesamtheit der Gesellschafter ist das oberste Organ der GmbH. Der Aufgabenbereich der Gesellschafter ist weit gefasst (vgl. § 46 GmbHG). Ihre Kompetenz erstreckt sich auch auf die laufende Geschäftsführung. Der Geschäftsführer ist weitgehend an die Weisungen der Gesellschafter gebunden.

Beschlüsse der Gesellschafter werden meist in Gesellschafterversammlungen gefasst. Die Beschlussfassung kann aber auch ohne eine solche Versammlung erfolgen, wenn alle Gesellschafter dem Beschluss schriftlich zustimmen oder mit einer schriftlichen Abstimmung einverstanden sind.

Die einzelnen Gesellschafter haben außer den im Gesellschaftsvertrag festgelegten Mitverwaltungsrechten einen Anspruch auf Verteilung des jährlichen Reingewinns im Verhältnis der Geschäftsanteile, sofern kein anderer Verteilungsmaßstab und auch keine andere Gewinnverwendung in der GmbH-Satzung vorgesehen ist.

Für die Gesellschafter besteht wie bei der BGB-Gesellschaft eine allgemeine Treuepflicht gegenüber der Gesellschaft. Die GmbH-Gesellschafter sind außerdem verpflichtet, die im Gesellschaftsvertrag bestimmte Einlage zu zahlen und – falls vertraglich vorgesehen – auch Nachschüsse auf die Stammeinlage zu leisten.

4 Folgen der GmbH-Gründung bei Designern

Die GmbH ist kraft Gesetzes (§ 13 Abs. 3 GmbHG) eine Handelsgesellschaft und damit stets ein Gewerbebetrieb, auch wenn sie künstlerische oder sonstige freiberufliche Leistungen erbringt. Zu den Nachteilen, die sich daraus für Designer bei einer Zusammenarbeit in der Rechtsform der GmbH ergeben, wird auf die Erläuterungen im Neunten Teil (Seite 245) verwiesen. Dort ist auch nachzulesen, welche Konsequenzen die GmbH-Gründung in Bezug auf die Künstlersozialversicherungspflicht hat.

Gewisse Vorteile hat die Gründung einer GmbH in den Fällen, in denen ein Designer sowohl freiberufliche (künstlerische) als auch gewerbliche Leistungen erbringt.

Beispiel   *Ein Grafikdesigner beschränkt sich nicht auf die grafische Gestaltung von Werbeprospekten und -anzeigen, sondern bietet stets die komplette Erledigung eines Werbeauftrags von der Beratung über die Konzeption und Reinausführung bis hin zum Druck und zur Verteilung des Werbematerials an. Die Kosten für die Lithografien, den Druck und die Verteilung des Materials sowie das Honorar für die Beratung, die grafische Gestaltung, die Drucküberwachung und die sonstigen Dienstleistungen werden zusammen abgerechnet.*

Die einzelnen Tätigkeiten des Grafikdesigners sind in diesem Beispiel derart miteinander verflochten, dass eine Trennung der Einkünfte schwierig, wenn nicht sogar unmöglich ist. Das Finanzamt wird daher die Einkünfte insgesamt einer Einkunftsart zuordnen und dabei angesichts der Tatsache, dass zur Erledigung der Werbeaufträge im wesentlichen gewerbliche Leistungen erbracht werden und der freiberufliche Anteil (grafische Gestaltung) nicht dominierend ist, von einer Zuordnung zu den Einkünften aus Gewerbebetrieb ausgehen. Das bedeutet zugleich, dass die Einkünfte des Grafikdesigners prinzipiell gewerbesteuerpflichtig sind.

Wer solche steuerlichen Nachteile vermeiden will, sollte sich überlegen, ob der gewerblich geprägte Teil nicht auf eine GmbH ausgelagert werden kann, damit die freiberufliche und die gewerbliche Tätigkeit klar und einwandfrei getrennt sind.

Beispiel

Der Grafikdesigner aus dem vorhergehenden Beispiel gründet eine Werbeagentur in der Rechtsform einer GmbH. Die Agentur nimmt die Werbeaufträge entgegen und kümmert sich um die gesamte Abwicklung von der Beratung über den Druck bis hin zur Streuung des Werbematerials. Die künstlerischen Arbeiten, insbesondere die Entwurfs- und Gestaltungsleistungen, überträgt sie durch Einzelaufträge jeweils dem Grafikdesigner, der dafür der GmbH ein entsprechendes Honorar in Rechnung stellt.

Diese Gestaltung ist aus steuerrechtlicher Sicht vorteilhaft, weil durch die Aufgabenverteilung zwischen GmbH und Grafikdesigner eine klare Trennung der gewerblichen und der freiberuflichen Tätigkeit gewährleistet wird. Nachteilig ist jedoch, dass die GmbH als Werbeagentur zu den nach § 24 KSVG abgabepflichtigen Unternehmen gehört und deshalb für die an den Grafikdesigner gezahlten Honorare eine Künstlersozialabgabe zu entrichten hat.

EUROPÄISCHE WIRTSCHAFTLICHE INTERESSENVEREINIGUNG (EWIV)

Wolfgang Maaßen

1 — Zweck und Unternehmensgegenstand

Die EWIV ist eine supranationale Unternehmensform, die Gewerbetreibenden, Landwirten und Freiberuflern der Mitgliedsstaaten der Europäischen Union eine grenzüberschreitende Zusammenarbeit ermöglicht, ohne dass sich die Mitglieder der EWIV der Rechtsordnung eines bestimmten Mitgliedsstaates unterwerfen müssen. Als erste einheitlich geregelte europäische Gesellschaft soll die EWIV die rechtlichen und psychologischen Hemmnisse beseitigen, die einer solchen grenzüberschreitenden Zusammenarbeit entgegenstehen können.

Rechtsgrundlage für die Gründung einer EWIV ist die „Verordnung (EWG) Nr. 2137/85 des Rates der Europäischen Gemeinschaften vom 25. Juli 1985 über die Schaffung einer Europäischen wirtschaftlichen Interessenvereinigung (EWIV)", die in allen Mitgliedsstaaten der Europäischen Union (EU) unmittelbar geltendes Recht ist. Nach Art. 3 dieser Verordnung (EGVO) besteht der Zweck einer EWIV darin, „die wirtschaftliche Tätigkeit ihrer Mitglieder zu erleichtern oder zu entwickeln sowie die Ergebnisse dieser Tätigkeit zu verbessern oder zu steigern". Die Tätigkeit der EWIV muss im Zusammenhang mit der wirtschaftlichen Betätigung ihrer Mitglieder stehen. Außerdem darf sie in Bezug auf die Haupttätigkeit der Mitglieder nur eine Hilfstätigkeit sein. Sind also beispielsweise die Mitglieder einer EWIV als Industriedesigner tätig, so darf die EWIV in ihrer Satzung nicht dieselbe Tätigkeit auch als Unternehmensgegenstand deklarieren, weil dann die Tätigkeit der EWIV nicht auf bloße Hilfsfunktionen für die Mitglieder beschränkt wäre.

Es ist allerdings durchaus denkbar, dass die EWIV bestimmte Teiltätigkeiten ihrer Mitglieder übernimmt oder – falls die Mitglieder unterschiedliche Tätigkeiten ausüben – eine oder einige dieser Tätigkeiten als Unternehmensgegenstand definiert, solange sie nicht dabei an die Stelle der Mitglieder tritt. Die Hilfsfunktion der EWIV ist auch dann nicht in Frage gestellt, wenn die Gesellschaft die Haupttätigkeit eines oder aller Mitglieder nur bei einem begrenzten Vorhaben selbst ausübt (z.B. bei der Erledigung eines einzelnen Großauftrags).

2 Rechtsnatur und Struktur

Die EWIV ist keine juristische Person, hat aber die Fähigkeit, im eigenen Namen Verträge zu schließen oder andere Rechtshandlungen vorzunehmen und vor Gericht zu stehen (Art. 1 Abs. 2 EGVO). Aus deutscher Sicht ist die EWIV nach ihrer rechtlichen Struktur mit der offenen Handelsgesellschaft (OHG) vergleichbar. Anders als die OHG hat sie allerdings einen „bestellten" Geschäftsführer und ähnelt insoweit der GmbH.

Die Unternehmensform der EWIV ist einfach und flexibel. Die EGVO schreibt nur zwei Organe zwingend vor: die gemeinschaftlich handelnden Mitglieder und die von den Mitgliedern zu bestellenden Geschäftsführer. Weitere Organe können – falls gewünscht – im Gesellschaftsvertrag vorgesehen werden.

3 Gründungsvoraussetzungen

Die Gründung einer EWIV erfordert mindestens zwei Gesellschaften oder natürliche Personen, die eine gewerbliche, landwirtschaftliche oder freiberufliche Tätigkeit ausüben (Art. 4 Abs. 1 EGVO). Die Gründer müssen ihren Sitz in einem EU-Mitgliedsstaat haben oder dort beruflich tätig sein. Da die EWIV der grenzüberschreitenden Zusammenarbeit dienen soll, müssen die Gründer außerdem entweder mindestens zwei verschiedenen Rechtsordnungen der EU-Mitgliedsstaaten unterliegen oder den Schwerpunkt ihrer Tätigkeit auf dem Gebiet verschiedener Mitgliedsstaaten haben (Art. 4 Abs. 2 EGVO).

Die EWIV-Gründung erfordert den Abschluss eines schriftlichen Vertrages, der Regelungen zum Namen, zum Sitz und zum Unternehmensgegenstand der Vereinigung enthalten muss. Außerdem sind in dem Vertrag alle Mitglieder mit ihrem Namen bzw. ihrer Firma, ihrer Rechtsform und mit dem Wohnsitz oder Sitz anzugeben.

Die EWIV wird in dem Staat, in dem sie ihren Sitz haben soll, in das dafür vorgesehene Register eingetragen. Hat die EWIV ihren Sitz in Deutschland, erfolgt eine Eintragung in das Handelsregister. Zuständig ist das Amtsgericht, in dessen Bezirk sich der Sitz der EWIV befindet.

Für die Gründung einer EWIV ist – anders als bei der GmbH – kein Kapital erforderlich. Die Mitglieder können die notwendigen Betriebsmittel durch Einlagen, laufende Zuschüsse oder in Form von Dienstleistungen zur Verfügung stellen.

4 Rechte, Pflichten und Haftung der Mitglieder

Jedes Mitglied der EWIV hat eine Stimme. Der Gründungsvertrag kann allerdings bestimmten Mitgliedern mehrere Stimmen unter der Bedingung gewähren, dass ein einziges Mitglied nicht die Stimmenmehrheit besitzt (Art. 17 EGVO).

Außer dem Stimmrecht hat jedes Mitglied auch das Recht, von den Geschäftsführern Auskünfte über die Geschäfte der Vereinigung zu erhalten und in die Bücher und Geschäftsunterlagen Einsicht zu nehmen (Art. 18 EGVO).

Gewinne aus der Tätigkeit der EWIV sind auf die Mitglieder so zu verteilen, wie es im Gründungsvertrag vorgesehen ist. Enthält der Vertrag zur Gewinnverteilung keine Regelung, ist der Gewinn zu gleichen Teilen aufzuteilen (Art. 21 EGVO). Entsprechendes gilt für die Verteilung von Verlusten.

Die EGVO enthält keine Regelung, die die Mitglieder der EWIV zu Beitragsleistungen verpflichtet. Eine solche Verpflichtung kann jedoch der Gründungsvertrag vorsehen.

Die Mitglieder haften für alle Verbindlichkeiten der EWIV gesamtschuldnerisch und unbeschränkt, natürliche Personen also auch mit ihrem Privatvermögen (Art. 24 Abs. 1 EGVO).

5 Geschäftsführung und Willensbildung der Mitglieder

Die Geschäfte der EWIV werden von einem oder mehreren Geschäftsführern geführt (Art. 19 EGVO). Die Geschäftsführer, die durch den Gründungsvertrag oder durch Beschluss der Mitglieder bestellt werden, vertreten die EWIV nach außen.

Die gemeinschaftlich handelnden Mitglieder sind das oberste Organ der EWIV. Die Mitglieder entscheiden durch Beschlüsse, die einstimmig zu fassen sind, falls nicht der Gründungsvertrag eine andere Regelung enthält (Art. 17 Abs. 3 EGVO). Für bestimmte Beschlüsse ist die Einstimmigkeit zwingend vorgeschrieben (vgl. Art. 17 Abs. 2 EGVO).

Teilnahme an Designwettbewerben 4

VERFAHRENSREGELN UND RECHTE DER TEILNEHMER

Wolfgang Maaßen

Ein Designwettbewerb, bei dem die besten Arbeiten mit einem Preis ausgezeichnet werden, ist rechtlich nichts anderes als ein Preisausschreiben. Für Preisausschreiben gelten folgende Regeln:

1 —— Gebot der Fristbestimmung

In der Wettbewerbsausschreibung muss eine Frist für die Einreichung der Designarbeiten bekannt gegeben werden. Ein Wettbewerb, der das Gebot der Fristbestimmung nicht beachtet, ist ungültig (§ 661 Abs. 1 BGB).

Zweck dieser Regelung ist es, den Veranstalter des Wettbewerbs unter Entscheidungszwang zu setzen. Die Verpflichtung zur Fristsetzung soll verhindern, dass die Preisentscheidung in der Hoffnung auf Vorlage noch besserer Arbeiten hinausgezögert wird.

2 —— Recht auf Teilnahme

Jeder Bewerber, der die Teilnahmebedingungen eines Designwettbewerbs erfüllt, kann von dem Veranstalter die Zulassung zu dem Wettbewerb verlangen. Nur in Ausnahmefällen (z.B. bei Unzumutbarkeit) kann ein Bewerber von der Teilnahme ausgeschlossen werden.

3 —— Recht auf Durchführung des Wettbewerbs

Jeder Bewerber hat einen Anspruch darauf, dass der Wettbewerb tatsächlich durchgeführt und über die Preiszuteilung entschieden wird. Dieser Anspruch kann gegebenenfalls auch gerichtlich durchgesetzt werden.

Sind dritte Personen als Preisrichter (Juroren) benannt, können allerdings die Bewerber zunächst nur verlangen, dass der Veranstalter die Juroren dazu anhält, das Amt anzunehmen und die Entscheidung zu treffen. Erst wenn diese Bemühungen fehlschlagen, ist der Veranstalter verpflichtet, selbst zu entscheiden. Sind keine Juroren vorgesehen, muss der Veranstalter von vornherein selbst entscheiden.

4 Entscheidungsverfahren

Die Maßstäbe für die Entscheidung des Preisgerichts (der Jury) ergeben sich aus der Wettbewerbsausschreibung. Die Jury hat zu prüfen, ob die Bewerber und die von ihnen eingereichten Arbeiten die in der Ausschreibung genannten Voraussetzungen erfüllen und wie die einzelnen Arbeiten zu bewerten und zu gewichten sind. Es steht der Jury auch frei, im Einvernehmen mit den Bewerbern und unter Beachtung des Grundsatzes der Gleichbehandlung allen Wettbewerbsteilnehmern Gelegenheit zur Ergänzung ihrer Bewerbungen zu geben.

Bei gleichwertigen Bewerbungen ist der Preis – falls nicht in der Ausschreibung eine andere Regelung vorgesehen ist – zu gleichen Teilen unter den in Frage kommenden Bewerbern zu verteilen. Ist eine Teilung des Preises nicht möglich (z.B. bei Sachpreisen) oder soll nach der Wettbewerbsausschreibung nur einer den Preis erhalten, so entscheidet das Los.

Sind mehrere Juroren bestellt, entscheidet bei Meinungsverschiedenheiten die (absolute) Mehrheit der Stimmen, sofern nicht die Ausschreibung ein anderes Verfahren vorsieht.

5 Verbindlichkeit der Entscheidung

Die Entscheidung der Jury ist bindend und unwiderruflich. Sie ist allerdings anfechtbar, wenn sich die Preisrichter über entscheidungserhebliche Umstände geirrt haben oder durch eine arglistige Täuschung zu ihrer Entscheidung veranlasst wurden.

Die Preisentscheidung ist nicht nur für den Veranstalter, sondern auch für die Teilnehmer des Wettbewerbs verbindlich. Eine gerichtliche Überprüfung der Entscheidung ist ausgeschlossen. Von diesem Grundsatz gibt es nur zwei Ausnahmen:

Grobe Verfahrensfehler

Bei groben Verfahrensfehlern, die Auswirkungen auf das Ergebnis haben, ist die Preisentscheidung unwirksam. Ein solcher Fehler liegt z.B. vor, wenn die Jury die Entscheidung ohne Kenntnis der Bewerbungen trifft oder einen Teilnehmer wegen vermeintlicher Fristenüberschreitung zu Unrecht vom Wettbewerb ausschließt. In solchen Fällen kann der Benachteiligte die Unwirksamkeit der Preisentscheidung gerichtlich feststellen lassen. Die Jurierung ist dann zu wiederholen.

Unüberwindbare Entscheidungswidersprüche

Unwirksam ist eine Preisentscheidung auch dann, wenn sie nicht zu behebende Widersprüche enthält. So kann eine Entscheidung gerichtlich angefochten werden, wenn die Jury einen unteilbaren Preis zweimal vergibt oder der Inhalt der Preisentscheidung so undeutlich bleibt, dass über die Preisträger und deren Rangfolge keine Klarheit besteht.

6 Recht auf Vollzug der Preisentscheidung

Die Gewinner des Wettbewerbs haben einen Anspruch darauf, dass die Entscheidung der Jury auch vollzogen wird. Sie können also verlangen, dass ihnen der Veranstalter den von der Jury zuerkannten Preis zukommen lässt. Dieser Anspruch kann notfalls auch bei Gericht eingeklagt werden.

7 Eigentum und Nutzungsrechte

Wenn der Veranstalter eines Designwettbewerbs an den eingereichten Arbeiten ein Eigentums- oder Nutzungsrecht erwerben will, muss er bereits in der Ausschreibung deutlich machen, dass und in welchem Umfang diese Rechte auf ihn übergehen sollen. Fehlen solche Hinweise, ist im Zweifel davon auszugehen, dass das Eigentum und die urheberrechtlichen Nutzungsrechte bei den Bewerbern verbleiben, soweit nicht die Durchführung des Wettbewerbs eine Rechtsübertragung zwingend erfordert.

Ist in der Wettbewerbsausschreibung eine Übertragung des Eigentums und/oder der Erwerb von Nutzungsrechten vorgesehen, so kann diese Regelung unter Umständen sittenwidrig und damit gemäß § 138 BGB unwirksam sein, wenn sie sich auf alle eingereichten und nicht nur auf die mit einem Preis ausgezeichneten und angekauften Designarbeiten bezieht.

CHECKLISTE ZUR ÜBERPRÜFUNG VON WETTBEWERBSAUSSCHREIBUNGEN

Wolfgang Maaßen

Wer an einem Designwettbewerb teilnehmen möchte, sollte anhand der folgenden Checkliste prüfen, ob die Teilnahmebedingungen die berechtigten Interessen der Bewerber angemessen berücksichtigen:

Veranstalter
- Ist der Veranstalter des Wettbewerbs identifizierbar?
- Sind insbesondere der Name, die Rechtsform und die Anschrift des Veranstalters in der Ausschreibung eindeutig ausgewiesen?

Zweck und Thema des Wettbewerbs
- Ist das Ziel des Wettbewerbs und der Nutzen für den Veranstalter erkennbar?
- Besteht Klarheit über das Thema des Wettbewerbs und werden die inhaltlichen und gestalterischen Anforderungen an die Wettbewerbsarbeiten in der Ausschreibung deutlich genug definiert?

Inhaltliche und formale Anforderungen
- Ist hinreichend deutlich, ob es sich bei den inhaltlichen und gestalterischen Vorgaben, die in der Ausschreibung formuliert werden, um zwingende Anforderungen oder nur um unverbindliche Anregungen für die Auswahl der einzureichenden Arbeiten handelt?
- Sind die formalen Anforderungen an die Arbeiten (Format, Anzahl etc.) klar genug definiert?

Teilnehmerkreis
- Ist in der Ausschreibung eindeutig festgelegt, wer zur Teilnahme berechtigt ist?
- Ist sichergestellt, dass an dem Wettbewerb nur qualifizierte Designer teilnehmen können, oder handelt es sich um einen Amateurwettbewerb, zu dem jedermann zugelassen ist und der deshalb keinen echten Leistungsvergleich ermöglicht?

Jury und Jurierung
- Werden die Namen und die Qualifikation der Juroren in der Ausschreibung bekannt gegeben?
- Besteht die Jury mindestens zur Hälfte aus anerkannten und erfahrenen Experten, die zu einer fachgerechten Beurteilung der eingereichten Arbeiten in der Lage sind?
- Ist gewährleistet, dass die Arbeiten anonymisiert und der Jury anonym zur Beurteilung vorgelegt werden?

Fristen und Termine	▪ Ist in der Ausschreibung der Einsendeschluss festgelegt? ▪ Wird in der Ausschreibung ein Termin für die Jurierung genannt? ▪ Ist aus dem Text der Ausschreibung zu ersehen, dass und wann die eingereichten Arbeiten wieder zurückgeschickt werden?
Preise	▪ Ist die Anzahl der Preise und die Höhe der Preissummen aus der Ausschreibung ersichtlich? ▪ Soll mit der Preissumme zugleich der Erwerb von Rechten abgegolten sein oder ist dafür eine gesonderte Zahlung vorgesehen? ▪ Sind die Preissummen angemessen? Sind sie insbesondere für den Fall angemessen, dass mit dem Preis zugleich der Erwerb von Rechten abgegolten sein soll?
Eigentum und Nutzungsrechte	▪ Ist vorgesehen, dass die eingereichten Arbeiten in das Eigentum des Veranstalters übergehen? Gibt es für die Übertragung des Eigentums einen zwingenden Grund? ▪ Sollen die eingereichten Arbeiten nur in einer Ausstellung gezeigt oder auch für weitere Zwecke genutzt werden? ▪ Beansprucht der Veranstalter auch Nutzungsrechte, die für die Durchführung des Wettbewerbs nicht zwingend erforderlich sind? Ist für diese zusätzlichen Nutzungen ein gesondertes Honorar vorgesehen?
Haftung	▪ Wer soll das Risiko für den Verlust oder die Beschädigung der Arbeiten tragen? ▪ Sollen die Bewerber auch das Haftungsrisiko für die Rücksendung der Arbeiten übernehmen? ▪ Ist gewährleistet, dass die Arbeiten während der Jurierung und während einer anschließenden Ausstellung versichert sind?

5 *Abschluss und Abwicklung von Verträgen*

GRUNDZÜGE DES VERTRAGSRECHTS

Wolfgang Maaßen

1 Formen der Berufsausübung

Designer als Arbeitnehmer (Angestellte)

Ein Designer kann als Arbeitnehmer (Angestellter) für ein Unternehmen tätig sein. Diese Vertragsbeziehung ist ein Dienstvertrag. Es gelten die besonderen Schutzvorschriften des Arbeitsrechts.

Arbeitnehmerähnliche Designer

Wer als freier Mitarbeiter Designleistungen erbringt, kann trotz der formal bestehenden Selbständigkeit von seinen Auftraggebern wirtschaftlich abhängig sein. Eine wirtschaftliche Abhängigkeit besteht dann, wenn ein Designer überwiegend für ein Unternehmen tätig ist oder mindestens 1/3 seines gesamten Jahreseinkommens von nur einem Unternehmen bezieht. Solche Designer gelten als arbeitnehmerähnliche Personen, weil sie auf die Einkünfte aus ihrer selbständigen Berufstätigkeit zur Sicherung ihrer wirtschaftlichen Existenz angewiesen und deshalb wie ein Arbeitnehmer sozial schutzbedürftig sind.

Die Einstufung als arbeitnehmerähnliche Person bedeutet allerdings keine Gleichstellung mit den Arbeitnehmern. So sind die Schutzvorschriften des Arbeitsrechts auf arbeitnehmerähnliche Designer grundsätzlich nicht anwendbar. Allerdings sind für ihre Rechtsstreitigkeiten die Arbeitsgerichte zuständig (§ 5 ArbGG). Außerdem erlangen sie denselben gesetzlichen Urlaubsanspruch wie ein Arbeitnehmer (§ 2 BUrlG).

Selbständige Berufsausübung

Bei den meisten selbständigen Designern besteht nicht die wirtschaftliche Abhängigkeit, wie sie für arbeitnehmerähnliche Personen charakteristisch ist. Sie müssen sich daher als Selbständige weitgehend ungeschützt auf dem freien Markt behaupten. Bei den Verträgen, die ein „freier" Designer abschließt, handelt es sich in der Regel um Werkverträge, für die das Werkvertragsrecht des BGB gilt.

Die nachfolgenden Ausführungen beschränken sich darauf, die Grundlagen des Vertragsrechts der selbständigen Designer darzustellen.

2 — Vertragsfreiheit

Die Vertragsfreiheit ist ein wesentliches Prinzip unserer Rechtsordnung. Vertragsfreiheit bedeutet zunächst, dass jeder frei entscheiden kann, ob und mit wem er einen Vertrag abschließt. Der Grundsatz der Vertragsfreiheit gewährleistet darüber hinaus die Freiheit der inhaltlichen Ausgestaltung eines Vertrages. Soweit daher nicht zwingende gesetzliche Vorschriften entgegenstehen, können die Vertragsparteien vereinbaren, was immer sie wollen.

Eine schrankenlose Vertragsfreiheit kann es allerdings auch in der freien Marktwirtschaft nicht geben. Das wäre nur dann zu vertreten, wenn die Vertragsparteien wirtschaftlich im wesentlichen gleich stark sind und deshalb das Verhältnis von Leistung und Gegenleistung in angemessener Weise selbst festlegen können. Die Realität sieht anders aus. Oft ist der eine Vertragspartner dem anderen wirtschaftlich und/oder in juristischen Dingen unterlegen. So mancher Vertragsabschluss erweist sich als einseitiges Vertragsdiktat des Stärkeren. Die Vertragsfreiheit der Schwächeren bliebe dabei auf der Strecke, wenn man nicht durch wirksame Schutzmaßnahmen verhindern würde, dass die Stärkeren ihre Interessen stets auf Kosten des schwächeren Vertragspartners durchsetzen. Ohne solche Schutzmaßnahmen wäre die Vertragsautonomie nichts weiter als die „Freiheit eines freien Fuchses in einem freien Hühnerstall" (Roger Garaudy).

Geschützt werden die schwächeren Vertragspartner einmal dadurch, dass bestimmte gesetzliche Regelungen als zwingendes Recht ausgestaltet sind, d.h. durch vertragliche Vereinbarungen nicht außer Kraft gesetzt werden können. Eine solche zwingende Vorschrift ist z.B. der § 32 a UrhG, der eine angemessene Beteiligung des Urhebers an der erfolgreichen Verwertung seines Werkes sicherstellen soll. Auf die Ansprüche, die dem Urheber nach dieser Regelung zustehen, kann im Voraus nicht verzichtet werden.

Eine weitere Schranke der Vertragsfreiheit ergibt sich aus dem Verbot von Rechtsgeschäften, die gegen die „guten Sitten" verstoßen (§ 138 BGB). Sittenwidrig sind beispielsweise Verträge, durch die der eine Vertragspartner den anderen in seiner wirtschaftlichen Handlungs- und Entscheidungsfreiheit übermäßig einschränkt („Knebelungsverträge").

Gerade bei Verträgen über Werke des Urheberrechts erweisen sich jedoch diese und andere Schutzvorkehrungen des Gesetzgebers vielfach als wirkungslos oder unzureichend. Zahlreiche Schutzbestimmungen des Urheberrechtsgesetzes sind dispositiv. Das bedeutet, dass sie durch Verträge außer Kraft gesetzt werden können. Die Verwerter (z.B. Werbeagenturen, Zeitschriftenverlage), die in der Regel die wirtschaftlich stärkeren Vertragspartner sind, nutzen diese Möglichkeit aus, um sich von den Urhebern ein Maximum an Rechten gegen Zahlung eines möglichst bescheidenen Honorars einräumen zu lassen. Angesichts dieser Praxis erweist sich die Vertragsfreiheit für die meisten Designer eher als ein Nachteil, weil sie der wirtschaftlichen Übermacht der Verwerter relativ schutzlos ausgeliefert sind.

3 ───── Vertragsabschluss

Voraussetzungen und Form

Wenn ein Designer einen Auftrag erhält, wird – rechtlich betrachtet – ein Vertrag abgeschlossen. Der Vertrag verpflichtet den Designer, die von ihm geforderte gestalterische Leistung zu liefern. Der Auftraggeber wird verpflichtet, für diese Leistung eine Vergütung zu zahlen.

Ein Vertrag kommt dadurch zustande, dass jemand ein Angebot unterbreitet und dieses Angebot angenommen wird. Angebot und Annahme sind nicht an bestimmte Formen gebunden. Mündliche Verträge sind genauso verbindlich wie schriftliche Vereinbarungen. Allerdings haben schriftliche Vertragsabschlüsse den großen Vorteil, dass sie im Streitfall leichter nachweisbar sind als mündliche Absprachen, an die man sich später vielleicht nicht mehr genau erinnert und für die es oft keine Zeugen gibt.

Das Angebot zu einem Vertragsabschluss ist zu unterscheiden von der bloßen Aufforderung, ein Vertragsangebot zu unterbreiten. Wenn beispielsweise ein Unternehmen einen Grafikdesigner bittet, die Kosten für die Entwicklung eines neuen Firmensignets zu berechnen, so liegt darin noch kein Angebot, einen Vertrag abzuschließen. Es handelt sich lediglich um eine Aufforderung an den Designer, ein konkret berechnetes Leistungsangebot vorzulegen. Das Unternehmen kann nach Vorlage der Kostenkalkulation frei entscheiden, ob es dieses Angebot annehmen will oder nicht. Wird das Angebot abgelehnt, kann der Designer nicht einmal für die Ausarbeitung der Kalkulation ein Honorar verlangen, denn Kostenvoranschläge sind im Zweifel nicht zu vergüten.

Wird dagegen der Grafikdesigner aufgefordert, Ideen zur Gestaltung des Firmenlogos zu entwickeln, sieht die Situation anders aus. Da die Entwicklung von Ideen und Entwürfen normalerweise die kreative Hauptleistung eines Designers darstellt, kann niemand erwarten, dass solche Entwicklungsarbeiten vor Abschluss eines Vertrages kostenlos erbracht werden. Die Aufforderung an den Designer, Ideen und Entwürfe zu präsentieren, ist daher im Regelfall bereits als Vertragsangebot zu werten. Kommt der Designer dieser Aufforderung nach, so liegt darin die Annahme des Angebots. Es wird also ein Vertrag abgeschlossen mit der Folge, dass der Designer selbst dann eine Vergütung verlangen kann, wenn seine Ideen und Entwürfe dem Unternehmen nicht gefallen.

Bedeutung von Bestätigungsschreiben

Designer schließen nur selten schriftliche Verträge mit ihren Auftraggebern ab. Oft bleibt es bei mündlichen Vereinbarungen, über deren Inhalt es später leicht zu Meinungsverschiedenheiten kommen kann.

Wer solche Auseinandersetzungen vermeiden will, sollte mündlich getroffene Vereinbarungen stets schriftlich bestätigen. In dem Bestätigungsschreiben ist der wesentliche Inhalt der beiderseitigen Vertragspflichten noch einmal festzuhalten. Ein Auftraggeber, der ein solches Bestätigungsschreiben erhält und ihm nicht sofort widerspricht, muss dessen Inhalt gegen sich gelten lassen. Er kann also später nicht behaupten, es sei etwas anderes vereinbart worden als das, was in dem Bestätigungsschreiben steht. Sein Schweigen nach Empfang des Bestätigungsschreibens wird als Zustimmung gewertet.

Diese besondere Wirkung des Bestätigungsschreibens wurde ursprünglich nur bei Verträgen zwischen Kaufleuten anerkannt. Inzwischen geht man jedoch davon aus, dass für Personen, die ähnlich wie Kaufleute am geschäftlichen Verkehr teilnehmen, nichts anderes gelten kann. Wenn daher ein Designer mit einer Werbeagentur einen mündlichen Vertrag abschließt, diesen Vertrag anschließend gegenüber der Agentur schriftlich bestätigt und die Agentur dazu schweigt, wird das Schweigen in der Regel als Zustimmung zu dem Inhalt des Bestätigungsschreibens zu werten sein.

Allgemeine Geschäftsbedingungen (AGB)

Mündliche Vereinbarungen mit dem Auftraggeber beschränken sich meist auf das notwendige Minimum. Oft wird nur der Umfang der Designleistungen festgelegt und nicht einmal über die Höhe der Vergütung gesprochen. Angesichts dieser Vertragspraxis kann ein Designer seine Rechte nur dann wahren, wenn er vorformulierte Vertragsbedingungen verwendet, auf die er bei Abschluss eines Vertrages einfach Bezug nimmt.

Solche Allgemeinen Geschäftsbedingungen (AGB) haben den Vorteil, dass sie die Punkte, die für den Designer bei der Abwicklung eines Auftrags besonders wichtig sind, für eine Vielzahl von Verträgen regeln. Die einzelnen Klauseln brauchen nicht bei jedem Vertragsabschluss neu verhandelt zu werden. Es genügt, dass der Designer auf seine AGB bei der Auftragserteilung hinweist und sie so in den Vertrag einbezieht.

Der Hinweis auf die AGB kann mündlich erfolgen, doch wird ein solcher mündlicher Hinweis später nur schwer nachweisbar sein. Besser ist es, den Auftraggeber während der Vertragsgespräche auf die AGB hinzuweisen und ihm anschließend ein Bestätigungsschreiben zu übersenden, in dem nochmals festgehalten wird, dass die AGB des Designers gelten. Die Geschäftsbedingungen sollten entweder dem Bestätigungsschreiben beigefügt oder – noch besser – auf der Rückseite des Bestätigungsschreibens abgedruckt werden. Dabei ist zu beachten, dass auf der Vorderseite in deutlicher Form auf die umseitig abgedruckten AGB hingewiesen werden muss.

4 _____ Vertragsgegenstand

Werkleistung

Bei den Verträgen, die ein Designer mit seinem Auftraggeber abschließt, handelt es sich in der Regel um Werkverträge. Der Werkvertrag verpflichtet den Designer, das vom Auftraggeber bestellte Werk herzustellen. Dieses Werk kann ein grafischer Entwurf, eine Reinzeichnung, eine Illustration oder eine sonstige Gestaltungsarbeit sein.

Auch nach der Reform des Schuldrechts, die zu Beginn des Jahres 2002 in Kraft getreten ist, gelten für die Verträge der Designer weiterhin die Vorschriften des Werkvertragsrechts (§§ 631 ff. BGB). Zwar sieht das reformierte Gesetz vor, dass auf einen Vertrag, der „die Lieferung herzustellender oder zu erzeugender beweglicher Sachen zum Gegenstand hat", die Vorschriften über den Kauf anzuwenden sind (§ 651 Satz 1 BGB). Bei einem Designvertrag geht es jedoch nicht oder jedenfalls nicht vorrangig um die Produktion einer beweglichen Sache, sondern um die Entwicklung und Ausarbeitung von schöpferischen Gestaltungsideen, auch wenn sich die Gestaltungsidee letztlich in einem konkreten Werkstück (Entwurf, Reinzeichnung, Muster etc.) manifestiert. Da somit eine schöpferisch-kreative Leistung der eigentliche Vertragsgegenstand ist, kommt bei Designverträgen die Anwendung kaufrechtlicher Vorschriften nicht in Frage.

Wie das vom dem Designer zu gestaltende Werk aussehen soll, wird durch das sogenannte Briefing festgelegt. Dabei handelt es sich um die schriftlichen oder mündlichen Vorgaben des Auftraggebers für die Gestaltung des Werkes. Die Vorgaben sind oft so weit gefasst, dass der schöpferischen Phantasie des Designers ein breiter Spielraum verbleibt. Diese Gestaltungsfreiheit kann jeder so nutzen, wie er es nach seinem künstlerischen Ermessen für richtig hält. Allerdings muss sich das Werk stets im Rahmen dessen halten, was der Auftraggeber vorgegeben hat. Eigenmächtige Abweichungen von den Briefing-Vorgaben berechtigen den Auftraggeber, die Abnahme des Werkes abzulehnen und die Bezahlung zu verweigern.

Übertragung der Nutzungsrechte

Die Gestaltungsarbeiten, die ein Designer auftragsgemäß herstellt, gehören im Regelfall zu den urheberrechtlich geschützten Werken. Solche Werke darf nur der verwerten, der vom Urheber ein Nutzungsrecht erwirbt. Mit der Herstellung eines Designwerkes ist es also meist nicht getan. Hinzukommen muss noch die Übertragung der urheberrechtlichen Nutzungsrechte, ohne die der Auftraggeber mit dem Werk überhaupt nichts anfangen könnte.

Die Koppelung von Werkherstellung und Nutzungsrechtsübertragung ist eine typische Erscheinung bei fast allen Verträgen zwischen Designern und ihren Auftraggebern. Dabei sind zwei Varianten denkbar. Einmal kann bereits bei der Auftragserteilung festgelegt werden, dass und in welchem Umfang der Auftraggeber die Nutzungsrechte an dem bestellten Werk erwerben soll. Es besteht aber auch die Möglichkeit, dass der Auftrag zunächst auf die Werkherstellung beschränkt wird und der Auftraggeber erst danach entscheidet, ob er das fertige Werk auch nutzen und welche Nutzungsrechte er im einzelnen erwerben will. Bei der ersten Variante muss der Auftraggeber die Gesamtvergütung für die Herstellung und Nutzung auch dann zahlen, wenn ihm das Werk nach der Fertigstellung nicht gefällt und eine Nutzung deshalb nicht stattfindet. Die zweite Variante bietet den Vorteil, dass der Auftraggeber zumindest das Nutzungshonorar einsparen kann, wenn das fertige Werk nicht seinen Vorstellungen entspricht und er deshalb auf eine Nutzungsrechtsübertragung verzichtet.

Nebenleistungen

Zur vollständigen Abwicklung eines Designauftrags gehören außer der Gestaltungsarbeit und der Übertragung von Nutzungsrechten oftmals weitere Leistungen. Wird z.B. eine Werbeanzeige oder ein Werbeprospekt gestaltet, so erwarten manche Unternehmen, dass der Designer auch die Anzeigenschaltung in den Medien veranlasst und den Druck der Werbeprospekte besorgt. Die Erledigung solcher Zusatzarbeiten kann lukrativ sein, weil sich damit zusätzliches Geld verdienen lässt. Es darf aber nicht übersehen werden, dass derartige Nebenleistungen für den Designer auch mit einigen Risiken verbunden sind.

So übernimmt z.B. ein Designer ein hohes Haftungsrisiko, wenn er den Druck von Werbematerial veranlasst und sich um die Drucküberwachung kümmert. Hier kann schon ein kleiner Fehler dazu führen, dass die gesamte Produktion eingestampft und der Druckvorgang auf Kosten des Designers wiederholt werden muss.

Riskant ist die Übernahme solcher Nebenleistungen nicht nur wegen der Haftungsgefahr, sondern auch aus steuerlichen Gründen. Wer als selbständiger Designer über die reine Gestaltungsarbeit hinaus auch mit Anzeigenschaltungen, Drucküberwachung oder anderen Zusatzarbeiten Geld verdient, verliert unter Umständen seinen freiberuflichen Status. Die Anzeigenschaltung ist ebenso wie die Drucküberwachung eine gewerbliche Leistung. Werden solche gewerblichen Leistungen mit einer freiberuflichen Tätigkeit vermischt, hat das in vielen Fällen zur Folge, dass das Finanzamt die gesamte Tätigkeit dem Gewerbe zuordnet. Auch der Teil der Einkünfte, den der Designer mit künstlerischen Gestaltungsarbeiten erzielt, unterliegt dann prinzipiell der Gewerbesteuer.

Die Haftungsrisiken, die mit der Übernahme von Zusatzarbeiten verbunden sein können, lassen sich durch die Vereinbarung entsprechender Haftungsausschlüsse und Haftungsbegrenzungen einschränken.

Vertragsgegenstand bei Lizenzverträgen

Das Urheberrecht als solches ist prinzipiell nicht übertragbar. Ein Designer kann daher weder die Urheberpersönlichkeitsrechte noch die Verwertungsrechte an den von ihm geschaffenen Werken ganz oder teilweise anderen Personen überlassen.

Das Gesetz erlaubt es jedoch, dass der Urheber an den Verwertungsrechten (die grundsätzlich bei ihm verbleiben) Lizenzen vergibt. Die Lizenz ist ein vom Urheberrecht abgeleitetes Nutzungsrecht. Die

Einräumung von Nutzungsrechten durch Abschluss von Lizenzverträgen ist das wichtigste Instrument zur wirtschaftlichen Verwertung von Urheberrechten.

Der Lizenzvertrag ist ein selbständiges Rechtsgeschäft, dem ein Werkvertrag vorgeschaltet sein kann, aber keinesfalls vorgeschaltet sein muss. Lizenzverträge können auch über Designarbeiten (z.B. Illustrationen) abgeschlossen werden, die der Designer frei, d.h. ohne Auftrag produziert hat oder die zwar als Auftragsarbeit entstanden sind, an denen aber der Auftraggeber keine Nutzungsrechte oder nur einen Teil der Nutzungsrechte erworben hat. Reine Lizenzverträge ohne vorgeschalteten Produktionsvertrag sind allerdings bei Designern sehr selten. Sie werden meist von Fotografen und Bildagenturen bzw. von Bildagenturen mit deren Abnehmern geschlossen.

5 Vergütungsfragen

Vergütung für Designarbeiten

Die Vergütungen für Designarbeiten können frei vereinbart werden. Es gibt keine Regelung, die verbindlich festlegt, welche Berechnungsmaßstäbe anzuwenden sind und wie hoch die Vergütung insgesamt bemessen sein darf.

Fehlende Vergütungsvereinbarung und Höhe der Vergütung

Ein Auftraggeber muss eine Designleistung auch dann bezahlen, wenn über die Vergütung bei Vertragsabschluss nicht gesprochen wurde. Niemand kann von einem Designer erwarten, dass er kostenlos arbeitet. Bei der Beauftragung eines Designers gilt daher eine Vergütung in der Regel als stillschweigend vereinbart.

Wird die Höhe der Vergütung bei Abschluss eines Werkvertrages nicht festgelegt, hat der Designer Anspruch auf die übliche Vergütung. Welche Vergütung für bestimmte Designleistungen üblich ist, ermitteln die Gerichte in Streitfällen durch Einholung eines Sachverständigengutachtens. Die Sachverständigen gehen meist davon aus, dass Grafikdesigner ihre Honorare überwiegend auf der Grundlage des AGD-Vergütungstarifvertrages oder der BDG-Honorarempfehlungen berechnen. Diese beiden Kalkulationshilfen geben demnach zuverlässig Aufschluss über die übliche Vergütung für Grafikdesignleistungen.

Vereinbarte Vergütung

Auch wenn ein Designer trotz fehlender Vergütungsvereinbarung prinzipiell Anspruch auf Bezahlung seiner Leistungen hat, sollte die Vergütungsfrage bei einem Vertragsabschluss nicht einfach übergangen werden. Viele Designer befürchten, dass sie einen Auftrag nicht erhalten, wenn sie bei den Vertragsverhandlungen auf die Vergütung zu sprechen kommen. Oft übernehmen sie dann einen Auftrag in der Hoffnung, dass man sich hinterher über die Bezahlung schon einigen wird. Diese Haltung ist kurzsichtig, denn das Problem wird damit nur auf einen späteren Zeitpunkt verlagert.

Über die Vergütung sollte man sich einigen, bevor die Werkleistung erbracht ist und der Designer in eine ungünstige Verhandlungsposition gerät. Eine einvernehmliche Festlegung der Vergütung bei Vertragsabschluss ist allemal zeitsparender und kostengünstiger als ein nachträglich zu führender Zivilprozess, in dem sich der Designer die Vergütung für seine Leistungen erst mühsam und mit hohem Kostenrisiko erkämpfen muss.

Bei jeder Vergütungsvereinbarung ist allerdings darauf zu achten, dass die Leistungen, die der Designer zu erbringen hat, vorher genau fixiert werden. Solange der Auftraggeber den Leistungsumfang nur grob skizziert und der Designer den erforderlichen Zeitaufwand nicht abschätzen kann, sollte er sich nicht auf eine konkrete Vergütung festlegen. Er läuft sonst Gefahr, eine Vielzahl nicht vorhergesehener Arbeiten für ein unangemessen niedriges Honorar ausführen zu müssen.

Ist eine genaue Festlegung des Leistungsumfangs bei Vertragsabschluss nicht möglich, sollte man eine Bezahlung nach Zeitaufwand vereinbaren und vorab die Höhe des Stundensatzes festlegen. Die spätere urheberrechtliche Nutzung der Designarbeiten ist entweder bereits bei der Festlegung des Stundensatzes zu berücksichtigen oder aber durch die Vereinbarung eines gesonderten Nutzungshonorars abzugelten.

Bedeutung von Kostenvoranschlägen

Vor Abschluss eines Vertrages wird ein Designer häufig aufgefordert, einen Kostenvoranschlag einzureichen. Der Kostenanschlag soll dem Auftraggeber darüber Aufschluss geben, was er im Falle einer Auftragserteilung voraussichtlich zu zahlen hat. Kommt es später zum Vertragsschluss, geschieht das meist auf der Grundlage des Kostenvoranschlags.

Normalerweise hat ein Kostenvoranschlag lediglich die Bedeutung einer unverbindlichen Berechnung der voraussichtlichen Kosten. Übernimmt allerdings ein Designer die Gewähr für die Richtigkeit seiner Kostenkalkulation, kann er später auch nur die von ihm veranschlagte Vergütung verlangen.

Unterbleibt eine solche Garantieerklärung, darf der Designer den Kostenvoranschlag bei der Abrechnung seiner Leistungen überschreiten. Allerdings muss er seinen Auftraggeber unverzüglich informieren, sobald eine wesentliche Überschreitung der ursprünglichen Kalkulation abzusehen ist. Der Auftraggeber hat in einem solchen Fall das Recht, den Vertrag sofort zu kündigen. Bei einer Kündigung braucht er nur die Arbeiten zu bezahlen, die bereits ausgeführt wurden.

Anzuzeigen ist dem Auftraggeber nur eine wesentliche Überschreitung des Kostenvoranschlages. Als wesentlich betrachtet man im allgemeinen eine Überschreitung um 15 bis 20 Prozent.

Vergütung bei Stornierung eines Auftrags

Bei einem Werkvertrag hat der Auftraggeber bis zur Vollendung des Werkes jederzeit das Recht, den Vertrag ohne Angabe von Gründen zu kündigen. Dem Designer entsteht dadurch kein Schaden, denn er behält grundsätzlich den Anspruch auf die volle Vergütung (anders bei einer Kündigung wegen wesentlicher Überschreitung des Kostenvoranschlags). Storniert also eine Werbeagentur den Auftrag, bevor der Designer mit den Entwurfsarbeiten begonnen hat, oder bittet sie den Designer, die bereits begonnene Arbeit noch vor der Fertigstellung abzubrechen, so kann der Designer die bei Vertragsschluss vereinbarte Vergütung verlangen. Dazu gibt es allerdings zwei Einschränkungen:

Abzug ersparter Kosten
- Zum einen ist auf die Vergütung anzurechnen, was man infolge der vorzeitigen Aufhebung des Vertrages an Kosten einspart. Sollte also die vereinbarte Vergütung auch Reisekosten oder Kosten für Arbeitsmaterial abdecken, so müssen diese Kosten von der Vergütung abgezogen werden, weil sie wegen der Auftragsstornierung nicht angefallen sind.

Anrechnung von Ersatzverdienst
- Zum anderen muss sich der Designer auch das anrechnen lassen, was er durch Ersatzaufträge erwirbt. Wer also nach der Vertragskündigung einen anderen Auftrag übernehmen kann, den er sonst aus Zeitgründen hätte ablehnen müssen, kann allenfalls die Differenz zwischen der Vergütung für den gekündigten Auftrag und dem Verdienst aus dem Ersatzauftrag fordern. Diese Rechtsfolge lässt sich auch nicht dadurch ver-

meiden, dass man den Ersatzauftrag einfach ausschlägt, denn anzurechnen ist auch der Verdienst, den zu erwerben jemand böswillig unterlässt.

In der Praxis wird es allerdings kaum passieren, dass sich ein Designer einen Ersatzverdienst anrechnen lassen muss. Da ein Freiberufler nicht an feste Arbeitszeiten gebunden ist, kann er prinzipiell jeden Auftrag ausführen, der ihm angeboten wird. Es dürfte deshalb nur selten die Situation eintreten, dass sich ein Designer zwischen zwei Aufträgen entscheiden muss. Dementsprechend wird die Arbeit, die er nach der Kündigung eines Auftrags für einen anderen Kunden ausführt, nur in Ausnahmefällen ein Geschäft sein, das er ohne die Auftragskündigung nicht hätte erledigen können.

6 ——— Mängelhaftung des Designers

Pflicht zur mangelfreien Herstellung des Werkes

Ein Designer hat seinem Auftraggeber das geschuldete Werk frei von Sach- und Rechtsmängeln zu verschaffen. Ist das Werk mangelhaft, kann der Auftraggeber die im Gesetz vorgesehenen Gewährleistungsrechte geltend machen.

Die Regeln des Gewährleistungsrechts kommen allerdings regelmäßig erst nach Abnahme der Werkleistung zur Anwendung. Sind schon vor der Abnahme wesentliche Mängel erkennbar, kann der Auftraggeber die Abnahme verweigern und die Herstellung eines neuen einwandfreien Werkes verlangen. Der Designer hat in diesem Fall nicht die Möglichkeit, seinen Kunden auf die Gewährleistungsrechte zu verweisen.

Sach- und Rechtsmängel

Sachmängel   Eine Designarbeit ist frei von Sachmängeln, wenn sie die vereinbarte Beschaffenheit hat. Wurde zur Beschaffenheit nichts vereinbart, ist darauf abzustellen, ob sich das Werk für die nach dem Vertrag vorausgesetzte Nutzung eignet. Setzt der Vertrag keine bestimmte Nutzung voraus, muss geprüft werden, ob das Werk für die gewöhnliche Verwendung taugt und eine Beschaffenheit aufweist, die bei Werken der gleichen Art üblich ist und die der Auftraggeber nach der Art des Werkes erwarten kann.

Für die Feststellung eines Sachmangels kommt es danach entscheidend darauf an, ob die von dem Designer erbrachte Werkleistung diejenige Beschaffenheit aufweist, auf die sich die Parteien bei der Auftragserteilung geeinigt haben oder die notwendig ist, um das Werk in der vertraglich vorausgesetzten (bzw. gewöhnlichen) Art und Weise verwenden zu können. Die Frage, ob eine Designarbeit diesen Anforderungen genügt, ist einfach zu beantworten, wenn beispielsweise ein Logo auf einem Briefbogen versehentlich schräg platziert wird. Eine solche Arbeit ist eindeutig mangelhaft. Schwieriger wird es dagegen, wenn der Designer die Schrägstellung des Logos bewusst wählt, um damit einen bestimmten künstlerischen Effekt zu erzielen, und wenn diese Gestaltung dem Auftraggeber nicht gefällt.

Hier zeigt sich, dass das Werk eines Designers immer auch das Produkt eines künstlerischen Prozesses ist, der sich bei der Auftragserteilung nur selten bis ins Detail festlegen lässt. Ein Künstler genießt auch im Rahmen eines Werkvertrages eine Gestaltungsfreiheit, die seiner künstlerischen Eigenart entspricht und die es ihm erlaubt, ein Werk nach seinen individuellen schöpferischen Vorstellungen zu gestalten. Eine Designarbeit muss zwar die Beschaffenheit aufweisen, die bei der Auftragserteilung vereinbart oder vertraglich vorausgesetzt wurde. Es ist aber nicht zwingend erforderlich, dass das Werk dem Auftraggeber auch gefällt und seinem Geschmack entspricht.

Wer einen Designer beauftragt, geht damit immer das Risiko ein, dass der seine künstlerische Gestaltungsfreiheit in einer Art und Weise nutzt, die den eigenen Vorstellungen zuwider läuft. Dieses Risiko lässt sich nur dadurch vermeiden, dass sich der Auftraggeber vor Vertragsabschluss mit der künstlerischen Eigenart des Designers vertraut macht. Wenn er dazu nicht bereit ist, muss er auch in Kauf nehmen, dass ihm die fertige Arbeit möglicherweise nicht gefällt.

Rechtsmängel Anders als bei den Sachmängeln geht es bei den Rechtsmängeln nicht um die optische oder funktionelle Beschaffenheit eines Werkes, sondern um die Frage, ob der Auftraggeber das Werk auch ungehindert nutzen kann. Eine Designarbeit ist frei von Rechtsmängeln, wenn Dritte in Bezug auf diese Arbeit keine oder nur die in dem Werkvertrag übernommenen Rechte gegen den Auftraggeber geltend machen können. Besteht für Dritte die Möglichkeit, die vereinbarte bzw. vertraglich vorausgesetzte oder gewöhnliche Nutzung der Designarbeit unter Berufung auf Urheberrechte, Markenrechte oder sonstige gewerbliche Schutzrechte zu unterbinden, zu behindern oder einzuschränken, dann ist die Leistung des Designers mangelhaft.

Gewährleistungsrechte

Wenn sich bei der Ablieferung einer Designarbeit oder nach der Abnahme herausstellt, dass das Werk mit einem Sach- oder Rechtsmangel behaftet ist, bestehen folgende Gewährleistungsansprüche:

Nacherfüllung   Zunächst kann der Auftraggeber eine Nacherfüllung verlangen. Der Designer hat in diesem Fall nach seiner eigenen Wahl entweder den Mangel zu beseitigen oder ein neues Werk herzustellen. Er darf die Nacherfüllung nur dann verweigern, wenn die Mängelbeseitigung oder Neuherstellung nicht möglich ist oder einen unverhältnismäßigen Aufwand erfordern würde. Entscheidet sich der Designer, den Nacherfüllungsanspruch seines Kunden durch Herstellung eines neuen Werkes zu erfüllen, kann er von dem Kunden die Rückgabe des mangelhaften Werkes verlangen. Die mit der Nacherfüllung verbundenen Aufwendungen, insbesondere die Transport-, Wege-, Arbeits- und Materialkosten, hat der Designer zu tragen.

Selbstvornahme   Wenn der Designer wegen eines Sach- oder Rechtsmangels vergeblich zur Nacherfüllung aufgefordert wurde, ist der Auftraggeber berechtigt, den Mangel selbst zu beseitigen (bzw. von einem anderen Designer beseitigen zu lassen) und Ersatz der dafür erforderlichen Aufwendungen zu verlangen. Das Recht zur Selbstvornahme besteht allerdings im Regelfall erst und nur dann, wenn der Auftraggeber dem Designer eine bestimmte angemessene Frist zur Nacherfüllung gesetzt hat und die Nacherfüllung nicht bis zum Ablauf der gesetzten Frist erfolgt. Ein Auftraggeber, der diesen wichtigen Punkt außer Acht lässt, schadet sich selbst.

Es kommt immer wieder vor, dass ein Kunde, dem eine mangelhafte Arbeit präsentiert wird, aus Verärgerung den geschäftlichen Kontakt zu dem Designer sofort abbricht und die Mängel direkt von einem anderen beseitigen lässt. Dieses übereilte Handeln kommt ihn in doppelter Hinsicht teuer zu stehen. Zum einen muss er die Kosten der Mängelbeseitigung in solchen Fällen selbst tragen. Zum anderen hat er dem Designer trotz der festgestellten Mängel die volle Vergütung zu zahlen, weil er ihm keine Gelegenheit gegeben hat, die Sache selbst in Ordnung zu bringen.

Die regelmäßig notwendige Bestimmung einer Frist zur Nacherfüllung ist ausnahmsweise entbehrlich, wenn einer der folgenden Fälle vorliegt:

- Die Nacherfüllung wird von dem Designer ernsthaft und endgültig verweigert.
- Für die Ablieferung der Designarbeit wurde ein bestimmter Termin festgelegt. Dieser Termin war nach dem Willen der Vertragsparteien derart wesentlich, dass das gesamte Geschäft mit der exakten Einhaltung des Abgabetermins „stehen und fallen" sollte („Fixgeschäft"). Da bis zu dem festgelegten Termin keine mangelfreie Arbeit geliefert wurde, ist das Interesse des Auftraggebers an einer Vertragserfüllung entfallen.
- Es liegen besondere Umstände vor, die bei der Abwägung der beiderseitigen Interessen eine sofortige Selbstvornahme durch den Auftraggeber rechtfertigen. Ein solcher Umstand kann sich z.B. daraus ergeben, dass die Mängelbehebung besonders eilbedürftig und der Designer nicht erreichbar oder aus sonstigen Gründen an einer raschen Nacherfüllung gehindert ist.
- Eine von dem Designer durchgeführte Nacherfüllung ist fehlgeschlagen.
- Eine Nacherfüllung ist dem Auftraggeber nicht zuzumuten, was insbesondere dann der Fall sein kann, wenn das Vertrauensverhältnis zu dem Designer erschüttert und eine ordnungsgemäße Mängelbeseitigung aus Sicht des Auftraggebers nicht mehr zu erwarten ist.

Weitere Voraussetzung für die Selbstvornahme ist außer der regelmäßig notwendigen Fristsetzung, dass der Designer zur Nacherfüllung verpflichtet ist, diese Maßnahme also nicht wegen Unmöglichkeit oder eines unverhältnismäßigen Aufwandes verweigern darf. Ist auch diese Bedingung erfüllt, kann der Auftraggeber den Mangel (in der Regel allerdings erst nach Ablauf der Frist zur Nacherfüllung) selbst beseitigen. Er hat dann außerdem die Möglichkeit, von dem Designer für die zur Beseitigung des Mangels erforderlichen Aufwendungen einen Vorschuss zu verlangen.

Rücktritt

Der Auftraggeber kann bei Ablieferung einer mangelhaften Designarbeit zurücktreten und sich dadurch von dem Werkvertrag lösen, wenn folgende Voraussetzungen erfüllt sind:
- Eine von dem Auftraggeber gesetzte angemessene Frist zur Nacherfüllung ist erfolglos abgelaufen. Eine Aufforderung zur Nacherfüllung kann allerdings aus den Gründen, die bereits in dem Abschnitt „Selbstvornahme" aufgelistet wurden, ausnahmsweise entbehrlich sein.
- Es darf keiner der gesetzlichen Ausschlussgründe für einen Rücktritt vorliegen. Ausgeschlossen ist der Rücktritt, wenn der beanstandete Mangel den Wert oder die Tauglichkeit der Designarbeit nur unerheblich mindert, wenn der Auftraggeber für den Umstand, der zur Mangelhaftigkeit geführt hat, allein oder überwiegend verantwortlich ist oder wenn

sich der Auftraggeber zu dem Zeitpunkt, als dieser Umstand eingetreten ist, bereits in Annahmeverzug befunden hat.
- Der Rücktritt muss gegenüber dem Designer ausdrücklich erklärt werden.

Minderung

Ist das abgelieferte Werk mangelhaft, kann der Auftraggeber, statt zurückzutreten, auch die Vergütung des Designers mindern. Die Minderung ist im Prinzip unter den gleichen Voraussetzungen möglich wie der Rücktritt, erfordert also im Regelfall eine vorherige Fristsetzung zur Nacherfüllung. Anders als beim Rücktritt ist eine Minderung allerdings auch dann zulässig, wenn der beanstandete Mangel den Wert oder die Tauglichkeit der Designarbeit nur unerheblich beeinträchtigt. Die Minderung erfolgt durch eine entsprechende Erklärung gegenüber dem Designer.

Wenn der Auftraggeber die Minderung erklärt, ist die vereinbarte Vergütung in dem Verhältnis herabzusetzen, in welchem der Wert der Designarbeit in mangelfreiem Zustand zu dem wirklichen Wert gestanden haben würde. Die Minderung ist, soweit erforderlich, durch Schätzung zu ermitteln. Hat der Auftraggeber bereits mehr als die geminderte Vergütung gezahlt, ist der Mehrbetrag von dem Designer zu erstatten.

Schadensersatz

Wenn die von dem Designer abgelieferte Arbeit mit einem Sach- oder Rechtsmangel behaftet ist, kann der Auftraggeber statt der Leistung auch Schadensersatz verlangen. Dazu müssen folgende Voraussetzungen erfüllt sein:
- Der beanstandete Mangel ist von dem Designer zu vertreten.
- Der Auftraggeber hat dem Designer erfolglos eine angemessene Frist zur Nacherfüllung gesetzt (sofern nicht eine solche Nachfrist aus den Gründen, die bereits in dem Abschnitt „Selbstvornahme" aufgelistet wurden, ausnahmsweise entbehrlich ist).
- Durch die mangelhafte Werkleistung ist ein Schaden entstanden. Der Schaden ergibt sich aus der Differenz zwischen dem Wert dessen, was der Auftraggeber tatsächlich erhält, und dem Wert der Leistung, die nach dem Vertrag geschuldet war.

Sind die genannten Voraussetzungen für die Geltendmachung eines Schadensersatzanspruchs erfüllt, hat der Auftraggeber die Wahl, ob er die gesamte Designleistung wegen des Mangels zurückweist oder aber das mangelhafte Werk behält und nur den mangelbedingten Minderwert als Schadensersatz fordert. Gibt er die mangelhafte Arbeit komplett zurück, kann er von dem Designer verlangen, finanziell so gestellt zu werden, wie er bei Lieferung eines mangelfreien Werkes gestanden hätte. Dieser sogenannte „große" Schadensersatz setzt allerdings voraus, dass der beanstandete Mangel den Wert oder die Tauglichkeit der Designarbeit erheblich mindert. Ist die Beeinträchtigung dagegen unerheblich, hat der Auftraggeber lediglich Anspruch auf Ersatz des mangelbedingten Minderwertes (sogenannter „kleiner" Schadensersatz).

Ersatz vergeblicher Aufwendungen

Anstelle des Schadensersatzes (und unter denselben Voraussetzungen wie beim Schadensersatz) kann der Auftraggeber den Ersatz der Aufwendungen verlangen, die er im Vertrauen auf den Erhalt der Designleistung gemacht hat und billigerweise machen durfte. Das gilt allerdings nicht, wenn der Zweck der Aufwendungen auch bei Lieferung einer mangelfreien Arbeit nicht erreicht worden wäre.

Vorbehaltlose Abnahme der Werkleistung

Wenn der Auftraggeber bei der Abnahme sichtbare Mängel feststellt oder wenn er weiß, dass versteckte Mängel vorhanden sind, muss er sich seine Rechte wegen dieser Mängel ausdrücklich vorbehalten. Geschieht das nicht, verliert er den Anspruch auf Nacherfüllung. Außerdem entfallen bei einer vorbehaltlosen Abnahme der Werkleistung das Recht zur Selbstvornahme, das Rücktrittsrecht und das Recht zur Minderung. Erhalten bleiben dem Auftraggeber in einem solchen Fall lediglich der Schadensersatzanspruch und der Anspruch auf Ersatz vergeblicher Aufwendungen. Beide Ansprüche setzen allerdings voraus, dass der Designer den beanstandeten Mangel zu vertreten hat.

Auf diese besondere Wirkung der Abnahme sollte sich ein Designer vor allem dann besinnen, wenn dem Auftraggeber erst mehrere Tage oder Wochen nach Ablieferung der Werkleistung einfällt, diese Arbeit als mangelhaft zu beanstanden. Gerade bei Designleistungen sind echte Mängel in der Regel sofort sichtbar. Sie müssten deshalb auch bei der Abnahme ohne weiteres bemerkt werden. Wenn der Auftraggeber trotzdem nichts sagt und erst später Mängelrügen vorbringt, kann man ihm entgegenhalten, dass er die Arbeit vorbehaltlos abgenommen und damit jeden Anspruch auf Mängelbeseitigung oder auf Herabsetzung der Vergütung verloren hat.

Ausschluss und Einschränkung der Mängelhaftung

Prinzipiell hat ein Designer die Möglichkeit, die im Gesetz vorgesehene Mängelhaftung auszuschließen oder die Gewährleistungsrechte des Auftraggebers einzuschränken. Für einen solchen Haftungsausschluss und die Haftungsbegrenzung, die jeweils vertraglich vereinbart werden müssen, gibt es allerdings gewisse Grenzen.

So kann sich ein Designer auf einen vereinbarten Haftungsausschluss dann nicht berufen, wenn er den Sach- oder Rechtsmangel arglistig verschwiegen oder eine Garantie für die Beschaffenheit des Werkes übernommen hat (§ 639 BGB). In Werkverträgen, die ein Designer mit Privatpersonen (Verbrauchern) abschließt, sind Formularklauseln unzulässig, durch die die Gewährleistungsrechte des Vertragspartners generell ausgeschlossen oder in bestimmter Weise beschränkt werden (§ 309 Nr. 8 b BGB). Unwirksam sind formularmäßige Haftungsausschlüsse oder -beschränkungen außerdem dann, wenn dadurch Pflichten außer Kraft gesetzt werden, deren Erfüllung die ordnungsgemäße Durchführung des Vertrages erst ermöglicht und auf deren Erfüllung der andere Teil vertrauen darf. Auch einem Auftraggeber, der als Unternehmer am geschäftlichen Verkehr teilnimmt und deshalb weniger schutzbedürftig ist als ein Verbraucher, muss der Designer deshalb mindestens einen Nacherfüllungsanspruch und ein Rücktrittsrecht oder einen Schadensersatzanspruch für den Fall einer verzögerten, unterlassenen, unmöglichen oder misslungenen Nacherfüllung zugestehen.

Verjährung der Gewährleistungsrechte

Bei Designverträgen, bei denen es in der Regel nicht so sehr um die Herstellung einer Sache, sondern vorrangig um die Entwicklung und Ausarbeitung von schöpferischen Gestaltungsideen geht, verjähren die Gewährleistungsrechte des Auftraggebers in drei Jahren (§ 634 a Abs. 1 Nr. 3 BGB). Die Verjährungsfrist beginnt mit dem Schluss des Jahres, in dem der Anspruch entstanden ist und der Auftraggeber von den Umständen, aus denen sich sein Gewährleistungsanspruch ergibt, Kenntnis erlangt oder ohne grobe Fahrlässigkeit erlangen müsste. Wird also beispielsweise im August des Jahres 2003 eine mangelhafte Designarbeit erstellt, beginnt die dreijährige Verjährungsfrist für die Gewährleistungsrechte des Auftraggebers normalerweise mit Ablauf des 31. Dezember 2003. Entdeckt der Auftraggeber den Mangel aber erst im März 2004 und war eine frühere Entdeckung für ihn nicht möglich, dann beginnt die Verjährungsfrist erst ein Jahr später, also mit Ablauf des 31. Dezember 2004.

Da der Lauf der Verjährungsfrist an das Kennen bzw. Kennenmüssen der Umstände anknüpft, aus denen sich die Mängelhaftung des Designers ergibt, könnte sich der Verjährungsbeginn theoretisch ins Unendliche verschieben. Um das zu verhindern, sieht das Gesetz vor, dass die Gewährleistungsrechte ohne Rücksicht auf die Kenntnis oder das Kennenmüssen der haftungsbegründenden Umstände spätestens zehn Jahre nach Entstehung dieser Rechte verjähren.

Die im Gesetz vorgesehenen Verjährungsfristen können durch vertragliche Vereinbarungen verkürzt oder verlängert werden. Ein Designer hat also durchaus die Möglichkeit, mit seinem Auftraggeber eine Verkürzung der Gewährleistungsfristen zu vereinbaren. Solche Vereinbarungen empfehlen sich vor allem dann, wenn ein weitgehender Ausschluss der Mängelhaftung rechtlich nicht möglich oder bei dem Kunden nicht durchzusetzen ist. Wird allerdings die Verkürzung der Verjährungsfristen in Allgemeinen Geschäftsbedingungen (AGB) geregelt, sollte die Frist nicht auf weniger als ein Jahr abgekürzt werden, denn das kann zur Unwirksamkeit der Kürzungsklausel führen.

7 Auftragsabwicklung mit Drittbeteiligung

Subunternehmer des Designers

Es wurde bereits darauf hingewiesen, dass bei der Abwicklung eines Designauftrags häufig die Einschaltung weiterer Personen oder Firmen notwendig ist. Ein Grafikdesigner, der fertige Werbeprospekte vorlegen soll, muss mit der Lithoanstalt und der Druckerei zusammenarbeiten. Ein Fotodesigner ist bei Modefotografien auf die Mitwirkung von Modellen und Stylisten angewiesen. Modedesigner bedienen sich manchmal der Mithilfe eines Schneiders, um Muster der von ihnen entworfenen Modelle herstellen zu lassen.

Im Regelfall bleibt es dem Designer überlassen, ob er Dritte bei der Auftragsabwicklung hinzuzieht und wen er zu diesem Zweck auswählt. Der Designer beauftragt Fotomodelle, Reinzeichner, Lithoanstalten etc. meist im eigenen Namen und auf eigene Rechnung, d.h. die betreffenden Personen und Firmen werden nicht als Beauftragte des Kunden, sondern als Subunternehmer des Designers tätig.

Die Einschaltung von Subunternehmern ist mit einigen Nachteilen verbunden. So hat ein Designer für mangelhafte Leistungen seiner Subunternehmer in gleicher Weise einzustehen wie für selbstverschuldete Mängel. Umgekehrt haftet er dem Subunternehmer für die Bezahlung der geleisteten Arbeit auch dann, wenn der Kunde, an den der Werklohn des Subunternehmers weiterbelastet werden soll, plötzlich zahlungsunfähig wird und Insolvenz anmeldet. Ein Designer, der auf solche Zahlungsausfälle nicht vorbereitet ist und den Subunternehmer am Ende aus eigener Tasche bezahlen muss, kann so leicht selbst in die Insolvenz getrieben werden.

Aus der Beauftragung von Subunternehmen im eigenen Namen und für eigene Rechnung können sich für einen Designer auch steuerliche Nachteile ergeben. Da die Zahlungen an die Subunternehmer und die entsprechenden Kostenerstattungen der Kunden in der Buchhaltung des Designers erfasst werden, wird das Finanzamt u.U. davon ausgehen, dass der Designer sein Geld nicht nur durch freiberufliche (künstlerische) Designleistungen, sondern auch durch gewerbliche Lieferungen und Leistungen verdient. Zu einer solchen Bewertung kann es vor allem dann kommen, wenn der Designer beispielsweise die Kosten der von ihm beauftragten Druckereien oder die Kosten einer Anzeigenschaltung nicht einfach an die Kunden weiterreicht, sondern eine Provision für den eigenen Bearbeitungs- und Vermittlungsaufwand aufschlägt. Wer so verfährt, verdient sein Geld nicht nur mit künstlerischen Designleistungen, sondern – aus der Sicht des Finanzamtes – auch mit der Lieferung von Drucksachen, der Anzeigenschaltung und anderen gewerblichen Leistungen. Das kann dazu führen, dass die gesamte Tätigkeit des Designers, also auch die Designleistungen, dem gewerblichen Bereich zugeordnet und sämtliche Einkünfte der Gewerbesteuer unterworfen werden (dazu ausführlicher S. 240 ff.).

Mitarbeit für Rechnung des Auftraggebers

Jedem Designer ist zu empfehlen, bei der oft notwendigen Einschaltung dritter Personen nach Möglichkeit keine Unteraufträge im eigenen Namen und für eigene Rechnung zu erteilen. Die Druckerei, die Lithoanstalt und die anderen Drittbeteiligten sollten entweder direkt vom Kunden beauftragt werden oder der Designer sollte sich bevollmächtigen lassen, die entsprechenden Verträge im Namen des Kunden und auf dessen Rechnung abzuschließen. In beiden Fällen kommt die Vertragsbeziehung unmittelbar zwischen dem Kunden und dem an der Auftragsabwicklung beteiligten Dritten zustande. Die Folge ist, dass der Designer weder für die mangelhafte Arbeit des Dritten haftet noch für dessen Bezahlung aufzukommen braucht, falls der Kunde einmal zahlungsunfähig werden sollte. Auch die oben beschriebenen steuerlichen Nachteile werden vermieden.

Damit diese Rechtsfolgen eintreten können, müssen entsprechende Vorkehrungen getroffen werden. Da der Auftraggeber in der Regel nicht bereit ist, selbst mit Lithoanstalten, Druckereien etc. zu verhandeln, sollte sich der Designer die Vollmacht geben lassen, diese Verhandlungen und die Vertragsabschlüsse im Namen des Kunden abzuwickeln. Das kann ausdrücklich unter Zeugen, in einem schriftlichen Vertrag oder durch die Einbeziehung von Allgemeinen Geschäftsbedingungen geschehen, die eine solche Bevollmächtigung vorsehen.

Mit der Einholung einer Vollmacht allein ist es aber nicht getan. Bei der Beauftragung eines Dritten muss der Designer auch ausdrücklich klarstellen, dass er den Auftrag nicht im eigenen Namen, sondern im Namen des Kunden als dessen Bevollmächtigter und für dessen Rechnung erteilt. Das sollte möglichst schriftlich geschehen, damit später ein sicherer Nachweis geführt werden kann.

TIPPS ZUR AUFTRAGSABWICKLUNG UND VERTRAGSGESTALTUNG

Wolfgang Maaßen

Auftragsabwicklung

Präsentation von Gestaltungsideen

Präsentieren Sie keine eigenen Gestaltungsideen und -konzeptionen, bevor nicht ein Auftrag zur Realisierung der Idee oder Konzeption erteilt oder zumindest ein Vertrag abgeschlossen ist, durch den Sie sich gegen eine unerlaubte Verwertung der Gestaltungsidee/-konzeption absichern.

Kostenvoranschlag

Eine Kostenschätzung sollten Sie ausdrücklich als „Kostenvoranschlag" ausweisen. Es muss klar ersichtlich sein, dass es sich um eine unverbindliche Schätzung der voraussichtlichen Kosten der Entwurfs- und Gestaltungsarbeit handelt. Vermeiden Sie die Übernahme einer Gewähr für die Richtigkeit des Kostenvoranschlags.

Leistungsumfang

Lassen Sie sich weder in einem Kostenvoranschlag noch bei der Auftragserteilung auf die Festlegung eines bestimmten Honorars ein, wenn der Umfang der Leistungen, die Sie für das Honorar erbringen sollen, noch nicht klar fixiert ist. In solchen Fällen sollten Sie lediglich Ihren Stundensatz nennen und im übrigen darauf hinweisen, dass Sie nach Zeitaufwand abrechnen werden.

Bestätigungsschreiben

Bestätigen Sie mündlich oder telefonisch erteilte Aufträge stets schriftlich. Ihr Bestätigungsschreiben sollte enthalten:
- eine Bezugnahme auf das Gespräch oder Telefonat, in dem der Auftrag erteilt wurde;
- die Erklärung, dass die Auftragserteilung „hiermit noch einmal bestätigt" wird;
- eine kurze Wiedergabe aller wesentlichen Punkte der Vereinbarung (Art der Designleistung, Verwendungszweck, Ablieferungstermin, Honorar, sonstige Vereinbarungen);
- den ausdrücklichen Hinweis, dass der Auftrag auf der Basis der von Ihnen verwendeten Allgemeinen Geschäftsbedingungen (AGB) ausgeführt wird;
- die Wiedergabe der AGB auf der Rückseite des Bestätigungsschreibens oder auf einem gesonderten Blatt, das dem Bestätigungsschreiben beigefügt wird.

Eigene AGB — Besorgen Sie sich einen AGB-Text, der alle wesentlichen Punkte der Rechtsbeziehung zwischen Designer und Auftraggeber in Ihrem Sinne regelt.

AGB des Kunden — Versuchen Sie, die von Ihnen verwendeten AGB in alle Verträge mit Ihren Auftraggebern einzubeziehen. Widersprechen Sie einer Einbeziehung der AGB des Auftraggebers in den Vertrag, wenn diese AGB wesentliche Punkte (z.B. Nutzungsrechte, Risikoverteilung) einseitig zu Ihren Lasten regeln.

Abwehr fremder AGB — Wenn Sie mit den AGB des Auftraggebers nicht einverstanden sind, Ihnen aber nicht offen und ausdrücklich widersprechen möchten, empfiehlt sich folgendes Vorgehen:

Reagieren Sie auf ein Bestätigungsschreiben des Auftraggebers, mit dem dieser seine AGB ins Spiel zu bringen versucht, mit einem eigenen Bestätigungsschreiben. Verweisen Sie in Ihrem Schreiben auf die Geltung Ihrer AGB. Auf diese Weise lassen sich die AGB des Auftraggebers in vielen Fällen außer Kraft setzen, soweit sie Ihren AGB widersprechen. Anstelle der einander widersprechenden AGB-Regelungen gelten dann die gesetzlichen Vorschriften, die für Sie in der Regel günstiger sein werden als die vom Auftraggeber formulierten AGB-Klauseln.

Nutzungsrechte — Räumen Sie dem Auftraggeber an Ihren Arbeiten möglichst nur die Nutzungsrechte ein, die er zur Erfüllung des Vertragszwecks unbedingt benötigt. Werden also z.B. Illustrationen für eine Werbeanzeige bei Ihnen bestellt, dann sollten Sie dem Auftraggeber die Nutzungsrechte auch nur für diese Anzeige überlassen.

Vertragszweck — Definieren Sie in Ihrer Auftragsbestätigung den Zweck, für den der Auftraggeber die Designarbeiten benötigt, so präzise wie möglich (z.B. „... für Werbeprospekt Herbst/Winter 2003/2004"). Bedenken Sie, dass der vertraglich festgelegte Zweck in den Fällen, in denen zu den Nutzungsrechten sonst nichts weiter vereinbart wird, zugleich den Umfang der eingeräumten Nutzungsrechte bestimmt.

Komplettes Buyout — Wenn die AGB des Auftraggebers eine umfassende Einräumung aller urheberrechtlichen Nutzungsrechte vorsehen, obwohl der konkrete Vertragszweck nur die Einräumung beschränkter Rechte erfordert, sollten Sie die umfassende Rechtseinräumung verweigern. Sie können das Verfahren anwenden, das oben unter dem Stichwort „Abwehr fremder AGB" beschrieben wird.

Reaktion auf Kundenschreiben — Prüfen Sie jedes Schreiben, mit dem Ihr Auftraggeber eine Auftragserteilung, eine Auftragsänderung oder eine Auftragserweiterung bestätigt. Falls das Bestätigungsschreiben die getroffenen Absprachen nicht korrekt wiedergibt oder Punkte enthält, die so nicht vereinbart wurden, sollten Sie ihm unverzüglich und vor allem schriftlich widersprechen. Ihr Schweigen auf ein unzutreffendes oder unvollständiges Bestätigungsschreiben des Auftraggebers kann unter Umständen als Zustimmung zu dem Inhalt des Schreibens gewertet werden.

Auftragserweiterung und Auftragsänderung — Dokumentieren Sie Ihrerseits jede Auftragserweiterung oder Auftragsänderung (z.B. Änderung der Briefing-Vorgaben) durch Übersendung eines Bestätigungsschreibens an den Auftraggeber. Halten Sie in dem Schreiben den wesentlichen Inhalt der besprochenen Erweiterung oder Änderung fest.

Kostenüberschreitung — Wenn Sie einen Kostenvoranschlag erstellt haben und bei der Auftragsabwicklung feststellen, dass die veranschlagten Kosten wesentlich (also um 15 Prozent oder mehr) überschritten werden, sollten Sie Ihren Auftraggeber unverzüglich und schriftlich auf die zu erwartende Kostenüberschreitung hinweisen.

Abnahmebestätigung — Achten Sie darauf, dass die Übergabe der Designarbeiten nach Möglichkeit in einem vom Auftraggeber abzuzeichnenden Dokument (z.B. Lieferschein) festgehalten wird. Das Dokument sollte enthalten:
- eine Auflistung der Designarbeiten, die an den Auftraggeber übergeben werden;
- die ausdrückliche Bestätigung, dass der Auftraggeber die abgelieferten Original-Arbeiten vollständig und ohne sichtbare Mängel oder Beschädigungen erhalten hat;
- einen Hinweis, dass die spätere Geltendmachung von Gewährleistungsansprüchen wegen sichtbarer Mängel oder von Einwänden, die sich auf die Vollständigkeit oder den Zustand der Designarbeiten zum Zeitpunkt der Lieferung beziehen, ausgeschlossen ist.

Subunternehmer — Erfordert die Auftragsabwicklung die Einschaltung weiterer Personen oder Unternehmen (z.B. Lithoanstalt, Druckerei), sollten Sie die Verträge mit den Subunternehmern möglichst nicht im eigenen Namen, sondern im Namen und für Rechnung Ihres Auftraggebers abschließen. Wichtig ist dabei, dass Sie vorher von dem Auftraggeber eine entsprechende Vollmacht einholen (was mittels AGB geschehen kann) und außerdem bei der Erteilung der Aufträge an die Subunternehmer ausdrücklich (und möglichst schriftlich) klarstellen, in wessen Namen und für wessen Rechnung die Aufträge erteilt werden.

Mängelrügen Wird Ihre Leistung vom Auftraggeber als mangelhaft beanstandet und eine neue Leistung gefordert, obwohl die abgelieferten Designarbeiten den Briefingvorgaben entsprechen und auch technisch einwandfrei sind, sollten Sie die geforderte kostenlose Neubearbeitung verweigern und klarstellen, dass weitere Leistungen extra zu bezahlen sind.

Auftragsstornierung Wird ein Auftrag storniert, bevor Sie mit den Designarbeiten begonnen oder die Arbeiten beendet haben, sollten Sie – falls nicht der Vertrag eine andere Regelung vorsieht – das volle Honorar fordern. Sie müssen sich im Regelfall lediglich die Kosten abziehen lassen, die Sie durch die vorzeitige Aufhebung des Vertrages eingespart haben.

Rechnungstext In Ihrer Rechnung sollten Sie ebenso wie in der Auftragsbestätigung klarstellen, welche Nutzungsrechte durch das abgerechnete Honorar abgedeckt sind. Es empfiehlt sich außerdem, in der Rechnung ein konkretes Zahlungsziel zu nennen (z.B. „zahlbar bis 1. Juni 2004").

Termine und Fristen Wenn Sie ein Nutzungsrecht zeitlich begrenzen oder dem Auftraggeber eine Zahlungsfrist setzen wollen, müssen Sie die Fristen und Termine präzise bestimmen. Mit einer Frist, deren Anfang oder Ende unklar bleibt (z.B. „Nutzungsdauer ein Jahr", „Zahlung binnen zwei Wochen"), können die Juristen nichts anfangen. Stellen Sie deshalb klar, wann genau eine Frist beginnt (z.B. „Nutzung ein Jahr ab erstem Erscheinungsdatum") bzw. wann sie endet (z.B. „Zahlungseingang bis 1. Juni 2004").

Rückforderung der Originale Da Sie in der Regel Eigentümer der Originale bleiben und dem Auftraggeber lediglich Nutzungsrechte an Ihren Designarbeiten einräumen, sollten Sie die Originale wieder zurückfordern, sobald die Nutzungsrechte des Auftraggebers erloschen sind oder die Originale für die Ausübung der Nutzungsrechte nicht mehr benötigt werden.

Gestaltung von Werkverträgen

Präzise Leistungsbeschreibung Sorgen Sie für einen ausreichende Präzisierung der Leistungen, die Sie zu erbringen haben. Akzeptieren Sie keinen Vertrag, der Art und Umfang der geforderten Leistung offen lässt und nicht klar beschreibt, was Sie für das vereinbarte Honorar konkret abliefern müssen.

Angemessene Termine und Fristen	Lassen Sie sich nicht auf Termine und Lieferfristen ein, die von vornherein zu kurz bemessen oder wegen möglicher Störungen und Verzögerungen nicht einzuhalten sind. Halten Sie sich die Option offen, vorgegebene Termine und Fristen im Bedarfsfall angemessen zu verschieben bzw. zu verlängern.
Beschränkung der Mängelhaftung	Beschränken Sie Ihre Haftung für Sach- und Rechtsmängel auf das rechtlich zulässige Minimum. Soweit ein Ausschluss der Mängelhaftung nicht möglich ist, sollten Sie die Gewährleistungsfrist auf ein Jahr verkürzen.
Beschränkung der Nutzungsrechte	Beschränken Sie den Umfang der Nutzungsrechte, die Sie Ihrem Vertragspartner einräumen, auf das notwendige Minimum. Wehren Sie sich gegen Vertragsklauseln, die eine umfassende Einräumung von Nutzungsrechten ohne jede inhaltliche, zeitliche oder räumliche Beschränkung vorsehen. Wenn Ihr Vertragspartner auf einer umfassenden Rechtseinräumung besteht, sollten Sie sich zumindest das Recht vorbehalten, die Designarbeiten im Rahmen Ihrer Eigenwerbung zu verwenden.
Rechtsübertragung, Werkbearbeitung	Widersprechen Sie einer Vertragsklausel, die Ihrem Vertragspartner die Möglichkeit verschafft, die eingeräumten Nutzungsrechte ohne Ihre Zustimmung auf Dritte zu übertragen oder die Designarbeiten ohne Rücksprache mit Ihnen beliebig zu bearbeiten oder zu verändern.
Eigentumsvorbehalt	Stellen Sie klar, dass Ihr Vertragspartner an den Designarbeiten nur Nutzungsrechte in dem vereinbarten Umfang, nicht aber das Eigentum erwirbt.
Urheberbenennung	Bestehen Sie auf Ihrem Recht, bei jeder Veröffentlichung der Designarbeiten als Urheber benannt zu werden.
Klare Honorarvereinbarung	Sorgen Sie für eine klare Honorarvereinbarung, die erkennbar werden lässt, welche konkreten Leistungen durch das vereinbarte Honorar abgedeckt sind. Weisen Sie darauf hin, dass Leistungen, die den vertraglich festgelegten Umfang überschreiten, gesondert zu vergüten und Kosten, die Sie im Rahmen der Vertragsabwicklung aufwenden müssen, zusätzlich zu erstatten sind.

Nutzungsrechte gegen Zahlung — Knüpfen Sie die Einräumung der urheberrechtlichen Nutzungsrechte an die Bedingung, dass Ihr Vertragspartner das vereinbarte Honorar vollständig bezahlt und sämtliche Nebenkosten erstattet.

Verträge mit Subunternehmern — Lassen Sie sich bevollmächtigen, eventuell notwendige Verträge mit Subunternehmen im Namen und für Rechnung Ihres Vertragspartners abzuschließen. Für den Fall, dass Sie solche Verträge im eigenen Namen abschließen, sollten Sie Ihren Vertragspartner vorsorglich dazu verpflichten, Sie intern von allen Verbindlichkeiten freizustellen, die sich aus den Subunternehmerverträgen für Sie ergeben.

Rechte an Objekten und Vorlagen — Weisen Sie Ihren Vertragspartner darauf hin, dass er alle Objekte und Vorlagen, die Sie für die Designarbeit benötigen, rechtzeitig zur Verfügung stellen muss. Verpflichten Sie ihn, nur solche Objekte und Vorlagen bereitzustellen, zu deren Verwendung er berechtigt ist und die frei sind von Rechten Dritter. Lassen Sie sich von allen Ersatzansprüchen freistellen, die sich aus einer eventuellen Verletzung dieser Verpflichtung ergeben können.

Allgemeine Haftungsbeschränkung — Beschränken Sie Ihre Haftung für eigenes Verschulden und für das schuldhafte Verhalten Ihrer Erfüllungsgehilfen (z.B. Sekretärin, Assistent) auf diejenigen Schäden, die vorsätzlich oder grob fahrlässig herbeigeführt werden. Stellen Sie zugleich klar, dass diese Haftungsbeschränkung nicht für Schäden gilt, die aus einer Verletzung von Leben, Körper oder Gesundheit resultieren.

Regelindis Westphal

FALLBEISPIEL ZUR ABWICKLUNG UND ABRECHNUNG EINES GRAFIKDESIGNAUFTRAGS

Als praktisches Beispiel für eine korrekte Auftragsabwicklung soll ein Auftrag zwischen einer Grafikdesignerin und einer Kulturinstitution dienen. In einzelnen Schritten vom Kostenvoranschlag bis zur Abrechnung wird hier der Schriftverkehr zwischen den Vertragsparteien dokumentiert. Namen und Anschriften sind fiktiv.

Die Aufgabe (Briefing)

Es geht um eine Anfrage des Instituts für Kunst und Kultur, das einen vierfarbigen Ausstellungskatalog produzieren möchte. Ein mündliches Briefing, in dem der Kunde seine Vorstellungen über Format, Umfang, Ausstattung und Termine erläutert, bildet die Basis für den Kostenvoranschlag (das Angebot). In unserem Fallbeispiel soll aufgrund des Umfangs die technische Umsetzung unter Zuhilfenahme von speziellen Zulieferfirmen für Satz, Lithos und Andrucke erfolgen. Außerdem müssen die Druckkosten für den Kunden ermittelt werden.

Die potentielle Auftragnehmerin (Grafikdesignerin) wird die Gestaltung und die Herstellungskoordination übernehmen. Das Leistungsspektrum muss dementsprechend folgende Aspekte umfassen:
- konzeptionelle Vorgespräche mit dem Auftraggeber bzw. Herausgeber;
- Umfangberechnung der Typoskripte und der Menge der vorgesehenen Abbildungen im Hinblick auf das gewünschte Format und den Umfang;
- Einholen der Kalkulationen von verschiedenen Zulieferfirmen (Satz, Litho, Druck);
- Präsentation des Probelayouts für den Innenteil und den Entwurf des Umschlags;
- gestalterische Ausarbeitung als Vorlage für die technische Umsetzung;
- Überwachung der technischen Umsetzung;
- Druckabnahme.

Der Kostenvoranschlag (Muster auf Seite 112 f.)

Auch wenn nicht ausdrücklich gewünscht, sollte man dem potentiellen Auftraggeber immer ein schriftliches Angebot in Form eines Kostenvoranschlags vorlegen. Selbst wenn man davon ausgehen kann, dass es keine weiteren Mitanbieter gibt, lassen sich so die Probleme vermeiden, die sich sonst unter Umständen durch unterschiedliche Sichtweisen der Vertragspartner bei der Rechnungslegung ergeben können.

Für die Akzeptanz eines Kostenvoranschlags durch den Auftraggeber ist es nicht unerheblich, dass die Kosten detailliert und übersichtlich dargestellt werden. Dies gilt für alle Aufträge, gleich welchen Umfangs.

Die im Briefing gewünschten Vorgaben sollten vollständig benannt werden und die zur inhaltlichen und zeitlichen Abwicklung benötigten Angaben beinhalten. Eine genaue Recherche aller anfallenden Kosten bietet auch der Auftragnehmerin (Grafikdesignerin) bei Verhandlungen, die sich aufgrund von Konkurrenzangeboten ergeben können, einen besseren Überblick über eventuelle Verhandlungsspielräume.

Auch wenn bei Rechnungslegung eine Überschreitung des Kostenvoranschlags um ca. 15 Prozent noch im Toleranzbereich liegt, sollte man auf jeden Fall vermeiden, erst später Kosten zu benennen, die im Vorfeld hätten berücksichtigt werden können. Selbstverständlich sollten wesentliche Abweichungen, gleich welche der Parteien sie zu verantworten hat, dem Auftraggeber umgehend mitgeteilt werden, um mit ihm eine mögliche Lösung noch während des Produktionsablaufs zu finden.

Das Honorar und die Neben- bzw. Fremdkosten sollten im Kostenvoranschlag deutlich voneinander getrennt aufgeführt werden. Sie werden als Nettobeträge ausgewiesen. Auf die gesondert zu berechnende Mehrwertsteuer muss aber verwiesen werden. Bei der Ermittlung des Honorars ist die Qualifikation der Grafikdesignerin, der Zeitaufwand für die Abwicklung des Auftrags und der Umfang der geplanten Nutzung zu berücksichtigen. Dabei können unter Einbeziehung von regionalen und/oder branchentypischen Abweichungen die Honorarempfehlungen der Berufsverbände eine Richtlinie bilden.

Es empfiehlt sich, die eigenen Geschäftsbedingungen auf die Rückseite des Kostenvoranschlags zu drucken und außerdem in dem Text auf der Vorderseite ausdrücklich auf die Geltung der umseitig abgedruckten Geschäftsbedingungen hinzuweisen.

Die Auftragserteilung

Im Designbereich ist es durchaus üblich, dass die Auftragserteilung mündlich erfolgt. Diese Praxis kann unter Umständen zu Nachweisproblemen führen. Deshalb empfiehlt es sich, in solchen Fällen die Auftragserteilung stets schriftlich zu bestätigen (dazu der nachfolgende Abschnitt).

Falls die Auftragserteilung schriftlich erfolgt, muss stets sorgfältig geprüft werden, ob eine vollständige Übereinstimmung mit dem Kostenvoranschlag/Angebot besteht oder ob es in einzelnen Punkten Abweichungen gibt. Wenn der schriftliche Auftrag mit dem Angebot nicht übereinstimmt und es sich um Abweichungen handelt, die für die Grafikdesignerin nicht akzeptabel sind, muss dem Auftragsschreiben sofort widersprochen werden, damit nicht das Stillschweigen nach Erhalt des schriftlichen Auftrags als Zustimmung zu den darin enthaltenen Abweichungen vom Angebot gewertet wird.

Das Bestätigungsschreiben
(Muster auf Seite 114)

Eine mündliche bzw. telefonische Auftragserteilung sollte man stets schriftlich bestätigen. In dem Bestätigungsschreiben ist festzuhalten, dass die Auftragserteilung auf der Grundlage des Kostenvoranschlags erfolgt. Außerdem empfiehlt es sich, erneut auf die Geltung der Allgemeinen Geschäftsbedingungen hinzuweisen und diese Geschäftsbedingungen entweder auf der Rückseite des Bestätigungsschreibens abzudrucken oder dem Schreiben beizufügen.

Sollte es im Verlauf der Auftragsabwicklung zu einer Änderung oder Erweiterung des erteilten Auftrags kommen, ist es ratsam, auch diese Änderungen und Ergänzungen – falls sie nur mündlich erfolgen – in einem kurzen Bestätigungsschreiben zu dokumentieren.

Die Vorschussrechnung
(Muster auf Seite 115)

Eine Vorschussrechnung ist eigentlich nur üblich, wenn entweder hohe Nebenkosten für Subunternehmer anfallen oder sich die Auftragsabwicklung über einen längeren Zeitraum erstreckt. Vorschusszahlungen können normalerweise nur dann verlangt werden, wenn dies vorab vertraglich vereinbart wurde.

Die Vorschussrechnung muss den gleichen Mehrwertsteuersatz ausweisen, der auch bei der Gesamtabrechnung zur Anwendung kommt.

Die Kostenerfassung
(Muster auf Seite 116)

Um nicht bei der Auftragsabwicklung den Überblick über die ausgeführten Arbeiten und die später abzurechnenden Kosten zu verlieren, sollten zumindest die Arbeiten, die nach Zeitaufwand abgerechnet werden, sowie die Nebenkosten, die durch das Gestaltungshonorar nicht abgedeckt und deshalb in der Schlussrechnung gesondert auszuweisen sind, chronologisch festgehalten werden. Ein solcher Auftragszettel ist ein nützliches Dokument, um diese zusätzlichen Arbeiten und die erstattungsfähigen Kosten exakt erfassen und später korrekt abrechnen zu können.

Die Quittungen und Belege zu den einzelnen Kostenpositionen sollten zusammen mit dem Auftragszettel aufbewahrt werden, damit sie jederzeit greifbar sind und dem Auftraggeber gegebenenfalls sofort vorgelegt werden können.

Die Einschaltung von
Subunternehmen
(Muster auf Seite 117/118)

Auch wenn das für Satz und Litho nötige Equipment heutzutage eigentlich in allen Grafikdesignbüros vorhanden ist, was scheinbar selbstverständlich ein „Ende der Spezialisierung" signalisiert, wird es immer wieder Projekte geben, bei deren Abwicklung es notwendig ist, sich der Fähigkeiten von Spezialisten wie z.B. Setzern, Lithografen oder Fotografen zu versichern.

In solchen Fällen ist es normalerweise empfehlenswert, die Subunternehmer im Namen und für Rechnung des Kunden zu beauftragen. Das ist allerdings (intern) nur mit einer entsprechenden Vollmacht des Kunden möglich und erfordert außerdem (extern) einen klaren und unmissverständlichen Hinweis an die Subunternehmer, dass die Beauftragung nicht im eigenen Namen, sondern im Namen des Kunden erfolgt.

In unserem Fallbeispiel hat die Grafikdesignerin die Satz-, Litho- und Andruckkosten in ihrem Kostenvoranschlag ausgewiesen. Damit ist klar, dass sie diese Arbeiten im eigenen Namen und auf eigene Rechnung an die Fremdfirmen vergeben wird. Das Muster auf Seite 117 zeigt, wie das Auftragsschreiben in einem solchen Fall auszusehen hat.

Will die Grafikdesignerin die Subunternehmer im Namen und für Rechnung des Kunden beauftragen, muss sie das Auftragsschreiben anders abfassen. Dazu das Muster auf Seite 118.

Die Kostenanfrage
(Muster auf Seite 119)

Um bei der Vergabe von Aufträgen an Lithografen, Druckereien etc. einen wirklichen Preisvergleich durchführen und im Interesse des Kunden das günstigste Angebot auswählen zu können, sollte man zu jeder Leistung mindestens drei Angebote einholen. Die Kostenanfragen müssen identisch abgefasst sein und das genaue Mengengerüst bzw. den Leistungsumfang detailliert beschreiben, sonst sind Missverständnisse bei der Endabrechnung vorprogrammiert.

Die Gesamtabrechnung
(Muster auf Seite 120)

Die einzelnen Positionen der Endabrechnung sollten der Gliederung des Kostenvoranschlags entsprechen, um dem Kunden die Prüfung zu erleichtern. Bereits gezahlte Vorschüsse sind zu berücksichtigen.

Zu der Gesamtsumme wird die gesetzliche Mehrwertsteuer addiert. Zur Höhe der Mehrwertsteuer wird auf die Ausführungen im steuerrechtlichen Teil (Seite 264 und 266 ff.) verwiesen.

Erika Frings-Deinig
Grafikdesign
Biedermannweg 13
10815 Berlin

Institut für Kunst und Kultur
zu Hd. Frau Mann
Brandenburger Str. 66
10999 Berlin

Kostenvoranschlag/Angebot
Ausstellungskatalog „Kultur des Alltags"

Sehr geehrte Frau Mann,

ich beziehe mich auf unser Gespräch vom 1.10.2003. Für den geplanten Ausstellungskatalog „Kultur des Alltags" möchte ich Ihnen folgendes Angebot unterbreiten:

Format	21 x 27 cm
Umfang	304 Seiten
Satz	900.000 Zeichen geliefert auf Diskette (Word) zur Konvertierung
Lithos	50 Stck. 4c, 250 s/w (9 x 12 cm)
Druck	Innen 4/4farbig, Umschlagdecke 4c Papier 135 gr. Profisilk
Verarbeitung	Fadenheftung, Hardcover, bezogener Pappband, matt zellophaniert, runder Rücken, Kapitalband, farbiges Vorsatzpapier

1.500,00 €	Ausarbeitung einer grafischen Grundkonzeption
550,00 €	Umschlaggestaltung
9.120,00 €	30,00 € pro Seite: gestalterische Ausarbeitung, Herstellungskoordination bis zur Datenabgabe an die Druckerei einschließlich Imprimatur der Blaupause und Druckabnahme
1.350,00 €	Konvertierung 900.000 Zeichen à 1,50 €/1000
1.520,00 €	5,00 € pro Seite Umbruchkorrektur / Bildeinbau (High End Scans) / Datencheck
1.150,00 €	50 Stck. à 23,00 € 4c-Scan ca. 9 x 13 cm
2.225,00 €	250 Stck. à 8,90 € s/w-Scan ca. 9 x 13 cm

800,00 €	Andruck auf Originalpapier 50 4c-Scans und Sammelfilm zum Überprüfen der 250 s/w-Scans. Auf Wunsch können die s/w-Scans zusätzlich auch angedruckt werden.
650,00 €	Andruck von 250 s/w-Scans
18.865,00 €	**Gesamtsumme zuzügl. MwSt.**

Zusätzliche Arbeiten werden nach Zeit berechnet:
Satz/Autorenkorrekturen und Bildbearbeitung 50,00 €/Std.
Sollten nach Abnahme im gestalterischen Bereich Autorenkorrekturen anfallen, so werden diese mit 40,00 €/Std. berechnet.

Botenfahrten werden extra abgerechnet und sind entfernungsabhängig.

Zu den von mir berechneten Honoraren und Kosten kommt die Mehrwertsteuer in der jeweiligen gesetzlichen Höhe hinzu. Für die Annahme und Durchführung des Auftrags gelten meine umseitig abgedruckten Geschäftsbedingungen.

Ich würde mich freuen, den Auftrag bearbeiten zu dürfen, und verbleibe

mit freundlichen Grüßen

Erika Frings-Deinig
11.10.2003

Erika Frings-Deinig
Grafikdesign
Biedermannweg 13
10815 Berlin

Institut für Kunst und Kultur
zu Hd. Frau Mann
Brandenburger Str. 66
10999 Berlin

Ausstellungskatalog „Kultur des Alltags"

Sehr geehrte Frau Mann,

ich bedanke mich für Ihren Anruf vom 18.10.2003 und darf den Auftrag, den Sie mir telefonisch erteilt haben, hiermit noch einmal bestätigen:

Ich werde den Ausstellungskatalog „Kultur des Alltags" gestalten und die Herstellungskoordination übernehmen. Die Auftragserteilung erfolgt auf der Grundlage meines Kostenvoranschlags vom 11.10.2003. Es gelten meine umseitig abgedruckten Geschäftsbedingungen.

Den Druckauftrag werde ich nach vorheriger Abstimmung der anfallenden Kosten im Namen des Instituts für Kunst und Kultur an die Druckerei vergeben. Die Rechnung wird auf das Institut ausgestellt und von Ihnen direkt beglichen.

Mit freundlichen Grüßen

Erika Frings-Deinig
19.10.2003

Erika Frings-Deinig
Grafikdesign
Biedermannweg 13
10815 Berlin

Institut für Kunst und Kultur
zu Hd. Frau Mann
Brandenburger Str. 66
10999 Berlin

Nebenkosten-Vorschussrechnung 1.11.2003
Ausstellungskatalog „Kultur des Alltags"

Sehr geehrte Frau Mann,

Vereinbarungsgemäß stelle ich Ihnen einen Nebenkostenvorschuss
in Höhe von

7.500,00 €	in Rechnung
1.200,00 €	zuzüglich 16 % MwSt.
8.700,00 €	**Gesamtsumme**

Bitte überweisen Sie den Betrag auf mein Konto 12345678
bei der Berliner Sparkasse BLZ 100 500 00.

AUFTRAGSZETTEL

Kunde _____

Projekt _____

Auftragsdatum _____ Auftrag Nr. _____

Nach Zeitaufwand abzurechnende Arbeiten

Datum	Ausgeführte Arbeit	Stunden	Satz/Stunde	Betrag
23.11.03	Autorenkorrekturen (grafische Gestaltung)	4	40,00 Euro	160,00 Euro
25.11.03	Bildbearbeitung (Freisteller)	5	50,00 Euro	250,00 Euro

Fremdkosten

Firma	Art der Leistung	Kosten	Datum	Beleg
Satzbüro	Konvertierung	1.350,00 Euro	11.1.04	4
Satzbüro	Umbruchkorrektur, Bildeinbau	1.520,00 Euro	11.1.04	5
lithobit	Farblithos	1.150,00 Euro	20.1.04	7
lithobit	s/w Lithos	2.225,00 Euro	20.1.04	8
Andruckpresse	Farbandrucke	800,00 Euro	2.2.04	9
Andruckpresse	s/w Andrucke	650,00 Euro	2.2.04	10

Botenfahrten

Bote	Datum	von/nach	Kosten	Beleg
254	16.11.03	Biedermannweg – Satzbüro	9,20 Euro	1
108	30.11.03	Biedermannweg – Satzbüro	11,20 Euro	2
576	15.12.03	Biedermannweg – Andruckpresse	10,20 Euro	3

Erika Frings-Deinig
Grafikdesign
Biedermannweg 13
10815 Berlin

Firma
Satzbüro
Am Ufer 8b
10123 Berlin

Ausstellungskatalog „Kultur des Alltags"

Sehr geehrter Herr Kunz,

im Rahmen des o.g. Projekts beauftrage ich Sie hiermit,
folgende Arbeiten auszuführen:

Format: 21 x 27 cm
Umfang: 304 Seiten
1.350,00 €   Satz: 900.000 Zeichen, geliefert auf Diskette (Word) zur Konvertierung,
Lithos werden als Daten geliefert
1.520,00 €   Umbruchkorrektur nach Layout und Einbau von Highendscans
inklusive Datencheck (ca. 50 4c und 250 s/w, Größe ca. 9 x 13)

Die angegebenen Preise verstehen sich zuzüglich der gesetzlichen
Mehrwertsteuer. Die Rechnung ist auf meinen Namen auszustellen.

Mit freundlichen Grüßen

Erika Frings-Deinig
15.11.2003

Erika Frings-Deinig
Grafikdesign
Biedermannweg 13
10815 Berlin

Firma
Satzbüro
Am Ufer 8b
10123 Berlin

Ausstellungskatalog „Kultur des Alltags"

Sehr geehrter Herr Kunz,

im Rahmen des o.g. Projekts beauftrage ich Sie hiermit im Namen und für Rechnung des
Instituts für Kunst und Kultur
Brandenburger Straße 66
10999 Berlin
mit der Ausführung folgender Arbeiten:

Format:	21 x 27 cm
Umfang:	304 Seiten
1.350,00 €	Satz: 900.000 Zeichen, geliefert auf Diskette (Word) zur Konvertierung Lithos werden als Daten geliefert
1.520,00 €	Umbruchkorrektur nach Layoutdatei und Einbau von High End Scans inklusive Datencheck (ca. 50 4c-Lithos und 250 s/w-Lithos, Größe ca. 9 x 12)

Die angegebenen Preise verstehen sich zuzüglich der gesetzlichen Mehrwertsteuer.
Die Rechnung ist auf das Institut für Kunst und Kultur auszustellen.
Eine Kopie der Rechnung bitte ich an meine Adresse zu schicken.

Mit freundlichen Grüßen

Erika Frings-Deinig
15.11.2003

Erika Frings-Deinig
Grafikdesign
Biedermannweg 13
10815 Berlin

Berlin-Druck
zu Hd. Herrn Hinz
Fax 60006-900

Ausstellungskatalog „Kultur des Alltags"

Sehr geehrter Herr Hinz,

bitte kalkulieren Sie für mich freibleibend o.g. Projekt:

Format	21 x 27 cm
Umfang	304 Seiten
Papier	135 gr. Profisilk
Druckvorstufe	Es werden QuarkXPress 4.1 Daten geliefert
Druck	Innen 4/4farbig, Umschlagdecke 4c Umschlag Hardcover, bezogener Pappband, matt zellophaniert, runder Rücken, Kapitalband, farbiges Vorsatzpapier
Auflage	2000/3000 Exemplare

Ich wäre Ihnen dankbar, wenn Sie mir so schnell wie möglich die Preise zukommen lassen könnten.

Mit freundlichen Grüßen

Erika Frings-Deinig
4.10.2003

Erika Frings-Deinig
Grafikdesign
Biedermannweg 13
10815 Berlin

Institut für Kunst und Kultur
zu Hd. Frau Mann
Brandenburger Str. 66
10999 Berlin

Rechnung 123/10.2.04
Ausstellungskatalog „Kultur des Alltags"

Gemäß Kostenvoranschlag vom 11.10.2003 und Auftragserteilung vom 18.10.2003:

Sehr geehrte Frau Mann,

1.500,00 €	Ausarbeitung einer grafischen Grundkonzeption
550,00 €	Umschlaggestaltung
9.120,00 €	30,00 € pro Seite: gestalterische Ausarbeitung, Herstellungskoordination bis zur Filmabgabe einschließlich Imprimatur der Blaupause und Druckabnahme
410,00 €	Autorenkorrekturen (4 Std. à 40,00 €) und Bildbearbeitung (5 Std. à 50,00 €)
1.350,00 €	Konvertierung 900.000 Zeichen à 1,50 €/1000
1.520,00 €	5,00 € pro Seite Umbruch nach Vorgabe inkl. Bildeinbau / Datencheck
1.150,00 €	50 Stck. à 23,00 € 4c-Scan ca. 9 x 13 cm
2.225,00 €	250 Stck. à 8,90 € s/w-Scan ca. 9 x 13 cm
800,00 €	Andruck auf Originalpapier 50 4c-Scans und Sammelfilm zum Überprüfen der 250 s/w-Scans
650,00 €	Andruck von 250 s/w-Scans
30,60 €	Botenfahrten (die genaue Auflistung der Einzelfahrten siehe Anlage)
19.305,60 €	Summe
3.088,90 €	16 % MwSt.
22.394,50 €	**Gesamt**

Bitte überweisen Sie den Betrag auf mein Konto 12345678 bei der Berliner Sparkasse BLZ 100 500 10.

FORDERUNGSMANAGEMENT

Margarete May

Welcher Designer kennt diese Situation nicht: Voller Schaffensfreude hat er sich an die Arbeit gemacht, Tag und Nacht durchgearbeitet, Zeit, Geld und Energie investiert und schließlich eine Arbeit abgegeben, mit der er rundum zufrieden ist. Und dann geschieht das, was wohl zu den traurigsten Kapiteln im Berufsleben gehört: Der Kunde zahlt nicht. Welche Möglichkeiten hat nun der Designer, doch noch an sein Geld zu kommen?

1 Außergerichtliche Möglichkeiten

Schriftliche Mahnung

Zunächst wird man daran denken, dem säumigen Kunden eine Mahnung zu schicken. Denn obwohl man theoretisch ohne weitere Ankündigung sofort nach Fälligkeit einer Rechnung vor Gericht ziehen könnte, ist es üblich und empfehlenswert, eine Rechnung nicht sofort einzuklagen, sondern vorher zu mahnen.

Es gibt keine gesetzlichen Vorschriften, wann man eine Forderung anmahnen darf oder soll, und auch keine Vorschriften, in welcher Form dies zu geschehen hat. Sinnvoll ist es, zwischen Rechnung und Mahnung keinen allzu langen Zeitraum vergehen zu lassen. Zwei bis vier Wochen nach Rechnungsstellung sind angemessen. Allerdings gibt es natürlich Ausnahmen. Manche Firmen nennen in ihren Geschäftsbedingungen eine Zahlungsfrist. Hier es ist sinnlos, vor Ablauf dieser Frist zu mahnen. Auch wenn es ärgerlich ist, wenn sich inzwischen manche Kunden Zahlungsziele bis zu drei Monaten einräumen: Die Mahnung nützt in solchen Fällen auch nicht viel. Besser ist es, die Zahlungsfristen bereits bei Abschluss eines Vertrages abzusprechen oder Abschlagszahlungen zu vereinbaren.

Wenn der Kunde auf eine Mahnung nicht zahlt, ist er mit der Zahlung im Verzug. Er hat dann dem Designer den Verzugsschaden zu ersetzen. Bei Zahlungsverzug sind das entweder die Zinsen, die der Designer an seine Bank zahlt (falls solche Zinszahlungen nachweisbar sind), oder aber die gesetzlichen Verzugszinsen in Höhe von 8 Prozent über dem Basiszinssatz. Der jeweils aktuelle Basiszinssatz kann im Internet abgefragt werden unter:

▪ www.basiszinssatz.de

Eine Besonderheit gilt bei Geschäften mit Verbrauchern. Hier liegt der Verzugszins bei 5 Prozent über dem Basiszinssatz.

Mahnung durch Rechtsanwalt

Wenn der Kunde auf eine Mahnung des Designers nicht zahlt, hilft häufig ein Mahnschreiben durch einen Rechtsanwalt. Da der säumige Kunde in dem Fall merkt, dass der Designer bereit ist, ernst zu machen und notfalls auch zu Gericht zu gehen, zahlt er häufig auf ein Anwaltsschreiben. Die Gebühren des Rechtsanwalts hat der Kunde zu tragen, wenn er im Verzug ist, das heißt, wenn der Designer vorher bereits gemahnt hatte oder nach Zugang der Rechnung 30 Tage vergangen sind.

Hier stellt sich die Frage, welchen Rechtsanwalt der Designer beauftragen kann. Wer nicht gerade mit einem Rechtsanwalt befreundet ist oder aus langer Zusammenarbeit den Anwalt seines Vertrauens kennt, steht bereits an diesem Punkt vor einer wichtigen Entscheidung. Rechtsanwälte gibt es wie Sand am Meer. Und wie es zu Zeiten des Goldrausches schwierig war, die Goldnuggets aus dem Sand zu spülen, ist es oft ebenso schwer, den Rechtsanwalt zu finden, der für den jeweiligen Mandanten und für den konkreten Rechtsstreit gerade goldrichtig ist. Viele Faktoren spielen eine Rolle und bestimmen, wer jeweils der richtige Anwalt ist:

Fachliche Qualifikation

Die fachliche Qualifikation ist natürlich ein wesentliches Merkmal. Es gibt seit einigen Jahren Fachanwälte für bestimmte Gebiete (z.B. Fachanwälte für Arbeitsrecht, Familienrecht, Steuerrecht, Verwaltungsrecht). Weitere Fachanwaltsbezeichnungen sind geplant. Ein Fachanwalt muss eine zusätzliche Ausbildung mit einer Prüfung auf seinem Fachgebiet absolvieren und sich regelmäßig weiterbilden.

Dann gibt es für einen Rechtsanwalt auch die Möglichkeit, Tätigkeitsschwerpunkte zu benennen. Dies ist vor allem wichtig auf den Gebieten, für die noch keine Fachanwaltsbezeichnung eingeführt wurde. Als Rechtsanwalt mit einem bestimmten Tätigkeitsschwerpunkt darf sich bezeichnen, wer hauptsächlich in einem bestimmten Rechtsgebiet arbeitet und dort auch bereits einige praktische Erfahrung gesammelt hat. Ein Anwalt, der Tätigkeitsschwerpunkte benennt, muss nachweisen, dass er sich auf dem betreffenden Gebiet regelmäßig weiterbildet.

Listen mit Anwälten für bestimmte Rechtsgebiete gibt es bei den Rechtsanwaltskammern. Außerdem lassen sich Rechtsanwälte über spezielle Anwaltssuchdienste ermitteln sowie im Internet unter:

▎www.brak.de

Eine weitere Recherchemöglichkeit: Da Rechtsanwälte inzwischen Werbung betreiben dürfen, geben sie in ihrer Werbung üblicherweise auch ihre Tätigkeits- oder Interessenschwerpunkte an. Ein Indiz für eine besondere fachliche Erfahrung sind schließlich auch Publikationen, die ein Rechtsanwalt verfasst hat.

Ortsnähe, Zulassung bei einem Gericht

Auch im Zeitalter der Telekommunikation ist ein persönlicher Kontakt zwischen Rechtsanwalt und Mandant oft hilfreich und kann die Klärung eines Falles erleichtern. Es mag daher sinnvoll sein, zunächst nach einem Rechtsanwalt in der Nähe zu suchen.

Wenn sich allerdings absehen lässt, dass ein Klageverfahren bei einem auswärtigen Gericht durchzuführen ist, kann es aus Kostengründen eventuell sinnvoll sein, direkt einen Rechtsanwalt in dem Ort auszuwählen, in dem sich das anzurufende Gericht befindet. Zwar spielt es heute keine Rolle mehr, wo ein Anwalt zugelassen ist, so dass ein auswärtiger Prozess durchaus auch mit einem am Wohnort des Klägers ansässigen Rechtsanwalt durchgeführt werden kann. Wenn aber dieser Anwalt zu jeder Gerichtsverhandlung bei dem auswärtigen Gericht erscheinen muss, entstehen Reisekosten und zusätzliche Gebühren, die dem Kläger in der Regel selbst dann nicht erstattet werden, wenn er den Prozess später gewinnen sollte. Wer diese Zusatzkosten vermeiden will, sollte deshalb gleich einen Anwalt „vor Ort" beauftragen.

2 ⎯⎯ Gerichtsverfahren

Wahl des richtigen Verfahrens

Zahlt der Kunde auch auf die Mahnung des Anwalts nicht, muss zunächst entschieden werden, ob sofort Klage erhoben oder ein Mahnbescheid beantragt werden soll. Die Wahl richtet sich danach, um welche Art von Konflikt es sich handelt.

Mahnbescheid

Geht es einfach nur darum, möglichst schnell an sein Geld zu kommen, und hat die Gegenseite keine ernsthaften Einwände, zahlt nur nicht aus Schlamperei oder um Zeit zu gewinnen oder weil sie meint, der Gläubiger mache ohnehin nicht ernst, so ist der Antrag auf Erlass eines Mahnbescheids das richtige Mittel.

Das Verfahren zur Erlangung eines Mahnbescheids ist ein förmliches Verfahren, das vor den Amtsgerichten durchgeführt wird. Es ist von der Mahnung, die ein Designer oder dessen Rechtsanwalt dem Kunden schickt, grundlegend verschieden.

Der Mahnbescheid wird bei dem Amtsgericht, in dessen Bezirk der Gläubiger seien Wohn- oder Geschäftssitz hat, beantragt. Häufig sind die Mahnverfahren auch bestimmten Gerichten zugewiesen. Das lässt sich beim Amtsgericht erfragen.

Wenn jemand einen Mahnbescheid beantragen will, besorgt er sich am besten in einem Schreibwarenladen in seinem Wohnort ein Mahnbescheidformular. Es gibt zwei Arten von Formularen, die von Bundesland zu Bundesland verschieden sind: das Formular für die maschinelle Bearbeitung und das alte Formular, das persönlich bearbeitet wird. Dem Mahnbescheidformular liegen Ausfüllhinweise bei, die man möglichst genau beachten sollte. Notfalls hilft auch die Auskunftsstelle des Amtsgerichts.

Das ausgefüllte Formular wird nebst Kostenvorschuss beim zuständigen Amtsgericht eingereicht. Man kann auch den Antrag einreichen und abwarten, bis das Gericht den Vorschuss anfordert. Dann dauert das Ganze etwas länger. Nach Zahlung der Kosten wird der Mahnbescheid dem Schuldner zugestellt. Wenn dieser keinen Widerspruch einlegt, kann dann zwei Wochen nach Zustellung des Mahnbescheids der Vollstreckungsbescheid beantragt werden. Der Vollstreckungsbescheid ist ein Vollstreckungstitel, mit dem man einen Gerichtsvollzieher beauftragen kann, die beweglichen Sachen des Schuldners zu pfänden, oder das Amtsgericht, Forderungen zu pfänden.

Falls der Schuldner gegen den Mahnbescheid Widerspruch einlegt, kann der Designer die Sache hier immer noch abbrechen, wenn er nicht weiter Zeit und Geld investieren möchte. Dies mag sinnvoll sein, wenn damit zu rechnen ist, dass der Schuldner zahlungsunfähig ist und die weiteren Kosten beim Designer hängen bleiben. Falls jedoch eine Prüfung der Zahlungsfähigkeit des Kunden ein positives Ergebnis zeigt, wird in der Regel auf den Widerspruch des Schuldners ein Klageverfahren folgen. Hierzu muss der Gläubiger die Kosten für das folgende Verfahren einzahlen und die Klageschrift beim Gericht einreichen.

Klageverfahren und obligatorische Streitschlichtung

Nicht in jedem Fall muss dem streitigen Gerichtsverfahren ein Mahnbescheid vorausgehen. Wenn ein Mahnverfahren unzulässig ist, weil es sich beispielsweise um eine nichtvermögensrechtliche Angelegenheit handelt, oder ein solches Verfahren zwecklos erscheint, weil damit zu rechnen ist, dass die Gegenseite Widerspruch gegen den Mahnbescheid einlegt, muss bzw. sollte gleich ein Gerichtsverfahren eingeleitet werden. Vorher ist allerdings noch zu prüfen, ob nicht vor der

Klageerhebung zunächst ein außergerichtliches Schlichtungsverfahren stattfinden muss.

Wegen der Überlastung der Gerichte und der langer Dauer von Zivilprozessen versucht der Gesetzgeber, in zunehmendem Maße Streitschlichtungsverfahren durchzusetzen. So gibt es in den meisten Bundesländern seit kurzem ein Gesetz, wonach in bestimmten Fällen vor Klageerhebung ein außergerichtliches Verfahren zur Streitschlichtung durchzuführen ist. Es handelt sich dabei um Streitfälle, bei denen es um Forderungen von nicht mehr als 750,00 € geht, außerdem um Streitigkeiten aus dem Nachbarrecht und wegen Ehrverletzungen, soweit diese nicht durch Presse oder Rundfunk begangen wurden. Die obligatorische Streitschlichtung wird von Schlichtungsstellen durchgeführt, die beispielsweise über die Rechtsanwaltskammern vermittelt werden. Scheitert der Schlichtungsversuch, ist der Weg frei zum Gericht.

In anderen als den genannten Fällen kann ohne vorheriges Schlichtungsverfahren sofort Klage beim zuständigen Gericht eingereicht werden.

Ablauf eines Klageverfahrens

Zuständiges Gericht

Meist denkt der unbefangene Bürger bei „Gerichtsverfahren" zuerst an das Strafverfahren, das aus einschlägigen Filmen und Kriminalromanen hinlänglich bekannt ist, wenngleich hier oft abenteuerliche Vorstellungen durch die Medien geweckt werden. Für einen Designer, der an sein Geld kommen oder sein Urheberrecht durchsetzen will, bietet jedoch das Strafverfahren keine vielversprechenden Möglichkeiten.

Für Streitigkeiten zwischen Personen bürgerlichen Rechts (das sind sogenannte natürliche Personen, also Menschen wie du und ich, und juristische Personen wie GmbH, Aktiengesellschaft) ist in aller Regel der Zivilrechtsweg eröffnet. Die Klage muss daher bei einer Zivilabteilung des Amtsgerichts oder einer Zivilkammer des Landgerichts eingereicht werden. Die Amtsgerichte sind zuständig für Streitigkeiten mit einem Streitwert bis zu 5.000,00 € sowie in bestimmten anderen, den Amtsgerichten zugewiesenen Sachen (z.B. Mietstreitigkeiten). Die Landgerichte sind als erste Instanz in allen anderen bürgerlichen Rechtsstreitigkeiten sachlich zuständig.

Vor den Landgerichten herrscht Anwaltszwang. Das bedeutet, dass nur Rechtsanwälte Klagen einreichen und in der mündlichen Verhandlung auftreten können. Vor den Amtsgerichten kann sich dagegen jeder Bürger selbst vertreten (Ausnahme: Familiengericht). Dass eine Prozessführung ohne Anwalt meist nicht ratsam ist, steht auf einem anderen Blatt.

FORDERUNGSMANAGEMENT

Örtlich zuständig ist in der Regel das Gericht, bei dem der Beklagte seinen allgemeinen Gerichtsstand hat. Der allgemeine Gerichtsstand wird bei natürlichen Personen durch den Wohnsitz und bei juristischen Personen durch den Firmensitz bestimmt. Von dieser Regel gibt es zahlreiche Ausnahmen, von denen hier nur einige für Designer besonders relevante dargestellt werden. Eine wichtige Ausnahme gilt für Urheberrechtsfälle. Hier ist neben dem Wohnsitzgericht des Beklagten auch das Gericht zuständig, in dessen Bezirk die Verletzung des Urheberrechts stattgefunden hat. In vielen Bundesländern sind Urheberrechtsstreitigkeiten außerdem bestimmten Amts- und Landgerichten zugewiesen.

Abweichend von dem Grundsatz, dass die Klage am Wohn- bzw. Firmensitz des Beklagten zu erheben ist, kann für die Klageerhebung auch das Gericht des Erfüllungsortes zuständig sein. Der Erfüllungsort ist der Ort, an dem die Leistung erbracht werden muss. Bei Designverträgen kann das der Ort sein, an dem der Designer sein Atelier betreibt. Es kommt aber auch der Ort in Frage, an dem der Kunde seine Geschäftsräume unterhält. Wo sich der Erfüllungsort jeweils befindet, ist von Fall zu Fall zu klären. Vereinbarungen über den Erfüllungsort und/oder den Gerichtsstand, wie sie häufig in Allgemeinen Geschäftsbedingungen (AGB) zu finden sind, sind im Regelfall nur wirksam, wenn beide Parteien Kaufleute sind.

Kostenvorschuss und Gebühren

Grundsätzlich beginnen die Mühlen der Justiz erst zu mahlen, wenn ein Gerichtsgebührenvorschuss eingezahlt ist. Die Höhe dieses Vorschusses richtet sich nach dem Streitwert. Der Streitwert entspricht bei Zahlungsklagen dem Betrag, der eingeklagt wird. Bei anderen Streitigkeiten (z.B. Räumungsklagen, Unterlassungsklagen, Auskunftsklagen) richtet sich die Bemessung des Streitwertes nach den Richtlinien, die im Gerichtskostengesetz festgelegt sind. Dort ist auch geregelt, welcher Kostenvorschuss je nach Streitwert einzuzahlen ist. Zu den Gerichtskosten kommen bei der Beauftragung eines Anwalts noch die Rechtsanwaltsgebühren hinzu.

Zustellung der Klageschrift

Sobald die Klageschrift und der Kostenvorschuss bei Gericht eingegangen sind, wird dem „Gegner" die Klage von Amts wegen zugestellt. Bei Privatpersonen ist das meist unproblematisch, da sie sich einer Zustellung kaum entziehen können. Ist ein Privatmensch nicht zu Hause, wenn der Postbote mit der Zustellungsurkunde kommt, kann eine sogenannte Ersatzzustellung erfolgen. In diesem Fall hinterlässt der Briefträger die Nachricht, dass ein Schriftstück niedergelegt wurde und beim nächsten Postamt abzuholen ist. Wenn der Beklagte das Schriftstück nicht abholt, gilt es dennoch als zugestellt und der Rechtsstreit kann weitergehen.

Anders aber bei Firmen. Hier kann nicht durch Niederlegung ersatzzugestellt werden. Wenn also ein Büro immer zur Zeit, wenn der Briefträger kommt, nicht besetzt ist, kann nicht zugestellt werden. Dies muss nicht einmal böse Absicht sein. In manchen Gegenden kommt die Post grundsätzlich um 13 Uhr und Büros sind dann üblicherweise wegen Mittagspause geschlossen.

Klageerwiderung und Replik

Wenn der Beklagte endlich die Klageschrift bekommen hat, hat er natürlich Gelegenheit, darauf zu erwidern, und in den allermeisten Fällen tut er das auch. In der Klageerwiderung erfährt mancher Kläger vielleicht zum ersten Mal, welch schändliches Verhalten er sich hat zuschulden kommen lassen, dass sich außerdem alles ganz anders zugetragen hat und – zwischen den Zeilen – dass er (der Kläger) ein gemeiner Lügner und Betrüger ist.

Die aus Sicht des Klägers völlig verdrehten Tatsachen müssen dann natürlich nochmals richtig gestellt werden. Das geschieht in der sogenannten Replik (Erwiderung auf die Klageerwiderung). Dieses Spiel kann gespielt werden, bis endlich die erste mündliche Verhandlung stattfindet.

Güteverhandlung und mündliche Verhandlung

Meist wird bereits mit Zustellung der Klageschrift ein Termin zur mündlichen Verhandlung bestimmt. Seit dem 1. Januar 2001 muss der ersten mündlichen Verhandlung in der Regel eine Güteverhandlung vorausgehen, in der das Gericht darauf hinwirken soll, dass sich die Parteien gütlich einigen. Gelingt das nicht, geht es weiter mit der mündlichen Verhandlung, die sich entweder direkt an die Güteverhandlung anschließt oder an einem anderen Termin stattfindet.

Falls der Beklagte nicht zum Güte- oder Verhandlungstermin erscheint, ergeht auf Antrag des Klägers ein Versäumnisurteil. Damit hat der Beklagte den Prozess verloren, obwohl bzw. weil er gar nichts getan hat. Er hat dann noch die Möglichkeit, Einspruch gegen das Versäumnisurteil einzulegen. Zunächst ist aber das Urteil in der Welt und ohne Sicherheitsleistung vollstreckbar.

Der Regelfall ist jedoch, dass in der Verhandlung vor dem Richter oder dem Richterkollegium die Parteien den Prozessstoff erörtern und streitig verhandeln. In diesem Fall stellen die Parteien bzw. deren Anwälte die Anträge und legen ihre Positionen dar. Häufig klingen die Darstellungen beider Parteien überzeugend. Zum Beispiel: Der Anspruch des Klägers auf Zahlung seiner Vergütung aus dem Werkvertrag ist genauso nachvollziehbar wie die Gründe des Beklagten, warum er nicht zahlen will. Hier kommt es darauf an, wie die Situation tatsächlich war. Ist z.B. die Leistung wirklich mangelhaft, wie der Beklagte angibt? Oder hat der Kläger alles getan, wozu er verpflichtet war, und hat der Beklagte völlig überzogene Vorstellungen von der Leistung? Diese Fragen müssen geklärt werden, denn sonst kann kein Urteil ergehen. Das Gericht wird also über erhebliche Tatsachen, die von den Parteien unterschiedlich dargestellt werden, Beweis erheben. Das geschieht in der Beweisaufnahme.

Beweisaufnahme

Es gibt klare Regeln, wer was beweisen muss, wie ein Beweis erbracht werden kann und was passiert, wenn erhebliche Tatsachen nicht bewiesen werden. Die Grundregel lautet: Jede Partei muss die Tatsachen beweisen, die ihren Anspruch stützen. Der Designer, der Geld aufgrund eines Vertrags mit dem Auftraggeber einklagt, muss also beweisen, dass ein Vertrag zustande gekommen ist, dass er den Vertrag erfüllt hat und dass die eingeklagte Vergütung vereinbart war oder der üblichen und angemessenen Vergütung entspricht. Der Auftraggeber, der nicht zahlen will, muss dagegen beweisen, dass das Werk mangelhaft war oder dass er sich seine Gewährleistungsrechte bei der Abnahme der Werkleistung vorbehalten hat.

Der Beweis kann erbracht werden durch Zeugenaussagen, Urkunden, Augenscheinseinnahme, Sachverständigengutachten oder Vernehmung der gegnerischen Partei. Die in Frage kommenden Beweismittel muss die Partei in den Prozess einführen, die sich darauf beruft. Sie muss also angeben, welche Zeugen welche Behauptung bestätigen können, und sie muss die entsprechenden Urkunden vorlegen oder beantragen, dass ein Sachverständigengutachten eingeholt wird.

Sind die Beweise erhoben, d.h. die Zeugen angehört, das Gutachten erstellt oder die Dokumente geprüft worden, beurteilt das Gericht die Beweise in freier Beweiswürdigung. Dabei gibt es keine starren Regeln. Insbesondere verfährt das Gericht nicht nach dem Motto: Der Kläger hat drei Zeugen für seine Behauptung, der Beklagte nur zwei, also steht es 3:2 und der Kläger hat gewonnen. Maßgebend ist nicht die Anzahl der günstigen oder ungünstigen Zeugenaussagen, sondern der Eindruck, den der Richter von der Glaubwürdigkeit der Zeugen und der Glaubhaftigkeit ihrer Aussagen hat.

Urteil und Kostenentscheidung

Dem Beweisverfahren folgt in der Regel das Urteil. In dem Urteil wird über die Klageforderung entschieden und zugleich festgelegt, welche Partei die Kosten des Rechtsstreits in welchem Umfang zu tragen hat. Die Kosten umfassen die Gerichtskosten, die Zeugen- und Sachverständigengebühren sowie die Gebühren der Rechtsanwälte beider Parteien. Die Partei, die vollständig unterliegt, hat meist sämtliche Kosten zu tragen. Falls der Anspruch nur zum Teil zugesprochen wird, werden die Kosten entsprechend der Quote des Siegens und Unterliegens geteilt. Hat also beispielsweise ein Designer eine Vergütung von 20.000,00 € eingeklagt und werden ihm durch das Urteil aufgrund der Beweisaufnahme nur 5.000,00 € zugesprochen, dann hat er 75 Prozent der Kosten zu zahlen, während der Kostenanteil des Beklagten lediglich 25 Prozent beträgt.

Berufung und Revision

Nach Zustellung des Urteils hat die unterlegene Partei die Möglichkeit, dagegen ein Rechtsmittel einzulegen. Gegen Urteile der ersten Instanz (Amtsgericht oder Landgericht) kann jede Partei Berufung einlegen, wenn der Teil des Rechtsstreits, mit dem sie unterlegen ist, den Wert von 600,00 € übersteigt. Die Berufung ist innerhalb eines Monats nach Zustellung des Urteils einzulegen und innerhalb von zwei Monaten nach der Urteilszustellung zu begründen. Im Berufungsverfahren wird das erstinstanzliche Urteil insbesondere auf Rechtsverletzungen überprüft.

Gegen ein Berufungsurteil kann Revision beim Bundesgerichtshof (BGH) eingelegt werden, wenn dieses Rechtsmittel von dem Berufungsgericht in dem Urteil zugelassen wurde oder der BGH der Revision aufgrund einer Beschwerde gegen die Nichtzulassung zustimmt.

3 Zwangsvollstreckung

Am Ende des gerichtlichen Mahnverfahrens steht der Vollstreckungsbescheid, während das Prozessverfahren meist mit einem Urteil, häufig aber auch mit einem Vergleich endet. Bei dem Vollstreckungsbescheid, dem gerichtlich protokollierten Vergleich und dem Urteil handelt es sich um sogenannte Vollstreckungstitel. Mit einem solchen Titel kann der Gläubiger einen Gerichtsvollzieher beauftragen, beim Schuldner bewegliche Gegenstände zu pfänden. Dazu schickt er den Vollstreckungstitel an die Gerichtsvollzieherverteilerstelle des Amtsgerichts, in dessen Bezirk der Schuldner seinen Sitz bzw. Wohnsitz hat. Der Gerichtsvollzieher wird versuchen, beim Schuldner die bewegliche Habe zu pfänden.

Vielfach bleibt der Pfändungsversuch allerdings fruchtlos, weil kein pfändbares Eigentum des Schuldners zu finden ist. Deshalb ist es häufig vielversprechender, die Forderungen zu pfänden, die dem Schuldner gegen Dritte zustehen. Dazu muss der Gläubiger allerdings zunächst wissen, welche Forderungen der Schuldner hat (z.B. Bankguthaben, Forderungen gegenüber Kunden, Arbeitseinkommen etc). Wenn er dies weiß, kann er den Vollstreckungstitel an das für den Schuldner zuständige Amtsgericht schicken und einen Auftrag zur Pfändung der Forderungen stellen. Entsprechende Formulare für eine solche Forderungspfändung erhält der Gläubiger beim Amtsgericht.

Urheberrecht 6

GRUNDLAGEN DES URHEBERRECHTS DER DESIGNER

Wolfgang Maaßen

1 Geschützte Werke

Schutz der persönlichen geistigen Schöpfungen

Urheberrechte können nur für urheberrechtlich geschützte Werke beansprucht werden. Geschützt sind Werke der Literatur, Wissenschaft und Kunst, sofern es sich um persönliche geistige Schöpfungen handelt (§ 2 UrhG).

In § 2 Abs. 1 UrhG werden die einzelnen Werkarten, für die ein Urheberrechtsschutz in Frage kommt, beispielhaft aufgezählt. Besonders erwähnt werden Sprachwerke, Computerprogramme, Werke der Musik, Werke der bildenden Kunst einschließlich der Werke der angewandten Kunst, Lichtbildwerke, Filmwerke und Darstellungen wissenschaftlicher oder technischer Art (z.B. Zeichnungen, Pläne, Karten, Skizzen, Tabellen oder plastische Darstellungen). Diese Aufzählung ist nicht abschließend. Auch neue Werkarten, die in irgendeiner Form eine geistig-ästhetische Wirkung entfalten, können urheberrechtlich geschützt sein.

Für die Feststellung, dass ein Werk urheberrechtlich geschützt ist, reicht die Zuordnung zu einer der im Gesetz erwähnten Werkarten nicht aus. Es muss zusätzlich geprüft werden, ob das jeweilige Werk auch eine „persönliche geistige Schöpfung" ist (§ 2 Abs. 2 UrhG).

Persönlich kann nur eine von Menschen geschaffene Schöpfung sein. Werden Werkzeuge, Maschinen oder sonstige technische Hilfsmittel eingesetzt, so ist das Merkmal der persönlichen Schöpfung nur erfüllt, wenn ein Mensch den Einsatz und die Arbeitsweise der technischen Geräte steuert. Für reine Maschinenerzeugnisse, die ohne Mitwirkung eines Menschen entstanden sind, kommt ein Urheberrechtsschutz nicht in Betracht.

Von einer Schöpfung kann nur dann gesprochen werden, wenn etwas bisher noch nicht Dagewesenes geschaffen wird. Zwar muss ein Werk nicht absolut neu sein, doch wird zumindest eine Andersartigkeit gegenüber dem schon Bestehenden verlangt.

Schließlich muss es sich bei dem Werk auch um eine geistige Schöpfung handeln. Das bedeutet, dass das Werk vom individuellen Geist des Urhebers geprägt sein muss und keine rein handwerkliche oder routinemäßige Arbeit sein darf. Gefordert wird eine gewisse Originalität, Individualität und Eigentümlichkeit des Werkes, die man häufig auch als „künstlerische Gestaltungshöhe" bezeichnet.

Designarbeiten werden im Urheberrechtsgesetz nicht ausdrücklich erwähnt. Sie sind aber als Werke der angewandten Kunst geschützt, soweit sie eine individuelle schöpferische Leistung darstellen. Unter dieser Voraussetzung besteht ein Urheberrechtsschutz für die Arbeiten der Grafikdesigner, ebenso z.B. für Lampen, Möbel, Modeschöpfungen und Textilmuster. Allerdings stellen die Gerichte strenge Anforderungen an die Individualität und die künstlerische Gestaltungshöhe solcher Arbeiten. Nur wenn sich ein Werk aus der Masse des Alltäglichen durch seinen „ästhetischen Gehalt" heraushebt und seine Gestaltungselemente nicht durch den Gebrauchszweck oder aufgrund technischer Gegebenheiten weitgehend festgelegt sind, hat es die Chance, als individuelle schöpferische Leistung anerkannt zu werden.

Wegen dieser besonderen Anforderungen, die nirgendwo präzisiert werden, ist gerade bei Designarbeiten nur selten eine sichere Aussage über die urheberrechtliche Schutzfähigkeit möglich. Grafikdesigner arbeiten ebenso wie Industriedesigner oder Mode- und Textildesigner in der permanenten Ungewissheit, ob ihre Werke in Streit- und Zweifelsfällen als schutzfähig anerkannt werden oder nicht. Alle Versuche, diese Unsicherheit durch eine klare gesetzliche Regelung zu beseitigen, sind bisher ohne Ergebnis geblieben.

Schutz fotografischer Arbeiten

Lichtbildwerke und Lichtbilder

Unter den schutzfähigen Werken nehmen die Fotografien eine Sonderstellung ein. Erfüllen sie aufgrund ihrer künstlerischen Aussage das Kriterium der „persönlichen geistigen Schöpfung", werden sie als Lichtbildwerke ebenso wie die anderen Werkarten des Urheberrechts geschützt (§ 2 Abs. 1 Nr. 5 UrhG). Erreichen sie dagegen nicht die für den Urheberrechtsschutz erforderliche Individualität und Eigentümlichkeit, greift die Regelung des § 72 UrhG ein. Danach sind auf Lichtbilder und Erzeugnisse, die ähnlich wie Lichtbilder hergestellt werden, die für Lichtbildwerke geltenden urheberrechtlichen Vorschriften entsprechend anzuwenden.

Die damit vollzogene Gleichstellung von Lichtbildwerken und Lichtbildern wird damit gerechtfertigt, dass es in der Praxis außerordentlich schwierig ist, zwischen künstlerischen und nichtkünstlerischen Aufnahmen zu unterscheiden. Diese Schwierigkeit hat den Gesetzgeber dazu veranlasst, alle Lichtbilder unabhängig von ihrer künstlerischen Gestaltungshöhe zu schützen. Der Schutz des Urheberrechts gilt nicht nur der künstlerischen Fotografie eines Man Ray, sondern auch dem Schnappschuss eines Fotoreporters oder dem Knipsbild, das ein Amateur mit einer automatischen Kamera aufnimmt. Selbst die Aufnahmen eines Passbildautomaten sind schutzfähig, weil es sich letztlich um die Vereinfachung einer Aufnahme mit Selbstauslöser handelt. Lichtbildner und damit Urheber ist in diesem Fall die Person, die den Automaten bedient, also meist der Abgebildete selbst.

Die Einbeziehung der Automatenfotos in den urheberrechtlichen Schutzbereich bedeutet nicht, dass für jede Bilderzeugung, die in einem fotografischen oder fotografieähnlichen Verfahren erfolgt, der Lichtbildschutz beansprucht werden kann. Unabdingbare Voraussetzung für die Schutzfähigkeit eines Lichtbildes ist nach überwiegender Auffassung ein Mindestmaß an persönlicher Leistung. Dieses Mindestmaß wird bei Verwendung einer vollautomatischen Kamera noch erfüllt, weil der Fotograf das Motiv, die Entfernung, den Blickwinkel und den Zeitpunkt der Aufnahme selbst bestimmt. Dagegen fehlt jede persönliche Leistung, wenn Reproduktionsvorlagen lediglich mechanisch und originalgetreu abgelichtet werden. Fotokopien und Mikrokopien fallen deshalb ebenso wenig unter den Lichtbildschutz wie die Übertragung von Bild und Text auf sogenannte Seitenfilme mit Hilfe einer Reprokamera oder die Anfertigung eines Kontaktabzugs oder einer Vergrößerung von Negativen oder Umkehrfilmen. Durch solche Vervielfältigungen entsteht normalerweise kein eigenes Schutzrecht.

Allerdings bestätigen die Ausnahmen auch hier die Regel. Wird nämlich in einem fotografischen Vervielfältigungsverfahren ein Lichtbild oder eine andere Reproduktionsvorlage in irgendeiner Weise verfremdet oder wird durch geschickte Auswahl eines bestimmten Ausschnitts ein neuer „bildnerischer Blickwinkel" geschaffen, so kann das Ergebnis des Reproduktionsverfahrens durchaus ein eigenständiges, schutzfähiges Lichtbild sein.

Bedeutung der Unterscheidung

Die geschilderte Gleichstellung von Lichtbildwerken und einfachen Lichtbildern wirft die Frage auf, weshalb das Gesetz überhaupt zwischen verschiedenen Fotokategorien unterscheidet, wenn es gleichzeitig alle Fotografien denselben Schutzregeln unterstellt. Die Antwort lautet, dass die Lichtbilder und Lichtbildwerke in einzelnen Bereichen eben doch unterschiedlich behandelt werden. Das zeigt sich einmal bei der Bestimmung des Schutzumfangs und zum anderen bei der Schutzdauer.

Lichtbildwerke sind nicht nur gegen Vervielfältigungen in unveränderter Form geschützt. Sie dürfen ohne Einwilligung des Urhebers auch weder bearbeitet noch umgestaltet werden. Bei Lichtbildern besteht dagegen nach Auffassung der Rechtsprechung nur ein Schutz gegen identische oder nahezu identische Nachahmungen. Wird ein Lichtbild bei der Vervielfältigung in irgendeiner Weise verändert, soll diese Bearbeitung oder Umgestaltung von dem Schutzrecht nicht mehr erfasst sein.

Auch bei der Regelung der Schutzdauer schneiden die einfachen Lichtbilder schlechter ab als die Lichtbildwerke. Während der Urheberrechtsschutz bei Lichtbildwerken erst 70 Jahre nach dem Tod des Urhebers erlischt (§ 64 Abs. 1 UrhG), sieht das Gesetz für einfache Lichtbilder nur eine Schutzdauer von 50 Jahren nach dem Erscheinen des Bildes bzw. nach dessen Herstellung vor (§ 72 Abs. 3 UrhG).

Geschmacksmusterschutz

Wenn eine Designarbeit nicht die nach dem Urheberrechtsgesetz erforderliche Gestaltungshöhe aufweist und auch der für Lichtbilder bestehende Leistungsschutz nicht eingreift, kann die Arbeit eventuell dadurch gegen Nachahmung geschützt werden, dass man sie beim Patentamt als Geschmacksmuster anmeldet. Einzelheiten zum Geschmacksmusterschutz und zur Anmeldung von Geschmacksmustern werden im Siebten Teil (Seite 166 ff.) erläutert.

2 Urheber, Miturheber und Vermutung der Urheberschaft

Begriff des Urhebers

Urheber ist der Schöpfer des Werkes (§ 7 UrhG), also derjenige, der das Bild selbst geschaffen hat. Als Urheber kommen nur Menschen in Betracht. Juristische Personen können keine Urheber sein, ebenso wenig Maschinen oder Computer.

Wer einen anderen beauftragt oder ihn anregt, ein Werk zu schaffen, wird damit noch nicht zum Urheber. Auch die Lieferung der Idee zu einem Werk oder die Formulierung inhaltlicher Vorgaben können für sich allein keine Urheberschaft begründen. Das Urheberrecht an einer Designarbeit steht daher in der Regel nur dem Designer zu, nicht aber seinem Auftraggeber, auch wenn er das Thema oder bestimmte inhaltliche Anforderungen vorgegeben hat. Der Auftraggeber kann ebenso wie der Arbeitgeber eines Designers an den Designarbeiten lediglich Nutzungsrechte, nicht aber die Urheberschaft selbst erwerben.

Wird der Urheber bei der Herstellung eines Werkes von Gehilfen unterstützt, so kommt eine Urheberschaft oder Miturheberschaft der Gehilfen nur dann in Betracht, wenn sie einen eigenen schöpferischen Beitrag leisten. Solange ein Gehilfe lediglich nach detaillierten Anweisungen handelt, sich an die Vorlage des Urhebers hält und zu dem Werk nichts eigenes beiträgt, ist er auch nicht Urheber. Liefert dagegen z.B. der Mitarbeiter eines Designers zu einer Designarbeit einen eigenen schöpferischen Beitrag, dann besteht auch eine Miturheberschaft an dem von ihm mitgestalteten Werk. Er ist sogar alleiniger Urheber, wenn ihm ein Auftrag zur selbständigen Erledigung übertragen wird und die Details der künstlerischen Gestaltung nicht im einzelnen festgelegt sind.

Miturheber und Urheber verbundener Werke

Wenn mehrere Personen ein Werk gemeinsam schaffen, ohne dass sich ihre Anteile gesondert verwerten lassen, sind sie Miturheber (§ 8 Abs. 1 UrhG). Das Recht zur Veröffentlichung und Verwertung des Werkes steht den Miturhebern gemeinschaftlich zu. Die Verteilung der Erträge aus der Werknutzung richtet sich in erster Linie nach den Vereinbarungen unter den Miturhebern. Gibt es keine Vereinbarungen, erhält jeder einen Anteil entsprechend dem Umfang seiner Mitwirkung.

Von der Miturheberschaft an einem gemeinsam geschaffenen Werk ist die Werkverbindung zu unterscheiden, bei der mehrere selbständige Werke zur gemeinsamen Verwertung miteinander verbunden werden. Klassisches Beispiel einer Werkverbindung ist das illustrierte Buch oder der Bildband, bei dem Bilder und Texte verbunden und gemeinsam verwertet werden. In solchen Fällen sind die Urheber der verbundenen Werke untereinander ähnlich verpflichtet wie Miturheber (§ 9 UrhG). Zwischen ihnen entsteht eine Verwertungsgemeinschaft in der Rechtsform einer Gesellschaft bürgerlichen Rechts (BGB-Gesellschaft).

Vermutung der Urheberschaft

Wer bei der Veröffentlichung eines Fotos, einer Illustration oder eines sonstigen Werkes als Urheber genannt wird oder auf dem Original als dessen Schöpfer bezeichnet ist, wird bis zum Beweis des Gegenteils als Urheber des Werkes angesehen (§ 10 Abs. 1 UrhG).

Fehlt eine Urheberbezeichnung und wird statt dessen auf den Vervielfältigungsstücken des Werkes ein Herausgeber benannt, so wird vermutet, dass der Herausgeber ermächtigt ist, die Rechte des Urhebers geltend zu machen (§ 10 Abs. 2 UrhG). Ist kein Herausgeber angegeben, gilt diese Vermutung zu Gunsten des Verlegers.

3 _____ Rechte des Urhebers

Urheberpersönlichkeitsrechte

Der Urheber hat das Recht zu bestimmen, ob und wie sein Werk zu veröffentlichen ist (§ 12 UrhG). Er hat außerdem das Recht auf Anerkennung seiner Urheberschaft. Er kann bestimmen, ob das Werk mit einer Urheberbezeichnung zu versehen und welche Bezeichnung zu verwenden ist (§ 13 UrhG).

Vertragliche Vereinbarungen mit dem Urheber über das Anbringen einer Urheberbezeichnung und auch über das Weglassen dieser Bezeichnung sind prinzipiell zulässig. Meist wird allerdings in den Fällen, in denen etwa der Abdruck einer Illustration ohne Urheberbezeichnung erfolgt, die Zustimmung des Bildautors zu dieser anonymen Form der Veröffentlichung nicht vorliegen. Die Verlage berufen sich zu ihrer Rechtfertigung meist auf die Branchenübung, derzufolge Illustrationen, Fotos und andere urheberrechtlich geschützte Werke in Zeitungen und Zeitschriften vielfach ohne Urheberbezeichnung abgedruckt werden. Die angebliche Branchenübung ist aber nichts weiter als eine weit verbreitete Unsitte, die sich nur deshalb durchsetzen konnte, weil Designer, Fotografen und andere Urheber wirtschaftlich meist in der schwächeren Position sind und sich gegen die Verletzung ihres Rechts auf Anerkennung der Urheberschaft nur selten zur Wehr setzen.

Außer dem Veröffentlichungsrecht und dem Recht auf Anerkennung der Urheberschaft gehört auch das Recht auf den Bestand und die Unversehrtheit des Werkes zum Urheberpersönlichkeitsrecht. Der Urheber darf Entstellungen oder andere Beeinträchtigungen seines Werkes verbieten, die geeignet sind, seine berechtigten Interessen an dem Werk zu gefährden (§ 14 UrhG).

Verwertungsrechte

Der Urheber hat das ausschließliche Recht, sein Werk zu verwerten und sich so eine angemessene Beteiligung an dem wirtschaftlichen Nutzen zu sichern, der aus seinem Werk gezogen wird. Das Verwertungsrecht umfasst insbesondere das Vervielfältigungsrecht, das Verbreitungsrecht, das Ausstellungsrecht und das Recht der öffentlichen

Wiedergabe (§ 15 UrhG). Niemand darf daher ohne Zustimmung des Urhebers dessen Werk reproduzieren, an Dritte weitergeben, öffentlich ausstellen oder z.B. mittels Bild- oder Tonträger öffentlich wiedergeben.

Auch Bearbeitungen oder andere Umgestaltungen des Werkes dürfen nur veröffentlicht oder verwertet werden, wenn der Urheber des bearbeiteten oder umgestalteten Werkes einwilligt (§ 23 UrhG). Wer dagegen ein urheberrechtlich geschütztes Werk in freier Benutzung so verändert, dass ein neues Werk mit eigenen Wesenszügen entsteht, darf das neue Werk auch ohne Zustimmung des Urhebers des benutzten Werkes veröffentlichen und verwerten (§ 24 UrhG).

Damit stellt sich die Frage, wie die freie Benutzung von der einfachen Bearbeitung und Umgestaltung zu unterscheiden ist. Das maßgebende Unterscheidungskriterium ist die Abhängigkeit vom Original. Wird das als Vorlage dienende Werk zwar weiterentwickelt oder umgeformt, bleibt es dabei aber in seinem Wesenskern und seinen Grundzügen erhalten, so handelt es sich bei der Weiterentwicklung um eine abhängige Bearbeitung oder Umgestaltung. Die freie Benutzung löst sich dagegen von dem Original und schafft ein neues Werk mit neuen, eigenen Wesenszügen. Dieses neue Werk ist so eigentümlich, dass demgegenüber die Wesenszüge des Originals verblassen.

Sonstige Rechte des Urhebers

Zugangsrecht   Der Urheber kann vom Besitzer des Originals oder eines Vervielfältigungsstückes seines Werkes verlangen, dass er ihm das Original bzw. die Vervielfältigung zugänglich macht (§ 25 UrhG). Das gilt allerdings nur, soweit die Gewährung des Zugangs zur Herstellung weiterer Vervielfältigungen oder Bearbeitungen des Werkes erforderlich ist und nicht berechtigte Interessen des Besitzers entgegenstehen. Der Besitzer muss in einem solchen Fall lediglich den Zugang zu dem Werk gestatten. Zur Herausgabe des Originals oder der Vervielfältigung ist er nicht verpflichtet.

Bei den Designern spielt das Zugangsrecht in der Praxis keine große Rolle, da sie anderen in der Regel nur die Nutzungsrechte, nicht aber das Eigentum an ihren Arbeiten überlassen. Sie können daher – als Eigentümer der Originale – ohne weiteres die Herausgabe der Reinzeichnungen oder der sonstigen Originale verlangen, wenn sie zur Ausübung der Nutzungsrechte nicht mehr benötigt werden.

Folgerecht   Wird das Original eines Werkes der bildenden Künste weiterveräußert und ist hieran ein Kunsthändler oder Versteigerer als Erwerber, Veräußerer oder Vermittler beteiligt, so muss der Veräußerer 5 Prozent des Veräußerungserlöses an den Urheber abgeben (§ 26 UrhG). Das betrifft allerdings nur Erlöse, die den Betrag von 50,00 € übersteigen.

Das Folgerecht erfasst lediglich Werke der bildenden Kunst. Darunter fallen z.B. auch Grafiken und Illustrationen, soweit sie in limitierter Auflage reproduziert, nummeriert und signiert, in Kunstausstellungen gezeigt und auf den üblichen Wegen des Kunstmarktes wie andere Werke der bildenden Kunst gehandelt werden.

Rückrufrechte   Hat der Urheber einem anderen ein ausschließliches Nutzungsrecht eingeräumt, so kann er das Nutzungsrecht wieder zurückrufen, wenn es von dem Verwerter nicht oder nur unzureichend ausgeübt und dadurch ein berechtigtes Interesse des Urhebers erheblich verletzt wird (§ 41 UrhG). Das Rückrufrecht soll es dem Urheber ermöglichen, sein Werk anderweitig zu veröffentlichen. Es kann frühestens zwei Jahre nach Einräumung oder Übertragung des Nutzungsrechts ausgeübt und maximal für fünf Jahre im Voraus ausgeschlossen werden.

Der Urheber kann ein Nutzungsrecht auch dann zurückrufen, wenn das Werk seiner Überzeugung nicht mehr entspricht und ihm deshalb die Verwertung des Werkes nicht mehr zugemutet werden kann (§ 42 UrhG). Ein solcher Rückruf wegen gewandelter Überzeugung verpflichtet den Urheber, an den Inhaber des Nutzungsrechts eine angemessene Entschädigung zu zahlen.

Gesetzliche Vergütungsansprüche   Werden Vervielfältigungen eines Werkes, deren Weiterverbreitung der Urheber erlaubt hat, gewerbsmäßig oder von einer öffentlichen Einrichtung vermietet oder verliehen, so ist dem Urheber dafür eine angemessene Vergütung zu zahlen (§ 27 UrhG). Diese Vergütung, die nur durch eine Verwertungsgesellschaft eingefordert werden kann, bezeichnet man auch als Bibliotheksgroschen oder Bibliothekstantieme.

Weitere Vergütungsansprüche sieht das Gesetz in den Fällen vor, in denen das Verwertungsrecht des Urhebers im Interesse der Allgemeinheit eingeschränkt wird. Werden beispielsweise Vervielfältigungen eines Werkes in eine Sammlung aufgenommen, die für den Kirchen-, Schul- oder Unterrichtsgebrauch bestimmt ist, so ist diese Verwertung einerseits ohne Zustimmung des Urhebers zulässig, auf der anderen Seite hat aber der Urheber in einem solchen Fall Anspruch auf Zahlung einer angemessenen Vergütung (§ 46 Abs. 4 UrhG). Entsprechende Regelungen gibt es bei der Nutzung von Werken für Schulfunksendungen

(§ 47 Abs. 2 UrhG), für Zeitungsartikel und Rundfunkkommentare (§ 49 Abs. 1 UrhG) sowie für bestimmte öffentliche Vorführungen und Aufführungen (§ 52 Abs. 1 UrhG).

4 Schranken des Urheberrechts

Für das geistige Eigentum besteht ebenso wie für das Sacheigentum eine Sozialbindung. Das bedeutet, dass die Urheber im Interesse der Allgemeinheit bestimmten Beschränkungen unterliegen, die eine Nutzung geschützter Werke auch ohne Zustimmung der Berechtigten ermöglichen sollen. Von den Bestimmungen des Urheberrechtsgesetzes, die die Rechte des Urhebers einschränken, sind für die Designer und die Verwerter von Designarbeiten vor allem folgende Regelungen bedeutsam:

Rechtspflege und öffentliche Sicherheit (§ 45 UrhG)

Es ist zulässig, urheberrechtlich geschützte Werke zu vervielfältigen, um sie in einem gerichtlichen oder behördlichen Verfahren zu verwenden. Außerdem dürfen Gerichte und Behörden für Zwecke der Rechtspflege und der öffentlichen Sicherheit Bildnisse von Personen vervielfältigen. Auch ohne Zustimmung der Abgebildeten und des Illustrators ist deshalb z.B. der Abdruck von gezeichneten Fahndungsbildern und Steckbriefen auf Plakaten und in Zeitungen zulässig.

Sammlungen für den Kirchen-, Schul- oder Unterrichtsgebrauch (§ 46 UrhG)

Grafikdesign-Arbeiten, Illustrationen und andere geschützte Werke, die bereits anderswo erschienen sind, dürfen ohne Zustimmung des Urhebers in Büchern abgedruckt werden, die für den Kirchen-, Schul- oder Unterrichtsgebrauch bestimmt sind. Eine solche Verwertung muss dem Urheber allerdings vorher bekannt gegeben werden.

Bild- und Tonberichterstattung (§ 50 UrhG)

Werke (z.B. Grafiken), die bei aktuellen Ereignissen wahrnehmbar werden, dürfen im Rahmen der Berichterstattung über diese Ereignisse vervielfältigt, verbreitet und öffentlich wiedergegeben werden. Eine solche Nutzung ist immer nur in dem durch die Berichterstattung gebotenen Umfang zulässig.

Zitate (§ 51 UrhG)

Die Vervielfältigung, Verbreitung und öffentliche Wiedergabe eines Werkes ist auch dann zulässig, wenn dies zu Zitatzwecken geschieht. So darf z.B. ein einzelnes Werk nach seinem Erscheinen vollständig in ein wissenschaftliches Werk zur Erläuterung des Inhalts aufgenommen werden (Großzitat). In anderen Werken, die keinem wissenschaftlichen Zweck dienen, dürfen einzelne Stellen eines bereits veröffentlichten Werkes angeführt werden (Kleinzitat). Allerdings hält die Rechtsprechung auch bei nichtwissenschaftlichen Werken ein Zitieren ganzer Werke für zulässig, wenn anders eine sinnvolle Bezugnahme auf das zitierte Werk nicht möglich ist (kleines Großzitat). Das betrifft vor allem die Bildzitate, bei denen vielfach die Wiedergabe einzelner Teile eines Bildes unverständlich bleiben würde. Soweit es der Zitatzweck erfordert, dürfen deshalb Illustrationen und andere Bilder auch in nichtwissenschaftlichen Werken vollständig abgebildet werden.

In allen Zitatfällen darf das zitierte Werk nicht um seiner selbst willen, sondern nur als Beleg oder zur Erläuterung des Inhalts eines anderen Werkes angeführt werden. Stets ist der Umfang des Zitats auf das unbedingt erforderliche Maß zu beschränken.

Öffentliche Wiedergabe (§ 52 UrhG)

Ohne Zustimmung des Urhebers ist auch die öffentliche Wiedergabe eines bereits erschienenen Werkes zulässig, wenn die Wiedergabe keinem Erwerbszweck des Veranstalters dient, die Teilnehmer ohne Entgelt zugelassen werden und im Falle des Vortrags oder der Aufführung des Werkes keiner der ausübenden Künstler eine besondere Vergütung erhält. Zulässig ist auch die Wiedergabe eines erschienenen Werkes bei einem Gottesdienst oder einer kirchlichen Feier. In beiden Fällen haben die Veranstalter dem Urheber – wie oben bereits erwähnt – eine angemessene Vergütung zu zahlen.

Vervielfältigungen zum privaten oder sonstigen eigenen Gebrauch (§ 53 UrhG)

Jedermann darf einzelne Vervielfältigungen von urheberrechtlich geschützten Werken zum privaten Gebrauch herstellen. Davon ausgenommen sind ganze Bücher und Zeitschriften sowie Noten und Datenverarbeitungsprogramme, deren Vervielfältigung auch für den privaten Gebrauch in der Regel nur mit Einwilligung des Berechtigten zulässig ist.

Mit gewissen Einschränkungen, die hier nicht im einzelnen erläutert werden können, ist eine Vervielfältigung auch zulässig
- zum eigenen wissenschaftlichen Gebrauch,
- zur Aufnahme in ein eigenes, nur für den internen Gebrauch bestimmtes Archiv,
- zur eigenen Unterrichtung über Tagesfragen,
- zum sonstigen eigenen Gebrauch.

Erlaubt sind außerdem Vervielfältigungen für den Unterrichtsgebrauch und für Prüfungen. Die näheren Einzelheiten regelt das Gesetz (§ 53 Abs. 3 UrhG).

Unwesentliches Beiwerk (§ 57 UrhG)

Ein urheberrechtlich geschütztes Werk darf ohne weiteres vervielfältigt, verbreitet und öffentlich wiedergegeben werden, wenn es als unwesentliches Beiwerk neben dem eigentlichen Gegenstand der Vervielfältigung, Verbreitung oder öffentlichen Wiedergabe anzusehen ist.

Die Bedeutung dieser Regelung lässt sich am Beispiel einer Abbildung verdeutlichen, die einen Innenraum mit verschiedenen Möbelstücken zeigt. Außer den Möbeln, die im Vordergrund stehen, ist an der Wand im Hintergrund ein Bild (Gemälde, Grafik) zu sehen.

Das Bild an der Wand ist „unwesentliches Beiwerk", wenn es nur zufällig in Erscheinung tritt und als beliebiges Requisit im Hintergrund vom flüchtigen Betrachter überhaupt nicht wahrgenommen wird. Es darf als unerhebliches und austauschbares Element des Gesamtbildes auch ohne die Einwilligung des Urhebers reproduziert und verbreitet werden.

Gehört dagegen das Bild an der Wand zum Ambiente und dokumentiert es – auch als bloße Hintergrunderscheinung – ein bestimmtes Milieu, so kann es nicht mehr als unwesentliches Beiwerk angesehen werden, weil es innerhalb des Gesamtbildes eine bestimmte Funktion zu erfüllen hat und nicht beliebig austauschbar ist. Eine Vervielfältigung und Verbreitung der Innenraum-Abbildung mit dem Wandbild im Hintergrund ist deshalb nur zulässig, wenn der Urheber des Wandbildes seine Zustimmung erteilt.

Katalogbilder (§ 58 UrhG)

Werke der bildenden Kunst, die zur öffentlichen Ausstellung oder Versteigerung bestimmt sind, dürfen in Katalogen oder Verzeichnissen wiedergegeben werden, die der Veranstalter zur Durchführung der Ausstellung oder Versteigerung herausgibt. Die „Katalogbildfreiheit" gilt nur für das vom Veranstalter selbst herausgegebene Begleitmaterial, nicht jedoch für Kunstbücher, die ein Verlag anlässlich einer Ausstellung publiziert und im Buchhandel anbietet, ebenso wenig für die von einem Verlag herausgegebenen Museumsführer. Solche kommerziellen Publikationen bedürfen in jedem Fall der Erlaubnis der betroffenen Künstler. Auch der Druck von Postkarten oder Plakaten mit Werken, die auf einer Ausstellung gezeigt werden, ist durch die „Katalogbildfreiheit" nicht mehr gedeckt.

Werke an öffentlichen Plätzen (§ 59 UrhG)

Werke, die sich bleibend an öffentlichen Wegen, Straßen und Plätzen befinden, dürfen mit Mitteln der Malerei oder Grafik, durch Lichtbild oder Film vervielfältigt, verbreitet und öffentlich wiedergegeben werden. Bei Bauwerken erstreckt sich diese Befugnis nur auf die äußere Ansicht.

Es ist demnach ohne weiteres zulässig, ein von der Straße aus sichtbares Kunstwerk oder Gebäude abzumalen und das Gemälde als Postkarte oder in Büchern und Zeitschriften zu vermarkten. Die Zustimmung des Künstlers oder des Architekten muss dazu nicht eingeholt werden.

Etwas anderes gilt in den Fällen, in denen etwa ein Kunstwerk von der Straße aus nicht zu sehen ist, sondern erst nach Betreten eines Gebäudes oder eines privaten Grundstücks vollständig wahrgenommen werden kann. Ein solches Kunstwerk darf nur mit Zustimmung des Künstlers abgemalt und das Gemälde nur mit seiner Erlaubnis vervielfältigt und verbreitet werden.

Erlaubnispflichtig ist auch das Abmalen oder Ablichten von Werken, die nicht bleibend, sondern nur vorübergehend oder jedenfalls zeitlich befristet an öffentlichen Wegen, Straßen oder Plätzen aufgestellt werden (z.B. die Verpackung des Reichstages durch die Künstler Christo und Jeanne-Claude).

Bildnisse (§ 60 UrhG)

Bei Personenbildnissen, die auf Bestellung angefertigt werden, haben die Besteller und – falls diese nicht mit den Abgebildeten identisch sind – auch die Abgebildeten ein erhebliches Interesse daran, die Bildnisse vervielfältigen und an Dritte verschenken zu können. Das Gesetz erlaubt deshalb dem Besteller und dessen Rechtsnachfolger, das bestellte Bildnis (Zeichnung, Gemälde, Fotografie, Büste, Totenmaske oder sonstige Personendarstellung) zu vervielfältigen und die Vervielfältigungsstücke unentgeltlich zu verbreiten. Die gleichen Rechte stehen bei einem auf Bestellung geschaffenen Bildnis dem Abgebildeten und nach seinem Tode seinen Angehörigen zu.

Die Vervielfältigung darf in diesen Fällen nur durch Lichtbild erfolgen. Handelt es sich allerdings bei dem Bildnis seinerseits um ein Lichtbild oder ein Lichtbildwerk, so ist die Vervielfältigung auch auf andere Weise als durch Lichtbild (z.B. durch Abmalen) zulässig.

Die Verbreitung der Vervielfältigung ist ohne Zustimmung des Urhebers nur zulässig, solange dies unentgeltlich geschieht. Erlaubnispflichtig ist daher der Abdruck eines Personenbildnisses in einer Zeitung, die über den Handel verkauft oder durch Annoncen finanziert wird.

Änderungsverbot und Quellenangabe (§§ 62, 63 UrhG)

Soweit nach den Bestimmungen des Urheberrechtsgesetzes die Benutzung eines Werkes ohne Zustimmung des Urhebers zulässig ist, dürfen prinzipiell keine Änderungen an dem Werk vorgenommen werden. Bei Werken der bildenden Kunst und bei Lichtbildwerken sind jedoch Übertragungen des Werkes in eine andere Größe erlaubt. Außerdem sind auch solche Änderungen zulässig, die das für die Vervielfältigung angewendete Verfahren mit sich bringt.

Bei der gesetzlich erlaubten Benutzung eines urheberrechtlich geschützten Werkes ist außer dem Änderungsverbot auch die Verpflichtung zur Quellenangabe zu beachten. Wer ein Werk für ein behördliches oder gerichtliches Verfahren, für eine Sammlung für den Kirchen-, Schul- oder Unterrichtsgebrauch, für die Bild- und Tonberichterstattung, für Zitatzwecke, für einen Ausstellungskatalog oder als „Werk an öffentlichen Plätzen" vervielfältigt, muss stets die Quelle deutlich angeben. Zu nennen sind insbesondere der Urheber, der Titel des Werkes und gegebenenfalls auch das Publikationsorgan, in dem das Werk erschienen ist. Die Verpflichtung zur Quellenangabe entfällt nur dann, wenn es dem Benutzer nicht möglich ist, die Quelle ausfindig zu machen.

5 Kollision des Urheberrechts mit den Rechten anderer Personen

Schutzrechte an vorbestehenden Werken

Wer bei der Gestaltung eines Werkes ein anderes geschütztes Werk verwerten will, hat dabei dieselben Rechte zu beachten, die er für sein eigenes Werk beansprucht. Die Benutzung der Arbeit eines anderen Urhebers ist demnach nur zulässig, wenn der betroffene Urheber zustimmt oder die Nutzung unter eine der Sonderbestimmungen fällt, die eine Vervielfältigung und Verbreitung geschützter Werke im Interesse der Allgemeinheit in begrenztem Umfang erlauben. Darüber hinaus ist nur die „freie Benutzung" vorbestehender Werke zulässig.

Recht am eigenen Bild

Personenbildnisse dürfen nur mit Einwilligung des Abgebildeten verbreitet oder öffentlich zur Schau gestellt werden (§ 22 Satz 1 KUG). Die Einwilligung gilt im Zweifel als erteilt, wenn der Abgebildete dafür, dass er sich abbilden lässt, eine Entlohnung erhält (§ 22 Satz 2 KUG).

Das Recht am eigenen Bild kann nach dem Tod des Abgebildeten noch 10 Jahre lang von dessen Angehörigen geltend gemacht werden (§ 22 Satz 3 KUG). Angehörige sind der überlebende Ehegatte oder die Kinder, ersatzweise die Eltern des Abgebildeten.

Ausnahmsweise dürfen Personenbildnisse auch ohne Einwilligung des Abgebildeten verbreitet und zur Schau gestellt werden, wenn sie unter eine der nachfolgenden Kategorien fallen:
- Bildnisse aus dem Bereich der Zeitgeschichte (§ 23 Abs. 1 Nr. 1 KUG);
- Bilder, auf denen die Personen nur als Beiwerk neben einer Landschaft oder sonstigen Örtlichkeit erscheinen (§ 23 Abs. 1 Nr. 2 KUG);
- Bilder von Versammlungen, Aufzügen oder ähnlichen Vorgängen, an denen die dargestellten Personen teilgenommen haben (§ 23 Abs. 1 Nr. 4 KUG);
- Bildnisse, die nicht auf Bestellung angefertigt sind, sofern die Verbreitung oder Schaustellung einem höheren Interesse der Kunst dient (§ 23 Abs. 1 Nr. 4 KUG).

In den Fällen, in denen das Gesetz eine Bildverwertung ohne Einwilligung des Abgebildeten ausnahmsweise zulässt, darf die Verbreitung und Veröffentlichung des Bildes kein berechtigtes Interesse des Abgebildeten oder, falls dieser verstorben ist, seiner Angehörigen verletzen

(§ 23 Abs. 2 KUG). Damit werden z.B. Personen der Zeitgeschichte, deren Bildnisse an sich frei verbreitet und zur Schau gestellt werden dürfen, vor ungewollten Eingriffen in ihre Privat- und Intimsphäre sowie davor geschützt, dass man ihre Bildnisse für Werbezwecke benutzt.

Fremde Eigentumsrechte

Es war lange Zeit fraglich, ob das Abmalen oder Fotografieren von Sachen, die in fremdem Eigentum stehen, ohne Zustimmung des Eigentümers zulässig ist. Der Bundesgerichtshof hat dazu inzwischen entschieden, dass es dazu der Erlaubnis des Eigentümers jedenfalls dann nicht bedarf, wenn ein Objekt auf öffentlichen Wegen und Plätzen oder von einer öffentlichen Straße aus gemalt oder fotografiert wird.

Der Eigentümer hat lediglich die Möglichkeit, andere vom Zugang zu dem Objekt bzw. vom Blick auf das Objekt auszuschließen. Macht er von dieser Möglichkeit keinen Gebrauch, muss er das Abmalen oder Ablichten der in seinem Eigentum stehenden Sachen hinnehmen und sogar die gewerbliche Verwertung dieser Abbildungen durch den Bildautor oder andere Beteiligte akzeptieren.

6 Urhebervertragsrecht

Vererbung und Übertragung des Urheberrechts

Das Urheberrecht als solches ist zwar vererblich (§ 28 Abs. 1 UrhG), ansonsten aber nicht übertragbar (§ 29 Abs. 1 UrhG). Auch die einzelnen Urheberpersönlichkeitsrechte lassen sich nicht auf Dritte übertragen. Der Urheber hat lediglich die Möglichkeit, anderen ein Nutzungsrecht an seinem Werk einzuräumen, in einzelne Werknutzungen einzuwilligen und Vereinbarungen zu den Verwertungsrechten oder zu Änderungen des Werkes, seines Titels oder der Urheberbezeichnung zu treffen (§ 29 Abs. 2 UrhG).

Stirbt der Urheber, so geht das Urheberrecht als Ganzes auf seine Erben über (§ 30 UrhG). Diese Rechtsnachfolge kann der Urheber schon zu seinen Lebzeiten durch ein Testament regeln. Er hat außerdem die Möglichkeit, die Ausübung des Urheberrechts durch letztwillige Verfügung einem Testamentsvollstrecker zu übertragen.

Einräumung von Nutzungsrechten

Wer ein urheberrechtlich geschütztes Werk vervielfältigen, verbreiten oder auf sonstige Weise für seine Zwecke nutzen will, muss sich von dem Urheber entsprechende Nutzungsrechte einräumen lassen.

Einfaches und ausschließliche Nutzungsrechte

Grundsätzlich ist zwischen einfachen und ausschließlichen Nutzungsrechten zu unterscheiden. Räumt der Urheber einem anderen ein einfaches Nutzungsrecht ein, verbleibt ihm die Möglichkeit, das Werk weiterhin selbst zu nutzen oder Dritten einfache Nutzungsrechte gegen Entgelt zu überlassen (§ 31 Abs. 2 UrhG). Meist bestehen aber die Verwerter darauf, dass sie das ausschließliche Nutzungsrecht erhalten. Das ausschließliche Nutzungsrecht ist ein Exklusivrecht. Es berechtigt den Inhaber, das Werk unter Ausschluss aller anderen Personen (einschließlich des Urhebers selbst) auf die ihm erlaubte Art zu nutzen (§ 31 Abs. 3 UrhG). Wer das ausschließliche Nutzungsrecht erwirbt, kann also jedermann verbieten, das Werk in gleicher Weise zu nutzen.

Beschränkung von Nutzungsrechten

Sowohl beim einfachen als auch beim ausschließlichen Nutzungsrecht hat der Urheber die Möglichkeit, die Rechtseinräumung inhaltlich auf bestimmte Nutzungsarten zu beschränken (z.B. Nutzung einer Grafikdesignarbeit nur für eine Werbeanzeige). Es ist außerdem eine räumliche Beschränkung zulässig (z.B. Nutzung nur im deutschsprachigen Raum). Schließlich sind auch zeitliche Beschränkungen denkbar (z.B. Nutzung nur für ein Jahr).

Der Urheber und sein Vertragspartner können den Umfang der eingeräumten Nutzungsrechte frei vereinbaren. Die Einräumung von Nutzungsrechten für noch nicht bekannte Nutzungsarten ist allerdings ausgeschlossen (§ 31 Abs. 4 UrhG). Verpflichtungen hierzu sind unwirksam.

Zweckübertragungsregel

Wird der Nutzungsumfang in einem Vertrag nicht konkret festgelegt, so bestimmt sich der Umfang der Nutzungsrechte nach dem jeweiligen Vertragszweck (§ 31 Abs. 5 UrhG). Wird beispielsweise eine Illustration für eine bestimmte Werbekampagne bestellt, dann darf der Auftraggeber die Illustration auch nur für diese Werbekampagne verwenden, da der Zweck des Vertrages keine weitergehenden Nutzungsrechte erfordert.

Veräußert der Urheber das Original des Werkes, so räumt er damit dem Erwerber im Zweifel kein Nutzungsrecht ein (§ 44 UrhG). Handelt es sich allerdings um das Original eines Werkes der bildenden Kunst oder eines Lichtbildwerkes, so ist der Eigentümer des Originals grundsätzlich berechtigt, das Werk öffentlich auszustellen.

Weiterübertragung von Nutzungsrechten

Wer vom Urheber Nutzungsrechte erworben hat, kann diese Rechte nur mit Zustimmung des Urhebers vollständig weiterübertragen (§ 34 Abs. 1 UrhG). Will ein ausschließlich Nutzungsberechtigter seine Rechtsposition zwar nicht aufgeben, aber anderen Personen ein weiteres Nutzungsrecht einräumen, so ist auch das nur mit Zustimmung des Urhebers möglich (§ 35 Abs. 1 UrhG). Allerdings sind abweichende Vereinbarungen zwischen dem Inhaber des Nutzungsrechts und dem Urheber zulässig.

Der Urheber darf seine Zustimmung zu einer Weiterübertragung von Nutzungsrechten nicht wider Treu und Glauben verweigern. In bestimmten Fällen ist eine Weiterübertragung ausnahmsweise sogar ohne Zustimmung des Urhebers möglich, so z.B. im Rahmen der Gesamtveräußerung eines Unternehmens oder der Veräußerung von Teilen eines Unternehmens. Allerdings kann der Urheber das Nutzungsrecht in einem solchen Fall wieder zurückrufen, wenn ihm die Ausübung des Nutzungsrechts durch den Erwerber nach Treu und Glauben nicht zuzumuten ist.

Angemessene Vergütung (§ 32 UrhG)

Jeder Urheber kann für die Einräumung von Nutzungsrechten und die Erlaubnis zur Werknutzung die vertraglich vereinbarte Vergütung verlangen. Fehlt eine Vereinbarung zur Höhe der Vergütung, gilt die angemessene Vergütung als vereinbart. Falls die vereinbarte Vergütung nicht angemessen ist, hat der Urheber einen einklagbaren Anspruch darauf, dass der Vertrag geändert und ihm die angemessene Vergütung gewährt wird.

Was angemessen ist, regelt § 32 Abs. 2 UrhG. Danach gilt eine Vergütung als angemessen, „wenn sie im Zeitpunkt des Vertragsschlusses dem entspricht, was im Geschäftsverkehr nach Art und Umfang der eingeräumten Nutzungsmöglichkeit, insbesondere nach Dauer und Zeitpunkt der Nutzung, unter Berücksichtigung aller Umstände üblicher- und redlicherweise zu leisten ist." Abzustellen ist also auf die branchenübliche Vergütung, wobei allerdings nur die redliche Branchenpraxis zu berücksichtigen ist. Soweit eine Branchenübung nicht festgestellt werden kann oder diese Übung nicht der Redlichkeit entspricht, ist die angemessene Vergütung – notfalls durch ein Gerichtsurteil – nach billigem Ermessen festzusetzen.

Für die Bestimmung der angemessenen Vergütung ist der Zeitpunkt des Vertragsabschlusses maßgebend. Deshalb müssen Entwicklungen nach Abschluss des Vertrages unberücksichtigt bleiben. Ändert sich also später die Branchenübung, so kann sich das weder zugunsten noch zulasten des Urhebers auswirken.

Es gibt zwei wichtige Einschränkungen, die bei Anwendung des § 32 UrhG zu beachten sind. So gilt eine Vergütung, die nach einer gemeinsamen, d.h. von Vereinigungen der Urheber mit einer Verwertervereinigung oder einzelnen Verwertern aufgestellten Vergütungsregel ermittelt wurde, stets als angemessen. Außerdem entfällt der Anspruch auf eine Korrektur der Vergütungsabsprache auch dann, wenn die Vergütung für die Werknutzung tarifvertraglich bestimmt ist. Ein Mitglied der Allianz deutscher Designer (AGD), das mit einem Mitglied des Verbandes der Selbständigen Design-Studios (SDSt) auf der Grundlage des „Vergütungstarifvertrages Design SDSt/AGD" eine Werknutzung vereinbart, kann deshalb von seinem Vertragspartner keine Vertragsänderung mit der Begründung verlangen, die vereinbarte Vergütung sei unangemessen niedrig.

Fasst man den Inhalt der Vergütungsregelung des § 32 UrhG einmal zusammen, so ergibt sich für die Urheber ein erfreuliches Bild: Wer bei Abschluss eines Vertrages über den Tisch gezogen und von seinem Vertragspartner dazu gezwungen wird, ihm die Nutzungsrechte an einem urheberrechtlich geschützten Werk gegen eine unangemessen niedrige Vergütung zu überlassen, kann eine Änderung des Vertrages und die Zahlung einer angemessenen Vergütung verlangen. Dieser Rechtsanspruch kann weder vertraglich ausgeschlossen noch durch irgendwelche Tricks umgangen werden (§ 32 Abs. 3 UrhG). Damit ist der verbreiteten Unsitte, sich von Designern gegen ein geringes Entgelt sämtliche Nutzungsrechte unbeschränkt einräumen zu lassen (Buyout), ein Riegel vorgeschoben.

Bestsellerparagraph (§ 32 a UrhG)

Ist die vereinbarte Vergütung bereits bei Abschluss des Vertrages nicht angemessen, kann der Urheber – wie soeben erläutert – eine Korrektur des Vertrages gemäß § 32 UrhG verlangen. Kommt es dagegen erst später zu einem Missverhältnis zwischen der vereinbarten Vergütung und den Erträgen oder Vorteilen aus der Nutzung des Werkes, ist § 32 a UrhG anzuwenden. Dieser sogenannte Bestsellerparagraph sieht vor, dass der Urheber in den Fällen, in denen ein „auffälliges Missverhältnis" zwischen Leistung und Gegenleistung entsteht, eine Anpassung des Vertrages an die geänderten Verhältnisse und eine angemessene Beteiligung an dem wirtschaftlichen Erfolg der Werknutzung verlangen kann. Dabei spielt es keine Rolle, ob die Höhe der erzielten Erträge oder Vorteile für die Vertragspartner vorhersehbar war oder nicht.

Der Gesetzgeber geht davon aus, dass ein „auffälliges Missverhältnis" im Sinne des § 32 a UrhG immer dann vorliegt, wenn die vereinbarte Vergütung um mindestens 100 Prozent von der angemessenen Beteiligung abweicht. Das steht zwar so nicht im Gesetz, ergibt sich aber aus der Gesetzesbegründung (BT-Drucksache 14/8058, Seite 45). Nach der Gesetzesbegründung ist es sogar denkbar, dass im Einzelfall auch schon geringere Abweichungen ein auffälliges Missverhältnis begründen können.

Bei dem im Rahmen des § 32 a UrhG anzustellenden Vergleich von Leistung und Gegenleistung sind nicht nur die erzielten Erträge, sondern auch die sonstigen Vorteile zu berücksichtigen, die sich für den Verwerter aus der Werknutzung ergeben. Folglich können auch Verwertungshandlungen, die nicht unmittelbar zu Erträgen führen (z.B. Nutzung einer Grafik für eine Werbekampagne), einen Anspruch auf eine Vertragsanpassung begründen, sofern die geldwerten Vorteile einer solchen Nutzung in einem auffälligen Missverhältnis zu der dafür gezahlten Vergütung stehen.

Auf die Ansprüche, die sich für den Urheber aus dem Bestsellerparagraphen ergeben, kann nicht im Voraus verzichtet werden (§ 32 a Abs. 3 UrhG). Die Verwerter haben deshalb keine Möglichkeit, die Beteiligung des Urhebers an dem späteren Erfolg seines Werkes bei Abschluss des Werk- oder Lizenzvertrages durch irgendwelche Vertragsklauseln auszuschließen.

Gemeinsame Vergütungsregeln (§ 36 UrhG)

Die Bestimmung der angemessenen Vergütung, auf die jeder Urheber einen gesetzlich garantierten Anspruch hat, kann unter Umständen sehr schwierig sein. Deshalb sieht § 36 UrhG vor, dass Urhebervereinigungen (z.B. die Berufsverbände der Designer) mit Vereinigungen von Werknutzern oder einzelnen Werknutzern gemeinsame Vergütungsregeln aufstellen können. Die gemeinsamen Vergütungsregeln sollen festlegen, welche Vergütung für welche Leistung angemessen ist.

Eine Vergütung, die nach einer gemeinsame Vergütungsregel ermittelt wird, gilt stets als angemessen. Die Vergütungsregeln sind damit der Maßstab, an dem sich die Urheber und die Verwerter bei der Bemessung der Vergütung für eine Werknutzung orientieren können. Wird eine Vergütung vereinbart, die unter dem in den gemeinsamen

Vergütungsregeln festgelegten Honorar liegt, kann sich der Vertragspartner des Urhebers auf diese Vereinbarung nicht berufen. Der Urheber hat in diesem Fall einen Anspruch darauf, dass sein Vertragspartner in eine Änderung des Vertrages, d.h. in eine Anhebung der Vergütung auf das in den gemeinsamen Vergütungsregeln vorgesehene Niveau einwilligt.

Da § 36 UrhG durch das „Gesetz zur Stärkung der vertraglichen Stellung von Urhebern und ausübenden Künstlern" neu eingeführt wurde und dieses Gesetz erst im Juli 2002 in Kraft getreten ist, gibt es zur Zeit (Stand: März 2003) noch keine gemeinsamen Vergütungsregeln für den Designbereich. Es ist jedoch abzusehen, dass solche Regeln in der nächsten Zeit zwischen den Berufsverbänden der Designer und den Vereinigungen der Werknutzer bzw. einzelnen Werknutzern ausgehandelt und vereinbart werden.

7 — Rechtsverletzungen und ihre Folgen

Verletzung von Urheberrechten und ausschließlichen Nutzungsrechten

Das Urheberrechtsgesetz verbietet Eingriffe in das Urheberpersönlichkeitsrecht und in die Verwertungsrechte des Urhebers. Wer ein Werk ohne Zustimmung des Urhebers veröffentlicht, vervielfältigt oder verbreitet, begeht ebenso eine Urheberrechtsverletzung wie derjenige, der bei einer erlaubten Veröffentlichung die vom Urheber bestimmte Urheberbezeichnung einfach weglässt oder das Werk entstellt.

Entsprechendes gilt bei rechtswidrigen Eingriffen in ein Leistungsschutzrecht. Die unerlaubte Verwertung von einfachen Lichtbildern kann daher in gleicher Weise verfolgt werden wie eine Urheberrechtsverletzung.

Anspruchsberechtigte und Anspruchsgegner

Gegen Eingriffe in ein ausschließliches Nutzungsrecht kann sich nicht nur der Urheber zur Wehr setzen, sondern auch der Inhaber des Nutzungsrechts. Der Auftraggeber, der sich das ausschließliche Nutzungsrecht an einer Designarbeit einräumen lässt, erhält also eine ähnlich starke Rechtsposition wie der Designer selbst. Außerdem sind auch die Verwertungsgesellschaften berechtigt, gegen jede Verletzung der ihnen eingeräumten Rechte vorzugehen.

Die Ansprüche, die sich aus einer Urheberrechtsverletzung ergeben, richten sich gegen jeden, der die Rechtsverletzung (mit)verursacht hat. Wird z.B. eine Grafik ohne Zustimmung des Grafikdesigners in einer Zeitschrift veröffentlicht, so kann dafür nicht nur der Redakteur belangt werden, der den „Raubdruck" unmittelbar veranlasst hat, sondern auch der Zeitungsverleger, der Drucker und sogar der Händler, der die Zeitung verkauft.

Zivilrechtliche Folgen der Rechtsverletzung

Unterlassungsanspruch

Wer ein urheberrechtlich geschütztes Werk unerlaubt nutzt oder verändert oder auf sonstige Weise in die Rechte eines Urhebers oder Nutzungsberechtigten eingreift, muss diese Rechtsverletzung sofort einstellen. Das gilt auch für Personen, die gutgläubig handeln und überhaupt nicht wissen, dass sie die Urheberrechte eines anderen verletzen.

Der Berechtigte kann verlangen, dass der Rechtsverletzer eine Unterlassungserklärung abgibt und sich verpflichtet, für jeden Fall der Zuwiderhandlung gegen diese Unterlassungserklärung eine angemessene Vertragsstrafe zu zahlen.

Schadensersatzanspruch

Werden die Rechte des Urhebers oder eines Nutzungsberechtigten vorsätzlich oder fahrlässig verletzt, besteht Anspruch auf Schadensersatz. Bei der Bemessung des Schadens gibt es grundsätzlich drei Möglichkeiten:

- Falls der Berechtigte eine Vermögenseinbuße erlitten hat oder ihm beispielsweise wegen der Urheberrechtsverletzung ein Gewinn entgangen ist, kann er Ersatz der Vermögenseinbuße und des entgangenen Gewinns verlangen.
- Falls sich nachweisen lässt, dass der Verletzer durch die Rechtsverletzung einen Gewinn erzielt hat, kann der Berechtigte die Herausgabe des Gewinns verlangen.
- Der Berechtigte hat die Möglichkeit, die Zahlung einer angemessenen Lizenzgebühr zu verlangen. Die Höhe der Lizenzgebühr hängt davon ab, was der Verletzer bei ordnungsgemäßem Erwerb der Nutzungsrechte üblicherweise an den Urheber hätte zahlen müssen.

Der Berechtigte hat die freie Wahl, welche dieser drei Berechnungsarten er anwenden will. In der Praxis wird meist die Zahlung einer angemessenen Lizenzgebühr gefordert.

Auskunftsanspruch   Wenn der Berechtigte zwar über die Verletzung seiner Rechte informiert ist, aber den genauen Umfang der Rechtsverletzung nicht kennt, hat er gegen den Verletzer einen Anspruch auf Auskunftserteilung. Er kann nicht nur über das Ausmaß der Urheberrechtsverletzung, sondern z.B. auch darüber eine Auskunft verlangen, welche Gewinne der Verletzer durch die Rechtsverletzung erzielt hat.

Anspruch auf Vernichtung und Herausgabe   Schließlich kann der Urheber auch verlangen, dass alle rechtswidrig hergestellten und verbreiteten Reproduktionen seines Werkes vernichtet oder an ihn herausgegeben werden (§§ 98, 99 UrhG).

Strafbarkeit von Urheberrechtsverletzungen

Wer in anderen als den gesetzlich zugelassenen Fällen ohne Einwilligung des Berechtigten ein Werk oder die Bearbeitung bzw. Umgestaltung eines Werkes vervielfältigt, verbreitet oder öffentlich wiedergibt, wird mit Freiheitsstrafen bis zu drei Jahren oder mit einer Geldstrafe bestraft. Erfolgt die Vervielfältigung oder Verbreitung gewerbsmäßig, kann die Freiheitsstrafe sogar bis zu fünf Jahren betragen. Strafbar sind solche Urheberrechtsverletzungen allerdings nur, wenn der Täter vorsätzlich handelt.

Wolfgang Maaßen

WAHRNEHMUNG VON URHEBERRECHTEN DURCH DIE VG BILD-KUNST

1 —— Funktion der Verwertungsgesellschaften

Verwertungsgesellschaften haben die Aufgabe, für die Urheber eine Reihe von Nutzungsrechten und Vergütungsansprüchen treuhänderisch wahrzunehmen. Es handelt sich dabei in erster Linie um Rechte und Ansprüche, die die Urheber aufgrund gesetzlicher Vorschriften oder aus praktischen Gründen nicht individuell wahrnehmen können und die sie deshalb einer Verwertungsgesellschaft zur kollektiven Wahrnehmung anvertrauen.

So schließt das Urheberrechtsgesetz bei einigen Vergütungsansprüchen, die den Urhebern aufgrund gesetzlicher Lizenzen zustehen, eine individuelle Wahrnehmung von vornherein aus. Die Bibliothekstantieme (§ 27 Abs. 2 UrhG), die Pressespiegelvergütung (§ 49 Abs. 1 UrhG) und die Fotokopieabgabe (§§ 54 a, 54 h UrhG) können nur durch eine Verwertungsgesellschaft geltend gemacht werden. Der Urheber selbst hat keine Möglichkeit, diese Vergütungen einzufordern. Dasselbe gilt z.B. für die Auskunftsansprüche zum Folgerecht (§ 26 UrhG), die ebenfalls nur über eine Verwertungsgesellschaft durchzusetzen sind.

Bei anderen Rechten und Ansprüchen, deren Wahrnehmung durch Verwertungsgesellschaften gesetzlich nicht vorgeschrieben ist, ist eine individuelle Wahrnehmung oft deshalb nicht möglich, weil die Urheber mit der Erfassung und Abrechnung der einzelnen Nutzungen schlichtweg überfordert sind. Dabei handelt es sich vor allem um solche Nutzungen, die massenhaft erfolgen und allein schon wegen ihrer Vielzahl nicht individuell erfasst und abgerechnet werden können (z.B. Weitersendung von geschützten Werken über Kabel- und Satellitensysteme). Hier sind die Urheber zur Wahrnehmung ihrer Rechte auf die Durchsetzungskraft und das Know-how der Verwertungsgesellschaften angewiesen.

Die zum Teil gesetzlich vorgegebene, teilweise aber auch nur durch faktische Zwänge bedingte Kollektivierung der Rechtswahrnehmung ist für die Urheber eine zweischneidige Sache. Einerseits ist es natürlich sehr praktisch und bequem, dass sich die Verwertungsgesellschaften um die Durchsetzung urheberrechtlicher Ansprüche kümmern. Auf der anderen Seite verlieren aber die Urheber dadurch, dass sie ihre Rechte einer Verwertungsgesellschaft zur kollektiven Wahrnehmung überlassen, ihre individuelle Entscheidungsfreiheit. Da die Verwertungsgesellschaften verpflichtet sind, jedermann zu angemessenen Bedingungen Nutzungsrechte einzuräumen (Abschlusszwang), kann ein Urheber, der seine Rechte kollektiv wahrnehmen lässt, die konkrete Verwendung seiner Werke nicht mehr steuern und auch nicht mehr über die Bedingungen der Rechtevergabe bestimmen. Es kommt hinzu, dass die kollektive Wahrnehmung von Urheberrechten zwangsläufig zu einer Monopolisierung dieser Rechte bei den Verwertungsgesellschaften führt, was – auch für die Urheber – durchaus nachteilig sein kann.

Vor diesem Hintergrund erscheint es bedenklich, dass die Verwertungsgesellschaften die Monopolisierung von Rechten seit einiger Zeit forciert vorantreiben. Vor allem die VG BILD-KUNST unternimmt immer wieder Vorstöße, um ihren Wahrnehmungsbereich zu erweitern. Inzwischen gibt es sogar schon konkrete Vorschläge, die eine Wahrnehmung von Erstverwertungsrechten durch die VG BILD-KUNST vorsehen. Ein Bildurheber, der sich darauf einlässt, wird seinem Auftraggeber bei einer Bildproduktion die wichtigsten Nutzungsrechte nicht mehr selbst einräumen können. Er muss ihn dann wegen dieser Rechte an die VG BILD-KUNST verweisen.

Daran wird deutlich, dass sich die Funktion der Verwertungsgesellschaften zunehmend verändert. Haben sie sich früher im wesentlichen nur um die Rechte und Ansprüche gekümmert, deren Wahrnehmung ihnen das Gesetz ausdrücklich zuweist, so lassen sich die Verwertungsgesellschaften heute in immer stärkerem Maße auch Rechte überschreiben, bei denen eine individuelle Wahrnehmung durch die Urheber durchaus möglich wäre und eine Kollektivierung keineswegs zwingend notwendig ist. Die damit verbundene Monopolisierung von Rechten und der ständige Versuch der Verwertungsgesellschaften, immer mehr Rechte bis hin zu den Erstverwertungsrechten einer kollektiven Wahrnehmung zuzuführen, stellt für die Urheber inzwischen eine ernste Gefahr dar. Je mehr Rechte die Verwertungsgesellschaften kollektiv wahrnehmen, desto weniger können die Urheber selbst darüber entscheiden, wer ihre Werke zu welchen Bedingungen nutzen darf. Dieser Verlust der individuellen Entscheidungsfreiheit widerspricht nicht nur der Konzeption des deutschen Urheberrechts, sondern gefährdet letztlich auch die wirtschaftliche Basis der Urheber, die ihre Rechte nur auf einem funktionierenden Markt angemessen verwerten können. Wenn ihre Rechte bei den Verwertungsgesellschaften monopolisiert werden, kann es einen solchen Markt nicht mehr geben.

Für die Zukunft wird deshalb zu klären sein, wo die Grenze zwischen der individuellen und der kollektiven Wahrnehmung konkret zu ziehen ist. Die Kommission der Europäischen Gemeinschaften hat dazu in ihrem Grünbuch „Urheberrecht und verwandte Schutzrechte in der Informationsgesellschaft" bereits 1995 festgestellt, dass sich die Chancen und Möglichkeiten einer individuellen Wahrnehmung der Urheberrechte durch die digitale Technik entscheidend verbessert haben und eine zunehmende Kollektivierung der Rechtewahrnehmung daher weder notwendig noch zweckmäßig ist. Folglich muss die Devise lauten, dass jeder Urheber seine Rechte so weit wie möglich selbst wahrnehmen sollte und eine kollektive Wahrnehmung durch die Verwertungsgesellschaften auf die Rechte und Ansprüche zu beschränken ist, deren Wahrnehmung durch die Urheber gesetzlich ausgeschlossen oder faktisch unmöglich ist.

2 Zuständigkeit und Organisation der VG BILD-KUNST

In Deutschland gibt es zur Zeit elf Verwertungsgesellschaften. Die wohl bekannteste ist die Gesellschaft für musikalische Aufführungs- und mechanische Vervielfältigungsrechte (GEMA), der die Komponisten, Textdichter und Musikverleger angeschlossen sind. Für die bildenden Künstler, die Bildautoren (Fotografen, Grafikdesigner etc.), die Filmurheber und die Filmproduzenten ist die Verwertungsgesellschaft BILD-KUNST (VG BILD-KUNST) zuständig.

Die VG BILD-KUNST nimmt die Verwertungsrechte und Vergütungsansprüche wahr, die ihr von den Mitgliedern durch die Wahrnehmungsverträge übertragen werden. Im Rahmen von Gegenseitigkeitsverträgen arbeitet sie außerdem mit Partnergesellschaften im europäischen Ausland, in den USA, in einigen Ländern Südamerikas und in Australien zusammen. Aufgrund dieser Zusammenarbeit werden die Rechte der Mitglieder der VG BILD-KUNST auch im Ausland wahrgenommen. Außerdem vertritt die VG BILD-KUNST in Deutschland ausländische Künstler, die einer Partnergesellschaft angeschlossen sind.

Die VG BILD-KUNST ist ein „rechtsfähiger Verein kraft staatlicher Verleihung". Ihr Aufgabenbereich und ihre organisatorische Struktur sind in einer Satzung festgelegt. Die Tätigkeit der VG BILD-KUNST unterliegt der Aufsicht des Deutschen Patentamtes.

Die VG BILD-KUNST ist in drei Berufsgruppen unterteilt. In der Berufsgruppe I sind die bildenden Künstler, in der Berufsgruppe II die Bildautoren und Bildagenturen und in der Berufsgruppe III die Filmurheber und Filmproduzenten organisiert. Mitglieder- und Berufsgruppenversammlungen finden in der Regel einmal jährlich statt. Wer nicht persönlich teilnehmen kann, hat die Möglichkeit der Stimmübertragung.

Die Mitgliederversammlung der VG BILD-KUNST wählt alle drei Jahre einen Verwaltungsrat, in dem alle Berufsgruppen gleichmäßig vertreten sind. Der Verwaltungsrat wählt den Vorstand und überwacht die Geschäftsführung des Vorstandes. Er ist außerdem für die Abfassung des Wahrnehmungsvertrages zuständig.

Der Vorstand besteht aus je einem ehrenamtlich tätigen Mitglied der Berufsgruppen I, II und III sowie einem geschäftsführenden hauptamtlichen Vorstandsmitglied.

Die VG BILD-KUNST unterhält ein Sozialwerk, das bedürftige Urheber in Notfällen unterstützt. Zur Erfüllung seiner Aufgaben werden dem Sozialwerk Anteile aus dem Gebührenaufkommen der Verwertungsgesellschaft zugeführt. Jedes bedürftige Mitglied kann beim Sozialwerk Unterstützung beantragen. Die Zuwendungen sind abhängig von den zur Verfügung stehenden Mitteln.

Der Beitritt zur VG BILD-KUNST erfolgt durch Abschluss eines Wahrnehmungsvertrages. Die Mitgliedschaft ist kostenlos. Zur Deckung der Verwaltungskosten werden entsprechend den Bestimmungen des Verteilungsplans je nach Wahrnehmungsgebiet 10 bis 15 Prozent der Einnahmen einbehalten.

3 _____ Wahrnehmungsverträge

Die VG BILD-KUNST erwirbt die von ihr wahrzunehmenden Rechte und Vergütungsansprüche durch die bereits erwähnten Gegenseitigkeitsverträge, die sie mit ausländischen Partnergesellschaften abschließt, und insbesondere durch die mit den einzelnen Berechtigten (Urhebern, Rechtsinhabern) abgeschlossenen Wahrnehmungsverträge.

Der Inhalt der Wahrnehmungsverträge wird von der VG BILD-KUNST durch ein Formular vorgegeben. Es gibt derzeit zwei Vertragsformulare – ein gemeinsames für die Mitglieder der Berufsgruppen I und II und eines für die Mitglieder der Berufsgruppe III. Bei Unterzeichnung des Formulars für die Berufsgruppen I und II müssen die Berechtigten angeben, welcher der beiden Berufsgruppen sie beitreten wollen. Mitglieder der Berufsgruppen I und II haben die Möglichkeit, zusätzlich einen Wahrnehmungsvertrag für die Berufsgruppe III abzuschließen, falls sie auch Inhaber von Filmrechten sind (beispielsweise ein Cartoon-Zeichner, der auch Trickfilme produziert).

Mit Abschluss des Wahrnehmungsvertrages werden der VG BILD-KUNST alle Rechte und Ansprüche übertragen, die in § 1 des Vertrages in einem umfangreichen Katalog aufgelistet sind. Die Rechtsübertragung gilt für alle Länder und umfasst nicht nur die bei Vertragsabschluss bereits bestehenden, sondern auch die künftig erst entstehenden Rechte. Bei einzelnen Rechten besteht allerdings die Möglichkeit eines Rückrufs, d.h. der Berechtigte kann in Einzelfällen eine Rückübertragung der Rechte verlangen, um diese Rechte dann wieder selbst wahrzunehmen.

Wahrnehmungsverträge werden mit der VG BILD-KUNST zunächst für die Dauer von drei Jahren abgeschlossen. Sie verlängern sich jeweils stillschweigend um ein weiteres Jahr, wenn sie nicht mit einer Frist von sechs Monaten zum Jahresende gekündigt werden. Mit Beendigung des Vertrages fallen die Rechte an den Berechtigten zurück.

4 ──── Umfang der Rechtswahrnehmung

Rechtekatalog des Wahrnehmungsvertrages

Mitglieder der Berufsgruppe II, zu der auch die Fotodesigner, Grafikdesigner und Illustratoren gehören, übertragen der VG BILD-KUNST mit Unterzeichnung des Wahrnehmungsvertrages folgende Rechte und Ansprüche zur Wahrnehmung und Einziehung:
- Vergütungsansprüche für das Ausstellen von Kunstwerken
- Vorführungsrecht gemäß § 19 Abs. 4 UrhG
- Senderecht gemäß § 20 UrhG für alle Sendungen von Werken, die in Büchern veröffentlicht sind, sowie für alle Weitersendungen über Kabel- und Satellitensysteme im In- und Ausland
- Recht der Wiedergabe durch Bild- oder Bild/Tonträger gemäß § 21 UrhG
- Recht der Wiedergabe von Fernsehsendungen gemäß § 22 UrhG
- Auskunfts- und Vergütungsanspruch bei Weiterveräußerung eines Werkes der bildenden Kunst gemäß § 26 UrhG
- Vermiet- und Verleihrecht für Vervielfältigungsstücke und Werkoriginale einschließlich Bildträger und hieraus folgende bzw. an dessen Stelle tretende Vergütungsansprüche
- Vergütungsansprüche im Falle der Vervielfältigung, Verbreitung und öffentlichen Wiedergabe gemäß § 49 Abs. 1 Satz 2 UrhG
- Einwilligungsrecht gemäß § 53 Abs. 7 UrhG
- Vergütungsanspruch gegen Hersteller, Importeure und Betreiber von Bildaufzeichnungs- sowie Vervielfältigungs- und ähnlichen Geräten sowie Hersteller von Trägermaterialien gemäß §§ 53, 54 UrhG

- Ansprüche aus der Vervielfältigung und Verbreitung von Werken und Lichtbildern in Form der Mikroverfilmung
- Ansprüche aus der Vervielfältigung, Verbreitung und öffentlichen Wiedergabe von einzelnen erschienenen Werken in Pressespiegeln (§ 49 Abs. 1 Satz 2 UrhG) sowie das Recht der Vervielfältigung, Verbreitung, öffentlichen Wiedergabe und der Zugänglichmachung dieser Werke in sogenannten elektronischen Pressespiegeln, soweit diese nur für interne Zwecke bestimmt und für die Nutzer kostenlos sind
- Ansprüche aus der nach der ersten Veröffentlichung erfolgten Nutzung von Lichtbildwerken und Lichtbildern in digitaler Form, soweit die Nutzung durch Vervielfältigung (§ 16 UrhG), Vorführung (§ 19 UrhG), Sendung (§ 20 UrhG) oder durch öffentliche Wiedergabe in unkörperlicher Form (§ 15 Abs. 2 UrhG) für wissenschaftliche Zwecke oder für den Schul- und Unterrichtsgebrauch sowie andere, nicht-kommerzielle Zwecke erfolgt und sichergestellt ist, dass mit der Nutzung nicht zugleich Werbezwecke verfolgt, die Bilder bei jeder Nutzung mit der Urheberbezeichnung und gegebenenfalls einer Urhebernennung versehen und die Bilder durch die Nutzung weder entstellt noch in sonstiger Weise beeinträchtigt werden
- Ansprüche aus der Verletzung von Urheberpersönlichkeitsrechten und Verwertungsrechten im Zusammenhang mit der Digitalisierung von Lichtbildern und Lichtbildwerken oder der digitalen Bearbeitung, Umgestaltung und Nutzung solcher Bilder, soweit den Berechtigten solche Ansprüche neben den Inhabern der ausschließlichen Nutzungsrechte zustehen.
- Recht der Vervielfältigung und Verbreitung ereignisbezogener und berichterstattender Fernsehsendungen für Unterrichts- und Weiterbildungszwecke, soweit die Gesamtlänge der aufzuzeichnenden Werke jeweils zehn Minuten nicht überschreitet
- Recht der Vervielfältigung und Verbreitung von Beiträgen zu gedruckten Sammlungen und Sammelwerken auf digitalen Offline-Produkten (z.B. CD-ROM) gemäß §§ 16, 17 Abs. 1 UrhG, sofern für diese Nutzung keine entsprechende individuelle Rechtseinräumung erfolgt ist und der Verleger die Sammlung oder das Sammelwerk weitgehend unverändert als digitales Offline-Produkt selbst herausbringt oder seine Einwilligung zu einer solchen Nutzung gegeben hat

Welche Bedeutung die einzelnen Punkte dieses Rechtekatalogs haben, wird in dem Handbuch „Designers' Contract" (Seite 153 ff.) ausführlich erläutert. Dort ist auch der Wahrnehmungsvertrag der VG BILD-KUNST für die Berufsgruppen I und II abgedruckt (Seite 146 ff.).

Rückübertragung von Rechten

Wer mit der VG BILD-KUNST einen Wahrnehmungsvertrag abschließt, hat die Möglichkeit, später die Rückübertragung einzelner Rechte zu verlangen. Die Rückübertragung kann allerdings nicht generell, sondern immer nur für einen bestimmten Einzelfall gefordert werden. Außerdem ist eine Rückübertragung auch nicht bei allen Rechten, sondern nur bei den Rechten möglich, die in dem Rechtekatalog des Wahrnehmungsvertrages unter § 1 a), b), c), k), l), o) und p) aufgeführt sind.

Übertragung zusätzlicher Rechte

Die Mitglieder der VG BILD-KUNST können die Verwertungsgesellschaft ermächtigen, weitere Rechte und Ansprüche für sie wahrzunehmen. Dazu bedarf es allerdings einer Sondervereinbarung, die zusätzlich zu dem normalen Wahrnehmungsvertrag abzuschließen ist und in der die gesondert übertragenen Rechte im Einzelnen aufzuführen sind.

Generell bietet die VG BILD-KUNST den Mitgliedern der Berufsgruppe II eine Zusatzvereinbarung an, durch die über den Rechtekatalog des normalen Wahrnehmungsvertrages hinaus weitere Rechte auf die Verwertungsgesellschaft übertragen werden können. So ist unter anderem in Ziffer 2 der Zusatzvereinbarung eine Übertragung der Ansprüche aus der Nutzung von Lichtbildwerken und Lichtbildern in Form der Vervielfältigung und Verbreitung in Zeitungen, Zeitschriften und Sammlungen vorgesehen.

Wer diese Zusatzvereinbarung und vor allem die dort in Ziffer 2 vorgesehene Rechtsübertragung akzeptiert, sollte sich vorher klar machen, dass er damit die Möglichkeit verliert, die Vervielfältigung und Verbreitung seiner Fotografien in Zeitungen, Zeitschriften und anderen Sammelwerken zu lizenzieren. Auch bei der Produktion neuer Bilder kann er dann das Recht der Vervielfältigung und Verbreitung nicht mehr selbst auf seinen Auftraggeber übertragen, vielmehr muss er ihn wegen der Nutzung der Bilder, die in Zeitungen oder Zeitschriften publiziert werden sollen, stets an die VG BILD-KUNST verweisen. Nur dort kann der Auftraggeber die Rechte erwerben, die er für solche Publikationen benötigt.

Es kommt hinzu, dass Ziffer 2 der Zusatzvereinbarung nicht nur die bereits produzierten Bilder, sondern auch alle künftigen Bildproduktionen erfasst. Ein Fotograf, der sich auf diese Regelung einlässt, muss daher bereits bei jeder Auftragserteilung klären, ob eine Veröffentlichung seiner Fotos in Zeitungen, Zeitschriften oder ähnlichen Sammelwerken geplant ist. Sollte das der Fall sein, kann er die entsprechenden Nutzungsrechte nicht selbst einräumen, da diese Rechte mit Unterzeichnung der Zusatzvereinbarung auf die VG BILD-KUNST übergehen.

Die in Ziffer 2 der Zusatzvereinbarung vorgesehene Übertragung von Erstverwertungsrechten auf die VG BILD-KUNST bringt somit für die Fotodesigner und deren Auftraggeber gravierende Nachteile mit sich. Umgekehrt sind irgendwelche Vorteile einer solchen Rechtsübertragung kaum erkennbar. Deshalb ist jedem Fotodesigner, der sich seine individuelle Entscheidungsfreiheit bewahren und mit seinen Auftraggebern selbst über die Reproduktionsrechte an seinen Fotos und die dafür zu zahlende Vergütung verhandeln will, von einer Rechtsübertragung gemäß Ziffer 2 der Zusatzvereinbarung abzuraten.

6 Verhältnis zwischen VG BILD-KUNST und Verwertern

Abschlusszwang

Die Verwertungsgesellschaften sind verpflichtet, die ihnen anvertrauten Rechte auszuüben und jedermann auf Verlangen zu angemessenen Bedingungen Nutzungsrechte einzuräumen (§ 11 Abs. 1 WahrnG). Während also ein Urheber bei der individuellen Wahrnehmung seiner Rechte frei entscheiden kann, ob und mit wem er einen Lizenzvertrag abschließt, besteht bei der kollektiven Rechtewahrnehmung durch die Verwertungsgesellschaften ein Abschlusszwang. Das bedeutet, dass ein Bildurheber mit der Übertragung seiner Rechte auf die VG BILD-KUNST die Möglichkeit verliert, die Nutzung der übertragenen Rechte individuell zu steuern und über den Abschluss von Lizenzverträgen selbst zu entscheiden.

Dem Zwang zum Abschluss von Lizenzverträgen kann sich eine Verwertungsgesellschaft nicht dadurch entziehen, dass sie unangemessen hohe Lizenzvergütungen fordert, denn das Gesetz schreibt eine Lizenzierung „zu angemessenen Bedingungen" ausdrücklich vor. Ein Verwerter, der die von der Verwertungsgesellschaft geforderte Vergütung für zu hoch hält, braucht nicht erst abzuwarten, bis eine Einigung über die Höhe der Vergütung zustande kommt oder die angemessene Vergütung gerichtlich festgesetzt wird. Vielmehr kann er mit der gewünschten

Nutzung sofort beginnen, sofern er die von der Verwertungsgesellschaft geforderte Vergütung unter Vorbehalt zahlt oder beim Amtsgericht hinterlegt (§ 11 Abs. 2 WahrnG).

Festlegung der Lizenzvergütung

Verwertungsgesellschaften sind private Wirtschaftsunternehmen, die ihre Lizenzgebühren nicht einseitig festsetzen können, sondern mit den Verwertern vertraglich vereinbaren müssen. Dazu werden Gesamtverträge oder Einzelverträge abgeschlossen.

Gesamtverträge sind Rahmenvereinbarungen zwischen einer Verwertungsgesellschaft und einer Nutzervereinigung. Es handelt sich um Normverträge, in denen allgemein die Bedingungen festgelegt werden, zu denen die Mitglieder der Vereinigung die von der Verwertungsgesellschaft wahrgenommenen Rechte erwerben können. Solche Verträge erleichtern den Verwertungsgesellschaften die Verwaltungsarbeit und haben für die Mitglieder der Nutzervereinigung den Vorteil, dass ihnen Vorzugskonditionen gegenüber den Einzelnutzern eingeräumt werden – meist in Form eines Abschlags von 20 Prozent auf den einschlägigen Vergütungstarif.

Einzelverträge werden normalerweise auf der Basis der Tarife abgeschlossen, die jede Verwertungsgesellschaft für ihren Bereich aufzustellen hat und die im Bundesanzeiger veröffentlicht werden. Auch die VG BILD-KUNST hat für die Nutzung von Werken der bildenden Kunst und für die Nutzung von Fotografien ein Tarifwerk ausgearbeitet, das die Höhe der Lizenzvergütungen medien- und nutzungsbezogen bestimmt und das ähnlich strukturiert ist wie die Honorarlisten der Mittelstandsgemeinschaft Foto-Marketing (MFM).

Schiedsstelle

Bei Streitigkeiten zwischen einer Verwertungsgesellschaft und einzelnen Verwertern kann jeder Beteiligte die beim Deutschen Patentamt eingerichtete Schiedsstelle anrufen. Die Schiedsstelle ist außerdem zuständig für Streitigkeiten über den Abschluss oder die Änderung eines Gesamtvertrages.

Die Schiedsstelle ist ähnlich wie ein Gericht besetzt. Sie trifft aber keine Entscheidungen, sondern unterbreitet als Schlichterin lediglich einen Einigungsvorschlag, den die Beteiligten annehmen oder ablehnen können.

Bei Streitigkeiten über Gesamtverträge und bei Tarifstreitigkeiten muss zunächst die Schiedsstelle angerufen werden, bevor ein Beteiligter Klage vor einem ordentlichen Gericht erheben kann.

6 Verteilung der Einnahmen

Die Verwertungsgesellschaften sind verpflichtet, die Einnahmen aus ihrer Tätigkeit an ihre Mitglieder weiterzugeben. Die Aufteilung der Erlöse hat nach festen Regeln zu erfolgen, die ein willkürliches Vorgehen ausschließen (§ 7 WahrnG). Zu diesem Zweck werden Verteilungspläne aufgestellt, in denen detailliert festgelegt ist, welcher Erlösanteil zur Deckung der Verwaltungskosten einbehalten, welcher Anteil dem Sozialwerk oder kulturellen Zwecken zugeführt und nach welchen Grundsätzen der verbleibende Überschuss unter den Mitgliedern verteilt wird.

Auch die VG BILD-KUNST verteilt ihre Einnahmen nach den Verteilungsplänen, die von der Mitgliederversammlung beschlossen wurden. Dabei gilt der allgemeine Grundsatz, dass jeder Berechtigte den auf die Nutzung seiner Werke entfallenden Anteil am Ertrag erhalten soll. Soweit allerdings der individuelle Anteil der Nutzung am Ertrag nicht oder nicht mit angemessenen Mitteln feststellbar ist, erfolgt die Verteilung des Erlöses pauschal nach allgemeinen Bewertungs- und Verteilungsregeln, also ohne Rücksicht auf die tatsächliche Nutzung der einzelnen Werke.

Der Überschuss, der nach Abzug der Verwaltungskosten und der Zuweisungen für soziale und kulturelle Zwecke verbleibt, wird nach den speziellen Verteilungsplänen, die es bei der VG BILD-KUNST für die einzelnen Wahrnehmungsbereiche gibt, unter den Urhebern und sonstigen Berechtigten (Verlegern, Bildagenturen) aufgeteilt. Die Verteilungspläne der einzelnen Sparten sind zum Teil sehr kompliziert und für jemanden, der mit solchen Plänen nicht vertraut ist, nur schwer zu durchschauen. Wer sich genauer informieren möchte, kann die Verteilungspläne bei der VG BILD-KUNST anfordern.

7 Anmeldung von Rechten und Ansprüchen

Damit insbesondere die Ausschüttungen aus der Bibliothekstantieme, der Lesezirkelabgabe, der Pressespiegel- und Fotokopiervergütung sowie der Vergütung für Kabelweitersendungen richtig berechnet werden können, müssen die Mitglieder regelmäßige Meldungen über die Nutzung ihrer Werke an die VG BILD-KUNST schicken. Für solche Meldungen gibt es spezielle Formulare: den Meldezettel „Bibliothekstantieme" und die Meldekarte für Honorare.

Der Meldezettel „Bibliothekstantieme" erfasst die Werke, die in Buchform veröffentlicht bzw. für ein Buch genutzt werden. Für jedes Buch ist ein gesonderter Meldezettel auszufüllen. Anzugeben ist zunächst das Erscheinungsjahr, da Ausschüttungen nach dem Verteilungsplan nur für fünf Jahre nach der letzten Auflage eines Buches vorgesehen sind. Außerdem ist anzukreuzen, um welchen Buchtyp es sich handelt (z.B. Sachbuch, Kinder- und Jugendbuch, Schulbuch) und welche Art von Werken in welcher Anzahl in dem Buch enthalten sind.

Die Meldekarte für Honorare erfasst die Veröffentlichungen in Zeitungen und Zeitschriften sowie die Nutzung von urheberrechtlich geschützten Werken durch Fernsehanstalten. Anzugeben sind die Nettohonorarsummen (ohne Mehrwertsteuer), die für Beiträge im redaktionellen oder werblichen Teil dieser Medien gezahlt wurden. Bei einer honorarfreien Veröffentlichung einzelner Werke ist auf der Honorarmeldekarte formlos die Anzahl dieser Werke mitzuteilen.

Voraussetzung für die Beteiligung an den Ausschüttungen der Bibliothekstantieme, der Pressespiegelvergütung etc. ist eine fristgerechte Meldung. Meldeschluss für das Kalenderjahr, für das ein Anteil an den Ausschüttungen beansprucht wird, ist der 30.8. des darauffolgenden Jahres. Weitere Einzelheiten des Meldeverfahrens werden in einem Merkblatt erläutert, das bei der VG BILD-KUNST angefordert werden kann. Dort sind auch die Meldezettel „Bibliothekstantieme" und die Meldekarten für Honorare erhältlich.

Soweit die VG BILD-KUNST einzelne Rechte wahrnimmt, die in den genannten Meldeformularen nicht erfasst werden, ermittelt die Verwertungsgesellschaft die für die Erlösverteilung maßgebenden Daten teilweise selbst (z.B. bei den Erlösen aus der Wahrnehmung des Folgerechts). Im übrigen muss das Mitglied die Verwertung seiner (kollektiv wahrgenommenen) Rechte formlos anmelden.

Geschmacksmusterschutz und andere gewerbliche Schutzrechte 7

GESCHMACKSMUSTERSCHUTZ

Wolfgang Maaßen

1 Schutzvoraussetzungen

Das Geschmacksmustergesetz schützt gewerbliche Muster und Modelle, die neu und eigentümlich sind. Geschützt wird die äußere Farb- und Formgebung, also das Design gewerblicher Erzeugnisse.

Als Muster bezeichnet man zweidimensionale Gestaltungen (z.B. Stoff-, Stick-, Tapetenmuster). Unter einem Modell versteht man dagegen die dreidimensionale Formgebung (z.B. Schmuckstücke, Vasen, Flaschen, Bestecke, Lampen, Türgriffe).

Da das Geschmacksmustergesetz nicht das künstlerische Schaffen fördern, sondern primär wirtschaftliche Investitionen absichern und das Design als attraktives Gestaltungsmittel gewerblicher Produkte schützen will, müssen die Muster und Modelle gewerblich verwertbar sein. Der Designschutz setzt also voraus, dass ein Muster oder Modell dazu geeignet ist, als Vorlage für ein gewerbliches Serienerzeugnis zu dienen.

Das Gesetz schützt Muster und Modelle nur, sofern sie neu sind. Das Design muss sich also in seiner ästhetischen Gesamtwirkung von bereits bekannten Farb- und Formgestaltungen unterscheiden. Eine Gestaltung, die den Fachkreisen bei der Anmeldung zum Musterregister bereits bekannt ist, ist nicht mehr neu. Falls allerdings das Muster oder Modell nur deshalb bekannt ist, weil es der Anmelder innerhalb von sechs Monaten vor der Anmeldung der Öffentlichkeit zugänglich gemacht hat, so bleibt dieses vorherige Bekanntwerden bei der Beurteilung der Neuheit außer Betracht.

Das Design muss nicht nur neu, sondern auch eigentümlich sein. Eigentümlich bedeutet nicht, dass ein Muster oder Modell die für den Urheberrechtsschutz erforderliche künstlerische Gestaltungshöhe erreichen muss. Mindestvoraussetzung für den Geschmacksmusterschutz ist jedoch eine individuelle schöpferische Leistung, die über die rein handwerkliche Anwendung erlernter Formen hinausgeht und nicht nur eine naheliegende Weiterentwicklung bekannter Muster oder Modelle darstellt. Geschützt werden demnach Arbeiten, die zwar zu den Werken der angewandten Kunst gehören, aber in ihrer künstlerischen Eigenart nicht so ausgeprägt sind, dass sie den Urheberrechtsschutz beanspruchen können. Wegen dieser reduzierten gestalterischen Anforderungen bezeichnet man den Geschmacksmusterschutz manchmal auch als „kleines Urheberrecht".

2 — Entstehung des Geschmacksmusterschutzes

Anders als das Urheberrecht entsteht das Geschmacksmusterrecht nicht einfach mit der Fertigstellung eines Werkes. Den Geschmacksmusterschutz erlangt eine Arbeit erst dann, wenn sie zur Eintragung in das Musterregister angemeldet wird. Das Musterregister wird beim Deutschen Patent- und Markenamt geführt. Dort ist auch die Anmeldung des Geschmacksmusters einzureichen. Für die Anmeldung gibt es beim Patent- und Markenamt ein Formular mit ausführlichen Erläuterungen. Sollte ein Designer mit diesem Formular nicht zurechtkommen, kann er einen Patentanwalt oder einen Rechtsanwalt bitten, die Anmeldung für ihn vorzunehmen.

Mit der Anmeldung zum Musterregister ist eine fotografische oder sonstige Darstellung des Musters oder Modells vorzulegen. Die bildliche Darstellung muss die Gestaltungsmerkmale, für die ein Geschmacksmusterschutz beansprucht wird, deutlich und vollständig wiedergeben. Der Umfang des Schutzes wird allein durch die beim Patent- und Markenamt hinterlegte Darstellung und nicht etwa durch das tatsächliche Design des Produkts bestimmt.

Das Patent- und Markenamt überprüft lediglich die Formalien, also die Vollständigkeit der erforderlichen Angaben. Es prüft nicht, ob der Anmelder auch zur Anmeldung berechtigt ist oder ob das angemeldete Muster/Modell neu und eigentümlich ist. Ein Geschmacksmuster wird also auch dann amtlich registriert, wenn die Berechtigung zur Anmeldung fehlt oder das angemeldete Muster/Modell weder neu noch eigentümlich ist. Diese Punkte werden erst überprüft, wenn es zu einem Rechtsstreit kommt. Es kann also durchaus passieren, dass sich eine Registereintragung später als gegenstandslos erweist, weil ein Gericht bei einem Streit über den Bestand des Geschmacksmusterschutzes die Neuheit zum Zeitpunkt der Anmeldung oder die Eigentümlichkeit des eingetragenen Musters oder Modells verneint.

Sind die Formalien in Ordnung, trägt das Patent- und Markenamt die Anmeldung in das Musterregister ein. Die Eintragung wird mit einer Abbildung des Musters/Modells im Geschmacksmusterblatt veröffentlicht. Die kostenaufwendige Wiedergabe der bildlichen Darstellung im Geschmacksmusterblatt ist nicht zwingend. Bereits bei der Anmeldung kann beantragt werden, den Abdruck der Designabbildung um 18 Monate aufzuschieben. Vor allem bei der Anmeldung kurzlebiger Massenprodukte besteht so die Möglichkeit, die Kosten für die Bildveröffentlichung zunächst einzusparen und erst später zu entscheiden, ob man den Geschmacksmusterschutz nach 18 Monaten einfach verfallen lässt oder durch nachträgliche Einzahlung der Gebühr für die Bildveröffentlichung auf die übliche Dauer von fünf Jahren ausdehnt.

Mit der Anmeldung eines Geschmacksmusters ist eine Anmeldegebühr zu zahlen. Sie beträgt 60,00 € bei der elektronischen Anmeldung eines Musters oder Modells und 70,00 €, wenn die Anmeldung in Papierform erfolgt. Bei Sammelanmeldungen beträgt sie 6,00 € (elektronische Anmeldung) bzw. 7,00 € (Anmeldung in Papierform) pro Muster/Modell, mindestens jedoch 60,00 € bzw. 70,00 €. Wird beantragt, den Abdruck der bildlichen Darstellung um 18 Monate zu verschieben, verringert sich die Gebühr auf 30,00 € bei der Einzelanmeldung und auf 3,00 € pro Muster/Modell (mindestens aber 30,00 €) bei der Sammelanmeldung.

3 ⎯⎯ Schutzdauer

Der Geschmacksmusterschutz dauert 20 Jahre, beginnend mit dem Anmeldetag. Damit der Schutz während der gesamten Schutzdauer aufrecht erhalten bleibt, muss allerdings alle fünf Jahre eine „Aufrechterhaltungsgebühr" an das Patent- und Markenamt gezahlt werden. Diese Gebühr beträgt pro Muster/Modell, auch in einer Sammelanmeldung, für das 6. bis 10. Schutzjahr 90,00 €, für das 11. bis 15. Schutzjahr 120,00 € und für das 16. bis 20. Schutzjahr 180,00 €.

Wird die bildliche Darstellung des Musters oder Modells zunächst nicht veröffentlicht und der Abdruck im Geschmacksmusterblatt um 18 Monate aufgeschoben, endet die Schutzdauer mit dem Ende der Aufschiebefrist, falls nicht innerhalb dieser Frist eine „Erstreckungsgebühr" bezahlt wird. Die Gebühr für die Erstreckung des Geschmacksmusterschutzes auf die allgemein übliche Schutzdauer beträgt 40,00 € für ein angemeldetes Einzelmuster und bei Sammelanmeldungen 4,00 € für jedes Muster oder Modell (mindestens aber 40,00 €).

Mit Beendigung der Schutzdauer wird das Geschmacksmuster im Musterregister gelöscht.

4 ⎯⎯ Musterurheber

Das Gesetz geht davon aus, dass der Entwerfer eines Musters oder Modells dessen Urheber und damit zur Anmeldung des Geschmacksmusters berechtigt ist. Lediglich bei Mustern und Modellen, die von angestellten Zeichnern, Malern, Designern etc. im Auftrag und für Rechnung ihres Arbeitgebers entworfen werden, gilt der Arbeitgeber als Urheber, sofern im Arbeitsvertrag nichts anderes bestimmt ist.

Derjenige, der ein Muster oder Modell zur Eintragung in das Musterregister anmeldet, gilt bis zum Beweis des Gegenteils als Urheber. Mit dieser gesetzlich verankerten Urhebervermutung soll die Durchsetzung des Geschmacksmusterschutzes in einem Gerichtsverfahren erleichtert werden. Wer daher in einem Rechtsstreit geltend machen will, dass der Anmelder eines Geschmacksmusters nicht der Urheber und somit auch nicht Inhaber der Geschmacksmusterrechte ist, muss den Beweis für die fehlende Urheberschaft erbringen.

Das Recht des Urhebers an dem Muster oder Modell ist vererblich. Es kann außerdem durch Vertrag auf andere Personen oder Unternehmen übertragen werden. Dabei hat der Urheber die Wahl, ob er das Geschmacksmusterrecht vollständig überträgt oder lediglich eine beschränkte Nutzung des Geschmacksmusters erlaubt.

5 Rechte des Urhebers

Der Musterurheber hat das alleinige Recht, das angemeldete Muster oder Modell nachzubilden. Er kann daher jede Nachbildung verbieten, die ohne seine Genehmigung hergestellt wird. Das Verbietungsrecht erfasst nicht nur die identische Nachbildung eines Musters oder Modells, sondern sämtliche Gestaltungen, die prägende Formelemente des eingetragenen Geschmacksmusters übernehmen.

Wer widerrechtlich Nachbildungen eines geschützten Musters oder Modells herstellt oder solche Nachbildungen verbreitet, kann von dem Inhaber des Geschmacksmusters auf Beseitigung der Beeinträchtigung, bei Wiederholungsgefahr auf Unterlassung und – falls der Rechtsverletzer schuldhaft gehandelt hat – auch auf Schadensersatz in Anspruch genommen werden.

6 Internationaler Geschmacksmusterschutz

Haager Musterabkommen

Das Haager Abkommen über die internationale Hinterlegung gewerblicher Muster und Modelle (HMA) ermöglicht eine vereinfachte und kostengünstige Anmeldung des Geschmacksmusterschutzes für alle Staaten, die das Haager Abkommen unterzeichnet haben (unter anderem Benelux-Länder, Deutschland, Frankreich, Italien, Schweiz, Spanien). Art und Umfang des Schutzes richten sich nach den nationalen Bestimmungen des Staates, für den der Geschmacksmusterschutz jeweils in Anspruch genommen wird (in Deutschland also nach dem deutschen Geschmacksmustergesetz). Die internationale Anmeldung ersetzt demnach nur das formelle Anmeldeverfahren der einzelnen Staaten. Die materiellen Schutzvoraussetzungen müssen dagegen für jedes Land nach dem jeweiligen nationalen Recht geprüft werden.

Die internationale Geschmacksmusteranmeldung muss auf einem Formular erfolgen, das in französischer oder englischer Sprache abgefasst und beim Deutschen Patent- und Markenamt erhältlich ist. Es muss in der jeweiligen Formularsprache (also in französisch oder englisch) ausgefüllt und entweder beim nationalen Markenamt oder beim Internationalen Büro der Weltorganisation für geistiges Eigentum (WIPO) eingereicht werden. Das Internationale Büro hat seinen Sitz in Genf.

Ebenso wie bei der nationalen Anmeldung eines Geschmacksmusters wird auch bei der internationalen Anmeldung lediglich eine formale Prüfung durchgeführt. Sind die Formalien in Ordnung und wurde die Anmeldegebühr vollständig entrichtet, erfolgt die Eintragung in das internationale Musterregister.

Die Schutzdauer nach dem Haager Abkommen beträgt fünf Jahre. Sie kann mehrfach um jeweils fünf Jahre verlängert werden, bis der Musterschutz in dem Mitgliedsstaat mit der längsten Schutzdauer erloschen ist.

Geschmacksmusterrichtlinie der Europäischen Union

Seit dem 13. Oktober 1998 gibt es eine europäische Geschmacksmusterrichtlinie, durch die eine Harmonisierung des rechtlichen Schutzes von Mustern und Modellen in den Mitgliedstaaten der Europäischen Union erreicht werden soll. Die Richtlinie ist zwar für jeden Mitgliedstaat hinsichtlich der Zielsetzung verbindlich, überlässt ihm aber die Entscheidung darüber, in welcher Form und mit welchen Mitteln er die gemeinschaftlich festgesetzten Ziele in innerstaatliches Recht umsetzt. In Deutschland wurde dazu ein Gesetzesentwurf ausgearbeitet, der die zentralen Vorgaben der Richtlinie in nationales Recht umsetzen soll. Derzeit (Stand: März 2003) ist allerdings noch nicht abzusehen, wann das neue Geschmacksmustergesetz in den zuständigen Gremien beraten wird und in welcher Fassung es dann schließlich in Kraft tritt.

Verordnung über das Gemeinschaftsgeschmacksmuster

Von der Geschmacksmusterrichtlinie zu unterscheiden ist die Verordnung über das Gemeinschaftsgeschmacksmuster, die am 6. März 2002 in Kraft getreten ist. Im Gegensatz zu der Richtlinie, die eine Harmonisierung des nationalen Geschmacksmusterschutzes der einzelnen EU-Staaten bezweckt, wird durch die Verordnung ein einheitliches Gemeinschaftsgeschmacksmuster geschaffen, das in der gesamten Europäischen Union geschützt ist.

Eingetragene und nicht eingetragene Muster

Die Verordnung unterscheidet zwischen dem eingetragenen und dem nicht eingetragenen Gemeinschaftsgeschmacksmuster. Die wesentlichen Unterschiede liegen in der Schutzdauer und im Schutzumfang.

Der Schutz des eingetragenen Gemeinschaftsgeschmacksmusters ist ebenso wie im deutschen Geschmacksmusterrecht von der Eintragung in das Musterregister abhängig. Es muss also ein Antrag gestellt werden und es werden Gebühren fällig. Die Grundgebühr beträgt 230,00 € für das erste Muster, jeweils 115,00 € für das zweite bis zehnte Muster und 50,00 € für jedes weitere Muster. Für die Bekanntmachung der Muster und die Verlängerung der Schutzdauer fallen weitere Gebühren an.

Anmeldungen zum Musterregister können sowohl beim Harmonisierungsamt für den Binnenmarkt in Alicante als auch bei der Zentralbehörde für den gewerblichen Rechtsschutz eines Mitgliedstaates (in Deutschland also beim Patent- und Markenamt) eingereicht werden. Es ist möglich, mehrere Geschmacksmuster derselben Klasse in einer Sammelanmeldung zusammenzufassen. Im Gegensatz zum deutschen Geschmacksmusterrecht ist die Anzahl der Muster nicht begrenzt.

Wenn alle formalen Erfordernisse erfüllt sind, wird das Gemeinschaftsgeschmacksmuster in das entsprechende Register eingetragen und im Blatt für Gemeinschaftsgeschmacksmuster bekannt gemacht. Die Bekanntmachung kann auf Antrag bis zu 30 Monate, gerechnet ab dem Anmeldetag, aufgeschoben werden. Zum Vergleich: Das deutsche Geschmacksmustergesetz lässt nur einen Aufschub bis zu 18 Monaten zu.

Die Schutzdauer des eingetragenen Gemeinschaftsgeschmacksmusters beträgt zunächst fünf Jahre. Es besteht eine Verlängerungsmöglichkeit um jeweils weitere fünf Jahre bis zu einer Gesamtdauer von 25 Jahren.

Die Verordnung über das Gemeinschaftsgeschmacksmuster schützt nicht nur eingetragene, sondern auch nicht eingetragene Muster, sofern sie der Öffentlichkeit zugänglich gemacht werden. Der Schutz beginnt mit dem Tag der Veröffentlichung des Geschmacksmusters in einem Land der Europäischen Union. Dazu ist weder eine Anmeldung noch eine formelle Publikation in einem offiziellen Amtsblatt erforderlich. Es genügt, dass das Geschmacksmuster beispielsweise zur Herstellung von Erzeugnissen verwendet und das Muster so der Öffentlichkeit zugänglich gemacht wird. Unter „Öffentlichkeit" sind die in der Gemeinschaft tätigen Fachkreise des betreffenden Wirtschaftszweigs zu verstehen. Diesen Fachkreisen ist ein Geschmacksmuster zugänglich gemacht, wenn sie davon im normalen Geschäftsverlauf Kenntnis erlangen können.

Die Schutzdauer des nicht eingetragenen Gemeinschaftsgeschmacksmusters beträgt – anders als bei einem eingetragenen Geschmacksmuster – lediglich drei Jahre. Eine Verlängerung ist nicht möglich. Da es für den Schutzbeginn auf die Veröffentlichung ankommt, sollte ein Designer stets den Tag, an dem er das Geschmacksmuster der Öffentlichkeit zugänglich gemacht hat, ausreichend dokumentieren. So wird sichergestellt, dass er später die Erfüllung der Schutzvoraussetzungen für das nicht eingetragene Geschmacksmuster problemlos nachweisen kann.

Alle Designschöpfungen, die seit dem 6. März 2002 im EU-Bereich veröffentlicht worden sind bzw. veröffentlicht werden, genießen somit automatisch den Schutz als nicht eingetragenes Gemeinschaftsgeschmacksmuster in der gesamten Europäischen Union. Voraussetzung ist allerdings, dass sie neu sind und „Eigenart haben".

Ein gewisser Nachteil des nicht eingetragenen Gemeinschaftsgeschmacksmusters ist – außer der kurzen Schutzdauer – sein beschränkter Schutzumfang. Während das eingetragene Gemeinschaftsgeschmacksmuster dem Inhaber das volle Verbietungs- und Benutzungsrecht gewährt, können nicht eingetragene Muster lediglich zur Abwehr von Nachahmungen, nicht aber gegen unabhängig geschaffene kollidierende Muster eingesetzt werden. Wer sich allerdings darauf beruft, dass das von ihm verwendete kollidierende Muster eigenständig und ohne Kenntnis des nicht eingetragenen Gemeinschaftsgeschmacksmusters geschaffen wurde, muss im Streitfall beweisen, dass keine Nachahmung vorliegt. Eine solche Beweisführung erfordert in der Regel die Vorlage von Unterlagen, aus denen die Selbständigkeit des kollidierenden Entwurfs hervorgeht. Designer sollten deshalb nicht nur den Tag der Veröffentlichung ihrer eigenen Muster dokumentieren, sondern für den Fall, dass ihnen eine Nachbildung vorgeworfen wird, auch Zeichnungen, Texte etc. aufbewahren und eventuell Zeugen hinzuziehen.

Neuheit und Eigenart

Sowohl die eingetragenen als auch die nicht eingetragenen Gemeinschaftsgeschmacksmuster sind nur geschützt, soweit sie neu sind und „Eigenart" haben.

Ein Geschmacksmuster gilt als neu, wenn der Öffentlichkeit vor der Veröffentlichung bzw. vor der Anmeldung zur Eintragung kein identisches Muster zugänglich gemacht worden ist. Abzustellen ist darauf, welche Muster in den Fachkreisen des betreffenden Wirtschaftszweigs vor diesem Zeitpunkt bereits bekannt gewesen sind.

Bei der Neuheitsprüfung ist zu beachten, dass eine Identität von Geschmacksmustern nicht nur bei einer vollständigen Übereinstimmung, sondern auch dann vorliegt, wenn sich die Merkmale der beiden Muster nur in unwesentlichen Einzelheiten unterscheiden. Ob einzelne Unterscheidungsmerkmale wesentlich oder unwesentlich sind, entscheiden letztlich die Gerichte.

Ein Muster muss nicht nur neu sein, sondern auch „Eigenart" haben. Das ist der Fall, wenn sich der Gesamteindruck, den es beim informierten Benutzer hervorruft, von dem Gesamteindruck unterscheidet, den ein anderes Geschmacksmuster bei diesem Benutzer hervorruft. Bei der Beurteilung der Eigenart wird der Grad der Gestaltungsfreiheit des Entwerfers bei der Entwicklung des Geschmacksmusters berücksichtigt.

Während bei der Prüfung der „Eigentümlichkeit" im deutschen Geschmacksmusterrecht danach gefragt wird, ob die betreffende Gestaltung das Können eines Durchschnittsgestalters übersteigt, stellt die Verordnung zum Gemeinschaftsgeschmacksmuster darauf ab, ob sich ein Geschmacksmuster aus der Sicht eines informierten Benutzers von anderen Mustern nach seinem Gesamteindruck unterscheidet. Die Hürde der „Eigenart" ist damit niedriger als diejenige der „Eigentümlichkeit".

7 ——— Praktische Bedeutung des Geschmacksmusterschutzes

Der Geschmacksmusterschutz ist vor allem für Designer wichtig, die im Bereich der industriellen Formgebung tätig sind. So werden die von einem Industriedesigner gestalteten Möbel, Lampen etc. nicht immer die künstlerische Gestaltungshöhe aufweisen, die für den Urheberrechtsschutz notwendig ist. Entsprechendes gilt für neue Textilmuster, die zwar die für den Geschmacksmusterschutz erforderliche „Eigentümlichkeit" bzw. „Eigenart" aufweisen, aber nicht so ausgeprägt eigenschöpferisch wirken, dass für sie auch Urheberrechtsschutz beansprucht werden kann. In solchen Fällen ist ein Rückgriff auf den Geschmacksmusterschutz unumgänglich.

Bis zum 6. März 2002 war der Geschmacksmusterschutz nur durch eine umständliche Anmeldung und Eintragung der einzelnen Muster zu erreichen. Diese formale Hürde und die mit einer solchen Anmeldung verbundenen Kosten haben viele Designer davon abgehalten, ihre Gestaltungen und Entwürfe als Geschmacksmuster schützen zu lassen. Durch die Verordnung über das Gemeinschaftsgeschmacksmuster sind diese Hindernisse weitgehend beseitigt oder jedenfalls deutlich reduziert worden. Der mit der Verordnung eingeführte Schutz der nicht eingetragenen Muster bringt den Designern erhebliche Vorteile. Ihre Arbeiten sind jetzt auch ohne förmliche Anmeldung und ohne Kosten als Gemeinschaftsgeschmacksmuster geschützt, sofern sie nur neu sind und Eigenart haben. Zwar besteht dieser Schutz nur für die Dauer von drei Jahren, doch wird das in der Regel ausreichen, da viele Designgestaltungen ohnehin nur sehr kurzlebig sind.

Bei den Mustern, die über einen längeren Zeitraum genutzt werden sollen, ist dagegen die förmliche Anmeldung als eingetragenes Geschmacksmuster auch in Zukunft unumgänglich. Der Aufwand und die Kosten einer solchen Anmeldung lassen sich in diesen Fällen nur vermeiden, wenn die betreffenden Arbeiten mit einiger Sicherheit zu den urheberrechtlich geschützten Werken gehören und deshalb nicht noch zusätzlich als eingetragenes Geschmacksmuster geschützt werden müssen.

Wenn sich ein Designer entschließt, ein Geschmacksmuster eintragen zu lassen, ist die Frage zu klären, ob die Eintragung in das deutsche Geschmacksmusterregister oder eine Eintragung als Gemeinschaftsgeschmacksmuster erfolgen soll. Die Beantwortung dieser Frage wird einmal davon abhängen, ob ein auf Deutschland beschränkter Schutz ausreicht oder ob ein Schutz des Musters in der gesamten Europäischen Union erforderlich ist. Zum anderen wird der Designer zu prüfen haben, ob es sich tatsächlich lohnt, die wesentlich höheren Kosten einer Anmeldung als Gemeinschaftsgeschmacksmuster aufzuwenden. Immerhin sind die Kosten einer solchen Anmeldung mehr als dreimal so hoch wie die Kosten einer Anmeldung zum deutschen Geschmacksmusterregister.

Wolfgang Maaßen

SCHUTZ TYPOGRAFISCHER SCHRIFTZEICHEN

Für Schriftzeichen besteht in der Regel kein Urheberrechtsschutz. Vor allem den Gebrauchsschriften („Brotschriften") fehlt meist die erforderliche künstlerische Gestaltungshöhe, weil der Gebrauchszweck eine einfache, klare und leicht lesbare Linienführung voraussetzt, die bereits weitgehend durch die vorgegebenen Buchstabenformen bedingt ist. Regelmäßig kommt daher nur ein Schutz nach dem Geschmacksmustergesetz oder nach dem Schriftzeichengesetz vom 6. Juli 1981 (BGBl. II Seite 382) in Betracht.

Das Schriftzeichengesetz gewährt für neue und eigentümliche Schriftzeichen einen Musterschutz nach den Vorschriften des Geschmacksmustergesetzes. Der Schriftzeichenschutz ist allerdings mit dem Geschmacksmusterschutz nicht identisch. Folgende Besonderheiten sind zu beachten:

1 Schutzvoraussetzungen

Der Musterschutz kann nach dem Schriftzeichengesetz für einen „Satz" typografischer Schriftzeichen angemeldet werden, wobei das Gesetz nicht erläutert, wie viele Buchstaben, Ziffern und Zeichen mindestens in einem „Satz" zusammengefügt sein müssen. Als typografische Schriftzeichen gelten nicht nur Buchstaben und Alphabete, sondern auch Ziffern, Symbole und andere figürliche Zeichen sowie Ornamente (Einfassungen, Fleurons, Vignetten etc.). Die Schriftzeichen müssen dazu bestimmt sein, Texte durch grafische Techniken aller Art herzustellen.

Das Schriftzeichengesetz schreibt ebenso wie das Geschmacksmustergesetz vor, dass die typografischen Schriftzeichen neu und eigentümlich sein müssen. Da allerdings eine neue Schrift aus einer Mehrzahl vorgegebener Buchstaben besteht, die sich zum Teil nur durch minimale Veränderungen ihrer Formen, Abstände und Größen von bereits vorhandenen Schriftzeichen unterscheiden, kann die Neuheit und Eigentümlichkeit nicht an der Gestaltung jedes einzelnen Buchstabens gemessen werden. Maßgebend für die Beurteilung ist vielmehr der Gesamteindruck und der aus den Buchstaben, Ziffern und Zeichen ablesbare Stil des Schriftschöpfers, der neu und eigentümlich sein muss.

2 ───── Entstehung und Dauer des Schriftzeichenschutzes

Der Schriftzeichenschutz beginnt mit der Anmeldung beim Deutschen Patent- und Markenamt, das ein besonderes Musterregister für typografische Schriftzeichen führt. Mit der Anmeldung zur Eintragung in das Musterregister ist eine Abbildung der Schriftzeichen vorzulegen. Außerdem muss ein Text von mindestens drei Zeilen hinterlegt werden, der mit den angemeldeten typografischen Zeichen hergestellt ist. Wenn der Urheber einen Namen oder eine Bezeichnung für seine typografischen Schriftzeichen angibt, wird auch diese Angabe in das Musterregister eingetragen.

Anders als das Geschmacksmustergesetz, das eine Schutzdauer von 20 Jahren vorsieht, schützt das Schriftzeichengesetz die typografischen Schriftzeichen für die Dauer von 25 Jahren. Damit der Schutz während der gesamten Schutzdauer aufrecht erhalten bleibt, muss allerdings nach Ablauf von zehn Jahren für jeweils weitere fünf Jahre eine „Aufrechterhaltungsgebühr" an das Patent- und Markenamt gezahlt werden.

3 ───── Nachbildungs- und Änderungsverbot

Das Schriftzeichengesetz verbietet die Herstellung von Texten, die geschützte Schriftzeichen ohne Zustimmung des Urhebers als Vorbilder benutzen. Dabei spielt es keine Rolle, ob die Benutzung auf fotografischem Wege, durch Herstellung von Matern oder mittels digitaler Techniken erfolgt.

Verboten sind auch Änderungen der geschützten Schriftzeichen, insbesondere optische Verzerrungen, sofern sie ohne Zustimmung des Schriftschöpfers erfolgen. Das ergibt sich zwar nicht aus dem Schriftzeichengesetz, wohl aber aus dem Geschmacksmustergesetz, dessen Vorschriften ergänzend anzuwenden sind.

4 ───── Praktische Bedeutung des Schriftzeichenschutzes

Für Schriftzeichen kann sowohl der spezielle Schriftzeichenschutz als auch der allgemeine Geschmacksmusterschutz in Anspruch genommen werden. Eine Anmeldung zum Musterregister für typografische Schriftzeichen schließt also eine gleichzeitige Anmeldung zum (deutschen, europäischen oder internationalen) Geschmacksmusterregister nicht aus. Eine solche Mehrfachanmeldung kann trotz des damit verbundenen Aufwandes und der höheren Kosten durchaus sinnvoll sein, wenn für die Schriftzeichen ein Schutz in der gesamten Europäischen Union und/oder ein internationaler Schutz angestrebt wird, wie ihn das Haager Musterabkommen (HMA) bietet, und wenn zugleich die verlängerte Schutzdauer in Anspruch genommen werden soll, die das Schriftzeichengesetz (allerdings nur für den Bereich der Bundesrepublik Deutschland) vorsieht.

In der Praxis spielt der Schriftzeichenschutz nur eine geringe Rolle. Das zeigen die Anmeldezahlen, die sich den Jahresberichten des Deutschen Patent- und Markenamtes entnehmen lassen. Danach gab es z.B. im Jahre 1995 insgesamt 9.365 Anmeldungen zum Geschmacksmusterregister, während im gleichen Zeitraum beim Musterregister für typografische Schriftzeichen nur neun Anmeldungen eingingen.

TECHNISCHE SCHUTZRECHTE (PATENT- UND GEBRAUCHSMUSTERRECHT)

Wolfgang Maaßen

1 — Patentrecht

Das Patentrecht schützt Erfindungen. Erfindungen sind technische Handlungsanweisungen, die den planmäßigen Einsatz physikalischer, chemischer oder biologischer Naturkräfte zur Lösung bestimmter Aufgaben ermöglichen.

Diese technische Anwendungsorientierung schließt Patente für Designleistungen, bei denen es um die künstlerische Gestaltung und die ästhetische Formgebung geht, von vornherein aus. Zwar ist durchaus denkbar, dass bei der Formgebung gewerblicher Produkte zugleich neue technische Lösungen entwickelt werden, die als Erfindung patentierbar sind. Das Patent schützt aber in einem solchen Fall nur die technische Erfindung, nicht dagegen das Design des Produkts, bei dem die Erfindung zur Anwendung kommt.

Patente werden nur für Erfindungen erteilt, die neu sind, also nicht bereits zum Stand der Technik gehören. Die Erfindung muss eine Erfindungshöhe erreichen, die über dem Durchschnittskönnen der Fachleute auf dem einschlägigen naturwissenschaftlich-technischen Gebiet liegt. Fehlt die für ein Patent erforderliche Erfindungshöhe, kommt eine Anmeldung als Gebrauchsmuster in Betracht, für das geringere Anforderungen gelten.

Der Patentschutz muss beim Deutschen Patent- und Markenamt beantragt werden. Dazu bedarf es einer schriftlichen Anmeldung der Erfindung. Die dafür benötigten Formulare sind beim Patent- und Markenamt kostenlos erhältlich. Mit der Anmeldung ist eine vollständige Beschreibung der Erfindung vorzulegen.

Das Patent- und Markenamt führt zunächst nur eine Vorprüfung durch, bei der es darum geht, offensichtliche formelle und bestimmte materielle Mängel festzustellen. Danach wird auf Antrag das eigentliche Prüfungsverfahren eingeleitet, in dem die Prüfer des Patent- und Markenamtes untersuchen, ob die angemeldete Erfindung neu ist und die notwendige Erfindungshöhe aufweist.

Kommt die Prüfstelle zu einem positiven Ergebnis, wird das Patent erteilt und die Patentschrift veröffentlicht. Außerdem wird das Patent in das Patentregister eingetragen.

Das Patenterteilungsverfahren ist langwierig und recht kompliziert. Es hat aber den Vorteil, dass die formellen und materiellen Voraussetzungen des Patentschutzes bereits bei der Anmeldung umfassend überprüft werden. Der Bestand des Patents muss also – anders als beim Geschmacks- und Gebrauchsmuster – im Streitfall nicht erst festgestellt werden. Der Patentinhaber kann sich auf die Eintragung in die Patentrolle verlassen; die Gerichte sind an die Entscheidung des Patent- und Markenamtes gebunden.

Der Patentschutz dauert maximal 20 Jahre. Nach Ablauf der Schutzfrist kann die Erfindung von jedermann frei benutzt werden.

2 Gebrauchsmusterschutz

Ebenso wie das Patent setzt das Gebrauchsmuster eine Erfindung voraus, doch werden an die Erfindungshöhe geringere Anforderungen gestellt. Für das Gebrauchsmuster reicht ein erfinderischer Schritt, während das Patent eine die Fähigkeiten eines Durchschnittsfachmannes übersteigende erfinderische Tätigkeit voraussetzt. Wegen dieser reduzierten Anforderungen wird das Gebrauchsmuster auch als „kleines Patent" bezeichnet.

Wer eine Erfindung als Gebrauchsmuster schützen lassen will, muss sie zur Eintragung in das Gebrauchsmusterregister anmelden. Die dafür benötigten Antragsformulare sind beim Deutschen Patent- und Markenamt erhältlich. Mit der Anmeldung ist eine Beschreibung der Erfindung vorzulegen und eine Anmeldegebühr einzuzahlen.

Das Patent- und Markenamt prüft lediglich, ob die angemeldete Erfindung ihrer Art nach Gegenstand eines Gebrauchsmusters sein kann und ob die formellen Anforderungen der Anmeldung erfüllt sind. Die materiellen Voraussetzungen des Gebrauchsmusterschutzes – die Neuheit, die Erfindungshöhe und die gewerbliche Anwendbarkeit – bleiben dagegen ungeprüft, so dass der Bestand des Gebrauchsmusters auch bei einer Eintragung in das Musterregister keineswegs gesichert ist. Erst wenn es zu einem Rechtsstreit kommt, wird das mit der Streitsache befasste Gericht prüfen, ob die materiellen Schutzvoraussetzungen im konkreten Fall erfüllt sind.

Ist die Anmeldung (formal) in Ordnung, wird die Erfindung in das Register eingetragen. Die Eintragung wird im Patentblatt bekannt gegeben. Der Gebrauchsmusterschutz dauert zehn Jahre. Damit der Schutz während der gesamten Schutzdauer aufrecht erhalten bleibt, muss allerdings nach Ablauf von drei Jahren für das vierte bis sechste Jahr, das siebte und achte, sowie das neunte und zehnte Jahr jeweils eine „Aufrechterhaltungsgebühr" an das Patent- und Markenamt gezahlt werden.

KENNZEICHENSCHUTZ

Wolfgang Maaßen

Das Markengesetz, das vor einigen Jahren das alte Warenzeichengesetz abgelöst hat, schützt insbesondere Marken und geschäftliche Bezeichnungen.

1 —— Marken

Marken sind Werbesymbole. Sie kennzeichnen Waren oder Dienstleistungen eines Unternehmens und dienen dazu, die gekennzeichneten Waren oder Dienstleistungen von denjenigen anderer Unternehmen zu unterscheiden.

Markenfähige Zeichen

Prinzipiell können alle Zeichen, die sich grafisch darstellen lassen, als Marke geschützt werden. Markenfähig sind insbesondere:
- Wörter einschließlich Personennamen (z.B. „Müller-Milch", „Lego")
- Buchstaben (z.B. „VW", „AEG")
- Zahlen (z.B. „4711")
- Werbeslogans (z.B. „... darauf einen Dujardin", „Persil bleibt Persil")
- Bilder, Embleme und andere grafische Gestaltungen
(z.B. Mercedes-Stern, Logo der Deutschen Bank)
- Hörzeichen (z.B. Erkennungsmelodien, die durch Noten oder Sonagramm grafisch darstellbar sind)
- dreidimensionale Gestaltungen einschließlich Warenformen und Verpackungen (z.B. Michelin-Männchen, Dreiecksform der Toblerone-Schokolade)
- Farben und Farbzusammenstellungen (z.B. Grau/Magenta für die Deutsche Telekom)
- Kombinationszeichen (z.B. das BFF-Logo als Kombination von Buchstaben und grafischer Gestaltung)

Ein Markenschutz ist dagegen gesetzlich ausgeschlossen bei Zeichen, deren Form
- durch die Art der Ware selbst bedingt ist,
- zur Erreichung einer technischen Wirkung erforderlich ist oder
- der Ware einen wesentlichen Wert verleiht.

Entstehung des Markenschutzes

Der Markenschutz kann durch Eintragung in das Markenregister, aber auch formlos dadurch erworben werden, dass ein Zeichen Verkehrsgeltung erlangt oder als Marke notorisch bekannt wird.

Markenschutz durch Eintragung

Ein Zeichen wird auf Antrag in das Markenregister eingetragen, wenn es genügend Unterscheidungskraft hat und keine Eintragungshindernisse bestehen.

Die notwendige Unterscheidungskraft besteht, wenn ein Zeichen bei einer Verwendung als Marke geeignet ist, die gekennzeichnete Ware oder Dienstleistung von anderen Waren oder Dienstleistungen zu unterscheiden. Auch eine geringe Unterscheidungskraft reicht aus. Dagegen kommt ein Markenschutz nicht in Betracht, wenn ein Zeichen so verwaschen und blass ist, dass es im geschäftlichen Verkehr nicht als Hinweis auf ein bestimmtes Unternehmen aufgefasst werden kann.

Eine Eintragung in das Markenregister ist ausgeschlossen, wenn eine Marke ausschließlich aus Zeichen oder Angaben besteht, die eine Ware oder Dienstleistung nach Art, Beschaffenheit, Menge, geografischer Herkunft oder sonstigen Merkmalen beschreiben. Für solche beschreibenden Kennzeichen besteht ein allgemeines Freihaltebedürfnis, was ihre Monopolisierung zugunsten einzelner Markenrechtsinhaber ausschließt.

Auch Zeichen oder Angaben, die sich als übliche Bezeichnung für bestimmte Waren oder Dienstleistungen eingebürgert haben (z.B. „XL" als Größenbezeichnung im Textilbereich), sind von der Eintragung generell ausgeschlossen. Dasselbe gilt für Bezeichnungen, die geeignet sind, das Publikum über die Beschaffenheit oder die geografische Herkunft einer Ware oder Dienstleistung zu täuschen. Außerdem dürfen Wappen, Flaggen, Siegel und andere staatliche Hoheitszeichen grundsätzlich nicht in das Markenregister eingetragen werden.

Wenn eine Marke die notwendige Unterscheidungskraft besitzt und keine Eintragungshindernisse bestehen, kann die Registereintragung erfolgen. Dazu bedarf es einer Anmeldung, die beim Deutschen Patent- und Markenamt einzureichen ist. Die für die Anmeldung benötigten Formulare stellt das Amt kostenlos zur Verfügung.

Die Anmeldung muss Angaben zur Person des Anmelders, eine Wiedergabe der Marke und ein Verzeichnis der Waren oder Dienstleistungen enthalten, für die die Eintragung beantragt wird. Das Verzeichnis ist deshalb erforderlich, weil der Markenschutz immer nur für die Waren- oder Dienstleistungsklassen gilt, die in der Anmeldung genannt werden. Es gibt insgesamt 34 Warenklassen und acht Dienstleistungsklassen, für die man eine Marke anmelden kann. Erfolgt die Anmeldung nur für eine Warenklasse (z.B. Klasse 25: Bekleidungsstücke, Schuhwaren, Kopfbedeckungen), so besteht für andere Bereiche kein Markenschutz (d.h. die Marke darf in dem hier gewählten Beispiel durchaus für Tabakwaren der Klasse 34 verwendet werden). Etwas anderes gilt nur für berühmte („notorisch bekannte") Marken, die auch ohne Anmeldung zum Markenregister prinzipiell in allen Waren- und Dienstleistungsbereichen geschützt sind.

Mit der Anmeldung ist eine Gebühr von 290,00 € (elektronische Anmeldung) bzw. 300,00 € (Anmeldung in Papierform) beim Patent- und Markenamt einzuzahlen. Damit ist eine Eintragung für drei Waren-/Dienstleistungsklassen abgedeckt. Für weitere Klassen kommt eine Gebühr von jeweils 100,00 € hinzu.

Nach Eingang der Anmeldung prüft das Patent- und Markenamt, ob alle Anmeldeerfordernisse erfüllt sind, ob irgendwelche Eintragungshindernisse bestehen und ob die Gebühren vollständig entrichtet wurden. Wenn alles in Ordnung ist, wird die angemeldete Marke in das Register eingetragen und die Eintragung im Markenblatt veröffentlicht.

Markenschutz ohne Eintragung

Der Markenschutz kann auch ohne Eintragung dadurch entstehen, dass ein Zeichen Verkehrsgeltung erlangt oder als Marke notorisch bekannt (= berühmt) wird.

Eine Marke hat Verkehrsgeltung, wenn sie innerhalb beteiligter Verkehrskreise als Kennzeichen der Waren oder Dienstleistungen eines bestimmten Unternehmens gilt. Es kommt also auf den Bekanntheitsgrad an, den die Gerichte in Streitfällen mittels demoskopischer Umfragen ermitteln. Wie hoch der Bekanntheitsgrad sein muss, damit von der Verkehrsgeltung einer Marke ausgegangen werden kann, ist im Gesetz nicht geregelt. Der Nachweis der Verkehrsgeltung dürfte jedoch erbracht sein, wenn die Meinungsumfrage eine Bekanntheit der Marke bei mindestens 30 Prozent der Befragten ergibt. In manchen Fällen reichen auch geringere Prozentsätze aus.

Eine Marke ist notorisch bekannt und damit berühmt, wenn sie eine überragende Verkehrsbekanntheit besitzt. Das setzt in der Regel eine Bekanntheit bei 80 Prozent der Gesamtbevölkerung voraus. In einzelnen Fällen – insbesondere bei Waren oder Dienstleistungen, die nur bestimmte Teile der Gesamtbevölkerung ansprechen – kann unter Umständen auch ein Bekanntheitsgrad von 60 bis 65 Prozent ausreichen.

Die Marke kraft Verkehrsgeltung unterscheidet sich von der berühmten Marke durch den unterschiedlichen Schutzbereich. Der Markenschutz, der durch Verkehrsgeltung entsteht, bleibt auf die Bereiche beschränkt, in denen die Verkehrsgeltung tatsächlich nachweisbar ist. Der Schutz der berühmten Marke ist dagegen branchenübergreifend.

Bestand und Dauer des Markenschutzes

Eingetragene Marken

Mit der Eintragung in das Markenregister ist der Bestand einer Marke nicht endgültig gesichert. Die Eintragung kann nämlich eventuell wieder gelöscht werden, wenn zwischen der eingetragenen Marke und einer prioritätsälteren Marke (also einer Marke, die bereits früher angemeldet oder eingetragen wurde) eine Identität oder Ähnlichkeit besteht:

- Sind die Marken identisch und besteht auch hinsichtlich der Waren oder Dienstleistungen, für die beide Marken eingetragen wurden, eine vollständige Übereinstimmung, so kann die später angemeldete und eingetragene Marke ohne weiteres gelöscht werden.
- Besteht wegen der Identität oder Ähnlichkeit der beiden Marken und wegen der Identität oder Ähnlichkeit der jeweiligen Waren-/Dienstleistungsbereiche die Gefahr von Verwechslungen, so ist ebenfalls eine Löschung der jüngeren Marke möglich.
- Eine Löschung kann schließlich auch dann erfolgen, wenn bei den Waren- oder Dienstleistungen zwar keine Ähnlichkeit besteht, aber die Benutzung der jüngeren Marke wegen ihrer Identität oder Ähnlichkeit mit einer älteren, bekannten Marke dazu führen würde, dass der Ruf der älteren Marke in unlauterer Weise ausgenutzt oder beeinträchtigt wird.

Wenn die Eintragung einer Marke nicht angreifbar ist, kann für die Dauer von zehn Jahren der Markenschutz in Anspruch genommen werden. Die Schutzdauer beginnt mit dem Anmeldetag. Sie kann beliebig oft um jeweils zehn Jahre verlängert werden. Voraussetzung für eine Verlängerung ist lediglich die Einzahlung der entsprechenden Gebühr.

Marken kraft Verkehrsgeltung und berühmte Marken

Bei Marken, die ohne Registereintragung allein wegen ihrer Verkehrsgeltung oder ihrer Berühmtheit geschützt sind, dauert der Schutz so lange wie die Verkehrsgeltung oder die notorische Bekanntheit der Marke. Das kann unter Umständen zu einem „ewigen" Schutz solcher Marken führen.

Markeninhaber

Inhaber einer Marke können natürliche Personen, juristische Personen (z.B. Aktiengesellschaft, GmbH) und auch Personengesellschaften sein, sofern sie fähig sind, Rechte zu erwerben und Verbindlichkeiten einzugehen (z.B. Partnerschaftsgesellschaft).

Als Markeninhaber wird in das Markenregister eingetragen, wer die Marke im eigenen Namen anmeldet. Nach der Eintragung wird bis zum Beweis des Gegenteils vermutet, dass die durch die Eintragung begründeten Rechte demjenigen zustehen, der als Inhaber in das Register eingetragen ist.

Werden die Markenrechte nach der Eintragung auf einen anderen übertragen, kann der Rechtsnachfolger beim Patent- und Markenamt die Eintragung des Rechtsübergangs in das Markenregister beantragen. Solange die Änderung nicht zur Eintragung angemeldet ist, kann der neue Inhaber seine Rechte in einem Verfahren vor dem Patent- und Markenamt oder dem Patentgericht nicht geltend machen.

Rechte des Markeninhabers

Der Erwerb des Markenschutzes gewährt dem Inhaber der Marke ein exklusives Recht. Anderen Personen oder Unternehmen ist es untersagt, ohne Zustimmung des Markeninhabers im geschäftlichen Verkehr
- ein Zeichen, das mit der geschützten Marke identisch ist, für die gleichen Waren oder Dienstleistungen zu benutzen, für die Markenschutz besteht,
- ein identisches oder ähnliches Zeichen für die gleichen oder ähnlichen Waren oder Dienstleistungen zu benutzen, für die Markenschutz besteht, sofern die Gefahr von Verwechslungen besteht oder damit zu rechnen ist, dass das Zeichen mit der geschützten Marke gedanklich in Verbindung gebracht wird,
- ein identisches oder ähnliches Zeichen für andere als die vom Markenschutz erfassten Waren oder Dienstleistungen benutzen, sofern es sich bei der geschützten Marke um eine im Inland bekannte Marke handelt und die Benutzung des Zeichens die Unterscheidungskraft oder die Wertschätzung der bekannten Marke in unlauterer Weise ausnutzt oder beeinträchtigt.

Der Markeninhaber hat gegen jeden, der ein mit der Marke identisches Zeichen oder ein ähnliches Zeichen widerrechtlich benutzt, einen Unterlassungsanspruch und – falls die Rechtsverletzung vorsätzlich oder fahrlässig begangen wird – einen Schadensersatzanspruch. Außerdem kann der Inhaber der geschützten Marke die Vernichtung der widerrechtlich gekennzeichneten Gegenstände sowie Auskunft über die Herkunft und den Vertriebsweg solcher Gegenstände verlangen.

Rechtsübertragung und Lizenzen

Die durch die Eintragung, die Benutzung oder die notorische Bekanntheit einer Marke begründeten Rechte können auf Dritte übertragen werden. Die Rechtsübertragung kann sich auf alle Waren oder Dienstleistungen erstrecken, für die Markenschutz besteht, oder sich auf einen Teil dieser Waren oder Dienstleistungen beschränken.

Statt die Markenrechte durch eine Rechtsübertragung abzugeben, kann der Markeninhaber diese Rechte auch behalten und anderen lediglich einfache oder exklusive Lizenzen an der Marke einräumen. Eine Lizenz berechtigt den Lizenznehmer zur Benutzung der Marke in dem vereinbarten Umfang. Der Markeninhaber bleibt bei einer Lizenzerteilung berechtigt, gegen eine Verletzung seiner Markenrechte vorzugehen.

Schranken des Markenschutzes

Der Inhaber einer älteren Marke kann die Benutzung einer jüngeren eingetragenen Marke in der Regel nicht mehr verbieten, wenn er die Benutzung der jüngeren Marke über einen Zeitraum von fünf aufeinanderfolgenden Jahren gekannt und geduldet hat.

Werden Ansprüche aus der Verletzung von Markenrechten geltend gemacht, so kann der Rechtsverletzer eine Durchsetzung dieser Ansprüche unter Umständen dadurch verhindern, dass er die Einrede der mangelnden Benutzung erhebt. Das Gesetz geht von einer mangelnden Benutzung aus, wenn eine Marke seit mindestens fünf Jahren eingetragen ist und innerhalb der letzten fünf Jahre im Inland nicht ernsthaft benutzt wurde. Wird die Einrede der mangelnden Benutzung in einem Prozess erhoben, muss der Markeninhaber nachweisen, dass er die Marke innerhalb der letzten fünf Jahre vor Erhebung der Klage für die Waren oder Dienstleistungen, für die Markenschutz besteht, auch tatsächlich benutzt hat. Gelingt ihm der Nachweis nicht, kann er auch keine Ansprüche wegen der Verletzung seiner Markenrechte geltend machen.

Internationaler Markenschutz

Eine Marke kann durch eine internationale Registrierung auch Schutz in den Ländern erlangen, die dem Madrider Markenabkommen (MMA) beigetreten sind. Dazu muss allerdings zunächst eine Eintragung der Marke in das deutsche Markenregister erfolgen. Danach kann dann beim Deutschen Patent- und Markenamt die internationale Registrierung beantragt werden. In dem Antrag sind die einzelnen Länder zu benennen, auf die sich die internationale Registrierung erstrecken soll. Wenn die Antragsformalien in Ordnung sind und keine absoluten Schutzhindernisse bestehen, wird die internationale Registrierung vermerkt und in dem von der WIPO herausgegebenen Blatt „Les Marques internationales" veröffentlicht.

Seit einigen Jahren gibt es auch die Europäische Gemeinschaftsmarke, die durch die EG-Verordnung vom 20. Dezember 1993 über die Gemeinschaftsmarke eingeführt wurde. Der Schutz der Gemeinschaftsmarke ist in allen Mitgliedsstaaten der Europäischen Union einheitlich. Anzumelden ist eine Gemeinschaftsmarke entweder beim Harmonisierungsamt für den Binnenmarkt in Alicante oder beim Deutschen Patent- und Markenamt. Wird die Anmeldung in Deutschland eingereicht, leitet das Patent- und Markenamt diesen Antrag ungeprüft an das Harmonisierungsamt weiter. Für das Anmeldeverfahren, die Prüfung und die Eintragung der Gemeinschaftsmarke beim Harmonisierungsamt gelten im übrigen ähnliche Regeln, wie sie das Markengesetz für die nationale Registrierung vorsieht.

Bedeutung des Markenschutzes für Designer

Bei Logos und anderen grafischen oder dreidimensionalen Gestaltungen, die zur Kennzeichnung der Waren oder Dienstleistungen eines Unternehmens bestimmt sind, ist oft zweifelhaft, ob sie die für den Urheberschutz erforderliche künstlerische Gestaltungshöhe erreichen. Das Markenrecht bietet in solchen Fällen die Möglichkeit, durch eine Eintragung des neu entwickelten Zeichens in das Markenregister ein Schutzrecht zu erlangen, das den möglicherweise fehlenden Urheberschutz zu kompensieren vermag.

Der Markenschutz ist für die Gestalter von Kennzeichen aber nicht nur als „Ersatzrecht", sondern in den Fällen, in denen ein Kennzeichen urheberrechtlich geschützt ist, auch als sinnvolle Ergänzung des Urheberschutzes interessant. Ein Designer, der sich nicht auf die Gestaltung eines Kennzeichens beschränkt, sondern das Kennzeichen gleich als Marke anmeldet und ihm damit die für den Markenschutz überaus wichtige Priorität sichert, kann seinem Auftraggeber mehr bieten als eine urheberrechtliche Lizenz. Er verschafft ihm dadurch einen Marktvorteil, der letztlich den Wert der Designleistung erhöht und daher unter Umständen auch die Berechnung eines höheren Honorars rechtfertigen kann.

Eine Markenanmeldung durch den Designer ist allerdings nur sinnvoll, wenn die angemeldete Marke auch tatsächlich benutzt wird. Wer markenfähige Gestaltungen nur „auf Vorrat" registrieren und sie dann in der Schublade liegen lässt, wird seine Markenrechte spätestens nach fünf Jahren wegen mangelnder Benutzung nicht mehr durchsetzen können.

Im Bereich der industriellen Formgebung (Industriedesign) ist der Markenschutz vielfach auch eine sinnvolle Ergänzung des Geschmacksmusterschutzes. Werden beispielsweise Flaschen oder andere Produktausstattungen entwickelt, die als Marke schutzfähig sind, so kann es sich empfehlen, die Modelle nicht nur als Geschmacksmuster anzumelden, sondern auch in das Markenregister eintragen zu lassen. Die Markenanmeldung hat den Vorteil, dass die Schutzfähigkeit der Marke bereits im Anmeldeverfahren überprüft wird, während bei einem Geschmacksmuster erst im Prozess eine Prüfung der materiellen Schutzvoraussetzungen stattfindet. Der Markenschutz ist daher prozessual sicherer durchsetzbar als der Geschmacksmusterschutz.

2 Geschäftliche Bezeichnungen

Schutzfähigkeit und Beginn des Schutzes

Als geschäftliche Bezeichnungen werden Unternehmenskennzeichen, Geschäftsabzeichen und Werktitel geschützt. Der Schutz entsteht, ohne dass es einer Registereintragung bedarf.

Unternehmenskennzeichen

Unternehmenskennzeichen sind Zeichen, die im geschäftlichen Verkehr als Name, als Firma oder als besondere Bezeichnung eines Geschäftsbetriebs oder eines Unternehmens benutzt werden. Solche Kennzeichen dienen – wie der Name einer Person – zur Individualisierung eines Geschäfts oder Unternehmens.

Der Schutz eines Unternehmenskennzeichens beginnt, sobald das Kennzeichen in Gebrauch genommen wird. Falls es bei der Ingebrauchnahme noch keine ausreichende Unterscheidungskraft besitzt, beginnt der Schutz erst, wenn das Kennzeichen Verkehrsgeltung erlangt hat.

Geschäftsabzeichen

Geschäftsabzeichen dienen ebenso wie Unternehmenskennzeichen zur Individualisierung eines Geschäftsbetriebs oder Unternehmens. Im Unterschied zum Unternehmenskennzeichen bewirkt aber das Geschäftsabzeichen die Individualisierung nicht durch eine namensmäßige Kennzeichnung, sondern durch Bilder, Figuren und sonstige Symbole, die von den beteiligten Verkehrskreisen als Hinweis auf ein bestimmtes Unternehmen aufgefasst werden (z.B. Michelin-Männchen, Mercedes-Stern). Geschützt sind Geschäftsabzeichen erst, wenn sie Verkehrsgeltung erlangt haben.

Werktitel   Das Markengesetz schützt auch Werktitel. Darunter versteht man die Namen von Druckschriften, Filmwerken, Tonwerken, Bühnenwerken oder sonstigen vergleichbaren Werken.

Der Titelschutz entsteht grundsätzlich erst mit der tatsächlichen Benutzung eines (unterscheidungskräftigen) Werktitels, bei Druckschriften also regelmäßig mit dem Erscheinen des Werkes. Es ist jedoch anerkannt, dass die Entstehung des Titelschutzes vorverlegt werden kann. Dazu bedarf es einer Titelschutzanzeige, also einer öffentlichen Ankündigung des Werkes, das den Titel verwenden wird. Eine solche Ankündigung führt schon vor dem Erscheinen des Werkes zu einem Titelschutz, sofern das Werk danach in angemessener Frist unter dem angekündigten Titel auf den Markt gebracht wird. Die Titelschutzanzeige sichert dem Werktitel die Priorität vor identischen oder ähnlichen Titeln, die erst später angekündigt oder benutzt werden.

Titelschutzanzeigen für Druckwerke werden meist im Börsenblatt des Deutschen Buchhandels veröffentlicht. Die öffentliche Ankündigung der Titelbenutzung kann aber auch in anderen Mitteilungsblättern erfolgen.

Schutzrechte

Die geschäftliche Bezeichnung ist wie eine Marke geschützt. Dritten ist es daher untersagt, die geschäftliche Bezeichnung oder ein ähnliches Zeichen in einer Weise zu benutzen, die zu Verwechslungen mit der geschützten Bezeichnung führen kann. Handelt es sich um eine im Inland bekannte Geschäftsbezeichnung, so ist eine Benutzung dieser Bezeichnung oder eines ähnlichen Zeichens auch bei fehlender Verwechslungsgefahr verboten, soweit die Benutzung des Zeichens die Unterscheidungskraft oder die Wertschätzung der bekannten Geschäftsbezeichnung in unlauterer Weise ausnutzt oder beeinträchtigt.

Der Inhaber einer geschäftlichen Bezeichnung kann bei einer Verletzung seiner Rechte einen Unterlassungsanspruch geltend machen und von dem vorsätzlich oder fahrlässig handelnden Rechtsverletzer auch Schadensersatz fordern.

ERGÄNZENDER WETTBEWERBSRECHTLICHER LEISTUNGSSCHUTZ

Wolfgang Maaßen

Wenn eine Designleistung urheberrechtlich nicht geschützt ist, weil sie die erforderliche Schöpfungshöhe nicht erreicht, und wenn für diese Leistung auch weder ein Geschmacksmusterschutz noch ein sonstiges gewerbliches Schutzrecht in Anspruch genommen werden kann, kommt eventuell ein wettbewerbsrechtlicher Leistungsschutz in Betracht. Zwar bezweckt das Wettbewerbsrecht an sich keinen Leistungsschutz, sondern die Abwehr unlauteren Verhaltens im Wettbewerb. Unlauter kann aber auch die Art und Weise sein, in der fremde Leistungen zu Wettbewerbszwecken benutzt und verwertet werden. Deshalb hat die Rechtsprechung in Ergänzung des Urheberrechts und der gewerblichen Schutzrechte einen besonderen wettbewerbsrechtlichen Leistungsschutz entwickelt, der die unerlaubte und unlautere Ausbeutung fremder Leistungsergebnisse unterbinden soll.

1 Voraussetzungen des Leistungsschutzes

Im Wettbewerbsrecht besteht grundsätzlich Nachahmungsfreiheit. Das bedeutet, dass derjenige, der seine Leistung oder seinen Wettbewerb auf fremder Leistung aufbaut, allein deshalb noch nicht wettbewerbswidrig handelt. Da jede Kultur auf dem aufbaut, was frühere Generationen geschaffen haben, dürfen neue Arbeiten vernünftigerweise an den bisher erreichten Stand der Dinge anknüpfen. Die Benutzung fremder Arbeitsergebnisse ist daher zulässig, sofern nicht das Urheberrechtsgesetz oder andere gesetzliche Bestimmungen (z.B. Geschmacksmustergesetz, Markengesetz) eine Benutzung ausdrücklich ausschließen. Wettbewerbswidrig wird die Ausnutzung fremder Leistungen erst dann, wenn dadurch bestehende Sonderrechte (z.B. das Urheberrecht) verletzt werden oder zu der Leistungsübernahme besondere wettbewerbswidrige Umstände hinzutreten.

Danach kann die unerlaubte Nutzung von Designleistungen, für die kein Sonderrechtsschutz nach dem Urheberrechtsgesetz, dem Geschmacksmustergesetz oder anderen gesetzlichen Vorschriften besteht, nur unter folgenden Voraussetzungen als Wettbewerbsverstoß geahndet werden:

Wettbewerbsverhältnis

Der wettbewerbsrechtliche Leistungsschutz setzt zunächst voraus, dass zwischen den Beteiligten ein Wettbewerbsverhältnis besteht. Das ist der Fall, wenn eine Maßnahme, durch die ein Unternehmen seinen eigenen Wettbewerb oder den Wettbewerb eines Dritten zu fördern versucht, nachteilige Auswirkungen auf den Wettbewerb eines anderen Unternehmens haben kann. Ist eine solche Wechselwirkung zwischen den Beteiligten nicht feststellbar, kann eine Leistungsübernahme auch nicht wettbewerbswidrig sein.

Wettbewerbliche Eigenart

Die Rechtsprechung geht davon aus, dass eine Durchbrechung des Grundsatzes der Nachahmungsfreiheit nur dann gerechtfertigt ist, wenn sich das nachgeahmte Arbeitsergebnis durch eine „gewisse Eigenart" von bloßen Allerweltserzeugnissen abhebt. Die damit geforderte wettbewerbliche Eigenart ist gegeben, wenn die konkrete Ausgestaltung oder einzelne Merkmale eines Erzeugnisses geeignet sind, die interessierten Verkehrskreise auf die betriebliche Herkunft oder auf die Besonderheiten, insbesondere auf die Güte des Produkts hinzuweisen.

Mit dieser Definition ist klargestellt, dass es auf die für den Urheberschutz erforderliche künstlerische Gestaltungshöhe oder die für den Geschmacksmusterschutz notwendige Neuheit und Eigentümlichkeit nicht ankommt. Maßgebend ist nur, ob die charakteristischen Gestaltungsmerkmale eines Produkts geeignet sind, bestimmte Herkunfts- und Gütevorstellungen hervorzurufen. Haben sie eine solche Hinweisfunktion, dann ist auch die wettbewerbliche Eigenart nachgewiesen.

Besondere wettbewerbswidrige Umstände

Auch Leistungen, die eine wettbewerbliche Eigenart aufweisen, dürfen prinzipiell nachgeahmt werden. Wettbewerbswidrig wird die Nachahmung erst dann, wenn weitere besondere Umstände hinzutreten, die das Verhalten des Nachahmers unlauter erscheinen lassen. Die Frage, welche besonderen Umstände eine grundsätzlich zulässige Leistungsübernahme zu einer unlauteren und damit wettbewerbswidrigen Ausbeutung fremder Leistungen werden lassen, ist nicht allgemein zu beantworten. Es können lediglich einzelne Fallgruppen genannt werden, bei denen die Rechtsprechung von einer wettbewerbswidrigen Aneignung fremder Leistungen ausgeht.

2 — Fallgruppen

Die Rechtsprechung zu den „besonderen Umständen", die eine Leistungsübernahme wettbewerbswidrig erscheinen lassen, kann man in vier Fallgruppen unterteilen:

Vermeidbare Herkunftstäuschung

Entsteht durch eine Übernahme von Gestaltungsmerkmalen, die auf die betriebliche Herkunft eines Erzeugnisses hinweisen, die Gefahr einer Herkunftstäuschung, dann müssen zumutbare und geeignete Maßnahmen ergriffen werden, um die Verwechslungsgefahr zu beseitigen oder zumindest zu verringern. Unterbleiben solche Maßnahmen, obwohl sie möglich und auch zumutbar sind, ist von einem Wettbewerbsverstoß auszugehen.

Rufausbeutung

Wenn besondere Merkmale eines Produkts beim Publikum bestimmte Gütevorstellungen und Qualitätserwartungen hervorrufen, besteht bei einer Übernahme dieser Merkmale durch einen Konkurrenten die Gefahr, dass das nachgeahmte Produkt als solches nicht erkannt, sondern für die Originalware gehalten und nur deswegen gekauft wird. Wer so den Prestigewert und den guten Ruf eines eingeführten Produkts für seine Zwecke ausbeutet, handelt unlauter und damit wettbewerbswidrig.

Behinderung

Wer beispielsweise einen Konkurrenten dadurch behindert, dass er sich unter Einsparung eigener Entwicklungs- und Entwurfskosten bewusst an dessen Werbekonzept anhängt, um ihn um die Früchte seines Werbeerfolgs zu bringen oder den Werbeeffekt zumindest abzuschwächen, handelt ebenfalls wettbewerbswidrig.

Erschleichen und Vertrauensbruch

Besondere wettbewerbswidrige Umstände liegen schließlich auch dann vor, wenn sich der Nachahmer die für die Leistungsübernahme erforderlichen Kenntnisse und Informationen entweder unredlich verschafft oder im Rahmen eines Vertrauensverhältnisses zwar redlich erlangt, danach aber missbräuchlich für seine Zwecke ausnutzt und so einen Vertrauensbruch begeht. Ein typischer Fall ist die Einladung eines Designers zu einer Präsentation, wenn diese Präsentation lediglich den Zweck hat, kostenlos an Gestaltungsvorschläge zu kommen, die man dann ohne den Designer realisiert.

3 Rechtsfolgen einer wettbewerbswidrigen Leistungsübernahme

Ist die Nachahmung oder Übernahme fremder Leistungsergebnisse wettbewerbswidrig, kann derjenige, dessen Leistung nachgeahmt oder übernommen wurde, den Rechtsverletzer auf Unterlassung und Schadensersatz in Anspruch nehmen (§ 1 UWG).

Kalkulation von Designhonoraren **8**

ENTWICKLUNG DER HONORARBERECHNUNGSSYSTEME IM DESIGNBEREICH

Wolfgang Maaßen

Von der „Gebührenordnung" zur „Honorarordnung für Gebrauchsgrafiker" (1919 bis 1972)

Eine Gebührenordnung für Grafikdesigner gab es bereits 1919, als der Bund der Deutschen Gebrauchsgraphiker (BDG) gegründet wurde. Nach der Eingliederung des BDG in die Reichskulturkammer wurden im Jahre 1935 einige grundlegende Prinzipien der Honorarberechnung in einer offiziellen, vom Präsidenten der Reichskammer für bildende Künste erlassenen „Anordnung über den Schutz des Berufes und die Berufsausübung der Gebrauchsgraphiker" festgeschrieben. Als maßgebende Kriterien für die Bemessung der Honorare nannte die Anordnung folgende Faktoren:
- die Eigenart des Auftrags,
- den Nutzungswert der Leistungen für den Auftraggeber,
- die besondere künstlerische Leistungsfähigkeit des Gebrauchsgrafikers und der persönliche Ruf des Künstlers.

Nach seiner Neugründung erarbeitete der BDG im Jahre 1950 eine neue Gebührenordnung, die das Faktorensystem der Anordnung von 1935 aufgriff und um den Faktor „Auftraggeber" erweiterte. Diese Gebührenordnung wurde 1963 durch die „Honorarordnung für Gebrauchsgrafiker" ersetzt. Auch die neue Honorarordnung basierte auf dem bereits bekannten Faktorensystem, das später noch einmal verbessert und ab 1969 mit folgenden vier Faktoren angewendet wurde:
- Faktor „Auftraggeber",
- Faktor „Leistung",
- Faktor „Rang und Ruf des Entwerfers",
- Faktor „Nutzung".

Im Jahre 1972 musste der BDG die Verbreitung der Honorarordnung einstellen, da das Bundeskartellamt die Auffassung vertrat, dass es sich um eine kartellrechtswidrige Preisempfehlung handelte. Die Honorarordnung mit ihren konkreten Richtzahlen wurde daraufhin durch ein allgemeines „Ordnungs-Schema für die Berechnung der Honorare im Bereich der visuellen Kommunikation" ersetzt, das keine Richtwerte mehr vorgab.

„Vergütungstarifvertrag für Grafikdesignleistungen arbeitnehmerähnlicher freier Mitarbeiter" (1978 bis 1987)

Das Fehlen von Richtzahlen, ohne die eine konkrete Honorarberechnung nicht möglich war, erwies sich für die Grafikdesigner als erhebliches Manko. Deshalb wurde ein Arbeitskreis arbeitnehmerähnlicher Grafikdesigner gegründet, aus dem später die Allianz deutscher Grafikdesigner (AGD) hervorging. Dieser neue Verband war als Organisation der arbeitnehmerähnlichen Grafikdesigner in der Lage, ohne Verstoß gegen kartellrechtliche Vorschriften in einem Tarifvertrag die Grundsätze für die Honorarberechnung festzulegen und dazu auch Richtzahlen vorzugeben.

Der erste Tarifvertrag wurde 1978 mit dem Verband Selbständige Design-Studios (SDSt) abgeschlossen. Basis dieses „Vergütungstarifvertrages für Grafikdesignleistungen arbeitnehmerähnlicher freier Mitarbeiter" war das bewährte Vier-Faktoren-System, das in einigen Details verbessert und weiterentwickelt wurde. Der AGD-Vergütungstarifvertrag entwickelte sich ab 1978 rasch zu einer Kalkulationshilfe, die nicht nur den arbeitnehmerähnlichen Grafikdesignern, sondern auch anderen selbständigen Designern als Grundlage für die Honorarberechnung diente. Auch in Gerichtsverfahren und Sachverständigengutachten wurden die AGD-Tarife in zunehmendem Maße zur Bestimmung der üblichen und angemessenen Vergütung für Designleistungen herangezogen.

„Honorare und Konditionen im Designbereich" und „Tarifvertrag für Designleistungen" (1988 bis 1996)

Ab 1988 konnte der BDG wieder mit einem eigenen Honorarwerk („Honorare und Konditionen im Designbereich") in Erscheinung treten. Dieses Berechnungssystem, das in einem langwierigen Verfahren mit dem Bundeskartellamt abgestimmt werden musste und schließlich als unverbindliche Mittelstandsempfehlung die kartellrechtlichen Hürden passieren konnte, erweiterte das bekannte Vier-Faktoren-Schema um einen fünften Faktor: das Abschlagshonorar. Eine weitere Besonderheit bestand darin, dass nicht nur die Berechnungsfaktoren ausführlich erläutert, sondern für einzelne Designleistungen auch die konkreten Honorare ausgewiesen wurden, die sich aus der Anwendung des Faktorensystems ergaben. Außerdem beschränkten sich die BDG-Honorarempfehlungen nicht länger auf den Grafikdesignbereich, sondern ermöglichten erstmals auch die Ermittlung von Honoraren für Foto-, Textil- und Modedesignleistungen.

Das sehr detaillierte und ausführlich kommentierte Honorarwerk des BDG hatte einerseits den Vorteil, dass damit eine exakte Honorarberechnung unter Berücksichtigung sämtlicher Feinheiten der jeweils erbrachten Designleistung durchgeführt werden konnte. Auf der anderen Seite war aber die Handhabung des BDG-Systems gerade wegen seiner Ausführlichkeit und der starken Ausdifferenzierung der einzelnen Faktoren und Rechenschritte zumindest für den ungeübten Anwender nicht gerade einfach. Trotzdem wurden die Honorarempfehlungen von den Designern, den Sachverständigen und den Gerichten rasch als Grundlage für die Honorarberechnung akzeptiert.

Die AGD reagierte auf die BDG-Empfehlungen mit einem neuen „Tarifvertrag für Designleistungen", der offenbar als Kontrastprogramm zu dem etwas komplizierten Honorarwerk des Konkurrenzverbandes gedacht war. In dem Bemühen, die Honorarermittlung so einfach wie möglich zu gestalten, gab die AGD das Vier-Faktoren-System auf und reduzierte ihren Tarifvertrag auf eine alphabetische Liste von Designleistungen, denen jeweils konkrete Honorarsummen zugewiesen wurden. Eine differenzierte Honorarberechnung unter Berücksichtigung der Bedeutung des jeweiligen Auftraggebers oder der individuellen Qualifikation des Designers war nicht mehr vorgesehen. Berücksichtigt wurde nur noch – durch eine vierfache Abstufung der Listenhonorare – der unterschiedliche Umfang der Nutzung.

Entwicklung der Honorarberechnungssysteme seit 1997

Anfang 1997 wurden die BDG-Honorarempfehlungen komplett überarbeitet. Das neue Kalkulationssystem, das der BDG erstmals mit einem EDV-Programm zur Unterstützung der Honorarberechnung am Bildschirm herausgab und das bis heute nicht wesentlich verändert wurde, basiert zwar auf dem bekannten Faktorensystem, unterscheidet sich aber von den früheren Gebührenordnungen und Honorarempfehlungen des Verbandes vor allem in folgenden Punkten:
■ Der Faktor „Auftraggeber" wurde aufgegeben und stattdessen ein Faktor „Schwierigkeitsgrad" eingeführt.
■ Für den Faktor „Nutzung" wurde ein Berechnungsschema entwickelt, das eine individuelle Bestimmung dieses Faktors nach Art und Umfang der jeweiligen Nutzung erlaubt und – anders als die früheren BDG-Honorarempfehlungen – eine Ermittlung des Nutzungshonorars auch bei neuartigen, in keiner Leistungstabelle erfassten Designleistungen ermöglicht.

Auf das neue BDG-Kalkulationssystem reagierte die AGD bereits im Herbst 1997 mit einer erneuten Änderung ihres Tarifvertrages, der sich jetzt insbesondere bei der Ermittlung der Nutzungsvergütungen deutlich an das Honorarwerk des BDG anlehnt und damit das Faktorensystem zumindest in diesem Teilbereich wieder aufgreift.

Allerdings gab und gibt es auch deutliche Unterschiede zwischen den beiden Honorarwerken. So berücksichtigen die SDSt/AGD-Tarife weder die Qualifikation des Designers noch den Schwierigkeitsgrad der gestellten Aufgabe. Stattdessen gehen die SDSt/AGD-Tarife generell von einem erhöhten Stundensatz aus und kompensieren so die Aufschläge, die bei dem BDG-Kalkulationssystem durch die Berücksichtigung der Faktoren „Qualifikation" und „Schwierigkeitsgrad" den (niedrigeren) Stundensatz dieser Kalkulationshilfe individuell anheben.

Am 18. Januar 2002 wurde der „Vergütungstarifvertrag Design" zwischen der AGD und dem SDSt neu abgeschlossen. Die aktualisierte Fassung berücksichtigt die Euro-Umstellung und bringt auch bei der Berechnung des Nutzungsfaktors einzelne Änderungen.

Wolfgang Maaßen

INDIVIDUELLE BERECHNUNG VON DESIGNHONORAREN

Die Kalkulationshilfen, die von den Berufsverbänden der Designer offeriert werden, bieten zwar eine gewisse Orientierungshilfe bei der Bemessung der Vergütung für einzelne Designleistungen. Sie sind aber nicht immer einfach zu handhaben, führen teilweise zu realitätsfremden Ergebnissen und sind außerdem wenig flexibel. Nachteilig ist vor allem, dass die meisten Verbandsempfehlungen durch die Vorgabe einheitlicher Stundensätze auf die unterschiedlichen Marktverhältnisse und die individuelle wirtschaftliche Situation der Designer wenig Rücksicht nehmen. Deshalb werden im folgenden Abschnitt die Grundzüge eines Kalkulationssystems vorgestellt, das zwar nicht „das Rad neu erfindet", aber die Berechnungsmethodik der gängigen Kalkulationshilfen in einzelnen Punkten verbessert und den Designern eine individuelle, auf ihre konkrete Situation abgestimmte Honorarberechnung ermöglichen soll.

1 —— Allgemeine Berechnungsformel

Bei der Berechnung des Designhonorars ist zwischen dem Honorar für die eigentliche Designleistung und dem Honorar für die Zusatzleistungen zu unterscheiden. Zu diesen Honoraren kommen bei der Abrechnung eines Designauftrags noch die Nebenkosten und die Mehrwertsteuer hinzu, so dass sich folgendes Abrechnungsmuster ergibt:

Honorar für Designleistungen
+ Honorar für Zusatzleistungen
+ Nebenkosten

= Gesamthonorar netto
+ Mehrwertsteuer

= Gesamthonorar brutto

2 —— Honorar für Designleistungen

Das Honorar für Designleistungen vergütet die gestalterische Arbeit des Designers und die Überlassung der Nutzungsrechte an den Auftraggeber. Es kann mit folgender Formel berechnet werden:

Individueller Stundensatz
x Zeitaufwand für Designleistungen
x Nutzungsfaktor
―――――――――――――――――――
= Honorar für Designleistungen

Die Berechnungsformel geht davon aus, dass der Designauftrag zweistufig abgewickelt wird und es somit nach der Fertigstellung der Designarbeit auch zu einer Übertragung von Nutzungsrechten kommt. Wird der Auftrag ausnahmsweise auf die Werkleistung beschränkt und verzichtet der Auftraggeber auf einen Erwerb der Nutzungsrechte, dann muss der Multiplikator „Nutzungsfaktor" entweder auf den Wert 1,00 gesetzt oder ganz aus der Berechnung ausgeklammert werden.

Individueller Stundensatz

Bei der Bemessung des individuellen Stundensatzes sind zunächst die Betriebskosten des Designers und der kalkulatorische Gewinn zu ermitteln. Dividiert man anschließend die Betriebskosten nebst Gewinnaufschlag durch die Anzahl der produktiven Arbeitsstunden pro Jahr, so ergibt sich ein Betrag, aus dem durch Abzug des darin enthaltenen Copyrightanteils der individuelle Stundensatz eines Designers errechnet werden kann:

Betriebskosten
+ kalkulatorischer Gewinn
―――――――――――――――――――
= Summe Kosten/Gewinn
÷ produktive Arbeitsstunden pro Jahr
―――――――――――――――――――
= Ausgangswert für den Stundensatz
− Copyrightanteil
―――――――――――――――――――
= individueller Stundensatz

Betriebskosten Zu den Betriebskosten gehören sämtliche Kosten, die im Zusammenhang mit der unternehmerischen Tätigkeit eines Designers anfallen. Maßgebend sind die Betriebskosten pro Jahr. Bei der Erfassung dieser Kosten sind nicht nur die mit effektiven Ausgaben verbundenen betrieblichen Grundkosten, sondern auch die kalkulatorischen Kosten zu berücksichtigen.

Grundkosten sind die Kosten, die sich unmittelbar aus einem finanziellen Aufwand ableiten. Welche Grundkosten pro Jahr anfallen, kann ein Designer ohne weiteres der betriebswirtschaftlichen Auswertung (BWA) entnehmen, die von der mit der Buchführung beauftragten Stelle (z.B. dem Steuerberater) erstellt wird. Liegt keine BWA vor, dann muss man sich entscheiden: Entweder verlässt man sich auf eine grobe Schätzung der jährlich anfallenden Kosten oder man macht sich die Mühe, die benötigten Zahlen anhand der Buchhaltungsunterlagen selbst zu ermitteln. Normalerweise dürfte die Ermittlung der einzelnen Grundkosten kein Problem sein, denn diese Kosten müssen allein schon aus steuerlichen Gründen in jedem Unternehmen erfasst und aufgezeichnet werden.

Außer den Grundkosten sind bei der Ermittlung der Betriebskosten auch die kalkulatorischen Kosten zu berücksichtigen. Als kalkulatorische Kosten bezeichnet man die Kosten eines Unternehmens, denen entweder kein konkreter Aufwand gegenübersteht oder die in der normalen Kostenrechnung nicht erfasst werden können. Zu den kalkulatorischen Kosten gehören der kalkulatorische Unternehmerlohn, die kalkulatorischen Zinsen und die kalkulatorischen Wagnisse. Was mit diesen Begriffen gemeint ist und wie die kalkulatorischen Kosten konkret zu ermitteln sind, ist in dem Handbuch „Designers' Calculator" (Seite 131 ff.) im Detail nachzulesen.

Kalkulatorischer Gewinn

Ein Designer sollte mit seiner Arbeit so viel Geld einnehmen, dass damit die betrieblichen Grundkosten und die kalkulatorischen Kosten gedeckt werden. Da die kalkulatorischen Kosten auch den kalkulatorischen Unternehmerlohn umfassen, ist mit der Deckung dieser Kosten zumindest sein Lebensunterhalt gesichert.

Ein selbständiger Designer kann sich allerdings nicht damit zufrieden geben, dass seine Einnahmen gerade mal die Kosten einschließlich des kalkulatorischen Unternehmerlohns decken. Als freier Unternehmer trägt er das allgemeine Unternehmerrisiko, das nicht über die Kosten, sondern nur über einen zusätzlichen Gewinn abzusichern ist. Deshalb muss bei der Berechnung des individuellen Stundensatzes außer den betrieblichen Grundkosten und den kalkulatorischen Kosten auch ein kalkulatorischer Gewinn berücksichtigt werden. Der Gewinnaufschlag sollte einerseits so hoch sein, dass er das allgemeine Unternehmerrisiko ausgleicht, muss aber auf der anderen Seite auch die konkrete Marktsituation berücksichtigen, die Gewinnaufschläge nur in begrenztem Umfang zulässt.

Die Notwendigkeit einer Berücksichtigung der konkreten Marktsituation lässt generelle Empfehlungen zur Höhe des Gewinnaufschlags nicht zu. Jeder Designer muss selbst entscheiden, welchen Aufschlag er für angemessen und auf dem für ihn maßgebenden Markt für realisierbar hält. Erfahrungsgemäß wird mit einer Gewinnmarge zwischen sechs Prozent und zehn Prozent der betrieblichen Grundkosten kalkuliert.

Produktive Arbeitsstunden

Um die Zahl der produktiven Arbeitsstunden berechnen zu können, muss zunächst festgestellt werden, wie viele Arbeitstage einem Designer pro Jahr zur Verfügung stehen. Ein Jahr hat bekanntlich 365 Tage. Da allerdings selbständige Designer nicht ständig arbeiten können und genügend Freizeit haben sollten, um sich zu regenerieren, muss die Gesamtzahl der Jahrestage um die (hoffentlich) arbeitsfreien Wochenenden (Samstage und Sonntage) gekürzt werden. Das ergibt bei 52 Wochen pro Jahr eine Kürzung um 104 Tage.

Die verbleibenden 261 Tage stehen nicht in vollem Umfang als Arbeitszeit zur Verfügung. So sind insbesondere die gesetzlichen Feiertage zu berücksichtigen, an denen normalerweise nicht gearbeitet wird. Außerdem sind die Krankheits- und Fortbildungstage abzuziehen. Wie viele Arbeitstage im Laufe eines Jahres durch Krankheit oder Fortbildungsmaßnahmen verloren gehen, muss jeder Designer anhand von Erfahrungswerten für sein Unternehmen individuell prognostizieren. Es bietet sich an, dabei auf die Durchschnittswerte der letzten Jahre abzustellen.

Außer den Krankheits- und Fortbildungstagen sind auch die jährlichen Urlaubstage zu berücksichtigen. Über die Anzahl der Urlaubstage, die er sich gönnt, muss jeder Designer selbst entscheiden. Da der Urlaub ebenso wie die Wochenenden der Regeneration der Arbeitskraft dient, sollte man bei der Bemessung der Urlaubstage nicht zu knapp kalkulieren und mindestens vier Wochen ($\cong$ 20 Arbeitstage pro Jahr) ansetzen.

Eine typische Berechnung der Jahresarbeitstage, die einem Designer zur Verfügung stehen, könnte etwa so aussehen:

	365 Tage	Jahrestage
−	104 Tage	Wochenendtage (Samstage/Sonntage)
−	11 Tage	gesetzliche Feiertage (Nordrhein-Westfalen)
−	5 Tage	Krankheitstage
−	2 Tage	Fortbildungstage
−	20 Tage	Urlaubstage
=	223 Tage	verbleibende Jahresarbeitstage

Ein Designer ist an den Tagen, an denen er arbeitet, nicht ständig produktiv tätig. So muss er z.B. alltägliche Büroarbeiten ausführen und organisatorische Dinge erledigen. Er muss Akquisitionsgespräche mit Kunden führen und sich um seine Eigenwerbung kümmern, um an neue Jobs zu kommen. Und er muss sich während der Arbeitszeit durch das Lesen von Fachliteratur oder das Studium der für ihn wichtigen Publikationen „on the job" fortbilden. Den Zeitaufwand, den die Erledigung solcher Arbeiten erfordert, kann er seinen Kunden nicht in Rechnung stellen. Es handelt sich also um nichtproduktive Arbeitszeit, für die der Designer kein Geld erhält. Nur die Arbeitsstunden, die von den Auftraggebern bezahlt werden, sind produktiv. Deshalb sind auch nur solche produktiven Arbeitsstunden bei der Berechnung des individuellen Stundensatzes zu berücksichtigen.

Wann und wie lange ein selbständiger Designer seine Zeit mit nichtproduktiven Arbeiten verbringt, kann nur geschätzt werden. Generelle Vorgaben sind dazu nicht möglich. Jeder Designer muss aufgrund seiner eigenen Erfahrungen selbst prüfen, welchen Prozentanteil der täglichen Arbeitszeit er auf die betriebliche Organisation, die Akquisition und die Fortbildung „on the job" verwendet. Die Werte, die er für sein Unternehmen individuell ermittelt, müssen in die Berechnung des individuellen Stundensatzes einfließen. Geht man von den Jahrestagen aus, die nach Abzug der arbeitsfreien Tage verbleiben, und kürzt man diese Jahrstage um die nichtproduktiven Arbeitstage, so ergeben sich die produktiven Arbeitstage des Designers pro Jahr. Diese Zahl ist wiederum mit der Anzahl der Arbeitsstunden pro Tag zu multiplizieren. Dabei dürfte in der Regel von täglich acht Arbeitsstunden auszugehen sein. Als Ergebnis der Multiplikation erhält man die Anzahl der jährlichen produktiven Arbeitsstunden des Designers.

Die Berechnung der produktiven Arbeitsstunden könnte danach beispielsweise so aussehen:

	223 Tage	Jahresarbeitstage
–	22 Tage	10 % von 223 Tagen für die betriebliche Organisation
–	33 Tage	15 % von 223 Tagen für Akquisition und Eigenwerbung
–	11 Tage	5 % von 223 Tagen für Fortbildung „on the job"
=	157 Tage	produktive Jahresarbeitstage
x	8 Stunden.	Arbeitsstunden pro Tag
=	1.256 Stunden	produktive Arbeitsstunden pro Jahr

Copyrightanteil

Eine Designleistung besteht in der Regel aus zwei Teilen: der Werkleistung und der Einräumung von Nutzungsrechten an dem Werk, das der Designer geschaffen hat. Dementsprechend ist bei der Vergütung einer Designleistung zwischen dem Werkhonorar und dem Lizenzhonorar zu unterscheiden. Das Werkhonorar ist das Entgelt für die Herstellung der Designarbeit (Werkleistung), während die Überlassung der urheberrechtlichen Nutzungsrechte durch das Lizenzhonorar abgegolten wird. Diese Aufteilung der Vergütung ist auch bei der Kalkulation des individuellen Stundensatzes zu beachten.

Der Stundensatz ist ein Berechnungsfaktor bei der Ermittlung des Werkhonorars. Mit dem Werkhonorar wird aber nur ein Teil der Einnahmen erwirtschaftet, die ein Designer zur Abdeckung seiner Betriebskosten und des kalkulatorischen Gewinns benötigt. Der andere Teil der Einnahmen wird mit dem Lizenzhonorar verdient, das der Kunde für die Überlassung der Nutzungsrechte zu zahlen hat. Es wäre deshalb falsch, einfach die Summe, die sich aus der Addition der Betriebskosten und des kalkulatorischen Gewinns ergibt, durch die Anzahl der produktiven Jahresarbeitsstunden zu dividieren und davon auszugehen, dass das Ergebnis dieser Division dem individuellen Stundensatz des Designers entspricht. Bei einer solchen Berechnung ergäbe sich ein so hoher Stundensatz, dass die Betriebskosten und der kalkulatorische Gewinn bereits vollständig mit dem Werkhonorar abgedeckt wären. Ein zusätzlich berechnetes Lizenzhonorar würde dementsprechend zu einer Erhöhung des Gesamthonorars führen, die in keiner Weise marktgerecht und so bei den Kunden auch nicht durchsetzbar wäre.

Bei der Bemessung des Stundensatzes muss notwendigerweise berücksichtigt werden, dass dieser Berechnungsfaktor in erster Linie der Ermittlung des Werkhonorars dient und dass das Werkhonorar nur ein Teil der Gesamtvergütung ist, die ein Designer für seine Leistungen erhält. Im Hinblick auf die Gesamtvergütung ist ein angemessenes Verhältnis zwischen dem Werkhonorar und dem Lizenzhonorar herzustellen. Das lässt sich am besten dadurch erreichen, dass man den Betrag, der sich aus der Division der Betriebskosten- und Gewinnsumme durch die Anzahl der produktiven Jahresarbeitsstunden ergibt, von vornherein um den Prozentanteil kürzt, der dem üblichen Anteil des Lizenzhonorars an der Gesamtvergütung eines Designers entspricht. Dieser Anteil wird hier als Copyrightanteil bezeichnet.

Der Copyrightanteil ist für jede Designsparte gesondert zu ermitteln, da der Anteil des Lizenzhonorars an der Gesamtvergütung von der urheberrechtlichen Schutzfähigkeit der Designarbeiten abhängt und die Schutzfähigkeit je nach Art der Designleistung sehr unterschiedlich ist.

Nach den Berechnungen, die dazu in dem Handbuch „Designers' Calculator" (Seite 143 ff.) angestellt werden, dürfte der Copyrightanteil bei Arbeiten aus dem Bereich Grafikdesign mit ca. 35 Prozent anzusetzen sein. Das folgende Rechenbeispiel verdeutlicht, wie sich dieser Wertansatz auf die Ermittlung des individuellen Stundensatzes auswirkt:

	120.000,00 €	Betriebskosten
+	7.200,00 €	kalkulatorischer Gewinn (6 Prozent der Betriebskosten)
=	127.200,00 €	Summe Kosten/Gewinn
÷	1.256 Stunden	produktive Arbeitsstunden pro Jahr
=	101,27 €	Ausgangswert für den Stundensatz
−	35,44 €	Copyrightanteil (35 Prozent von 101,27 €)
=	65,83 €	individueller Stundensatz

Für den Bereich Fotodesign dürfte der Copyrightanteil mit ca. 45 Prozent des Ausgangswertes für den Stundensatz anzusetzen sein. Bei den Industrie- und Textildesignern ist dagegen zu differenzieren. Gehören sie zu den Designern, die ihre Arbeiten systematisch als Geschmacksmuster schützen lassen, ist auch der Anteil der Werkleistungen sehr hoch, für die ein Lizenzhonorar berechnet werden kann. Dieser Anteil wird dann fast dieselbe Quote wie bei den Fotodesignern erreichen, so dass auch der Anteil der Lizenzhonorare an der Gesamtvergütung ähnlich hoch einzuschätzen ist wie im Bereich Fotodesign (etwa 40 Prozent bis 45 Prozent). Verzichtet dagegen ein Industrie- oder Textildesigner auf Geschmacksmusteranmeldungen für seine Arbeiten, wird der Anteil der „copyrightfähigen" Werkleistungen entsprechend gering ausfallen und vermutlich nicht mehr als ein Drittel aller Arbeiten ausmachen. Das bedeutet aber, dass auch die Übertragung von Nutzungsrechten und die Berechnung von Lizenzhonoraren seltener in Frage kommt als beispielsweise bei Grafikdesignern oder bei Berufskollegen, die ihre Arbeiten als Geschmacksmuster schützen lassen. Entsprechend gering dürfte der Anteil der Lizenzhonorare an der Gesamtvergütung ausfallen (ca. 20 Prozent bis 25 Prozent).

Zeitaufwand

Um das Honorar für eine Designleistung ermitteln zu können, muss der individuelle Stundensatz mit dem Zeitaufwand multipliziert werden, den die jeweilige Designleistung erfordert. Die Frage ist, wie dieser Zeitaufwand ermittelt werden kann. Ein wirklich sicheres Patentrezept gibt es dafür nicht. Letztlich ist daher jeder Designer bei der Bemessung der Zeit, die er für die Ausführung eines Auftrags aufzuwenden hat, auf seine eigenen Schätzungen angewiesen. Die Honorarempfehlungen der Berufsverbände, die teilweise auch Zeitvorgaben zu einzelnen typischen Designleistungen enthalten, können dabei allenfalls als Kontrollinstrumente zur Vermeidung grober Fehleinschätzungen eingesetzt werden.

Individuelle Zeitprognose   Die unvermeidliche Prognose des Zeitbedarfs für eine Designleistung kann vor allem Berufsanfängern erhebliche Probleme bereiten. Sie ist aber auch für erfahrene Designer problematisch, wenn sie beispielsweise Arbeiten ausführen sollen, die für sie neu oder ungewohnt sind und zu deren zeitlichen Anforderungen es noch keine Erfahrungswerte gibt. Schwierig ist die Aufwandprognose außerdem dann, wenn der genaue Leistungsumfang noch nicht feststeht und der Kunde dennoch eine verbindliche Aussage zu den Honoraren und Kosten erwartet. Hier ist zunächst dafür zu sorgen, dass der potentielle Auftraggeber unklare Leistungsbeschreibungen präzisiert, damit bei der Honorarkalkulation auch wirklich alle Leistungen richtig erfasst werden und es nicht während der Auftragsabwicklung hinsichtlich der Leistungsanforderungen zu unliebsamen Überraschungen kommt. Erst wenn der Leistungsumfang vollständig geklärt ist, lässt sich der voraussichtliche Zeitaufwand für die Auftragsabwicklung vernünftig abschätzen.

Die Prognose des voraussichtlichen Zeitaufwands wird erheblich erleichtert, wenn man zunächst eine möglichst detaillierte Liste aller geforderten Leistungen erstellt und dann in diese Liste zu jeder einzelnen Position eine vorsichtig geschätzte Zeitangabe einträgt. Zwar sind solche Schätzungen stets mit gewissen Risiken behaftet, doch lassen sich die Risiken dadurch reduzieren, dass man den Auftrag in einzelne Leistungsphasen untergliedert und die verschiedenen Leistungsphasen wiederum in mehrere Leistungssegmente bzw. Arbeitsschritte auffächert. Die vorgeschlagene Vorgehensweise sorgt dafür, dass bei der Aufwandprognose keine Leistung vergessen wird. Außerdem zwingt eine solche Leistungsliste den mit der Honorarkalkulation befassten Designer dazu, den gesamten Ablauf eines Auftrags von Anfang bis zum Ende sorgfältig zu durchdenken und die zeitlichen Anforderungen im Detail durchzugehen.

Wie solche Checklisten zur Erfassung des Zeitaufwands aussehen können, ist in dem Handbuch „Designers' Calculator" (Seite 153 ff.) nachzulesen. Dort sind verschiedene Muster für die Bereiche Grafikdesign, Fotodesign und Industriedesign/Formgestaltung abgedruckt.

Überprüfung der Zeitprognose

Wenn der voraussichtliche Zeitaufwand für die geforderten Leistungen mit Hilfe einer Checkliste ermittelt ist, empfiehlt sich eine Überprüfung des Ergebnisses. Diese Prüfung kann anhand eigener Erfahrungswerte aus früheren Aufträgen oder durch eine Nachfrage bei Berufskollegen erfolgen, die entsprechende Aufträge schon einmal ausgeführt haben. Denkbar ist aber auch ein Vergleich mit den Zeitvorgaben, die sich den Honorarempfehlungen der Berufsverbände entnehmen lassen.

Die Bedeutung der Zeitvorgaben in den Honorarempfehlungen der Berufsverbände darf allerdings nicht überschätzt werden. Zwar berufen sich die Verbände meist darauf, das die empfohlenen Honorare bzw. die den Honorarempfehlungen zugrunde liegenden Zeitprognosen von erfahrenen Fachleuten zusammengestellt wurden. So manche Zeitvorgabe erweckt jedoch den Eindruck, als sei sie nicht anhand konkreter Erfahrungswerte, sondern eher nach der „Daumenregel" ermittelt worden. Dafür sprechen die erheblichen Differenzen, die bei einem Vergleich der Zeitvorgaben in den verschiedenen Honorarempfehlungen festzustellen sind. Auch die Tatsache, dass die Leistungsbeschreibung in den Honorarwerken der Berufsverbände häufig nur aus einem Stichwort besteht und nicht immer klar zu erkennen ist, welche Designleistung mit diesem Stichwort erfasst werden soll, gibt Anlass dazu, vor einer kritiklosen Übernahme der Zeitvorgaben in den Verbandsempfehlungen zu warnen.

Trotz dieser Vorbehalte können die Verbandsempfehlungen als Vergleichsmaßstab und Kontrollinstanz eine gewisse Hilfestellung bieten. Sie sind zumindest ein Indiz dafür, ob ein Designer mit seiner Prognose zu dem voraussichtlichen Zeitaufwand der Auftragsabwicklung ungefähr richtig oder aber völlig daneben liegt. Das gilt vor allem dann, wenn die Honorarwerke der Verbände für dieselbe Leistung annähernd gleiche Werte ausweisen und sich damit in ihrer Einschätzung wechselseitig bestätigen.

Nutzungsfaktor

Das Honorar für Designleistungen ergibt sich aus der Multiplikation des individuellen Stundensatzes mit dem Zeitaufwand und dem jeweiligen Nutzungsfaktor. Der Nutzungsfaktor ergibt sich wiederum aus der Addition folgender Einzelfaktoren:

```
  Nutzungsrecht
+ Nutzungsart
+ Nutzungsumfang
+ Nutzungsdauer
+ Nutzungsgebiet
  _____
= Nutzungsfaktor
```

Nutzungsrecht — Bei dem Einzelfaktor „Nutzungsrecht" ist zunächst zwischen dem einfachen und dem exklusiven (ausschließlichen) Nutzungsrecht zu unterscheiden. Räumt ein Designer lediglich ein einfaches Nutzungsrecht ein, so verbleibt ihm die Möglichkeit, das Werk weiterhin selbst zu nutzen oder weiteren Personen einfache Nutzungsrechte gegen Entgelt zu überlassen. In der Regel wird allerdings dem Auftraggeber das ausschließliche Nutzungsrecht eingeräumt. Das ausschließliche Nutzungsrecht ist ein Exklusivrecht, das den Inhaber dazu berechtigt, das Werk unter Ausschluss aller anderen Personen (einschließlich des Urhebers selbst) auf die ihm erlaubte Art zu nutzen.

Erwirbt der Auftraggeber ein ausschließliches Nutzungsrecht, so ist er dennoch ohne die Zustimmung des Designers nicht berechtigt, dieses Recht auf Dritte zu übertragen oder einem Dritten einfache Nutzungsrechte an der Designarbeit einzuräumen. Die notwendige Zustimmung des Urhebers kann im Voraus erteilt werden. Die Ausweitung der wirtschaftlichen Verwendungsmöglichkeiten, die mit einer solchen Freigabe der Weiterübertragung von Rechten verbunden ist, ist durch eine entsprechende Anhebung des Faktors „Nutzungsrecht" zu berücksichtigen.

Je nach Art des eingeräumten Rechts können bei dem Einzelfaktor „Nutzungsrecht" folgende Werte eingesetzt werden:

Faktor 1,00 → Einräumung eines einfachen Nutzungsrechts
Faktor 1,20 → Einräumung eines exklusiven Nutzungsrechts
 ohne Weiterübertragungsmöglichkeit
Faktor 1,30 → Einräumung eines exklusiven Nutzungsrechts
 mit der Möglichkeit zur Weiterübertragung

Nutzungsart — Der wirtschaftliche Wert einer Designleistung wird wesentlich durch die Art ihrer Nutzung bestimmt. So hat beispielsweise der Abdruck eines grafischen Werkes in einer Zeitschrift einen anderen Stellenwert als eine Fernsehausstrahlung, bei der das Werk nur relativ kurz auf dem Bildschirm zu sehen ist, oder eine Messepräsentation, die örtlich gebunden und deshalb von vornherein nur einem begrenzten Personenkreis zugänglich ist. Ebenso ist die digitale Nutzung einer Designarbeit (z.B. auf einer CD-ROM oder im Internet) allein schon wegen der damit eröffneten Möglichkeit, sehr schnell und mit einfachen Mitteln digitale Kopien herzustellen, wirtschaftlich anders zu bewerten als die herkömmliche Nutzung, bei der die erlaubte Anfertigung von Kopien einen ungleich höheren Aufwand erfordert. Dieser unterschiedliche Stellenwert der einzelnen Nutzungsarten muss in die Faktorenbemessung einfließen.

Wird eine Designarbeit in herkömmlichen Medien, insbesondere in Printmedien genutzt, sollte man bei der Festlegung des Faktors „Nutzungsart" nach der Anzahl der Medien differenzieren. Dazu wird folgende Bewertung vorgeschlagen:

Faktor 0,05 → Nutzung in 1 Medium
Faktor 0,10 → Nutzung in bis zu 3 verschiedenen Medien
Faktor 0,15 → Nutzung in bis zu 5 verschiedenen Medien
Faktor 0,25 → Nutzung in mehr als 5 verschiedenen Medien

Findet die Nutzung nicht in Printmedien oder in sonstigen herkömmlichen Medien, sondern auf andere Weise statt, kommt folgende Bemessung des Faktors „Nutzungsart" in Betracht:

Faktor 0,15 → Verbreitung auf Datenträgern (z.B. CD-ROM)
Faktor 0,25 → Onlinenutzung (z.B. Internet)
Faktor 0,10 → Nutzung für Ausstellungen, Vorführungen, Messen
Faktor 0,15 → Nutzung im Fernsehen

Werden mehrere Nutzungsarten ausgewählt (z.B. Nutzung in einem Printmedium und Nutzung im Fernsehen), sind die für die einzelnen Nutzungsarten ermittelten Faktoren zu addieren.

Nutzungsumfang   Der Umfang der Nutzung ist bei Designarbeiten, die vervielfältigt werden, nach der Auflagenhöhe zu bestimmen. Wird dagegen eine Arbeit im Internet, im Fernsehen oder auf Messen, Ausstellungen oder ähnlichen Veranstaltungen gezeigt, ist eine Bestimmung des Nutzungsumfangs nach der Auflagenhöhe nicht möglich. Es ist dann auf die Größe der Zielgruppe abzustellen, für die die jeweilige Nutzung bestimmt ist. Folgt man dieser Differenzierung, dann könnte die Bewertung bei dem Einzelfaktor „Nutzungsumfang" etwa so aussehen:

Faktor 0,10 → kleine Auflage/kleine Zielgruppe
Faktor 0,15 → mittlere Auflage/mittelgroße Zielgruppe
Faktor 0,25 → hohe Auflage/große Zielgruppe
Faktor 0,35 → sehr hohe Auflage/sehr große Zielgruppe

Wird eine Designarbeit für mehrere Nutzungsarten verwendet und ist bei den einzelnen Nutzungsarten teilweise die Auflagenhöhe, teilweise die Zielgruppe das maßgebende Kriterium zur Bestimmung des Nutzungsumfangs, dann sollte bei der Festlegung des Einzelfaktors „Nutzungsumfang" auf die insgesamt angesprochene Zielgruppe abgestellt werden.

Nutzungsdauer Ein Nutzungsrecht kann zeitlich unbegrenzt oder aber für eine bestimmte Zeitdauer eingeräumt werden (z.B. „Nutzung bis zum 31. Dezember 2004"). Denkbar ist auch, dass kein zeitlicher Rahmen fixiert, sondern stattdessen die Zahl der maximal zulässigen Nutzungen festgelegt und die Nutzungsdauer dadurch auf das gewünschte Maß begrenzt wird (z.B. „Nutzung einer Werbeanzeigen für maximal 10 Schaltungen"). Die folgende Staffelung berücksichtigt beide Varianten:

Faktor 0,10 → Nutzung bis 1 Jahr/einmalige Verwendung
Faktor 0,15 → Nutzung bis 2 Jahre/bis zu dreimalige Verwendung
Faktor 0,20 → Nutzung bis 3 Jahre/bis zu sechsmalige Verwendung
Faktor 0,25 → Nutzung bis 5 Jahre/bis zu zehnmalige Verwendung
Faktor 0,35 → Nutzung ohne zeitliche Beschränkung/ohne Frequenzbeschränkung

Wenn die Nutzungsdauer bei mehreren Nutzungen teilweise durch Zeit- bzw. Fristvorgaben und teilweise durch die Festlegung der Anzahl zulässiger Verwendungen bestimmt wird, sollte bei der Bemessung des Faktors „Nutzungsdauer" vorrangig auf die Zeit- und Fristvorgaben abgestellt werden.

Nutzungsgebiet Das Recht zur Nutzung einer Designleistung kann räumlich beschränkt oder ohne jede geographische Beschränkung überlassen werden. In manchen Fällen ist die Bestimmung des Nutzungsgebiets bereits durch die Art der vorgesehenen Nutzung vorgegeben. So impliziert beispielsweise die Bereitstellung einer Designarbeit für eine Nutzung im Internet die Zulässigkeit einer weltweiten Nutzung.

Um eine sachgerechte Erfassung des geographischen Bereichs der Nutzung zu gewährleisten, wird für den Einzelfaktor „Nutzungsgebiet" folgende Staffelung und Bewertung vorzuschlagen:

Faktor 0,05 → Lokale Nutzung
Faktor 0,10 → Regionale Nutzung
Faktor 0,20 → Nationale Nutzung
Faktor 0,25 → Nutzung in Europa/bis zu 3 Länder
Faktor 0,30 → Nutzung in Europa/mehr als 3 Länder
Faktor 0,40 → Weltweite Nutzung

Wenn für einzelne Nutzungen unterschiedliche Nutzungsgebiete vorgesehen sind, sollte der Faktor angesetzt werden, der sich für die Nutzung mit dem größten Nutzungsgebiet ergibt. Handelt es sich allerdings bei dieser Nutzung um eine Internetnutzung, dann gilt nicht automatisch für sämtliche Nutzungen der Faktor 0,40 („weltweite Nutung"). Stattdessen ist in einem solchen Fall auf den geographischen Bereich abzustellen, in dem der überwiegende Teil der Zielgruppe angesiedelt ist.

Buyout Wenn eine Designleistung für alle in Frage kommenden Zwecke und Nutzungsarten ohne jede zeitliche und räumliche Beschränkung lizenziert werden soll, ist ein vereinfachtes Berechnungsverfahren möglich. Es ist dann nicht erforderlich, zu der vorgesehenen Nutzung die Einzelfaktoren zu ermitteln. Stattdessen kann das Werkhonorar, das sich aus der Multiplikation von individuellem Stundensatz und Zeitaufwand ergibt, direkt mit dem maximal möglichen Nutzungsfaktor multipliziert werden. Folgt man der hier vorgeschlagenen Bewertung der einzelnen Nutzungsfaktoren, ist dieser Faktor mit 3,30 anzusetzen, so dass sich das Designhonorar bei einer unbeschränkten Überlassung sämtlicher Nutzungsrechte („*Buyout*") durch folgende einfache Rechenformel ermitteln lässt:

Stundensatz
x Zeitaufwand
x Faktor 3,30 (unbeschränkte Nutzungsrechte)
―――――――――――――――――――――――
= Honorar für Designleistungen (Buyout)

3 ― Honorar für Zusatzleistungen

Das Honorar für Zusatzleistungen vergütet die Arbeiten, die keinen kreativen Aufwand erfordern. Da es bei solchen Arbeiten nicht oder jedenfalls nicht unmittelbar um eine Werkschöpfung geht und die Übertragung von urheberrechtlichen Nutzungsrechten daher nicht zur Debatte steht, spielt auch der Nutzungsfaktor keine Rolle. Das Honorar ergibt sich hier aus einer einfachen Multiplikation des individuellen Stundensatzes mit dem Zeitaufwand, der für die Zusatzleistungen benötigt wird:

Stundensatz
x Zeitaufwand für Zusatzleistungen
_____
= Honorar für Zusatzleistungen

Der Stundensatz ist nach denselben Regeln zu ermitteln wie der Stundensatz, der bei der Berechnung des Honorars für Designleistungen zur Anwendung kommt. Der Zeitaufwand für die einzelnen Zusatzleistungen muss geschätzt werden. In den Honorarempfehlungen der Berufsverbände gibt es dazu keine Vorgaben, da die Zusatzleistungen so vielfältig und so unterschiedlich sind, dass eine auch nur halbwegs seriöse Festlegung bestimmter Zeitkontingente für derartige Leistungen unmöglich ist.

Anzuwenden ist die Berechnungsformel auf sämtliche Leistungen, die im Zusammenhang mit der Abwicklung eines Designauftrags ohne kreativen Aufwand erbracht werden. Dazu gehören insbesondere rein manuelle und technische Arbeiten wie z.B. die Anfertigung von Reinzeichnungen, aber auch andere Leistungen wie etwa die Drucküberwachung, die Durchführung von Besprechungen und Präsentationen oder die Erledigung notwendiger Fahrten.

4 ____ Nebenkosten

Entstehen im Zusammenhang mit den Design- oder Zusatzleistungen technische Nebenkosten (z.B. für Layoutsatz, Zwischenreproduktionen, Modelle), so sind diese Kosten gesondert abzurechnen. Das gilt selbstverständlich nur, soweit die Kosten auch tatsächlich bei dem Designer anfallen und dort als Betriebsausgaben verbucht werden. Entstehen dagegen die Fremdkosten direkt beim Auftraggeber, weil der Designer die Fremdleistungen im Namen und für Rechnung seines Auftraggebers bestellt hat, müssen diese Kosten in der Rechnung des Designers unberücksichtigt bleiben.

Die Kosten für Reisen, die in Abstimmung mit dem Auftraggeber zwecks Durchführung eines Auftrags unternommen werden, sind gesondert in Rechnung zu stellen. Dabei ist zwischen dem Honorar für die aufgewendete Zeit und den echten Reisekosten (z.B. PKW-Kosten, Übernachtungskosten) zu unterscheiden. Der Zeitaufwand für Reisen wird bereits bei dem Honorar für sonstige Leistungen erfasst und muss deshalb bei der Abrechnung der eigentlichen Reisekosten unberücksichtigt bleiben.

5 Mehrwertsteuer

Zur Bemessung der Mehrwertsteuer wird auf die Erläuterungen in dem Kapitel „Umsatzsteuer (Mehrwertsteuer)" (Seite 268 ff.) verwiesen.

9 *Anerkennung als Freiberufler (Künstler)*

Wolfgang Maaßen

BEDEUTUNG DER ANERKENNUNG EINER FREIBERUFLICHEN (KÜNSTLERISCHEN) TÄTIGKEIT

Die Anerkennung der selbständigen Designer als Freiberufler und die Abgrenzung ihrer Tätigkeit zum Gewerbe ist ein zentrales Problem des Berufsstandes. Von der Beantwortung der Frage, ob die Tätigkeit eines Designers den freien künstlerischen Berufen zuzurechnen oder als Gewerbe einzustufen ist, hängt die Anwendung einer Vielzahl von Rechtsvorschriften ab.

1 ____ Steuerliche Auswirkungen

Welche Vorteile hat die steuerliche Einstufung als Freiberufler?

Zunächst stellt sich im Bereich des Steuerrechts für jeden Designer die Frage, ob er ein Gewerbe (§ 15 EStG) oder einen freien Beruf (§ 18 EStG) ausübt. Die steuerliche Einstufung als Freiberufler hat erhebliche Vorteile.

Keine Gewerbesteuerpflicht

Die selbständige Ausübung eines Berufs ist grundsätzlich eine gewerbesteuerpflichtige Betätigung, es sei denn, dass es sich um die Ausübung von Land- und Forstwirtschaft oder um die Ausübung eines freien Berufs handelt (§ 2 Abs. 1 GewStG, § 15 Abs. 2 EStG). Folglich besteht die wesentliche Sonderbehandlung der freien Berufe gegenüber den gewerblichen Berufen in der Gewerbesteuerfreiheit.

Keine Buchführungspflicht

Freiberufler sind im Gegensatz zu den meisten gewerblichen Unternehmern nicht buchführungspflichtig. Sie brauchen lediglich zu Zwecken der Gewinnermittlung und für Umsatzsteuerzwecke die Einnahmen und Ausgaben aufzuzeichnen.

Keine Bilanzierungspflicht

Gewerbliche Unternehmer sind prinzipiell verpflichtet, den für die Einkommensteuer maßgeblichen Gewinn durch einen Betriebsvermögensvergleich zu ermitteln und zu diesem Zweck eine Bilanz zu erstellen. Freiberufler können dagegen ihren Gewinn durch eine einfache Einnahmen-/Ausgaben-Überschussrechnung ermitteln.

Wann liegt eine freiberufliche Tätigkeit vor?

Nach der gesetzlichen Definition des § 18 EStG gehören zu den freien Berufen
- die sogenannten Katalogberufe, die in § 18 Abs. 1 Nr. 1 EStG ausdrücklich aufgeführt werden (insbesondere Heilberufe, rechts- und wirtschaftsberatende Berufe, Ingenieure, Architekten, Journalisten und Bildberichterstatter, Dolmetscher, Übersetzer und Lotsen);
- die den Katalogberufen ähnlichen Berufe, die einem der Katalogberufe in allen typischen Merkmalen entsprechen müssen;
- die künstlerischen, wissenschaftlichen, schriftstellerischen, unterrichtenden oder erzieherischen Berufe.

Wie lässt sich bei Designern eine freiberufliche Tätigkeit nachweisen?

Da die Berufe „Grafikdesigner", „Fotodesigner", „Industriedesigner" etc. in dem Katalog des § 18 Abs. 1 Nr. 1 EStG nicht ausdrücklich aufgeführt sind, können Designer eine Zuordnung ihrer Einkünfte zu den Einkünften aus freiberuflicher Tätigkeit nur auf folgenden Wegen erreichen:

Nachweis der Ausübung eines Katalogberufes

Zu den freiberuflichen Katalogberufen gehört unter anderem die selbständige Tätigkeit des Ingenieurs, des Architekten, des beratenden Betriebswirts, des Journalisten und des Bildberichterstatters. Wer als Designer den Nachweis führen kann, dass sich seine Tätigkeit einem dieser Katalogberufe zuordnen lässt, wird auch als Freiberufler anerkannt.

Eine deutliche Nähe zum Ingenieurberuf besteht bei einem Industriedesigner, der wie ein Ingenieur in die Planung und Konstruktion industrieller Produkte einbezogen wird. Bei den Gestaltern von Gärten, Innenräumen, Messeständen und anderen baulichen Objekten ist unter bestimmten Voraussetzungen eine Zuordnung zum Beruf des Architekten denkbar. Der Beruf eines beratenden Betriebswirts wird möglicherweise von denjenigen ausgeübt, die im Grenzbereich zwischen Kunst und Gewerbe in erheblichem Umfang beratend tätig sind. Bei Fotografen, Pressezeichnern, Illustratoren und anderen Berufen, die mit der sprachlichen, filmischen, fotografischen oder grafischen Aufbereitung von politischen, gesellschaftlichen, wirtschaftlichen oder kulturellen Ereignissen befasst sind, bietet sich eine Zuordnung zum Beruf des Journalisten oder des Bildberichterstatters an.

Die bloße Nähe zu einem der in § 18 Abs. 1 Nr. 1 EStG aufgezählten Berufe reicht allerdings noch nicht aus, um von der Ausübung eines Katalogberufes ausgehen zu können. So ist nach der Rechtsprechung des BFH nur derjenige als Ingenieur anzuerkennen, der aufgrund einer in den Ingenieurgesetzen der Länder vorgeschriebenen Berufsausbildung berechtigt ist, die Berufsbezeichnung „Ingenieur" zu führen. Entsprechendes gilt für Architekten, deren Berufsbezeichnung ebenso wie die der Ingenieure durch die landesrechtlichen Architektengesetze weitgehend geschützt ist.

Dagegen ist der Beruf des beratenden Betriebswirts weder gesetzlich geregelt noch hat sich bisher ein typisches Berufsbild entwickelt. Die Berufsbezeichnung kann frei geführt werden. Dennoch wird derjenige, der beispielsweise im Bereich der Werbung beratend tätig ist, nur in Ausnahmefällen geltend machen können, dass er den Beruf eines beratenden Betriebswirts ausübt, denn bei einer Beschränkung der Beratung auf ein Spezialgebiet (z.B. Werbung) geht die Rechtsprechung im allgemeinen von einer gewerblichen Tätigkeit aus.

Einfacher ist die Situation bei den Katalogberufen „Journalist" und „Bildberichterstatter". Beide Berufe sind gesetzlich nicht geregelt und die Berufsbezeichnungen daher nicht geschützt. Journalist ist, wer eine in erster Linie auf Information über gegenwartsbezogene Geschehnisse gerichtete Tätigkeit ausübt, bei der die Sammlung und Verarbeitung von Informationen des Tagesgeschehens, die kritische Auseinandersetzung mit diesen Informationen und die Stellungnahme zu den Ereignissen auf politischem, gesellschaftlichem, wirtschaftlichem oder kulturellem Gebiet das Berufsbild ausmachen. Unter Bildberichterstattung versteht man die journalistische Nachrichtenübermittlung oder -vertiefung durch Bilder oder Filme. Zu den Bildberichterstattern gehören nicht nur Fotografen, die für Zeitungen oder Zeitschriften arbeiten und Bilder zu aktuellen Berichten liefern. Auch dann, wenn grafische Mittel anstelle von Fotografien zur Berichterstattung über aktuelle Ereignisse eingesetzt werden (z.B. bei Prozessberichten), wird man von einer Bildberichterstattung ausgehen müssen, weil auch Zeichnungen (Illustrationen, Grafiken) nach dem allgemeinen Sprachverständnis „Bilder" sind und eine Beschränkung der Bildberichterstattung auf Foto- und Filmberichte weder mit dem Wortlaut noch mit dem Sinn und Zweck des Gesetzes zu vereinbaren wäre.

Nachweis der Ausübung eines „ähnlichen Berufs"

Ist eine Zuordnung zu einem der Katalogberufe nicht möglich, kann die ausgeübte Tätigkeit eventuell als „ähnlicher Beruf" im Sinne des § 18 Abs. 1 Nr. 1 EStG eingestuft werden. Eine Tätigkeit ist ein ähnlicher Beruf, wenn sie einem der Katalogberufe in allen typischen oder wichtigen Merkmalen entspricht.

Ist für den Katalogberuf keine bestimmte Ausbildung vorgeschrieben, kommt es nur auf die Ähnlichkeit der praktischen Tätigkeiten an, wobei der ähnliche Beruf nach Auffassung der Rechtsprechung eine gewisse fachliche Breite aufweisen muss. Wird dagegen für den Katalogberuf eine wissenschaftliche oder künstlerische Ausbildung verlangt, muss auch die Ausbildung für den ähnlichen Beruf mit der für den Katalogberuf vorgeschriebenen Ausbildung vergleichbar sein; oder es muss wenigstens die praktische Tätigkeit in dem ähnlichen Beruf dieselben Kenntnisse erfordern, die üblicherweise nur durch eine Ausbildung in dem Katalogberuf vermittelt werden.

Bei der Tätigkeit des Werbeberaters hat der BFH eine Ähnlichkeit mit dem Beruf des beratenden Betriebswirts verneint, weil wegen der Spezialisierung auf den Bereich der Werbung die notwendige fachliche Breite fehle. Der Beruf des Industriedesigners kann dagegen mit dem des Ingenieurs ähnlich sein, soweit die praktische Berufstätigkeit mathematisch-technische Kenntnisse erfordert, wie sie üblicherweise nur durch eine Berufsausbildung als Ingenieur vermittelt werden. Bei Grafikdesignern ist in Einzelfällen eine Ähnlichkeit mit dem Beruf des Ingenieurs (z.B. bei schwierigen Explosionszeichnungen einer Maschine) oder dem des Bildberichterstatters (z.B. bei Illustrationen für die Presse) denkbar. Überwiegend wird jedoch im Bereich Grafikdesign eine Anerkennung der Freiberuflichkeit nur über das Merkmal der künstlerischen Tätigkeit zu erreichen sein.

Nachweis einer wissenschaftlichen, schriftstellerischen oder unterrichtenden Tätigkeit

Ist eine Zuordnung zu einem Katalogberuf nicht möglich und lässt sich auch die Ausübung eines ähnlichen Berufs nicht belegen, kann die Ausübung einer wissenschaftlichen, schriftstellerischen oder unterrichtenden Tätigkeit in Frage kommen.

Von dem wissenschaftlich Tätigen wird gefordert, dass er eine schwierige Aufgabe nach wissenschaftlichen Grundsätzen, also nach streng sachlichen und objektiven Gesichtspunkten anhand einer überprüfbaren Methodik zu lösen versucht. Wissenschaftliche Tätigkeit setzt zwar kein Hochschulstudium, wohl aber wissenschaftliche Kenntnis voraus. Diesen Anforderungen kann z.B. die Tätigkeit eines Werbeberaters entsprechen, der nach wissenschaftlichen Grundsätzen Marktanalysen durchführt.

Für eine schriftstellerische Tätigkeit ist erforderlich, aber auch ausreichend, dass eigene Gedanken mit Mitteln der Sprache schriftlich ausgedrückt und an die Öffentlichkeit gebracht werden. Es ist nicht erforderlich, dass das Geschriebene einen wissenschaftlichen oder künstlerischen Inhalt hat. Qualitative Anforderungen werden – anders als bei der künstlerischen Tätigkeit – nicht gestellt. Die Zuordnung der schriftstellerischen Tätigkeit zu den freien Berufen ist vor allem für Werbetexter von Bedeutung, deren Arbeit den üblichen Anforderungen an eine künstlerische Tätigkeit meist nicht genügen wird.

Wer als selbständiger Dozent Unterricht in einem Designfach erteilt, übt eine unterrichtende Tätigkeit aus. Die Dozententätigkeit ist daher, sofern sie selbständig ausgeübt wird, stets den freien Berufen zuzuordnen.

Nachweis einer künstlerischen Tätigkeit

Lässt sich die Ausübung eines Katalogberufes oder eines ähnlichen Berufes nicht nachweisen und wird auch keine wissenschaftliche, schriftstellerische oder unterrichtende Tätigkeit angenommen, ist die Anerkennung als Freiberufler nur zu erreichen, wenn der Nachweis einer künstlerischen Tätigkeit gelingt. Ist auch eine künstlerische Tätigkeit nicht nachweisbar, wird das Finanzamt die Einkünfte des Designers den Einkünften aus Gewerbebetrieb zuordnen.

2 Auswirkungen bei der Künstlersozialversicherung

Die Abgrenzung zwischen Kunst und Gewerbe ist im Rahmen der Künstlersozialversicherung in zweifacher Hinsicht von Bedeutung. Zum einen hängt davon die Feststellung der Versicherungspflicht ab, zum anderen besteht eine Abgabepflicht nur für solche Entgelte, die ein Vermarkter für künstlerische oder publizistische Werke oder Leistungen zahlt.

Anerkennung einer künstlerischen/publizistischen Tätigkeit als Voraussetzung der Versicherungspflicht

In der Rentenversicherung der Angestellten und in der gesetzlichen Krankenversicherung werden nur selbständige Künstler und Publizisten versichert (§ 1 KSVG). Künstler im Sinne der Künstlersozialversicherung ist, wer Musik, darstellende oder bildende Kunst schafft, ausübt oder lehrt (§ 2 Satz 1 KSVG).

Der Gesetzgeber hat bewusst darauf verzichtet, im Wege der Aufzählung von Berufsbezeichnungen die künstlerische oder publizistische Tätigkeit im einzelnen zu definieren, weil einer solchen Aufzählung die Vielfalt, Komplexität und Dynamik der Erscheinungsformen künstlerischer oder gewerblicher Berufstätigkeit entgegensteht. Insbesondere ist auch von jeder Abgrenzung nach der Qualität der künstlerischen und publizistischen Tätigkeit abgesehen worden, da für die soziale Sicherung nur das soziale Schutzbedürfnis maßgebend sein kann.

Angesichts des offenen, durch keine Legaldefinition eingeschränkten Begriffs des Künstlers muss die Künstlersozialkasse stets von Amts wegen prüfen, wer Künstler ist und ob im Einzelfall eine künstlerische Tätigkeit vorliegt. Maßgebend ist dabei nicht die von dem Betroffenen gewählte Berufsbezeichnung, sondern nur die tatsächlich ausgeübte Tätigkeit.

Beispiel *Ein gelernter Grafikdesigner ist beruflich ausschließlich damit befasst, vorgegebene und bis ins Detail festgelegte Entwürfe manuell-technisch in eine reproduktionsfähige Vorlage umzusetzen. Er möchte die Vorteile der Künstlersozialversicherung in Anspruch nehmen. Gegenüber der Künstlersozialkasse bezeichnet er sich als Grafikdesigner.*

Die Tätigkeit des Grafikdesigners wird im Künstlerbericht der Bundesregierung und in § 2 Abs. 2 Nr. 9 der Durchführungsverordnung zum KSVG den künstlerischen Tätigkeiten zugeordnet. Wer jedoch ausschließlich Reproduktionsvorlagen (Reinzeichnungen) nach vorgegebenen Entwürfen anfertigt, betätigt sich nicht als Grafikdesigner, sondern als Reinzeichner. Reinzeichner gehören nicht zu den Künstlern im Sinne des § 2 KSVG, auch wenn sie eine Ausbildung zum Grafikdesigner absolviert haben und weiterhin die Berufsbezeichnung „Grafikdesigner" führen. Sie können daher nicht Mitglied der Künstlersozialkasse werden.

Die Abgrenzung der Künstler von den Gewerbetreibenden kann im Einzelfall schwierig sein. Allerdings löst sich das Problem von selbst, sobald der Betroffene mehr als einen Arbeitnehmer beschäftigt und diese Beschäftigung nicht nur zur Berufsausbildung erfolgt oder geringfügig ist. In einem solchen Fall besteht selbst dann keine Versicherungspflicht, wenn die Ausübung einer künstlerischen Tätigkeit zweifelsfrei feststeht (§ 1 Nr. 2 KSVG).

Abgabepflicht für Zahlungen an künstlerisch/publizistisch arbeitende Designer

Wer die Rechte an künstlerischen Arbeiten erwirbt und diese Arbeiten der Öffentlichkeit zugänglich macht, ist zur Zahlung einer Künstlersozialabgabe verpflichtet. Die Höhe der Künstlersozialabgabe richtet sich nach der Summe der Entgelte/Honorare, die der Verwerter für die künstlerischen Werke oder Leistungen zahlt.

Aus der Formulierung des Gesetzes („Entgelte für künstlerische Werke oder Leistungen") folgt zwingend, dass Entgelte für gewerbliche Arbeiten nicht der Künstlersozialabgabe unterliegen. Damit entfällt z.B. die Abgabepflicht für Zahlungen an einen gewerblich tätigen Fotografenhandwerker, während das Honorar des künstlerisch arbeitenden Fotodesigners bei der Bemessung der Künstlersozialabgabe zu berücksichtigen ist.

Beispiel *Eine Werbeagentur benötigt einige handwerklich perfekte Aufnahmen von Werkzeugen für den Werkzeugkatalog eines Kunden. Sie beauftragt damit einen Fotografen-Handwerker, dem die Art der Aufnahmen detailliert vorgegeben wird.*

Das Entgelt für die Fotos dürfte bei der Bemessung der Künstlersozialabgabe nicht zu berücksichtigen sein, denn dieses Entgelt wird für die rein handwerkliche Leistung eines Handwerkers gezahlt.

Beispiel *Eine Werbeagentur soll in einer Anzeigenserie das neue Porsche-Modell vorstellen. Sie beauftragt einen Fotodesigner, dem lediglich ein allgemeines Konzept für die Anzeigenserie vorgegeben wird. Die Entwicklung der konkreten Bildideen und ihre gestalterische Umsetzung bleibt dem Fotodesigner überlassen.*

Das Entgelt wird in diesem Fall für ein künstlerisches Werk gezahlt, denn die Fotos stellen eine eigenschöpferische Leistung dar. Die Honorarzahlung an den Fotodesigner ist daher bei der Bemessung der Künstlersozialabgabe zu berücksichtigen.

RECHTSPRECHUNG UND VERWALTUNGSPRAXIS

Wolfgang Maaßen

Zu der Frage, wie die künstlerische und die gewerbliche Tätigkeit voneinander abzugrenzen sind, gibt es eine Reihe von Gerichtsentscheidungen. Außerdem haben insbesondere die Finanzbehörden in einigen Bundesländern Verfahren entwickelt, um die „Künstlereigenschaft" im Einzelfall überprüfen zu können.

1 Situation im Steuerrecht

Nach welchen Kriterien wird im Steuerrecht über die „Künstlereigenschaft" entschieden?

Nach Auffassung des Bundesfinanzhofs (BFH) und der Finanzgerichte liegt eine künstlerische Tätigkeit vor, wenn die Arbeiten eines Steuerpflichtigen nicht nur das Produkt handwerksmäßig erlernter oder erlernbarer Tätigkeit darstellen, sondern über die hinreichende Beherrschung der Technik hinaus auch etwas Eigenschöpferisches enthalten und zudem eine gewisse künstlerische Gestaltungshöhe erreichen. Gefordert wird die schöpferische Gestaltung eigener Ideen, also eine persönliche geistige Schöpfung, in der eine individuelle Anschauungsweise und eine besondere Gestaltungskraft zum Ausdruck kommt. Dabei dürfe der Schaffende nicht nur vorgezeichnete Wege gehen, vielmehr müsse er seinem Werk aus eigener Gestaltungskraft eine persönliche Note verleihen.

Ob diese Anforderungen im Einzelfall erfüllt sind, überprüfen die Gerichte insbesondere nach folgenden Kriterien:

Schöpferische Gestaltungsmöglichkeit

Jedes Kunstwerk und jede künstlerische Tätigkeit setzt ein schöpferisches Gestalten voraus. Ein solches Gestalten erfordert einerseits genügend Spielraum für die Entfaltung schöpferischer Kräfte, andererseits aber auch eine Nutzung dieses Spielraums durch den Künstler.

Fehlt bereits der notwendige Gestaltungsspielraum, ist auch keine schöpferische Tätigkeit denkbar. Ein künstlerisches Schaffen scheidet daher aus, wenn der Steuerpflichtige die genauen Angaben und Grundgedanken für sein Werk vom jeweiligen Auftraggeber erhält und nur die praktische Ausgestaltung durchzuführen hat. Dasselbe gilt, wenn seine Entfaltungsmöglichkeiten weitgehend durch bestimmte technische Vorgaben eingeengt sind oder wenn er an das Werk eines anderen gebunden ist und keine Möglichkeit besteht, diesem Werk eine abweichende eigenschöpferische Gestaltung zu geben.

In den Fällen, in denen die notwendige Gestaltungsfreiheit besteht, muss sie auch kreativ genutzt werden. Das erfordert die Entwicklung eigener Ideen. Wer sich bei der Gestaltung eines Werkes nicht von eigenen Ideen leiten lässt, sondern „nur dem Geschmack der Masse, einer neuen Moderichtung, einem neuen Stilgefühl" folgt oder eine Formgebung „aus dem allgemeinen Formenschatz" entnimmt bzw. „auf bekannte Vorbilder" zurückgreift, entfaltet keine künstlerische Tätigkeit und schafft somit auch kein Kunstwerk.

Individuelle Handschrift

Die Rechtsprechung misst dem Eigenschöpferischen, das in der individuellen Handschrift und der persönlichen Note eines Werkes zum Ausdruck kommt, bei der Abgrenzung der künstlerischen von der gewerblichen Tätigkeit eine entscheidende Bedeutung bei.

An einer individuellen Leistung kann es fehlen, wenn sich ein Künstler bei der Herstellung eines Kunstwerkes fachlich vorgebildeter Hilfskräfte bedient. In solchen Fällen reicht es nach Auffassung des BFH nicht aus, dass der Künstler selbst in ausreichendem Umfang an der praktischen Arbeit teilnimmt und das mit Hilfe der Mitarbeiter geschaffene Werk den Stempel seiner Persönlichkeit trägt. Im Hinblick auf die Eigenart der künstlerischen Tätigkeit, die in besonderem Maße persönlichkeitsbezogen ist, sei vielmehr erforderlich, dass der Künstler auf sämtliche zur Herstellung eines Kunstwerks erforderlichen Tätigkeiten, soweit sie nicht in künstlerischer Hinsicht von untergeordneter Bedeutung sind, den entscheidenden gestaltenden Einfluss ausübe.

Verwendungszweck

Die frühere Rechtsprechung lehnte die Anerkennung einer künstlerischen Tätigkeit ab, wenn das vom Künstler geschaffene Werk nicht (nur) als Kunstgegenstand, sondern (auch) als Gebrauchsgegenstand genutzt und dadurch gewerblichen Zwecken dienstbar gemacht wurde. Diese Auffassung wurde später verworfen. Der BFH vertritt seither den Standpunkt, dass für die Frage, ob ein Kunstwerk bzw. eine künstlerische Tätigkeit vorliegt, die spätere Verwendung des Geschaffenen nicht maßgebend sei.

Obwohl der BFH damit den Verwendungszweck des Geschaffenen ausdrücklich für unerheblich erklärt hat, spielt die Frage, ob und wie eine schöpferische Leistung praktisch genutzt wird, in der Rechtsprechung nach wie vor eine Rolle. So unterscheidet etwa der BFH in einem Urteil vom 14. August 1980 zwischen den Berufen, deren Arbeitsergebnisse einen praktischen Nützlichkeits- (Gebrauchs-) Zweck haben (z.B. Gebrauchsgrafiker, Modezeichner, Werbefotografen), und denjenigen Berufen, deren Arbeitsergebnisse einen solchen Gebrauchszweck nicht haben (z.B. Maler, Musiker, Komponisten). Bei der zuerst genannten Gruppe, die der BFH als „Kunsthandwerk" oder „Kunstgewerbe" zusammenfasst, müsse aufgrund besonderer Sachkunde von Fall zu Fall festgestellt werden, ob eigenschöpferische Leistungen vorliegen und ob diese Leistungen eine gewisse künstlerische Gestaltungshöhe erreichen. Demgegenüber sei bei den „zweckfreien" Berufen, die als freie Künste zusammengefasst werden, die Zuordnung zur künstlerischen Tätigkeit ohne weiteres gegeben und weder die besondere Feststellung einer eigenschöpferischen Leistung noch die Überprüfung der künstlerischen Gestaltungshöhe erforderlich.

Künstlerische Gestaltungshöhe

Nach ständiger Rechtsprechung ist eine Arbeit nur dann als künstlerisch anzuerkennen, wenn sie eine „künstlerische Gestaltungshöhe" aufweist. Das Merkmal der künstlerischen Gestaltungshöhe wird in den Entscheidungen des BFH und der Finanzgerichte nie näher erläutert. Die Rechtsprechung beschränkt sich auf die vage Andeutung, dass das Werk eine „gewisse" oder „bestimmte" Gestaltungshöhe erreichen oder dass die künstlerische Gestaltungshöhe „ein nicht genau bestimmtes Mindestmaß" erfüllen müsse, ohne jedoch die damit offenbar gemeinte künstlerische Qualitätsabstufung konkret zu definieren.

Immerhin weisen der BFH und das FG Bremen darauf hin, dass das Kriterium der „gewissen Gestaltungshöhe" nur dazu dienen kann, die Kunst von der Nichtkunst abzugrenzen. Damit werde nicht gefordert, dass die Leistung ein bestimmtes künstlerisches Niveau erreichen müsse. Beide Gerichte gelangen aber über eine rein negative Begriffsbestimmung nicht hinaus. Irgendwelche Aufschlüsse darüber, was mit dem Merkmal der Gestaltungshöhe positiv gemeint sein könnte, geben sie nicht.

Die Gestaltungshöhe bleibt somit ein ständig zitiertes Phantom, das die Rechtsprechung bis heute nicht zu fassen vermochte. Die Kritik an diesem inhalts- und konturlosen Abgrenzungsmerkmal nimmt zu. Inzwischen äußern selbst BFH-Richter vereinzelt die Auffassung, dass das Erfordernis der Gestaltungshöhe zu Recht angegriffen werde und im Grunde verzichtbar sei. Dennoch findet sich in fast allen höchstrichterlichen Entscheidungen der letzten Jahre der formelhafte Hinweis auf die „gewisse Gestaltungshöhe", die der Steuerpflichtige mit seiner Leistung erreichen müsse.

Ausbildung Der Reichsfinanzhof (RFH) betrachtete eine abgeschlossene künstlerische Ausbildung zumindest als Beweisanzeichen für die „Künstlereigenschaft". Auch das FG Bremen und das FG Hamburg halten den beruflichen Werdegang bzw. die künstlerische Ausbildung für wichtig, wenn auch nicht für entscheidend. Im übrigen geht aber die Rechtsprechung davon aus, dass die Vor- und Ausbildung für die steuerliche Beurteilung unerheblich bleibt, weil nicht jeder, der als Künstler ausgebildet ist, auch eine künstlerische Tätigkeit ausübt. Umgekehrt kann nach Auffassung des FG Düsseldorf eine handwerkliche Ausbildung der Anerkennung einer künstlerischen Betätigung auch nicht entgegenstehen, da ein Künstler bei der Ausübung seiner Kunst auch handwerkliche Fertigkeiten benötige.

Zugehörigkeit zu Gruppen und Verbänden Die Mitgliedschaft eines Steuerpflichtigen in einer berufsständischen Vereinigung war für den RFH noch von Bedeutung, scheint aber heute keine Rolle mehr zu spielen. Anders verhält es sich dagegen mit der Zugehörigkeit zu einer Gruppe, deren Zweck in der gemeinsamen Ausübung einer Kunst besteht. Nach Auffassung des BFH sind insbesondere Musiker, die in Kulturorchestern mitwirken, auch ohne nähere Prüfung als „künstlerisch befähigt" und damit als Kunstschaffende anzusehen.

Öffentliche Anerkennung Die Rechtsprechung hat sich bei der Abgrenzung von Kunst und Gewerbe mehrfach daran orientiert, ob die Arbeiten des Steuerpflichtigen nach der Verkehrsauffassung dem Gebiet der Kunst zugerechnet werden. Damit wird die Anerkennung einer künstlerischen Leistung durch die Allgemeinheit zum Beurteilungskriterium erhoben.

Die öffentliche Anerkennung kann vor allem dadurch zum Ausdruck kommen, dass die Arbeiten des Künstlers in Zeitungen besprochen, zu Kunstausstellungen zugelassen und im Kunsthandel verkauft werden oder das Interesse von Kunstverlagen finden. Eine solche Beachtung durch das Publikum zeige ebenso wie die Resonanz bei einem großen Käuferkreis, dass die von dem Steuerpflichtigen geschaffenen Werke zumindest einen künstlerischen „Diskussionswert" hätten, was für die steuerliche Anerkennung ausreiche.

Anhaltspunkte dafür, ob eine Tätigkeit von der Öffentlichkeit als künstlerisch anerkannt wird, sollen sich auch aus der Höhe des Entgelts ergeben, das der Steuerpflichtige für seine Arbeiten erhält. Allerdings kann es durchaus passieren, dass das Finanzamt gerade ein hohes Einkommen als Indiz dafür wertet, dass keine künstlerische Tätigkeit ausgeübt wird.

Allgemeines Berufsbild   Die Tatsache, dass beispielsweise die Designfächer an staatlichen Hochschulen, Kunstakademien und Werkkunstschulen unterrichtet werden, lässt nach Auffassung des BFH keinen Rückschluss darauf zu, ob im Einzelfall eine künstlerische Tätigkeit ausgeübt wird. Der künstlerische Charakter einer Tätigkeit ergebe sich nicht ohne weiteres aus dem Berufsbild. Folglich könne auch die Erfassung eines Berufs im Künstlerbericht der Bundesregierung für die steuerliche Zuordnung einer konkreten Berufstätigkeit nicht maßgebend sein.

Eintragung in das Gewerbe- oder Handelsregister   Ist der Steuerpflichtige mit einer Firma im Handelsregister eingetragen, spricht eine Vermutung dafür, dass er seine Tätigkeit gewerblich und nicht als Künstler betreibt. Die Eintragung in das Handelsregister setzt nämlich voraus, dass der Einzutragende einen Gewerbebetrieb unterhält (§ 1 HGB).

Da auch die Eintragung in das Gewerberegister einen Gewerbebetrieb erfordert, dürfte bei einem im Gewerberegister verzeichneten Steuerpflichtigen ebenfalls eine Vermutung für eine gewerbliche Tätigkeit sprechen.

Abrechnungsmodus   Weisen die Rechnungen des Steuerpflichtigen für seine Leistungen eine Stundenvergütung aus, so wird damit nach Auffassung des FG Nürnberg zum Ausdruck gebracht, dass die durch die Stundenvergütung abgegoltene Tätigkeit nicht künstlerischer Art sein kann. Die freischaffende künstlerische Arbeit könne nicht durch Stundenlöhne ermittelt, abgegrenzt und abgegolten werden. Die Berechnung nach Arbeitsstunden sei in sich bereits eine Bindung, die die freischöpfende künstlerische Tätigkeit nicht kenne.

Wer beurteilt die „Künstlereigenschaft"?

Die Rechtsprechung geht überwiegend davon aus, dass die Frage, ob eine Tätigkeit künstlerische Qualität aufweist, zumindest im Bereich der Grenz- und Übergangsfälle nicht ohne besondere Sachkunde zu beantworten ist. Folglich müssten die Gerichte (und wohl auch die Finanzbehörden) mangels hinreichender eigener Fachkenntnis in der Regel das Gutachten eines geeigneten Sachverständigen einholen.

Der BFH hält die Einholung von Sachverständigengutachten ausnahmsweise für entbehrlich, wenn im Einzelfall die als künstlerisch bezeichneten Arbeiten soweit von den an Kunstwerke zu stellenden Anforderungen entfernt sind, dass es keiner besonderen Sachkunde mehr bedarf, um dies zu erkennen. Eine Begutachtung durch Sachverständige soll sich außerdem bei solchen Tätigkeiten erübrigen, die den „freien Künsten" zuzurechnen sind.

Auf die Begutachtung durch einen Sachverständigen kann nach Meinung des BFH auch dann verzichtet werden, wenn das Gericht (oder die Finanzbehörde) selbst die notwendige Sachkunde besitzt oder sich diese Sachkunde – etwa durch das Studium einschlägiger Literatur – verschafft. In einem solchen Fall muss aber die Absicht, die Entscheidung aufgrund eigener Sachkunde zu treffen, für die Verfahrensbeteiligten erkennbar sein oder ihnen mitgeteilt werden, damit sie Gelegenheit haben, dazu Stellung zu nehmen. Darüber hinaus muss aus der Begründung der Entscheidung auch hervorgehen, auf welchen Kenntnissen und Erfahrungen die Sachkunde beruht, weil nur so die Nachprüfung möglich ist, ob sich das Gericht (bzw. die Finanzbehörde) die behauptete Sachkunde zu Recht oder zu Unrecht beigemessen hat.

Welche Bedeutung hat eine frühere steuerliche Einstufung als Freiberufler (Künstler)?

Wird eine Tätigkeit in einem Steuerbescheid als gewerblich eingestuft, kann sich der Steuerpflichtige in der Regel nicht darauf berufen, dass das Finanzamt seine Arbeiten in früheren Jahren als künstlerisch anerkannt hat. Die Finanzbehörde ist bei der Veranlagung an eine Rechtsauffassung, die sie für ein Vorjahr zugrunde gelegt hat, grundsätzlich nicht gebunden, und zwar selbst dann nicht, wenn der Steuerpflichtige im Vertrauen auf die Richtigkeit der objektiv unrichtigen Entscheidung disponiert haben sollte.

Zur Begründung verweist die Rechtsprechung auf das Abschnittprinzip, das bei den jahresweise festzusetzenden Steuern für jeden Veranlagungszeitraum eine selbständige Feststellung der Besteuerungsgrundlagen sowie eine jeweils neue Prüfung der Rechtslage erfordere. Erweise sich bei einer solchen Überprüfung ein in früheren Jahren vertretener Rechtsstandpunkt als unrichtig, sei das Finanzamt nach dem Grundsatz von Treu und Glauben an seine Auffassung nicht gebunden.

Eine Ausnahme von diesem Grundsatz wird nur für den Fall anerkannt, dass das Finanzamt eine Zusage erteilt oder durch sein früheres Verhalten außerhalb einer Zusage einen Vertrauenstatbestand geschaffen hat. Hat dagegen das Finanzamt weder eine Zusage gegeben noch auf andere Weise einen Vertrauenstatbestand geschaffen, dann kann es den Steuerpflichtigen auch für die Vergangenheit durchaus noch als Gewerbetreibenden einstufen, sofern die Festsetzungsfrist noch nicht abgelaufen ist.

Wann wird bei Designern eine freiberufliche (künstlerische) Tätigkeit anerkannt?

Grafische Gestalter (Grafikdesigner, Layouter Illustratoren, Typografen)

Grafikdesigner, Illustratoren, Typografen und Layouter arbeiten meist für Werbeagenturen, Buchverlage und andere Wirtschaftsunternehmen. Ihre Arbeiten dienen einem praktischen Gebrauchszweck. Deshalb verlangt die Rechtsprechung bei diesen Berufen – anders als bei den vermeintlich „zweckfrei" arbeitenden Malern und Kunstgrafikern – den Nachweis einer eigenschöpferischen Leistung und das Erreichen einer „gewissen Gestaltungshöhe".

Grafikdesigner entwerfen Plakate, Prospekte, Anzeigen, Etiketten, Verpackungen, Markenzeichen, Firmensignets und andere Gestaltungen, die dann in der Werbung oder für sonstige gewerbliche Zwecke genutzt werden. Die ältere Rechtsprechung, die bei einer gewerblichen Zweckbestimmung eine künstlerische Tätigkeit von vornherein ausschloss, lehnte folgerichtig bei Gebrauchsgrafikern, deren Reklameentwürfe und Plakate für die Werbung bestimmt waren, die Anerkennung einer künstlerischen Tätigkeit grundsätzlich ab.

Diese Rechtsprechung hat sich Ende der 50er Jahre geändert. Für die Gerichte ist seitdem allein entscheidend, ob der Grafikdesigner ohne Rücksicht auf die spätere Verwendung seiner Arbeit schöpferische Leistungen vollbringt, also Leistungen, in denen sich seine individuelle Anschauungsweise und Gestaltungskraft widerspiegeln und die neben einer hinreichenden Beherrschung der Technik der betreffenden Kunstart eine gewisse künstlerische Gestaltungshöhe erreichen. Hieran und damit an der Tätigkeit als Künstler fehlt es, wenn sich der Grafikdesigner – so der BFH – an ins einzelne gehende Angaben und Weisungen seines Auftraggebers zu halten hat und ihm infolgedessen kein oder kein genügender Spielraum für eine eigenschöpferische Leistung bleibt; ferner dann, wenn seine Erzeugnisse nicht Ausdruck seiner individuellen Anschauungsweise und Gestaltungskraft sind, sondern beispielsweise nur dem Geschmack der Masse, einer neuen Moderichtung, einem neuen Stilgefühl folgen oder wenn die Formgebung aus dem allgemeinen Formenschatz entnommen ist oder auf bekannte Vorbilder zurückgeht; schließlich auch dann, wenn die Erzeugnisse zwar eigenartig oder technisch vollendet sind und gutes sogar bestes handwerkliches Können zeigen, aber eine gewisse künstlerische Gestaltungshöhe vermissen lassen.

Bei einem Grafikdesigner, der hauptsächlich perspektivische Zeichnungen von Maschinen, Maschinenteilen und dergleichen anfertigt, ist nach einer Entscheidung des FG Nürnberg (EFG 1978, 33) davon auszugehen, dass bei solchen Arbeiten eine kreative Leistung mangels freier eigenschöpferisch-künstlerischer Ausdrucks- und Entfaltungsmöglichkeiten nicht erbracht werden kann. Zwar habe der Perspektivgrafiker eine verhältnismäßig große Freiheit in der Gestaltung, z.B. in der Auswahl der Perspektive oder der Farbgebung. Dies reicht aber nach Auffassung des Gerichts nicht aus, eine künstlerische Tätigkeit bejahen zu können, weil die Bindung durch die technischen Vorgaben des darzustellenden Objekts zu stark ausgeprägt seien und eine wirklich schöpferische Gestaltung nicht zulasse.

Das FG Hamburg (EFG 1995, 1020) geht davon aus, dass das Entwerfen von Motiven, die auf spezielle farbige Klebefolien übertragen und mittels dieser Folien auf Kraftfahrzeuge geklebt werden, keine künstlerische Leistung darstellt. Zwar dienten die Dekorationsfolien dazu, die damit beklebten Kraftfahrzeuge individuell von anderen Fahrzeugen abzuheben, doch könne das für sich allein nicht den eigenschöpferischen Charakter der Tätigkeit des Entwerfers begründen.

Ein Illustrator medizinischer Fachbücher erbringt nach Auffassung des FG Hamburg (EFG 1991, 124) eine eigenschöpferische Leistung, wenn er menschliche Organe, krankhafte Veränderungen dieser Organe sowie chirurgische Eingriffe nicht nach genauen Vorgaben naturgetreu nachzeichnet, sondern nach eigenen Vorstellungen unter Vernachlässigung von unwesentlichen Details farblich und perspektivisch gestaltet. Um solche Zeichnungen anfertigen zu können, benötige der Illustrator neben medizinischen Kenntnissen auch Vorstellungskraft und Phantasie. Wegen der freien, phantasievollen und anschaulichen Gestaltung der Illustrationen werde das erforderliche Mindestmaß an künstlerischer Gestaltungshöhe erreicht.

Ein Designer, der aus historischen Schriften neue Schriftformen entwickelt und Bildschirmschriften sowie Schriften für Laserdrucker gestaltet, ist nach Auffassung des FG Hamburg (ZUM 1999, 591) künstlerisch tätig. Die Entscheidung stützt sich auf zwei Sachverständigengutachten, die übereinstimmend bestätigt haben, dass die Schriftgestaltung in dem konkreten Fall die Merkmale einer eigenschöpferischen, künstlerischen Leistung aufweist.

Ein Gestalter, der mit der Entwicklung des Layouts von Zeitschriften beauftragt wird, entfaltet nach den Feststellungen des FG Hamburg (EFG 1993, 386) eine kreative, künstlerischen Normen verpflichtete Tätigkeit. Diese Tätigkeit beginne mit der Produktion von Ideen und führe sodann über Rohentwürfe und fertig ausgearbeitete Entwürfe zur druckfertigen Vorlage. Die Möglichkeit zu einer eigenschöpferischen Leistung sei allein schon deswegen gewährleistet, weil die Zeitschriftenredaktion dem Layouter stets den notwendigen Gestaltungsspielraum einräumen müsse, wenn sie die Fähigkeiten eines solchen Gestalters wirklich voll nutzen wolle.

Als zusätzliches Indiz für eine künstlerische Tätigkeit des Layouters hat das FG Hamburg im konkreten Fall dessen berufsbezogene künstlerische Ausbildung an einer staatlichen Hochschule für bildende Künste berücksichtigt.

Formgestalter (Industriedesigner)

Die Industriedesigner entwerfen dreidimensionale Gegenstände, die meist in Serie produziert werden. Wegen des praktischen Gebrauchszwecks ihrer Gestaltungen und vor allem deswegen, weil ihre Entwürfe in der Regel die Grundlage für eine Serienproduktion bilden, haben es die Formgestalter besonders schwer, den Nachweis einer künstlerischen Tätigkeit zu erbringen.

Der BFH (BStBl. II 1969, 70) hat bei einem Formgestalter, der stilisierte, mit geometrischen Ornamenten versehene Beleuchtungskörper herstellt, eine künstlerische Tätigkeit anerkannt. Diese Entscheidung stützt sich im Wesentlichen auf ein Sachverständigengutachten sowie auf die Tatsache, dass es sich bei den Arbeiten im konkreten Fall um grundsätzlich nicht wieder vorkommende Einzelstücke handelte.

Über diese enge, auf das Einzelkunstwerk (Unikat) abstellende Beurteilung geht das FG Hamburg (EFG 1962, 155) hinaus. Das Gericht hält bei einem Industriedesigner ungeachtet der Tatsache, dass dessen Formgestaltungen meist für die Serienproduktion verwendet werden, die Ausübung einer künstlerischen Tätigkeit grundsätzlich für möglich. Entscheidend sei, ob der Designer trotz der für ihn bestehenden Bindung an vorgeschriebene technische Daten die Form frei gestalten und seinen eigenen Stil zum Ausdruck bringen könne.

Dem scheint inzwischen auch die höchstrichterliche Rechtsprechung zu folgen. So weist der BFH (BStBl. II 1991, 20/21) darauf hin, dass der eigenschöpferische Charakter und die künstlerische Gestaltungshöhe der Arbeit eines Industriedesigners in der Auswahl der Materialien, der Farbgebung und der Raumwirkung der von ihm entworfenen Produkte liegen kann. Anknüpfend an die BGH-Rechtsprechung zum Urheberrecht, die bei nicht alltäglichen Möbeln und anderen Gebrauchsgegenständen eine künstlerische Gestaltungshöhe teilweise bejaht hat, hält es der BFH prinzipiell für möglich, dass auch die von einem Industriedesigner entworfenen Produkte die erforderliche künstlerische Gestaltungshöhe erreichen. Es sei allerdings davon auszugehen, dass solche Gebrauchsgegenstände infolge des notwendig einzuhaltenden Gebrauchszwecks und der dadurch bedingten Formgestaltung häufig nur einen begrenzten Eigentümlichkeitsgrad erreichen und deshalb nicht geeignet seien, die Tätigkeit des Industriedesigners in ihrem Gesamtbild als künstlerisch erscheinen zu lassen.

Sowohl der BFH als auch das FG Hamburg gehen in ihren Entscheidungen der Frage nach, ob nicht der Industriedesigner einen dem Ingenieur oder Architekten ähnlichen Beruf i.S.d. § 18 Abs. 1 Nr. 1 EStG ausübt. Der BFH vertritt dazu die Auffassung, dass die erforderliche Vergleichbarkeit mit dem Ingenieur- oder Architektenberuf nur teilweise besteht. Zwar gebe es eine Designerausbildung, die naturwissenschaftlich-technisch ausgerichtet und entweder architektur- oder maschinenbauorientiert sei. Die in dieser Ausbildung vermittelten Kenntnisse seien jedoch nicht unerlässlich, um als Industriedesigner arbeiten zu können, vielmehr lasse sich der Beruf auch auf Grund eines ausgeprägten ästhetischen Empfindens, handwerklichen Könnens, Gespür für Modetrends und Marktentwicklung ausüben. Der BFH lehnt deshalb eine einkommensteuerliche Gleichstellung der Industriedesigner mit den Ingenieuren und Architekten ab.

Dagegen hält es das FG Hamburg durchaus für möglich, dass ein Industriedesigner eine dem Ingenieurberuf ähnliche Tätigkeit i.S.d. § 18 Abs. 1 Nr. 1 EStG ausübt. Zwar fertige der Industriedesigner keine technischen Zeichnungen, sondern Skizzen und Modelle an, die die äußeren Umrisse erscheinen lassen. Das ändert aber nach Auffassung des Gerichts nichts daran, dass er die Maße und technischen Gegebenheiten berücksichtigen muss, die ihm zwar von anderen Ingenieuren aufgegeben werden, die er aber doch überprüfen und verarbeiten können muss. Eine solche Überprüfung und Verarbeitung sei ihm nur aufgrund einer Ausbildung als Ingenieur möglich oder dann, wenn er sich ähnliche Kenntnisse wie ein Ingenieur aneigne.

Mode- und Textilgestalter

Bei Modedesignern, Textildesignern und damit verwandten gestalterischen Berufen wird die „Künstlereigenschaft" nach ähnlichen Kriterien beurteilt, wie bei den Grafikdesignern. Die Rechtsprechung stellt in erster Linie darauf ab, ob ein ausreichender Spielraum für eigenschöpferisches Gestalten besteht.

Der Entwurf von Modellkleidern und die zeichnerische Gestaltung einer Modekollektion kann eine künstlerische Tätigkeit sein, wenn die von den Auftraggebern gestellten Aufgaben genügend Raum für eine eigenschöpferische Gestaltung lassen. Auch die Tätigkeit als Modeberater der modeschaffenden Industrie wird als künstlerisch anerkannt, wenn sich die künstlerische Beratung in der Gestaltung der Erzeugnisse des beratenen Unternehmens niederschlägt.

Die Tätigkeit eines Textildesigners (Textilentwerfers), der Muster für Dekorationsstoffe und Tapeten entwirft, ist nach Auffassung des FG Düsseldorf (EFG 1967, 287) auch dann als künstlerisch anzuerkennen, wenn die Muster zum Teil auf Anregung der Abnehmer gestaltet werden, wenn sie Gegenstände (z.B. Geräte, Blumen) darstellen oder wenn sich der Designer an Werke moderner Maler anlehnt. Entscheidend sei, ob in den Entwürfen die vom Geschmack des Entwerfers geprägten Vorstellungen über Muster zum Ausdruck kommen.

Wie wird die „Künstlereigenschaft" in der Praxis überprüft?

Die Prüfung der Frage, ob im Einzelfall eine künstlerische Tätigkeit gemäß § 18 Abs. 1 Nr. 1 EStG ausgeübt wird, obliegt den Finanzämtern. Diese haben den Sachverhalt von Amts wegen zu ermitteln (§ 88 AO). Dabei können sie sich zum Teil auf allgemeine Verfahrensregeln stützen, die von einigen Finanzministerien und Oberfinanzdirektionen für die Praxis ausgearbeitet wurden. Diese Verfahrensregeln sehen in den einzelnen Bundesländern und teilweise sogar innerhalb eines Bundeslandes von Oberfinanzdirektion zu Oberfinanzdirektion unterschiedlich aus.

Manche Bundesländer haben Gutachterausschüsse eingerichtet, die im Bedarfsfall die „Künstlereigenschaft" eines Steuerpflichtigen überprüfen. Wie solche Gutachterausschüsse arbeiten, lässt sich am Beispiel des Bundeslandes Nordrhein-Westfalen verdeutlichen.

In Nordrhein-Westfalen ist das Verfahren zur Feststellung der „Künstlereigenschaft" für alle Oberfinanzdirektionen einheitlich durch einen Erlass des Finanzministers Nordrhein-Westfalen vom 28. Juli 1969 (S 2246-5-VB 1) geregelt. Danach hat allein das Finanzamt die Entscheidung zu treffen, ob eine künstlerische Tätigkeit vorliegt, wobei jedoch im Interesse einer einheitlichen Praxis nach folgenden Grundsätzen verfahren werden soll:

- Wenn ein Steuerpflichtiger nachweist, dass er seine Kunst aufgrund einer abgeschlossenen Hochschulausbildung (Hochschule, Akademie für bildende Künste) ausübt, wird die Künstlereigenschaft ohne weitere Nachprüfung bejaht. Dem Studiumszeugnis einer Kunstakademie sind die entsprechenden Bescheinigungen der Werkschulen und Werkkunstschulen im Bundesgebiet gleichgestellt.
- Bei Steuerpflichtigen, die diese Voraussetzung nicht erfüllen, muss das Finanzamt prüfen, ob gewichtige Beweisanzeichen für die „Künstlereigenschaft" vorliegen. Solche Beweisanzeichen sind z.B. Kunstpreise oder Auszeichnungen, die Heranziehung zu beachtlichen künstleri-

schen Aufgaben sowie Kritiken in angesehenen Zeitungen und Kunstzeitschriften über die Beteiligung an Kunstausstellungen.

▪ Durch die Mitgliedschaft in einem Verband allein kann die „Künstlereigenschaft" nicht bewiesen werden. Der Nachweis der Mitgliedschaft in bestimmten Verbänden stellt aber ebenfalls ein gewisses Beweisanzeichen für die Ausübung einer künstlerischen Tätigkeit dar.

▪ Nur in den Fällen, in denen sich das Finanzamt trotz Prüfung aller Umstände nicht in der Lage sieht, eine abschließende Entscheidung zu treffen, oder in denen der Steuerpflichtige aufgrund der ablehnenden Haltung des Finanzamtes ein Gutachten beizubringen wünscht, werden die bestehenden Gutachterkommissionen eingeschaltet.

Die in dem Erlass des Finanzministers vorgesehenen Gutachterkommissionen für Grafik, Architektur und Musik gibt es inzwischen nicht mehr. Es wurde jedoch ein neuer Ausschuss eingerichtet, der organisatorisch bei der OFD Düsseldorf (Besitz- und Verkehrssteuerabteilung Köln) angesiedelt und für den Bereich bildende und angewandte Kunst zuständig ist. Der Ausschuss soll vorwiegend Arbeiten aus den Bereichen Fotografie, Malerei, Goldschmiedekunst und Grafik begutachten. Er besteht aus zwei Gutachtern. Nach Angaben der OFD Düsseldorf, bei der die Geschäftsführung des Gutachterausschusses liegt, werden bei der Begutachtung je nach Bedarf weitere Fachkräfte hinzugezogen. Wer diese Fachkräfte auswählt und über welche Qualifikation sie verfügen, ist nicht bekannt.

Früher konnten die Steuerpflichtigen eine Begutachtung ihrer Arbeiten direkt bei dem für sie zuständigen Ausschuss beantragen. Diese Verfahrensweise wurde durch eine Verfügung der OFD Düsseldorf vom 20. Juli 1995 (S 2246A – St. 131) geändert. Anträge auf Begutachtung müssen jetzt unter Verwendung eines amtlichen Vordrucks (Antragsvordruck Nr. 724/441) bei dem jeweils zuständigen Finanzamt gestellt werden.

Das Finanzamt prüft anhand der Steuerakten oder sonstigen Angaben, für welche Zwecke das Gutachten benötigt wird. Wird es von dem Steuerpflichtigen offensichtlich nur für außersteuerliche Zwecke angefordert (z.B. zur Vorlage bei der Künstlersozialkasse oder bei der Handwerkskammer), soll das Finanzamt den Antrag auf Begutachtung formlos in eigener Zuständigkeit ablehnen. Wird es dagegen für steuerliche Zwecke benötigt, weil z.B. die für die Gewerbesteuer und Buchführungspflicht maßgebende Gewinngrenze von 24.500,00 € voraussichtlich überschritten wird, ist der Antrag vom Finanzamt zusammen mit den Steuerakten und einem Kurzbericht der OFD Düsseldorf (Besitz- und Verkehrssteuerabteilung Köln) zur weiteren Bearbeitung vorzulegen.

Die Arbeitsproben und sonstigen Unterlagen, die der Gutachterausschuss zur Überprüfung der „Künstlereigenschaft" benötigt, sind dem Antrag noch nicht beizufügen. Sie sollen erst dann vorgelegt werden, wenn der Ausschuss zu einer Sitzung zusammentritt, wobei der Steuerpflichtige in der Regel Abbildungen, Fotos, oder Skizzen von 10 bis 15 Werken einzureichen hat, die für seine Gesamttätigkeit in den letzten zwei Jahren vor der Begutachtung typisch sind.

Der Gutachterausschuss wird bei Bedarf einberufen. Eine gesonderte Begutachtung einzelner Werke außerhalb dieser Sitzungen findet nicht statt. Nach der Sitzung des Gutachterausschusses wird ein Exemplar des Gutachtens dem Antragsteller (Steuerpflichtigen) ausgehändigt, ein Exemplar wird mit den Steuerakten an das Finanzamt zurückgegeben und ein weiteres Exemplar verbleibt beim Gutachterausschuss.

Die Kosten der Begutachtung, die derzeit 51,13 € (= 100,00 DM; Stand: März 2001) betragen, hat der Steuerpflichtige zu tragen.

2 Situation bei der Künstlersozialversicherung

Nach welchen Kriterien entscheiden die Sozialgerichte über die „Künstlereigenschaft"?

Nach Auffassung des Bundessozialgerichts (BSG) ist im Bereich der Künstlersozialversicherung immer dann von einer künstlerischen Leistung auszugehen, wenn die zu beurteilende Tätigkeit einer bestimmten Kunstgattung, einer anerkannten Kunstrichtung oder einem künstlerischen Beruf zuzuordnen ist und zumindest in Ansätzen ein freies schöpferisches Gestalten erkennbar werden lässt. Eine Niveaukontrolle, also eine Differenzierung zwischen „höherer" und „niederer" bzw. „guter" und „schlechter" Kunst, schließt das Künstlersozialversicherungsgesetz (KSVG) aus. Lediglich bei den Berufen, die auch als Handwerk ausgeübt werden können, stellt das BSG strengere Anforderungen an die künstlerische Gestaltungshöhe als bei Tätigkeiten, die keine Nähe zu einem Handwerksberuf aufweisen.

Zu den Beurteilungskriterien, die für die Abgrenzung von Kunst und Gewerbe relevant bzw. irrelevant sind, gibt die sozialgerichtliche Rechtsprechung folgende Hinweise:

Ausbildung   Die Anerkennung als Künstler ist in der Künstlersozialversicherung nicht davon abhängig, dass eine Ausbildung in einem künstlerischen Beruf nachgewiesen wird. Auch Autodidakten können Mitglied der Künstlersozialkasse werden. Ebenso sind Vergütungen, die für die Leistungen eines Amateurkünstlers gezahlt werden, prinzipiell abgabepflichtig.

Verwendungszweck Unter dem Kunstbegriff des KSVG fällt nicht nur die ideelle, zweckfreie Kunst. Auch Werke, die für einen Gebrauchszweck oder die gewerblichen Zwecke des Auftraggebers bestimmt sind, können durchaus künstlerischen Charakter haben. Werden deshalb ästhetische Formen in die Funktion von Gebrauchsgegenständen eingebunden, wie es beim Industriedesign oder sonstigen Formgestaltungen im Designbereich üblich ist, so kann trotzdem eine künstlerische Tätigkeit vorliegen.

Eintragung in die Handwerksrolle Die Eintragung in die Handwerksrolle ist für die Frage, ob eine Tätigkeit als Kunst oder Handwerk einzustufen ist, nicht konstitutiv. Weder schließt die Rolleneintragung die Künstlereigenschaft zwingend aus, noch bedeutet umgekehrt die Löschung in der Handwerksrolle, dass keine handwerkliche, sondern eine künstlerische Tätigkeit ausgeübt wird. Allerdings betrachtet die Rechtsprechung die Eintragung in die Handwerksrolle als ein gewichtiges Indiz gegen die Wertung einer Tätigkeit als künstlerisch. Ebenso kann eine Außendarstellung, die auf das handwerkliche Können abhebt eine Zuordnung zum Handwerk indizieren.

Steuerliche Einstufung Das BSG hat im Hinblick auf den besonderen Schutzzweck des KSVG einen eigenständigen Kunstbegriff entwickelt. Deshalb können allein daraus, wie die Finanzämter eine Tätigkeit im Bereich der Einkommen- und Gewerbesteuer einstufen, keine Rückschlüsse auf die sozialversicherungsrechtliche Einordnung dieser Tätigkeit gezogen werden. Da allerdings im Steuerrecht strengere Anforderungen an die künstlerische Gestaltungshöhe gestellt werden als im Anwendungsbereich des KSVG, wird man die steuerliche Anerkennung der Künstlereigenschaft zumindest als Indiz dafür werten können, dass die Tätigkeit auch in der Künstlersozialversicherung dem künstlerischen Bereich zuzuordnen ist.

Wie wird die „Künstlereigenschaft" von der Künstlersozialkasse überprüft?

Feststellung der Versicherungspflicht Bei der Prüfung der Frage, ob eine Versicherungspflicht nach dem KSVG besteht, orientiert sich die Künstlersozialkasse (KSK) an dem Berufsgruppenkatalog der KSVG-Durchführungsverordnung und des Künstlerberichts der Bundesregierung. Bei Ausübung eines Katalogberufes wird die Künstlereigenschaft im Allgemeinen unterstellt.

Bei den Berufen, die in dem Berufsgruppenkatalog nicht ausdrücklich genannt werden oder bei denen außer der künstlerischen auch eine gewerbliche Form der Berufsausübung in Frage kommt, findet dagegen eine genaue Einzelfallprüfung statt. Die KSK fordert in diesen Fällen eine ausführliche Tätigkeitsbeschreibung an, die zusammen mit dem ausgefüllten „Fragebogen zur Feststellung über die Versicherungspflicht nach dem Künstlersozialversicherungsgesetz" vorgelegt werden muss. Aus dem Fraugebogenvordruck ist ersichtlich, dass im Bereich „Bildende Kunst/Design" insbesondere die Mode- und Textildesigner, die Textil-, Holz, Metall- und Glasgestalter sowie die Graveure und die Gold- und Silberschmiede durch eine genaue Tätigkeitsbeschreibung nachweisen müssen, dass sie zu den Künstlern i.S.d. § 2 KSVG gehören.

Die KSK prüft außerdem bei allen Berufsgruppen, ob die künstlerische Tätigkeit auch berufsmäßig ausgeübt wird. Dabei geht es nicht nur um die Abgrenzung zur Liebhaberei und zum Hobby, vielmehr will die KSK auch feststellen, ob der angegebene Künstlerberuf tatsächlich ausgeübt wird und die Befragten entsprechend dem von ihnen genannten Berufsbild tätig sind. Deshalb sind auch von denen, die in den Fragebogen einen der Katalogberufe ankreuzen, stets Nachweise über die berufsmäßige Ausübung ihrer Tätigkeit vorzulegen. Als Nachweis einer berufsmäßigen Tätigkeit akzeptiert die KSK u.a.:

- Unterlagen über Veröffentlichungen oder Ausstellungen (z.B. Zeitungsartikel, Kataloge);
- Bescheinigungen der Auftraggeber/Verwerter (z.B. Vertragskopien);
- Nachweise über (abgeschlossene) künstlerische Ausbildungen;
- Bescheinigung über Mitgliedschaft in berufsständischen Interessen- und Versorgungseinrichtungen;
- Wertungen von dritter Seite (z.B. Kritiken, Preise, Stipendien);
- Bescheid des Finanzamtes über die Anerkennung der Künstlereigenschaft.

Damit stützt die KSK ihre Beurteilungen im Wesentlichen auf dieselben Indizien, die auch bei der steuerrechtlichen Abgrenzung von Kunst und Gewerbe eine Rolle spielen.

Feststellung der Abgabepflicht

Auch zur Künstlersozialabgabepflicht hat die KSK einen Fragebogen entwickelt, der sich ebenso wie der Fragebogen zur Versicherungspflicht an dem Berufsgruppenkatalog der KSVG-Durchführungsverordnung und des Künstlerberichts orientiert. Nimmt ein Unternehmer die Leistungen einer Person in Anspruch, die einen der Katalogberufe ausübt, so wird unterstellt, dass es sich um eine künstlerische Leistung handelt und das dafür gezahlte Entgelt demzufolge der Abgabepflicht unterliegt.

RECHTSPRECHUNG UND VERWALTUNGSPRAXIS

Welche weiteren Berufe außer den Katalogberufen als künstlerisch einzustufen sind, lässt sich dem Fragebogen der KSK nicht entnehmen. Dort wird lediglich klargestellt, dass der Berufsgruppenkatalog nur eine beispielhafte Aufzählung von künstlerischen Berufen enthält und nicht abschließend ist. So bleibt die Entscheidung darüber, ob ein Entgelt im konkreten Einzelfall für eine künstlerische oder eine gewerbliche Leistung gezahlt wird, letztlich dem Abgabepflichtigen überlassen. Er muss gemäß § 27 KSVG die Entgelte, die der Abgabepflicht unterliegen, allein ermitteln und die an die KSK abzuführenden Beträge selbst berechnen. Folglich muss er auch über die Abgrenzung der künstlerischen von den gewerblichen Berufen selbst entscheiden, was gerade bei den Berufen, die nicht in dem Berufsgruppenkatalog der KSVG-Durchführungsverordnung aufgelistet sind, zu erheblichen Problemen führen kann und die Abgabepflichtigen in der Regel überfordern dürfte.

Welche Designberufe werden als künstlerisch anerkannt?

Grafische Gestalter

Grafikdesigner werden von der KSK als Künstler eingestuft. Der Reinzeichner, der lediglich einen vorgegebenen Entwurf ohne eigenes kreatives Zutun in eine reproduktionsfähige Vorlage umsetzt, übt dagegen keine künstlerische Tätigkeit aus.

Die Computergrafik betrachtet die KSK als Grafikdesignleistung. Sie wird als künstlerisch anerkannt, sofern der Grafikdesigner den Computer lediglich zur Unterstützung seines eigenen kreativen Gestaltens einsetzt.

Auch das Gestalten von Layouts gehört zum Tätigkeitsbereich des Grafikdesigners und wird deshalb als künstlerische Leistung bewertet. Das Desktop-Publishing ist ein computergesteuertes Layouten, so dass die Anerkennung als künstlerische Tätigkeit in der Regel unproblematisch ist.

Die Illustratoren haben ebenfalls keine Probleme mit der Anerkennung ihrer Künstlereigenschaft. Werden allerdings Arbeiten in Airbrush-Technik ausgeführt, fordert die KSK eine genaue Tätigkeitsbeschreibung an. Anhand dieser Beschreibung wird geprüft, ob der Designer mit fertigen Schablonen oder nach eigenen Entwürfen arbeitet.

Der Comiczeichner wird ohne weiteres als Künstler i.S.d. § 2 KSVG eingestuft. Dasselbe gilt für den Karikaturisten und den Trickfilmzeichner. Beim Kolorieren von Trickfilmzeichnungen geht die KSK allerdings davon aus, dass das schlichte Ausmalen von vorgegebenen Flächen mit vorgegebenen Farben nicht künstlerisch ist.

Der Typograf zählt zwar regelmäßig zu den Künstlern. Da jedoch die Berufsbezeichnung nicht einheitlich verwendet wird, fordert die KSK stets eine genaue Tätigkeitsbeschreibung an.

Formgestalter Industriedesigner werden in der Regel ohne Einzelfallprüfung als Künstler anerkannt. Bei der Gestaltung von Tür- und Fensterbeschlägen ist nach einer Entscheidung des SG Detmold jedenfalls dann von einer künstlerischen Tätigkeit auszugehen, wenn nicht das rational-konstruktive Wissen, sondern die emotional-gestalterische Komponente den wesentlichen Teil der Arbeit ausmacht. Dabei spiele es keine Rolle, dass die Gestaltungsspielräume der Designer durch Kundenwünsche, Produktionsmöglichkeiten und Materialbeschaffenheit mehr oder weniger eingeschränkt werden. Entscheidend sei, dass die Beschläge erst durch die künstlerische Kreativität der Gestalter ihr charakteristisches Aussehen erhalten und gerade das gute Design dieser Produkte als Verkaufsargument eingesetzt wird.

Auch die Tätigkeit der Möbeldesigner wird als künstlerische Leistung anerkannt, sofern sich die Leistung des Gestalters auf die Anfertigung von Entwürfen beschränkt. Eine Zuordnung zum Handwerk wird dagegen in den Fällen befürwortet, in denen die Gestalter die von ihnen entworfenen Möbelstücke selbst produzieren. Dabei stellen die Gerichte in Verkennung der Tatsache, dass der Verwendungszweck des Geschaffenen bei der Abgrenzung von Kunst und Handwerk kein Kriterium sein kann, meist auf den praktischen Gebrauchszweck der Möbel und Einrichtungsgegenstände ab, der eine Einstufung als Kunstwerk ausschließe. Teilweise wird die Zuordnung zum Handwerk auch damit begründet, dass eine Anerkennung als Künstler in den einschlägigen Fachkreisen nicht belegt sei.

Bei Schmuckdesignern, die Modeschmuck und Gürtelschnallen gestalten, wird teilweise darauf abgestellt, ob der künstlerische Wert solcher Arbeiten den Gebrauchswert übersteigt. Für das SG Bayreuth ist dagegen für die Anerkennung der Künstlereigenschaft entscheidend, ob die Schmuckgestaltung eine eigenschöpferische Leistung erkennbar werden lässt oder ob sie sich nur als Rückgriff auf vergangene Stilepochen und als Reproduktion fremder Ideen darstellt.

Ein Feintäschner, der Ledertaschen nach eigenen Entwürfen herstellt, ist nach einer Entscheidung des BSG nur dann künstlerisch tätig, wenn er eine über die kunsthandwerkliche Gestaltung hinausgehende schöpferische Leistung entfaltet. Dazu müsse der Betroffene den Nachweis erbringen, dass er mit seinen Werken in einschlägigen fachkundigen Kreisen als Künstler anerkannt und behandelt wird.

Mode- und Textilgestalter

Die Modedesigner und die Textildesigner stuft die KSK zwar prinzipiell als Künstler ein, doch lässt sie sich in jedem Einzelfall eine genaue Tätigkeitsbeschreibung vorlegen.

Das Gestalten von Motorrad-Lederbekleidung, die in der besonderen Form- und Farbgebung eine individuelle Handschrift erkennbar werden lässt, bewertet das SG Aachen als eine künstlerische Tätigkeit, die mit der Arbeit des Modedesigners vergleichbar sei. Das LSG Nordrhein-Westfalen hat diese Entscheidung bestätigt und dabei als maßgebenden Gesichtspunkt hervorgehoben, dass die Motorradanzüge als Unikate hergestellt würden. Auch das LSG Niedersachsen stuft das Gestalten von Lederhosen, -jacken und -mützen, die als Unikate auf Bestellung entworfen und geschneidert werden, als künstlerische Tätigkeit im Bereich Mode- und Textildesign ein. Da solche exklusiven Kleidungsstücke den Zweck hätten, die besondere persönliche Note des Trägers zum Ausdruck zu bringen, sei ihr Kunstwert höher zu bewerten als ihr Gebrauchswert.

Das Weben und die Gestaltung von Teppichen nach eigenen Mustern und Zeichnungen betrachtet die KSK als handwerkliche Tätigkeit. Auch das Färben und Weben von Garnen und Stoffen sowie die Anfertigung von Jacken, Pullovern und Bettüberwürfen aus solchen Stoffen soll nach einer Entscheidung des LSG Hessen als handwerkliche Tätigkeit einzustufen sein, sofern die Produkte dieser Tätigkeit mit industriell hergestellten Textilien konkurrieren und außerdem eine Anerkennung als Künstler in Fachkreisen nicht feststellbar ist. Dagegen hat das LSG Niedersachsen eine Webmeisterin, die außer künstlerischen Wandteppichen auch Bodenteppiche, Badezimmermatten, Tischläufer, Bettüberwürfe, Gardinen, Halstücher und Bekleidungsstoffe gestaltet, als Textildesignerin eingestuft und als Künstlerin anerkannt.

Ausstellungs- und Messestandgestalter

Bei der Ausstellungs- und Messestandgestaltung werden Designleistungen für das Ausstellungsmobiliar, die Anfertigung grafischer Entwürfe, eine kreative Designarbeit bei der Farbgestaltung und Beleuchtung sowie die Mitgliedschaft in einem Künstler- oder Designerbund als Indizien für eine künstlerische Tätigkeit gewertet. Die Anerkennung als Künstler ist dagegen fraglich, wenn der Gestalter die von Handwerkern oder Dekorateuren auszuführenden Leistungen selbst erbringt oder sein Tätigkeitsschwerpunkt im administrativen Bereich liegt.

Wolfgang Maaßen

TIPPS ZUR SICHERUNG DER ANERKENNUNG EINER FREIBERUFLICHEN (KÜNSTLERISCHEN) TÄTIGKEIT

1 —— Selbstprüfung

Bei Aufnahme einer Tätigkeit im Grenzbereich zwischen Kunst und Gewerbe sollte derjenige, der diese Tätigkeit selbständig ausüben will, seine persönlichen Voraussetzungen und die wesentlichen Merkmale der vorgesehenen Erwerbstätigkeit einer genauen Prüfung unterziehen.

Wer ein Hochschulstudium in einem künstlerischen Fach erfolgreich abgeschlossen hat und ausschließlich im erlernten Beruf tätig werden will, wird in der Regel davon ausgehen können, dass seine Berufstätigkeit als künstlerisch einzustufen ist. Schwieriger zu beurteilen ist die Situation eines Autodidakten, der sich einem künstlerischen Beruf zuwendet. In solchen Fällen sollte besonders sorgfältig geprüft werden, ob die geplante Tätigkeit in allen wesentlichen Punkten dem für den künstlerischen Beruf entwickelten Berufsbild entspricht.

Angesichts der Tatsache, dass es selbst für erfahrene Sachverständige nicht immer leicht ist, den Künstler vom Gewerbetreibenden zu unterscheiden, wird auch der Berufsanfänger bei dieser Selbstprüfung unter Umständen Probleme haben, seine Tätigkeit richtig einzuordnen. In solchen Zweifelsfällen kann eventuell die Bewerbung um die Mitgliedschaft in einem Berufsverband hilfreich sein, der satzungsgemäß nur Kunstschaffende aufnimmt.

2 —— Meldeverfahren

Wer eine selbständige künstlerische Tätigkeit aufnimmt, muss dies lediglich seinem Wohnsitz-Finanzamt mitteilen (§ 138 Abs. 1 Satz 3 AO) und sich bei der Künstlersozialkasse melden (§ 11 Abs. 1 KSVG).

Berufsanfänger begehen häufig den Fehler, den Beginn ihrer freiberuflichen Erwerbstätigkeit der Gemeinde auf einem amtlichen Vordruck anzuzeigen. Die örtliche Gewerbemeldestelle nimmt diese Meldung in der Regel entgegen, ohne die Art der Tätigkeit genauer zu prüfen, und informiert das zuständige Betriebs-Finanzamt über den neu eröffneten „Gewerbebetrieb". Das Finanzamt wird daraufhin von einer Gewerbesteuerpflicht des Gemeldeten und bei der Einkommensbesteuerung von der Erzielung gewerblicher Einkünfte ausgehen.

Dieses Problem lässt sich vermeiden, wenn man beachtet, dass die Verpflichtung, die Aufnahme einer Erwerbstätigkeit der Gewerbemeldestelle anzuzeigen, nur für Gewerbetreibende besteht, nicht dagegen für solche Personen, die eine künstlerische Tätigkeit und somit einen freien Beruf ausüben.

3 Flankierende Maßnahmen

Das äußere Erscheinungsbild sollte die typischen Merkmale einer freiberuflichen, künstlerischen Betätigung deutlich werden lassen. Sowohl auf dem Briefbogen als auch auf der Visitenkarte, dem Atelierschild oder in Werbepublikationen empfiehlt sich die Verwendung von Formulierungen, die ganz auf die Person des Künstlers abstellen. Zu vermeiden sind Begriffe, die eine gewerbliche Ausrichtung andeuten (z.B. „Agentur für Werbung" oder „Meisterbetrieb"), aber auch abstrakte Phantasiebezeichnungen, die weder den künstlerischen Charakter der Tätigkeit noch die Person des Künstlers erkennbar werden lassen (z.B. „Concept Team" oder „ART Werbestudio").

Der Beitritt zu einem Künstlerbund oder Berufsverband, dessen Aufnahmebedingungen nur Kunstschaffenden eine Mitgliedschaft ermöglichen, kann die Anerkennung einer künstlerischen Tätigkeit fördern. Umgekehrt sollte eine Mitgliedschaft in Verbänden oder Vereinigungen vermieden werden, denen hauptsächlich Handwerker oder Gewerbetreibende angehören.

4 Vermeidung problematischer Gestaltungen

Die Anerkennung der „Künstlereigenschaft" kann gefährdet sein, wenn außer der künstlerischen Tätigkeit noch eine andere selbständige Erwerbstätigkeit ausgeübt wird, ebenso in den Fällen, in denen der Künstler qualifizierte Mitarbeiter beschäftigt oder mit anderen Selbständigen zusammenarbeitet.

Risiken bei gemischten Tätigkeiten

Es ergeben sich vor allem steuerrechtliche Probleme, wenn nebeneinander mehrere Tätigkeiten ausgeübt werden, die nur zum Teil als künstlerisch und im übrigen als gewerblich einzustufen sind. Folgende Fallgestaltungen sind denkbar:

Tätigkeiten ohne wirtschaftlichen Zusammenhang

Sind die Tätigkeitsbereiche so verschiedenartig, dass ein wirtschaftlicher Zusammenhang überhaupt fehlt oder nur in sehr loser Form vorliegt, werden die Einkünfte des Steuerpflichtigen getrennt entsprechend ihrer wirtschaftlichen Zuordnung erfasst.

Beispiel

Ein selbständiger Designer bezieht außer den Einkünften aus seiner (künstlerischen) Designtätigkeit noch Einkünfte aus einer Imbiss-Stube, die er abends betreibt.

Hier ist wegen der Verschiedenartigkeit der beiden Tätigkeitsbereiche eine getrennte Erfassung der künstlerischen und der gewerblichen Einkünfte unproblematisch. Die Einkünfte aus der Imbiss-Stube werden als Einkünfte aus Gewerbebetrieb (§ 15 EStG) und die Einkünfte, die der Steuerpflichtige als Designer bezieht, als freiberufliche Einkünfte (§ 18 EStG) besteuert.

Trennbare gemischte Tätigkeiten

Stehen die von dem Steuerpflichtigen ausgeübten Tätigkeiten in einem engen sachlichen und wirtschaftlichen Zusammenhang, muss vorrangig eine Trennung der Einkünfte und eine Zuordnung zu den verschiedenen Einkunftsarten versucht werden.

Beispiel

Ein Designer, der mit dem Verkauf seiner Designarbeiten nicht genügend verdient, ist zusätzlich als freier Mitarbeiter einer Druckerei in der Druckvorlagenherstellung tätig.

Da hier eine vollständige steuerliche Trennung der gewerblichen Einkünfte (Druckvorlagenherstellung) von den Einkünften aus der künstlerischen Tätigkeit als Designer ohne Schwierigkeiten möglich ist, müssen die Einkünfte aus dem Verkauf der Designarbeiten und die Einkünfte aus der freien Mitarbeit in der Druckerei den jeweiligen Einkunftsarten (§ 15 und § 18 EStG) so zugeordnet werden, als wenn von vornherein Tätigkeiten ohne wirtschaftlichen Zusammenhang vorgelegen hätten.

Untrennbare gemischte Tätigkeiten

Lassen sich die Einkünfte aus verschiedenen Erwerbsquellen nicht aufteilen, weil die einzelnen Tätigkeiten sich gegenseitig bedingen und miteinander untrennbar verbunden sind, erfolgt eine einheitliche steuerliche Beurteilung. Das bedeutet, dass sämtliche Einkünfte nur einer Einkunftsart zugeordnet werden, wobei die jeweils dominierende Tätigkeit für die steuerliche Zuordnung ausschlaggebend ist. Dominiert der gewerbliche Anteil, weil sich die freiberufliche Tätigkeit lediglich als Ausfluss einer gewerblichen Betätigung darstellt oder ein einheitlicher Erfolg geschuldet wird und die hierfür erforderliche gewerbliche Tätigkeit freiberufliche Leistungen einschließt, werden die Einkünfte aus einer derart gemischten Tätigkeit insgesamt als gewerbliche Einkünfte behandelt.

Beispiel Ein Grafikdesigner beschränkt sich nicht auf die grafische Gestaltung von Werbeprospekten und -anzeigen, sondern bietet stets die komplette Erledigung eines Werbeauftrags von der Beratung über die Konzeption und Reinausführung bis hin zum Druck und zur Verteilung des Werbematerials an. Die Kosten für die Lithografien, den Druck und die Verteilung des Materials sowie das Honorar für die Beratung, die grafische Gestaltung, die Drucküberwachung und die sonstigen Dienstleistungen werden zusammen abgerechnet.

Die einzelnen Tätigkeiten des Grafikdesigners sind in diesem Beispiel derart miteinander verflochten, dass eine Trennung der Einkünfte schwierig, wenn nicht sogar unmöglich ist. Das Finanzamt wird daher die Einkünfte insgesamt einer Einkunftsart zuordnen und dabei angesichts der Tatsache, dass zur Erledigung der Werbeaufträge im wesentlichen gewerbliche Leistungen erbracht werden und der freiberufliche Anteil (grafische Gestaltung) nicht dominierend ist, von einer Zuordnung zu den Einkünften aus Gewerbebetrieb ausgehen. Das bedeutet zugleich, dass die Einkünfte des Grafikdesigners prinzipiell gewerbesteuerpflichtig sind.

Wer solche steuerlichen Nachteile vermeiden will, sollte vor Tätigkeitsbeginn prüfen, ob der gewerblich geprägte Teil nicht auf eine Personengesellschaft oder eine GmbH ausgelagert werden kann, damit die freiberufliche und die gewerbliche Tätigkeit klar und einwandfrei getrennt sind.

Beispiel Der Grafikdesigner aus dem vorangegangenen Beispiel gründet eine Werbeagentur in der Rechtsform einer GmbH. Die Agentur nimmt die Werbeaufträge entgegen und kümmert sich um die gesamte Abwicklung von der Beratung über den Druck bis hin zur Streuung des Werbematerials. Die grafischen Arbeiten überträgt sie durch Einzelaufträge jeweils dem Grafikdesigner, der dafür der GmbH ein entsprechendes Honorar in Rechnung stellt.

Diese Gestaltung ist aus steuerrechtlicher Sicht vorteilhaft, weil durch die Aufgabenverteilung zwischen GmbH und Grafikdesigner eine klare Trennung der gewerblichen und der freiberuflichen Tätigkeit gewährleistet wird. Nachteilig ist jedoch, dass die GmbH als Werbeagentur zu den nach § 24 KSVG abgabepflichtigen Unternehmen gehört und deshalb für die an den Grafikdesigner gezahlten Honorare eine Künstlersozialabgabe zu entrichten hat.

Risiken bei Beschäftigung von Mitarbeitern

Eine Beschäftigung von Mitarbeitern kann steuerrechtlich zur Folge haben, dass eine freiberufliche künstlerische Tätigkeit zum Gewerbe wird. Außerdem kann die Beschäftigung von Arbeitnehmern zu einem Wegfall der Künstlersozialversicherungspflicht führen.

Steuerrechtliche Risiken

Steuerrechtliche Probleme können sich nur bei der Beschäftigung qualifizierter Mitarbeiter ergeben. Dagegen wirkt sich die Einstellung nichtqualifizierter Arbeitskräfte, die lediglich Hilfstätigkeiten ausführen, jedoch keine dem Künstler obliegende Leistung in eigener Verantwortung übernehmen, auf die Anerkennung einer freiberuflichen Tätigkeit in der Regel nicht aus.

Beispiel

Ein Fotodesigner beschäftigt eine Putzhilfe, die sein Studio in Ordnung hält, sowie eine Sekretärin, die den Terminkalender führt, die Korrespondenz abwickelt, Reisen organisiert und Rechnungen schreibt. Die Beschäftigung dieser Mitarbeiter ist aus steuerrechtlicher Sicht für das Vorliegen einer freiberuflichen künstlerischen Tätigkeit unschädlich.

Auch die Mithilfe qualifizierter, fachlicher vorgebildeter Arbeitskräfte lässt den freiberuflichen Status eines Kunstschaffenden grundsätzlich unberührt. Allerdings verlangt das Gesetz in diesem Fall, dass der Künstler aufgrund eigener Fachkenntnisse leitend und eigenverantwortlich tätig wird (§ 18 Abs. 1 Nr. 1 Satz 3 EStG). Eine leitende Tätigkeit liegt vor, wenn der Berufsträger die Grundzüge für die Organisation der Tätigkeitsbereiche und die Durchführung der Tätigkeiten festlegt, durch fachliche Aufsicht auf seine Mitarbeiter einwirkt und die Letztentscheidung im Einzelfall behält. Eine eigenverantwortliche Tätigkeit ist bei der Beschäftigung von Mitarbeitern in einem künstlerischen Beruf nach Auffassung der Rechtsprechung nur dann gewährleistet, wenn der Künstler auf sämtliche zur Herstellung eines Kunstwerks erforderlichen Tätigkeiten, soweit sie nicht in künstlerischer Hinsicht von untergeordneter Bedeutung sind, den entscheidenden gestaltenden Einfluss ausübt.

Beispiel

Der Fotodesigner aus dem vorangegangenen Beispiel beschäftigt auch einen Assistenten, der ihm bei den Aufnahmearbeiten zur Hand geht und teilweise nach seinen Anweisungen und unter seiner fachlichen Aufsicht fotografiert, ohne jedoch auf die Gestaltung der Fotos Einfluss zu nehmen. Der freiberufliche Künstlerstatus wird durch die Mitarbeit des Assistenten nicht in Frage gestellt.

TIPPS ZUR SICHERUNG DER ANERKENNUNG ALS KÜNSTLER

Beispiel Der Fotodesigner überlässt dem Assistenten nach einem Jahr die selbständige Abwicklung der Fotoarbeiten einschließlich der Festlegung der gestalterischen Linie. Er selbst beschränkt sich weitgehend auf die Beschaffung neuer Aufträge. Die Voraussetzungen einer freiberuflichen künstlerischen Tätigkeit sind damit nicht mehr erfüllt.

Risiken in Bezug auf die Künstlersozialversicherung

Zu den charakteristischen Merkmalen des Künstlerberufs gehört neben dem künstlerisch-kreativen Aspekt, dass der freie Künstler seinen Beruf grundsätzlich höchstpersönlich und nicht durch Hilfskräfte ausübt. Deshalb kann die Beschäftigung von Mitarbeitern auch im Bereich der Künstlersozialversicherung die Anerkennung der „Künstlereigenschaft" gefährden. Anders jedoch als das Steuerrecht, das die Zuordnung zum Gewerbe nicht starr an die Anzahl der Mitarbeiter, sondern relativ flexibel an den Wegfall der Leitungsfunktion und Eigenverantwortlichkeit des Berufsträgers knüpft, geht § 1 Nr. 2 KSVG davon aus, dass die Sozialversicherungspflicht ohne weiteres entfällt und ein Künstler nicht mehr Mitglied der Künstlersozialkasse sein kann, wenn er im Zusammenhang mit der künstlerischen Tätigkeit mehr als einen Arbeitnehmer beschäftigt. Dabei bleiben allerdings solche Personen unberücksichtigt, die zur Berufsausbildung oder nur geringfügig im Sinne des § 8 SGB IV beschäftigt werden.

Beispiel Ein Grafikdesigner beschäftigt einen Reinzeichner als Vollzeitarbeitnehmer sowie eine Bürokraft, die nur drei Stunden pro Woche für ihn arbeitet und monatlich 225,00 € verdient. Die Künstlersozialversicherungspflicht wird durch diese Gestaltung nicht berührt, weil die geringfügig beschäftigte Bürokraft unberücksichtigt bleibt und der Künstler folglich nicht mehr als einen Arbeitnehmer beschäftigt.

Beispiel Der Grafikdesigner ist so gefragt, dass der Organisationsaufwand steigt und die Bürokraft ebenfalls als Vollzeitkraft arbeitet. Damit werden zwei Arbeitnehmer im Sinne des § 1 Nr. 2 KSVG beschäftigt, so dass die Künstlersozialversicherungspflicht entfällt.

Beispiel Der Grafikdesigner belässt es bei der geringfügigen Beschäftigung der Bürokraft und stellt eine weitere Bürohilfe ein, die ebenfalls nur wenige Stunden in der Woche arbeitet und monatlich 225,00 € erhält. Bei dieser Gestaltung bleibt die Künstlersozialversicherungspflicht bestehen, weil nur der Vollzeit-Reinzeichner als Arbeitnehmer zählt und die beiden Teilzeitkräfte nicht berücksichtigt werden.

Einfluss auf die Sozialversicherungspflicht hat nach § 1 Nr. 2 KSVG nur die Beschäftigung von Arbeitnehmern. Das bedeutet, dass die Mithilfe freier Mitarbeiter für den Künstler versicherungsrechtlich ohne Folgen bleibt. Sind allerdings die freien Mitarbeiter ihrerseits künstlerisch tätig, kann ihre Beschäftigung dazu führen, dass der „Arbeitgeber" zum künstlersozialabgabepflichtigen Unternehmer wird.

Beispiel

Ein Fotodesigner stellt eine Bürokraft als Vollzeitarbeitnehmerin ein und engagiert einen Assistenten als freien Mitarbeiter. Die Künstlersozialversicherungspflicht bleibt damit bestehen, da nicht mehr als ein Arbeitnehmer (Bürokraft) beschäftigt wird. Falls allerdings die Tätigkeit des Assistenten als künstlerisch einzustufen ist, ergibt sich für den Fotodesigner die scheinbar paradoxe Situation, dass er als Künstler der Sozialversicherungspflicht unterliegt und gleichzeitig als Unternehmer, der die Leistungen eines anderen Künstlers in Anspruch nimmt, künstlersozialabgabepflichtig ist.

Risiken einer Zusammenarbeit mit anderen Selbständigen

Ebenso wie bei der Beschäftigung von Arbeitnehmern oder freien Mitarbeitern sind auch bei der gleichberechtigten Zusammenarbeit mit anderen Selbständigen die damit verknüpften rechtlichen Konsequenzen zu beachten. Folgende Fallgestaltungen kommen hierbei in Frage:

Zusammenarbeit in Form einer Kapitalgesellschaft

Schließen sich mehrere Künstler zu einer Kapitalgesellschaft (z.B. GmbH) zusammen, werden die von der Gesellschaft erzielten Einkünfte steuerrechtlich als gewerbliche Einkünfte behandelt (§ 2 Abs. 2 Nr. 2 GewStG). Die Künstler selbst beziehen als Gesellschafter der GmbH ebenfalls keine freiberuflichen Einkünfte, sondern Einkünfte aus Kapitalvermögen. Für das Einkommen- und Gewerbesteuerrecht bleibt also unerheblich, ob die Gesellschaft selbst oder einer ihrer Gesellschafter künstlerisch tätig ist.

Die Versicherungspflicht nach dem KSVG kann ebenfalls berührt werden, wenn die künstlerische Tätigkeit im Rahmen der Beteiligung an einer Kapitalgesellschaft erbracht wird. Insbesondere in den Fällen, in denen sich der Künstler in einem Dienstvertrag den Weisungsbefugnissen der Gesellschaft unterwirft, kommt es zu einer abhängigen Beschäftigung und damit zum Wegfall der Künstlersozialversicherungspflicht. Dagegen schließt ein Dienstvertrag die Selbständigkeit dann nicht aus, wenn der Künstler als Mehrheitsgesellschafter Entscheidungen der Gesellschaft verhindern kann oder aufgrund seiner faktischen Stellung in der Gesellschaft keinerlei Weisungen unterliegt.

Zusammenarbeit in Form einer Personengesellschaft

Schließen sich mehrere Künstler zu einer BGB-Gesellschaft zusammen, um ihren Beruf gemeinsam auszuüben, sind sie steuerrechtlich Mitunternehmer (§ 18 Abs. 5, § 15 Abs. 1 Nr. 2 EStG). Sofern alle beteiligten Mitunternehmer in der Gesellschaft freiberuflich (künstlerisch) mitarbeiten und dabei leitend und eigenverantwortlich tätig sind, ändert sich am Charakter der Einkünfte aus freiberuflicher Tätigkeit nichts.

Beispiel

Zwei künstlerisch arbeitende Modeschöpfer wollen gemeinsam Modellkollektionen entwickeln, um sie Bekleidungsfirmen anzubieten. Die Zusammenarbeit soll in der Rechtsform einer BGB-Gesellschaft erfolgen. Steuerrechtlich lässt diese Mitunternehmerschaft den freiberuflichen Status der Beteiligten unberührt.

Eine lediglich kapitalmäßige Beteiligung eines Künstlers an einer Personengesellschaft oder die Beteiligung berufsfremder Personen hat dagegen in der Regel zur Folge, dass der von der Gesellschaft erzielte Gewinn insgesamt den Einkünften aus Gewerbebetrieb zugeordnet wird. Das betrifft vor allem die Fälle, in denen der berufsfremde Mitgesellschafter nicht freiberuflich, sondern gewerblich tätig ist. Aber auch wenn alle Gesellschafter einen freien Beruf ausüben, die einzelnen Tätigkeiten jedoch inhaltlich völlig fremd nebeneinander stehen, handelt es sich steuerrechtlich um eine gewerbliche Mitunternehmerschaft.

Beispiel

Die Modeschöpfer aus dem vorhergehenden Beispiel beteiligen an ihrer BGB-Gesellschaft eine Schneiderin, die nach den Entwürfen der beiden Künstler Kollektionsmuster anfertigt, die auf Messen und bei Kunden vorgeführt werden. Die Beteiligung einer Gesellschafterin, die eine handwerkliche Tätigkeit ausübt, bewirkt eine Zuordnung des gesamten Gewinns zu den Einkünften aus Gewerbebetrieb.

Beispiel

Die beiden Modeschöpfer arbeiten hauptsächlich für Kunden im spanischen Sprachraum. Da sie über keinerlei Spanischkenntnisse verfügen, schließen sie sich mit einem Dolmetscher und Übersetzer zusammen, der sie als Mitgesellschafter bei der Wahrnehmung der Kundenkontakte und der Übersetzung der Korrespondenz unterstützt. Obwohl die Tätigkeit des Dolmetschers und Übersetzers zu den Katalogberufen des § 18 Abs. 1 Nr. 1 EStG gehört, kann im Rahmen einer solchen Zusammenarbeit keiner der Beteiligten mehr freiberufliche Einkünfte haben. Wegen der heterogenen Berufe der Beteiligten entsteht vielmehr eine gewerbliche Mitunternehmerschaft mit der Folge, dass alle Beteiligten gewerbesteuerpflichtig werden.

| | *Beispiel* | *Die beiden Modeschöpfer gründen gemeinsam mit zwei freiberuflichen Textildesignern eine BGB-Gesellschaft, damit die Modekollektionen insgesamt, d.h. sowohl im Schnitt als auch hinsichtlich der Stoffmuster nach künstlerischen Prinzipien gestaltet werden können. In diesem Fall besteht eine Parallelrichtung der verschiedenen Tätigkeiten, so dass trotz der Unterschiedlichkeit der Berufe eine freiberufliche Mitunternehmerschaft vorliegen dürfte.* |

Wird statt einer BGB-Gesellschaft eine Personenhandelsgesellschaft (OHG oder KG) gegründet, ist zu beachten, dass solche Gesellschaften stets auf den Betrieb eines Handelsgewerbes gerichtet sind (§ 105, § 124 HGB). Sie müssen daher ins Handelsregister eingetragen werden. Darüber hinaus kann auch eine Eintragung in die Handwerksrolle erforderlich sein, falls die Geschäftstätigkeit der OHG oder KG einen Bezug zu einem Handwerksberuf aufweist.

Zusammenarbeit bei technischen Hilfeleistungen (Atelier-, Studio-, Bürogemeinschaft)

Auch im künstlerischen Bereich gibt es zunehmend Kooperationen, die unter Beibehaltung der beruflichen Eigenständigkeit auf die gemeinschaftliche Nutzung personeller oder sachlicher Hilfsmittel gerichtet sind. Zu denken ist etwa an die gemeinsame Anmietung eines Studios durch zwei Fotodesigner oder die Finanzierung und abwechselnde Nutzung eines teuren Grafikcomputers durch mehrere Grafikdesigner. Der Zweck dieser Zusammenschlüsse ist nicht auf die gemeinsame Ausübung der freiberuflichen Tätigkeit der Beteiligten gerichtet, sondern auf die Erbringung von Teil- und Hilfsleistungen für diese Tätigkeit.

Auf die steuerrechtliche Qualifizierung der Einkünfte der Beteiligten hat die begrenzte Zusammenarbeit in einer solchen „technischen Hilfsgemeinschaft" keine Auswirkungen. Die Gewinnermittlung ist für jeden, der sich an einer Atelier-, Studio-, Büro-, oder sonstigen Nutzungsgemeinschaft beteiligt, gesondert vorzunehmen. Deshalb ist es sogar denkbar, dass auch unterschiedliche Berufe, also z.B. Künstler und Gewerbetreibende, im Bereich der technischen Hilfsleistungen zusammenarbeiten.

| | *Beispiel* | *Ein Grafikdesigner (Künstler) und eine kleine Werbeagentur (Gewerbebetrieb) mieten gemeinsam einen Büroraum und stellen eine Sekretärin zur Erledigung der in beiden Unternehmen anfallenden Büroarbeiten ein. Sofern der Grafikdesigner und die Agentur im übrigen getrennt und eigenständig arbeiten, hat diese Form der Kooperation für den freiberuflichen Status des Grafikdesigners keine negativen steuerlichen Folgen.* |

5 — Beweissicherung

Um die Anerkennung der „Künstlereigenschaft" sicherzustellen, sollten sämtliche Unterlagen, die als Nachweis und Indiz einer künstlerischen Tätigkeit in Frage kommen, möglichst vom Beginn der Berufstätigkeit an gesammelt und als Beweismittel-Dokumentation bereitgehalten werden.

Zu einer solchen Dokumentation gehören nicht nur die vollständigen Ausbildungsnachweise, sondern auch Urkunden über einzelne Auszeichnungen, die der Künstler erhalten hat, insbesondere über die Verleihung von Kunstpreisen und sonstige Ehrungen, die mit der künstlerischen Tätigkeit im Zusammenhang stehen. Auch die Teilnahme an Kunstausstellungen, eine Besprechung oder Erwähnung der Arbeiten des Künstlers in Fachzeitschriften, Fernsehberichten oder anderen Medien sollte dokumentiert werden, denn das damit nachgewiesene öffentliche Interesse und die Anerkennung einer künstlerischen Leistung durch das Fachpublikum oder eine breite Öffentlichkeit betrachtet die Rechtsprechung als gewichtiges Beweisanzeichen für die „Künstlereigenschaft". Eine bedeutende Indizwirkung hat auch die Veröffentlichung der Werke des Künstlers in Kunstbüchern und -zeitschriften, ebenso der Verkauf seiner Arbeiten über Kunstgalerien.

Weiter empfiehlt sich eine Archivierung der wichtigsten Arbeiten, die der Künstler im Verlauf seiner Berufstätigkeit ausführt. Dadurch wird sichergestellt, dass einem Sachverständigen bei einer eventuell notwendigen Begutachtung der künstlerischen Tätigkeit qualifiziertes Prüfmaterial zur Verfügung steht.

10 *Steuern und Buchführung*

EINKOMMENSTEUER

Wolfgang Emmerling

1 Einkunftsarten und steuerfreie Einnahmen

Der Einkommensteuer unterliegen gemäß § 2 Abs. 1 EStG folgende Einkünfte:
- Einkünfte aus Land- und Forstwirtschaft;
- Einkünfte aus Gewerbebetrieb;
- Einkünfte aus selbständiger Arbeit;
- Einkünfte aus nichtselbständiger Arbeit;
- Einkünfte aus Kapitalvermögen;
- Einkünfte aus Vermietung und Verpachtung;
- sonstige Einkünfte im Sinne des § 22 EStG.

Die Aufzählung in § 2 Abs. 1 EStG ist abschließend. Einnahmen, die dort nicht erfasst werden, unterliegen auch nicht der Einkommensteuer. Einkommensteuerfrei sind insbesondere:
- Erbschaften und Schenkungen (die allerdings vom Erbschaft- und Schenkungsteuergesetz erfasst werden);
- Schadensersatzzahlungen (mit Ausnahme von Entschädigungen für entgangene oder entgehende Einnahmen);
- Auszahlung einer privaten Lebensversicherung (falls nicht Auszahlung in Rentenform erfolgt)
- Abfindungen zur Ablösung einer Rente;
- Ehrenpreise (falls sie nicht mit einer der gesetzlichen Einkunftsarten zusammenhängen)
- Einkünfte aus Spiel und Wette;
- Einkünfte aus der Veräußerung privater Vermögensgegenstände (mit Ausnahme der Spekulationsgewinne und der Gewinne aus einer Veräußerung von wesentlichen Beteiligungen an Kapitalgesellschaften).

Von der Einkommensteuer befreit sind auch die in §§ 3 ff. EStG aufgeführten Einnahmen. Es handelt sich um mehr als 70 Einzelpositionen, die der Gesetzgeber aus den unterschiedlichsten Gründen für steuerfrei erklärt hat. Zu den befreiten Einnahmen gehören unter anderem:
- Versicherungs-, Versorgungs- und Entschädigungsbezüge sowie soziale Beihilfen;
- Zuwendungen an hilfsbedürftige Künstler sowie Stipendien zur Förderung der künstlerischen Ausbildung;
- Einnahmen aus nebenberuflichen künstlerischen Tätigkeiten bis zu 1.848,00 € pro Jahr (§ 3 Nr. 26 EStG).

2 Erläuterung einzelner Einkunftsarten

Einkünfte aus Gewerbebetrieb (§ 15 EStG)

Unter „Gewerbebetrieb" versteht man jede selbständige nachhaltige Tätigkeit, die mit Gewinnerzielungsabsicht unternommen wird, mit einer Teilnahme am allgemeinen wirtschaftlichen Verkehr verbunden und keine Land- und Forstwirtschaft und auch keine freiberufliche oder sonstige selbständige Arbeit im Sinne des § 18 EStG ist. Nach dieser Definition ist die Zuordnung der selbständigen Berufsausübung zum Gewerbe die Regel und die nichtgewerbliche (z.B. freiberufliche) Ausübung einer selbständigen Tätigkeit die Ausnahme.

Gewerbebetriebe sind insbesondere die Handwerksbetriebe, Dienstleistungsbetriebe, Einzel- und Großhandelsbetriebe, Fabrikationsbetriebe, Beherbergungsbetriebe. Als Gewerbebetrieb gilt außerdem stets und in vollem Umfang die Tätigkeit einer Kapitalgesellschaft (z.B. AG, GmbH), und zwar auch dann, wenn dieselbe Tätigkeit – von einer Einzelperson oder Personengesellschaft betrieben – als Ausübung eines freien Berufs einzustufen wäre.

Einkünfte aus selbständiger Arbeit (§ 18 EStG)

Die wichtigste Kategorie des § 18 EStG ist die freiberufliche Tätigkeit, zu der folgende Berufe gehören:
- die sogenannten Katalogberufe, die in § 18 Abs. 1 Nr. 1 EStG ausdrücklich aufgeführt werden (insbesondere Heilberufe, rechts- und wirtschaftsberatende Berufe, Ingenieure, Architekten, Journalisten und Bildberichterstatter, Dolmetscher, Übersetzer und Lotsen);
- die den Katalogberufen ähnlichen Berufe, die einem der Katalogberufe in allen typischen Merkmalen entsprechen müssen;
- die künstlerischen, wissenschaftlichen, schriftstellerischen, unterrichtenden und erzieherischen Berufe.

Einkünfte aus nichtselbständiger Arbeit (§ 19 EStG)

Einkünfte aus nichtselbständiger Arbeit erzielen die Arbeitnehmer, denen die Ruhegehaltsempfänger (Pensionäre) gleichgestellt sind. Arbeitnehmer ist, wer nach Art, Ort und Zeit seiner Tätigkeit den Weisungen eines anderen (des Dienstherren) unterliegt.

Die nichtselbständige unterscheidet sich von der selbständigen Tätigkeit der Gewerbetreibenden und Freiberufler also nicht durch den

Inhalt der Tätigkeit, sondern allein dadurch, dass sie in abhängiger Stellung ausgeübt wird. Ein Fotograf, der nur für einen Auftraggeber unter dessen Aufsicht und in dessen Betriebsräumen mit fester Arbeits- und Urlaubszeit und für eine gleichbleibende monatliche Vergütung tätig ist, bezieht Einkünfte aus nichtselbständiger Arbeit. Wird dieselbe Arbeit aufgrund eines freien Auftragsverhältnisses im Studio eines anderen Fotografen ausgeführt, ohne Bindung an Weisungen des Auftraggebers bei freier Einteilung der Arbeitszeit und Zahlung einer werkbezogenen, also leistungsabhängigen Vergütung, so handelt es sich um eine selbständige Tätigkeit, deren Gewinn – je nach Einstufung als künstlerische oder gewerbliche Leistung – entweder den Einkünften aus Gewerbebetrieb (§ 15 EStG) oder den Einkünften aus freiberuflicher Tätigkeit (§ 18 EStG) zuzuordnen ist.

Bei den Einkünften aus nichtselbständiger Arbeit wird die Einkommensteuer durch Abzug vom Arbeitslohn (als „Lohnsteuer") erhoben.

3 —— Ermittlung des steuerpflichtigen Einkommens

Die Einkommensteuer ist eine Jahressteuer. Grundlage für ihre Festsetzung ist das Einkommen, das der Steuerpflichtige innerhalb eines Kalenderjahres bezogen hat. Das zu versteuernde Einkommen wird wie folgt ermittelt:

	Summe der jeweils positiven Einkünfte aus den sieben Einkunftsarten
+	Hinzurechnungsbetrag (§ 2 a Abs. 3 Satz 3, Abs. 4 EStG oder § 2 Abs. 1 Satz 3, Abs. 2 AuslInvG)
./.	Summe der verrechenbaren negativen Einkünfte (§ 2 Abs. 3 bis 8 EStG)
=	Summe der Einkünfte (§ 2 Abs. 1 EStG)
./.	Altersentlastungsbetrag (§ 24 a EStG)
./.	Freibetrag für Land- und Forstwirte (§ 13 Abs. 3 EStG)
=	Gesamtbetrag der Einkünfte (§ 2 Abs. 3 EStG)

```
    Gesamtbetrag der Einkünfte (§ 2 Abs. 3 EStG)
./. Verlustabzug nach § 10 d EStG (aktuelle Fassung)
./. Sonderausgaben (§§ 10, 10 b, 10 c EStG)
./. außergewöhnliche Belastungen (§§ 33 bis 33 b EStG)
./. Sonderausgabenabzug gem. §§ 10 e bis 10 i, § 52 Abs. 21
    Satz 6 bis 7 EStG 1997 u. § 7 FördG)
./. Verlustabzug nach § 10 d EStG (Fassung bis 1997)
 +  zurechenbares Einkommen einer Familienstiftung
    (§ 15 Abs. 1 AStG)
_____

 =  Einkommen (§ 2 Abs. 4 EStG)
./. Kinderfreibeträge (§ 31 und § 32 Abs. 6 EStG)
./. Haushaltsfreibetrag (§ 32 Abs. 7 EStG)
./. Härteausgleich (§ 46 Abs. 3 EStG, § 70 EStDV)
_____

 =  zu versteuerndes Einkommen (§ 2 Abs. 5 EStG)
```

4 Steuertarif

Auf das zu versteuernde Einkommen wird der Einkommensteuertarif angewendet. Dieser Tarif hat folgenden Aufbau (Stand: Januar 2003):
- Grundfreibetrag für zu versteuernde Einkommen bis 7.235,00 € (Grundtabelle) bzw. 14.471,00 € (Splittingtabelle)[1];
- Progressionszone mit ansteigenden Grenzsteuersätzen von 19,9 Prozent bis 48,5 Prozent[2];
- Obere Proportionalzone mit konstantem Grenzsteuersatz von 48,5 Prozent[3] ab einem zu versteuernden Einkommen von 55.008,00 € (Grundtabelle) bzw. 110.016,00 € (Splittingtabelle)[4].

Bei Ehegatten, die zusammen zur Einkommensteuer veranlagt werden, kommt der Splittingtarif zur Anwendung. Nach diesem Tarif wird das zu versteuernde Einkommen beider Ehegatten zusammengerechnet und dann hälftig geteilt. Sodann wird der Steuerbetrag ermittelt, der sich für die Hälfte des gemeinschaftlichen Einkommens ergibt. Dieser Steuerbetrag wird anschließend verdoppelt.

Ausnahmen vom Grund- und Splittingtarif gibt es für außerordentliche Einkünfte (§ 34 EStG), die nur mit einem ermäßigten Satz zu versteuern sind. Zu den außerordentlichen Einkünften gehören unter anderem Veräußerungsgewinne sowie Entschädigungen, die als Ersatz für entgangene oder entgehende Einnahmen gewährt worden sind. Außerdem gibt es bei Einkünften aus Gewerbebetrieb seit Anfang 2001

---

[1] Ab 2004: 7.426,00 € (Grundtabelle) bzw. 14.853,00 € (Splittingtabelle)
[2] Ab 2004: 17,0 Prozent bis 47,0 Prozent.
[3] Ab 2004: 47,0 Prozent
[4] Ab 2004: 52.293,00 € (Grundtabelle)bzw. 104.586,00 € (Splittingtabelle)

eine Steuerermäßigung in der Form, dass die Gewerbesteuer bei den damit belasteten Einkünften fiktiv angerechnet wird (§ 35 EStG). Die Anrechnung erfolgt in der Weise, dass der 1,8-fache Gewerbesteuermessbetrag, den das Finanzamt für den jeweiligen Erhebungszeitraum festsetzt, von der auf die gewerblichen Einkünfte entfallenden tariflichen Einkommensteuer abgezogen wird (dazu auch Seite 262 f.).

5 Gewinnermittlung

Betriebsvermögensvergleich

Die für die Besteuerung maßgebenden Einkünfte (= der Gewinn) werden bei buchführungspflichtigen Gewerbetreibenden und bei Land-/Forstwirten durch einen Betriebsvermögensvergleich ermittelt. Der Betriebsvermögensvergleich erfolgt in der Bilanz, in der das Betriebsvermögen am Schluss des Wirtschaftsjahres mit dem Betriebsvermögen am Schluss des vorangegangenen Wirtschaftsjahres – vermehrt um den Wert der Entnahmen und vermindert um den Wert der Einlagen – verglichen wird. Der Unterschiedsbetrag ist der zu ermittelnde Gewinn.

Einnahmenüberschussrechnung

Für die nicht buchführungspflichtigen Kleingewerbetreibenden und die Freiberufler besteht keine Bilanzierungspflicht. Sie können als Gewinn den Überschuss der Betriebseinnahmen über die Betriebsausgaben ansetzen.

6 Betriebseinnahmen und Betriebsausgaben

Betriebseinnahmen

Der Begriff der Betriebseinnahmen umfasst alle betrieblich veranlassten Wertzugänge zum Betriebsvermögen, die keine Einlagen sind. Zu beachten ist, dass die Einnahmen nicht unbedingt in Form von Geld erfolgen müssen. Sie können auch in Sachwerten bestehen (z.B. kostenlose Überlassung von Studioräumen gegen Arbeitsleistung).

Betriebsausgaben

Betriebsausgaben sind Aufwendungen, die durch den Betrieb veranlasst sind. Eine betriebliche Veranlassung liegt vor, wenn ein Zusammenhang der Ausgabe mit dem Betrieb objektiv besteht und die Aufwendungen subjektiv zur Förderung des Betriebs gemacht werden. Wie bei den Betriebseinnahmen können auch die Ausgaben in bar oder in Sachwerten geleistet werden.

Nichtabzugsfähige Betriebsausgaben (§ 4 Abs. 5 EStG)

Auch wenn die objektive und subjektive betriebliche Veranlassung vorliegt, schließt das Gesetz bei bestimmten Aufwendungen einen Abzug als Betriebsausgabe aus. Dieser Ausschluss betrifft insbesondere folgende Aufwendungen:
- Geschenke an Geschäftsfreunde über 40,00 € (Nettobetrag);
- 20 Prozent der betrieblich veranlassten Bewirtungskosten;
- Aufwendungen für Gästehäuser, Jagden, Segel- und Motorjachten und ähnliche Aufwendungen;
- Mehraufwendungen für Verpflegungen über die zugelassenen Höchstgrenzen hinaus;
- Fahrtkosten zwischen Wohnungs- und Arbeitsstätte, die bestimmte, in § 4 Abs. 5 Nr. 6 EStG definierte Grenzen übersteigen;
- Mehraufwendungen für eine über zwei Jahre andauernde doppelte Haushaltsführung;
- Aufwendungen für häusliche Arbeitszimmer, wenn die Voraussetzungen des § 4 Abs. 5 Nr. 6 b EStG nicht erfüllt werden;
- Kosten der Lebensführung und unangemessene Aufwendungen ;
- Verwarnungsgelder, Geldbußen, Geldstrafen und Zinsen für hinterzogene Steuern;
- Zinsen auf hinterzogene Steuern (§ 235 AO).

Abgrenzung der Betriebsausgaben von den Lebenshaltungskosten (§ 12 EStG)

Lebenshaltungskosten sind grundsätzlich vom Abzug ausgeschlossen. Soweit eine einwandfreie Trennung zwischen Betriebsausgaben und Lebenshaltungskosten nicht eindeutig oder im Schätzungswege vorgenommen werden kann, werden sie der privaten Sphäre zugeordnet und sind damit nichtabzugsfähig.

Zu den Lebenshaltungskosten gehören alle für den Haushalt des Steuerpflichtigen und für den Unterhalt seiner Familienangehörigen aufgewendeten Beträge, auch die Aufwendungen für die Lebensführung, die die wirtschaftliche oder gesellschaftliche Stellung des Steuerpflichtigen mit sich bringt, selbst wenn sie zur Förderung seines Berufs oder seiner Tätigkeit erfolgen.

Reisekosten als Betriebsausgaben

Für den Abzug von Reisekosten als Betriebsausgaben ist maßgebend, ob die Aufwendungen objektiv durch die besonderen betrieblichen Gegebenheiten veranlasst sind und die Befriedigung privater Interessen (z.B. Erholung, Bildung, Erweiterung des allgemeinen Gesichtskreises) nach dem Anlass der Reise, dem vorgesehenen Programm und der tatsächlichen Durchführung nahezu ausgeschlossen ist.

Durchlaufende Posten

Aufwendungen, die nicht für das eigene Unternehmen, sondern im Namen und für Rechnung Dritter getätigt werden, sind keine Betriebsausgaben, sondern vorgelegte Auslagen. Diese Aufwendungen dürfen nicht als Betriebsausgaben abgesetzt werden. Sie sind als durchlaufende Gelder zu verbuchen.

7 Sonderausgaben und außergewöhnliche Belastungen

Sonderausgaben

Sonderausgaben sind Kosten der Lebensführung, die aber kraft ausdrücklicher gesetzlicher Bestimmungen (§§ 10 ff. EStG) vom Gesamtbetrag der Einkünfte abzuziehen sind und sich daher steuerlich auswirken sollen. Hierzu gehören insbesondere:

Beschränkt abziehbare Sonderausgaben

Unter diese Gruppe fallen die sogenannten Vorsorgeaufwendungen, die im einzelnen in § 10 Abs. 1 Nr. 2 EStG aufgeführt sind. Es sind dies:
- Beiträge zu Kranken-, Pflege-, Unfall- und Haftpflichtversicherungen, zu den gesetzlichen Rentenversicherungen und an die Bundesanstalt für Arbeit;
- Beiträge zu bestimmten Versicherungen auf den Erlebens- oder Todesfall (Lebensversicherungen, Kapitalversicherungen, Rentenversicherungen, Pflegeversicherungen).

Die vorgenannten Vorsorgeleistungen sind nicht in vollem Umfang abzugsfähig, vielmehr gibt es eine Staffelrechnung, die dazu führt, dass jährliche Höchstbeträge beim Abzug nicht überschritten werden.

Unbeschränkt abziehbare Sonderausgaben

Andere Sonderausgaben, die keine Vorsorgeleistungen darstellen, können in der Regel unbeschränkt abgezogen werden. In Einzelfällen gelten allerdings auch für diese Sonderausgaben betragsmäßige Ober-

grenzen. Zu den prinzipiell unbeschränkt abziehbaren Sonderausgaben gehören unter anderem:
- Unterhaltsleistungen an den geschiedenen oder getrennt lebenden unbeschränkt einkommensteuerpflichtigen Ehegatten bis zu 13.805,00 € im Jahr, soweit dieser sich verpflichtet, die Unterhaltsleistungen seinerseits als sonstige Einkünfte zu versteuern (Realsplitting);
- auf besonderen Verpflichtungsgründen beruhende Renten und dauernde Lasten, die nicht mit Einkünften in wirtschaftlichem Zusammenhang stehen, die bei der Veranlagung außer Betracht bleiben;
- die im Veranlagungsraum tatsächlich gezahlte Kirchensteuer (abzüglich erhaltener Erstattungen);
- Steuerberatungskosten, soweit diese nicht bereits als Betriebsausgaben oder Werbungskosten berücksichtigt wurden;
- Aufwendungen des Steuerpflichtigen für seine Berufsausbildung oder Weiterbildung in einem nicht ausgeübten Beruf bis zu 920,00 € im Jahr (bei auswärtiger Unterbringung bis zu 1.227,00 €);
- 30 Prozent des Schulgeldes für bestimmte Ersatz- oder Ergänzungsschulen ohne Betreuungs- und Verpflegungskosten.

Außergewöhnliche Belastungen

Außergewöhnliche Belastungen sind dem Grunde nach Aufwendungen, die weder Betriebsausgaben noch Werbungskosten darstellen und somit dem Bereich der nicht abziehbaren Lebenshaltungskosten zuzuordnen wären, wenn hier nicht durch §§ 33 ff. EStG eine ausdrückliche gesetzliche Ausnahme geschaffen worden wäre. Man kann die außergewöhnlichen Belastungen in vier große Gruppen einteilen:
- außergewöhnliche Belastungen allgemeiner Art (§ 33 EStG);
- außergewöhnliche Belastungen in besonderen Fällen (§ 33 a EStG);
- Pauschbeträge für Behinderte, Hinterbliebene und Pflegepersonen (§ 33 b EStG);
- Kinderbetreuungskosten (§ 33 c EStG).

Praktisch bedeutsam sind vor allem die „außergewöhnlichen Belastungen allgemeiner Art" und die „außergewöhnlichen Belastungen in besonderen Fällen":

Außergewöhnliche Belastungen allgemeiner Art

Erwachsen dem Steuerpflichtigen zwangsläufig größere Aufwendungen als der überwiegenden Mehrheit der Steuerpflichtigen gleicher Einkommensverhältnisse, gleicher Vermögensverhältnisse und gleichen Familienstandes, so wird auf Antrag die Einkommensteuer dadurch ermäßigt, dass der Teil der Aufwendungen, der die dem Steuerpflichtigen zumutbare Belastung übersteigt, vom Gesamtbetrag der Einkünfte abgezogen wird. Die zumutbare Belastung beträgt zwischen ein Prozent und sieben Prozent des Gesamtbetrages der Einkünfte und richtet sich nach der Höhe der Einkünfte und des Familienstandes bzw. der Anzahl der Kinder. Typische Beispiele für außergewöhnliche Belastungen allgemeiner Art sind:

- Arzt-, Zahnarzt-, Krankheitskosten;
- Beerdigungskosten für nahe Verwandte (Versicherungsleistung, Erbschaft, Nachlass müssen natürlich vorher abgezogen werden);
- Ehescheidungskosten.

Außergewöhnliche Belastungen in besonderen Fällen

In folgenden Fällen sind Aufwendungen unter bestimmten Voraussetzungen und in begrenztem Umfang als außergewöhnliche Belastungen zu berücksichtigen:

- Aufwendungen für den Unterhalt und eine etwaige Berufsausbildung von Personen, für die weder der Steuerpflichtige noch eine andere Person Anspruch auf einen Kinderfreibetrag hat;
- Aufwendungen des Steuerpflichtigen für die Berufsausbildung eines Kindes, für das er einen Kinderfreibetrag erhält (Ausbildungsfreibetrag);
- Aufwendungen für Beschäftigung einer Hilfe im Haushalt aufgrund Alters oder Behinderung;
- Aufwendungen für Heimunterbringung und dauernde Pflege des Steuerpflichtigen oder seines Ehegatten.

GEWERBESTEUER

Wolfgang Emmerling

Selbständige Designer unterliegen der Gewerbesteuer nur dann, wenn sie einen Gewerbebetrieb unterhalten. Wer dagegen als Designer einen freien Beruf ausübt (also einen der Katalogberufe des § 18 Abs. 1 Nr. 1 EStG, einen ähnlichen Beruf oder eine künstlerische Tätigkeit), hat mit der Gewerbesteuer in der Regel nichts zu tun. Dennoch sollten auch die freiberuflichen Designer die Grundzüge des Gewerbesteuerrechts kennen, damit sie sich für den Fall, dass das Finanzamt ihre Tätigkeit fälschlicherweise dem Gewerbe zuordnet, gegen eine Heranziehung zur Gewerbesteuer besser wehren können.

1 Gewerbesteuer als Gemeindesteuer

Die Gewerbesteuer wird als Gemeindesteuer erhoben. Das bedeutet, dass das Steueraufkommen unmittelbar der Gemeinde zufließt, in deren Bezirk das Gewerbe ausgeübt wird. Die Gemeinde legt auch den Hebesatz fest und bestimmt damit die Höhe der Gewerbesteuerbelastung. Außerdem wird der Gewerbesteuerbescheid von der Gemeinde erlassen. Das Finanzamt ist nur für den Gewerbesteuermessbescheid zuständig (anders z.B. in Berlin, Hamburg und Bremen, wo das gesamte Besteuerungsverfahren in der Hand der Finanzämter liegt).

2 Gewerbebetrieb als Gegenstand der Besteuerung

Begriff des Gewerbebetriebs

Der Gewerbesteuer unterliegen nur Gewerbebetriebe. Zu den Gewerbebetrieben gehören:
- die allein arbeitenden Selbständigen, die weder Land-/Forstwirtschaft betreiben noch einen freien Beruf ausüben und somit gewerblich tätig sind;
- die Personengesellschaften, die Handelsgeschäfte betreiben (OHG, KG);
- die Gesellschaften bürgerlichen Rechts (BGB-Gesellschaften), soweit sie nicht ausschließlich freiberufliche Zwecke verfolgen;
- die Kapitalgesellschaften (z.B. AG, GmbH, KG a.A.).

Dagegen gehören Arbeitsgemeinschaften, deren alleiniger Zweck sich auf die Erfüllung eines einzigen Werkvertrages beschränkt, in der Regel nicht zu den Gewerbebetrieben.

Konsequenzen für die selbständigen Designer

Zusammenarbeit in einer Kapitalgesellschaft

Schließen sich mehrere Designer zu einer Kapitalgesellschaft (z.B. GmbH) zusammen, gilt die Tätigkeit der Gesellschaft stets und in vollem Umfang als Gewerbebetrieb. Unerheblich bleibt, ob die Gesellschaft oder einer ihrer Gesellschafter künstlerische Leistungen erbringt.

Zusammenarbeit in einer BGB-Gesellschaft

Schließen sich mehrere Designer zu einer BGB-Gesellschaft zusammen, um ihren Beruf gemeinsam auszuüben, sind sie steuerrechtlich „Mitunternehmer". Sofern alle beteiligten Mitunternehmer in der Gesellschaft freiberuflich (künstlerisch) mitarbeiten und dabei leitend und eigenverantwortlich tätig sind, ändert sich am Charakter der Einkünfte aus freiberuflicher Tätigkeit nichts. Die Gewinne der Gesellschaft unterliegen also nicht der Gewerbesteuer.

Die Beteiligung berufsfremder Personen an einer BGB-Gesellschaft hat dagegen in der Regel zur Folge, dass der von der Gesellschaft erzielte Gewinn insgesamt den Einkünften aus Gewerbebetrieb zugeordnet wird. Das betrifft vor allem die Fälle, in denen der berufsfremde Mitgesellschafter nicht freiberuflich, sondern gewerblich tätig ist. Aber auch wenn alle Gesellschafter einen freien Beruf ausüben, die einzelnen Tätigkeiten jedoch inhaltlich völlig fremd nebeneinander stehen, handelt es sich steuerrechtlich um eine gewerbliche Mitunternehmerschaft.

Zusammenarbeit in einer Arbeitsgemeinschaft

Schließt sich ein freiberuflicher Designer mit einem anderen Unternehmer zu einer Arbeitsgemeinschaft zusammen, um ein bestimmtes Projekt zu realisieren, gilt die Tätigkeit der Arbeitsgemeinschaft selbst dann nicht als Gewerbebetrieb, wenn es sich bei den anderen Unternehmern um Gewerbetreibende handelt. Der Gewinnanteil des Designers bleibt also gewerbesteuerfrei.

Zusammenarbeit in einer Atelier- oder Studiogemeinschaft

Auch im künstlerischen Bereich gibt es zunehmend Kooperationen, die unter Beibehaltung der beruflichen Eigenständigkeit auf die gemeinschaftliche Nutzung personeller und sachlicher Mittel gerichtet sind. Zu denken ist etwa an die gemeinsame Anmietung eines Studios durch zwei Designer. Solche Atelier- oder Studiogemeinschaften und andere Formen der begrenzten Zusammenarbeit in einer technischen Hilfsgemeinschaft haben in der Regel keine Auswirkungen auf die steuerrechtliche Qualifizierung der Einkünfte und können für sich allein keine Gewerbesteuerpflicht begründen.

3 Bemessungsgrundlage der Gewerbesteuer

Bemessungsgrundlage für die Gewerbesteuer ist der Gewerbeertrag. Unter Gewerbeertrag versteht man den nach den Vorschriften des Einkommensteuergesetzes zu ermittelnden Gewinn aus dem Gewerbebetrieb, erhöht um die Hinzurechnungen, die in § 8 GewStG im einzelnen aufgeführt sind, und vermindert um die in § 9 aufgelisteten Kürzungen. Der so ermittelte Gewerbeertrag wird auf volle 100,00 € nach unten abgerundet und bei natürlichen Personen sowie bei Personengesellschaften außerdem um einen Freibetrag in Höhe von 24.500,00 € gekürzt.

Auf den danach verbleibenden Gewerbeertrag ist eine Steuermesszahl anzuwenden. Sie beträgt:
- bei Gewerbebetrieben, die von natürlichen Personen oder von Personengesellschaften betrieben werden,

1% → für die ersten 12.000,00 €
2% → für die weiteren 12.000,00 €
3% → für die weiteren 12.000,00 €
4% → für die weiteren 12.000,00 €
5% → für alle weiteren Beträge
- bei anderen Gewerbebetrieben generell 5 Prozent.

Aus der Anwendung der Steuermesszahl auf den Gewerbeertrag ergibt sich der Steuermessbetrag, der durch den Gewerbesteuermessbescheid festgesetzt wird.

4 Anwendung des Hebesatzes

Auf den Gewerbesteuermessbetrag wendet die Gemeinde den Hebesatz an. Der Hebesatz ist eine durch Beschluss des Gemeinderates festgesetzte Prozentzahl, die je nach dem Steuerbedarf der Gemeinde unterschiedlich hoch ausfällt (zwischen 80 Prozent und 500 Prozent).

Aus der Anwendung des Hebesatzes auf den vom Finanzamt festgestellten Gewerbesteuermessbetrag ergibt sich die zu zahlende Gewerbesteuer. Die Festsetzung der Gewerbesteuer erfolgt durch den Gewerbesteuerbescheid, den die Gemeinde (in einigen Bundesländern auch das Finanzamt) erlässt.

5 — Gewerbesteueranrechnung bei der Einkommensteuer

Die zu Beginn des Jahres 2001 in Kraft getretene Unternehmenssteuerreform sieht für die Einkünfte aus Gewerbebetrieb eine Anrechnung der Gewerbesteuer auf die Einkommensteuer vor. Die Anrechnung erfolgt in der Weise, dass der 1,8-fache Gewerbesteuermessbetrag, den das Finanzamt für den jeweiligen Erhebungszeitraum festsetzt, von der anteilig auf die gewerblichen Einkünfte entfallenden tariflichen Einkommensteuer abgezogen wird (§ 35 EStG). Durch diesen Abzug und die davon unberührt bleibende Abzugsfähigkeit der gezahlten Gewerbesteuer als Betriebsausgabe sollen Einzelunternehmer und Personengesellschaften von der Gewerbesteuer entlastet und die gewerblichen Einkünfte im Ergebnis den freiberuflichen Einkünften gleichgestellt werden.

Beispiel   *Ein alleinstehender Grafiker wird vom Finanzamt als Freiberufler (Künstler) eingestuft. Er erzielt im Jahr 2001 ein zu versteuerndes Einkommen von 44.895,00 €. Dafür ist eine tarifliche Einkommenssteuer von 12.192,00 € zu zahlen.*

Wird derselbe Grafikdesigner nicht als Freiberufler, sondern als Gewerbetreibender eingestuft und zur Gewerberbesteuer veranlagt, ergibt sich bei einem (angenommenen) kommunalen Hebesatz von 350 % eine Gewerbesteuerbelastung von 1.417,50 €. Zugleich reduziert sich aber die tarifliche Einkommensteuer durch die Anrechnung der Gewerbesteuer von 12.192,00 € auf 10.851,00 €, was einer Ersparnis von 1.341,00 € entspricht. Wegen der geringeren tariflichen Einkommensteuer werden außerdem 73,55 € Solidaritätszuschlag eingespart. Das ergibt zusammen eine Ersparnis von 1.414,55 €, so dass die Mehrbelastung des gewerbesteuerpflichtigen gegenüber dem freiberuflichen Grafikdesigner am Ende nur 2,95 € beträgt.

Wegen der Pauschalierung der Gewerbesteuer auf das 1,8-fache des zugrunde zu legenden Messbetrages wird ein gewerbliches Unternehmen allerdings nur dann vollständig von der Gewerbesteuer entlastet, wenn der kommunale Hebesatz bei etwa 340 Prozent (ab 2004: 310 Prozent) liegt. Bei einem höheren Hebesatz wird keine vollständige Entlastung von der Gewerbesteuer erreicht. Bei einem niedrigeren Hebesatz kommt es dagegen zu einer Überkompensierung, d.h. der gewerbesteuerpflichtige Unternehmer zahlt „unter dem Strich" sogar weniger Steuern als ein Freiberufler, der den gleichen Gewinn erzielt.

Ob sich mit der pauschalierten Anrechnung der Gewerbesteuer auf die Einkommensteuer die Hoffnung erfüllt, dadurch werde die leidige Abgrenzung zwischen den gewerblichen und den freiberuflichen Einkünften an Bedeutung verlieren, erscheint fraglich. Wenn man bedenkt, dass der durchschnittliche kommunale Hebesatz derzeit bei 428 Prozent liegt, eine vollständige Entlastung von der Gewerbesteuer aber nur bei einem Hebesatz von höchstens 340 Prozent eintritt (Stand: 2003), dann bleibt es für die meisten gewerblichen Unternehmen auch nach der Unternehmenssteuerreform bei einer steuerlichen Mehrbelastung gegenüber den Freiberuflern.

Es ist sogar denkbar, dass das Abgrenzungsproblem gerade wegen der Unternehmenssteuerreform an Aktualität gewinnt. Da Gewerbetreibende in Gemeinden mit besonders niedrigen Hebesätzen nicht nur von der Gewerbesteuer vollständig entlastet werden, sondern wegen der bereits erläuterten Überkompensation im Endeffekt sogar weniger Steuern zahlen als die Freiberufler, ist die Zuordnung zum Gewerbe für manche Designer unter Umständen attraktiver als die zwar ehrenvolle, aber eben auch steuererhöhend wirkende Anerkennung als Freiberufler.

UMSATZSTEUER (MEHRWERTSTEUER)

Wolfgang Emmerling

1 Grundlagen

Umsatzsteuer als Mehrwertsteuer

Die Umsatzsteuer ist in allen Mitgliedsstaaten der Europäischen Union eine Allphasen-Umsatzsteuer mit Vorsteuerabzug, die in verkürzter Form meist als „Mehrwertsteuer" bezeichnet wird.

Jeder Umsatz eines Unternehmers im Inland wird der Umsatzsteuer unterworfen, nicht nur die Leistung an den Endverbraucher, sondern auch die Leistung an andere Unternehmer (daher Allphasen-Umsatzsteuer).

Bemessungsgrundlage für die Steuer ist zwar prinzipiell das Gesamtentgelt, das ein Unternehmer seinen Abnehmern in Rechnung stellt. Dennoch wird im Ergebnis nur der von dem jeweiligen Unternehmer erarbeitete Mehrwert steuerlich belastet, weil die nach dem Gesamtentgelt bemessene Steuerschuld im Wege des Vorsteuerabzugs um die Umsatzsteuer gekürzt wird, die der Unternehmer zuvor an seine Lieferanten gezahlt hat (daher „Umsatzsteuer mit Vorsteuerabzug" oder auch „Mehrwertsteuer").

Steuerbare Umsätze

Der Umsatzsteuer unterliegen die Lieferungen und sonstigen Leistungen, die ein Unternehmer im Inland im Rahmen seines Unternehmens gegen Entgelt ausführt. Der Umsatzsteuer unterliegt außerdem die Einfuhr von Gegenständen aus einem Drittland in das deutsche Zollgebiet (Einfuhrumsatzsteuer) sowie der innergemeinschaftliche Erwerb im Inland gegen Entgelt.

Unentgeltliche Lieferungen und Leistungen

Lieferungen und Leistungen sind nur dann umsatzsteuerpflichtig, wenn sie gegen Entgelt ausgeführt werden. Das Entgelt muss nicht unbedingt eine Geldleistung sein, sondern kann auch in einer anderen Gegenleistung bestehen.

Wird eine Leistung ohne Entgelt, das heißt ohne Gegenleistung erbracht, unterliegt sie nicht der Umsatzsteuer. Steuerfrei sind deshalb u.a. Schadensersatzleistungen, denn die Ersatzleistung stellt keinen Gegenwert für eine Leistung des Geschädigten dar. In bestimmten Fällen sieht das Gesetz vor, dass unentgeltliche Leistungen den Lieferungen gegen Entgelt gleichgestellt werden (§ 3 Abs. 1a UStG).

Steuerbefreiungen

Einige Umsätze sind durch besondere Vorschriften von der Umsatzsteuer freigestellt. So enthält § 4 UStG einen Katalog von insgesamt 28 Steuerbefreiungen. Diese Befreiungen sind überwiegend aus sozial-, kultur- oder wirtschaftspolitischen Gründen eingeführt worden.

Bedeutung des Leistungsortes

Der Umsatzsteuer unterliegen nur Leistungen, die im Inland erbracht werden. Ob eine Leistung im Inland oder Ausland vorliegt, hängt von der Bestimmung des Leistungsortes ab. Ob der Leistende deutscher Staatsangehöriger ist und wo er seinen Wohnsitz oder Sitz hat, bleibt dagegen unerheblich.

Leistungsort bei Lieferungen Für Lieferungen lautet die Grundregel, dass eine Lieferung dort ausgeführt wird, wo sich der zu liefernde Gegenstand zur Zeit der Verschaffung der Verfügungsmacht befindet.

Beispiel *Ein Engländer besucht einen deutschen Galeristen in Berlin und erwirbt dort eine Original-Grafik, die er mit nach England nimmt. Hier handelt es sich um die Lieferung eines Kunstwerks. Leistungsort ist Berlin, so dass das Geschäft der deutschen Umsatzsteuer unterliegt.*

Leistungsort bei sonstigen Leistungen Für sonstige Leistungen gilt der Grundsatz, dass sie an dem Ort ausgeführt werden, von dem aus der Unternehmer sein Unternehmen betreibt. Von dieser Grundregel gibt es einige Ausnahmen. Zu nennen sind insbesondere:

■ Künstlerische und ähnliche Leistungen
Solche Leistungen werden jeweils dort ausgeführt, wo der Unternehmer ausschließlich oder zum überwiegenden Teil tätig wird.

Beispiel *Eine Visagistin, die ihren Beruf in Paris ausübt, arbeitet für einen Tag in einem Münchener Fotoatelier. Wird ihre Leistung als künstlerisch eingestuft, liegt der Leistungsort in Deutschland. Das Honorar unterliegt daher der deutschen Umsatzsteuer.*

- Einräumung, Übertragung und Wahrnehmung von Urheberrechten und ähnlichen Rechten

Bei solchen Leistungen gilt der Ort als Leistungsort, an dem Empfänger der Leistung sein Unternehmen betreibt, eine Betriebsstätte unterhält oder seinen Sitz oder Wohnsitz hat (Empfängerortprinzip).

Beispiel

Ein Grafikdesigner räumt einem englischen Verlag das Recht ein, einige seiner Arbeiten für eine Buchveröffentlichung zu verwenden. Da die Leistung hier in der Übertragung urheberrechtlicher Nutzungsrechte besteht, liegt der Leistungsort am Sitz des englischen Verlags, also im Ausland. In Deutschland fällt keine Umsatzsteuer an.

Grundlage für die Bemessung der Umsatzsteuer

Bei Lieferungen und sonstigen Leistungen wird die Umsatzsteuer nach dem Entgelt bemessen. Entgelt ist alles, was der Leistungsempfänger aufwendet, um die Leistung zu erhalten, jedoch abzüglich der Umsatzsteuer. Die Beträge, die der Unternehmer im Namen und für Rechnung eines anderen vereinnahmt und verausgabt (durchlaufende Posten), gehören nicht zum Entgelt.

Die Umsatzsteuer ist grundsätzlich nach dem vereinbarten Entgelt (Soll-Einnahme) zu berechnen. Wird das vereinbarte Entgelt später nicht oder nur teilweise gezahlt, muss gegenüber dem Finanzamt eine Korrektur erfolgen.

Bestimmte Unternehmer können beantragen, dass nicht das vereinbarte, sondern das vereinnahmte Entgelt (Ist-Einnahme) der Besteuerung zugrunde gelegt wird. Antragsberechtigt sind u.a. die Angehörigen eines freien Berufs, also z.B. auch die künstlerisch arbeitenden Fotografen.

Steuersätze

Der Regelsteuersatz bei der Umsatzsteuer beträgt derzeit (Stand: März 2003) 16 Prozent. Dieser Steuersatz gilt für alle Umsätze mit Ausnahme derjenigen Umsätze, für die das Gesetz ausdrücklich eine Steuerermäßigung vorsieht.

Der ermäßigte Steuersatz liegt zur Zeit bei 7 Prozent. Das Gesetz (§ 12 Abs. 2 UStG) enthält dazu einen Katalog von zehn Tatbeständen, bei denen die Umsatzsteuer auf die Hälfte des Regelsteuersatzes herabgesetzt ist (dazu auch Seite 266 ff.).

Vorsteuerabzug

Durch die Anwendung des Steuersatzes auf die Bemessungsgrundlage ergibt sich die Steuerschuld. In der Regel ist allerdings die zu entrichtende Umsatzsteuer geringer als die Steuerschuld, weil der Unternehmer die an andere Unternehmer zu zahlende Umsatzsteuer für Lieferungen oder sonstige Leistungen, die für sein Unternehmen ausgeführt worden sind, als Vorsteuer abziehen kann.

Bestimmte Gruppen von Unternehmern können ihre abziehbaren Vorsteuern nach Durchschnittssätzen berechnen. Das führt zu echten Steuervorteilen, sofern die tatsächlichen Vorsteuern niedriger sind als die nach Durchschnittssätzen berechneten Vorsteuern. Die Berufsgruppen, bei denen eine Berechnung nach Durchschnittssätzen möglich ist, sind in der Anlage zur Umsatzsteuer-Durchführungsverordnung aufgeführt.

Besteuerungsverfahren

Die Umsatzsteuer ist zwar eine Jahressteuer, doch hat der Unternehmer auf die jährliche Steuer Vorauszahlungen zu leisten. Die Höhe der Vorauszahlungen muss er auf einem amtlich vorgeschriebenen Vordruck selbst berechnen.

Am Ende eines Kalenderjahres hat der Unternehmer für das abgelaufene Jahr eine Steuererklärung (Steueranmeldung) nach amtlich vorgeschriebenem Vordruck abzugeben. Auch in dieser Erklärung hat er die Umsatzsteuerschuld und die davon abzuziehende Vorsteuer selbst zu berechnen. Der Differenzbetrag ergibt die an das Finanzamt zu entrichtende Steuer. Übersteigt der Vorsteuerabzug die Steuerschuld, so hat das Finanzamt die Differenz zu vergüten.

Jeder Unternehmer ist verpflichtet, zur Feststellung der Umsatzsteuer und der Grundlagen ihrer Berechnung Aufzeichnungen zu machen. Aus den Aufzeichnungen muss zu ersehen sein, welche Entgelte für die vom Unternehmer ausgeführten Lieferungen und sonstigen Leistungen vereinbart bzw. vereinnahmt wurden und wie sich die Entgelte auf die steuerpflichtigen Umsätze, getrennt nach Steuersätzen, verteilen.

Besteuerung der Kleinunternehmer

Für Kleinunternehmer gilt eine Sonderregelung. Sie brauchen keine Umsatzsteuer zu entrichten. Ihnen steht allerdings auch kein Vorsteuerabzug zu. Außerdem sind sie nicht zum gesonderten Umsatzsteuerausweis in ihren Rechnungen berechtigt.

Ein Unternehmer gehört zu den Kleinunternehmern, wenn sein Gesamtumsatz im vorangegangenen Kalenderjahr 16.620,00 € nicht überstiegen hat und im laufenden Kalenderjahr 50.000,00 € voraussichtlich nicht übersteigen wird.

2 Mehrwertsteuerprivileg für Urheber

Voraussetzungen des § 12 Abs. 2 Nr. 7 UStG

Der Mehrwertsteuer-Regelsatz beträgt, wie oben bereits erläutert, derzeit 16 Prozent. Dieser Steuersatz gilt für alle Umsätze mit Ausnahme derjenigen Umsätze, für die das Gesetz ausdrücklich eine Steuerermäßigung vorsieht. Für die Urheber ergibt sich aus § 12 Abs. 2 Nr. 7 c UStG die Möglichkeit einer Steuerermäßigung auf 7 Prozent.

Dem ermäßigten Steuersatz gemäß § 12 Abs. 2 Nr. 7 c UStG unterliegen die Umsätze aus der Einräumung, Übertragung und Wahrnehmung von Rechten, die sich aus dem Urheberrechtsgesetz ergeben. Designer, die ihre Umsätze durch die Übertragung urheberrechtlicher Nutzungsrechte erzielen, brauchen deshalb nur 7 Prozent Mehrwertsteuer zu zahlen. Das Mehrwertsteuerprivileg kann allerdings nur dann in Anspruch genommen werden, wenn im konkreten Einzelfall folgende Voraussetzungen erfüllt sind:

Urheberrechtlich geschützte Leistung

Die Designarbeit, mit der ein Umsatz erzielt wird, muss urheberrechtlich geschützt sein. Dem Urheberrechtsschutz gleichgestellt ist der Schutz als Gebrauchsmuster oder als Geschmacksmuster.

Die Arbeiten der Designer unterliegen dem Urheberrechtsschutz, soweit es sich um individuelle schöpferische Leistungen handelt. Ob diese Merkmale vorliegen, ist vielfach schwer zu entscheiden. Deshalb empfehlen manche Berater, in Zweifelsfällen vorsichtshalber mit dem vollen Mehrwertsteuersatz (16 Prozent) abzurechnen. Mit dem vollen Steuersatz ist man aber nicht immer auf der sicheren Seite, denn nach der BFH-Rechtsprechung darf nur der Mehrwertsteuerbetrag als Vorsteuer abgezogen werden, der nach dem Gesetz tatsächlich geschuldet ist. Wenn daher ein Designer für seine Leistungen einfach 16 Prozent Mehrwertsteuer berechnet, um spätere Nachforderungen des Finanzamtes zu vermeiden, kann es durchaus passieren, dass das Finanzamt die Designleistung als urheberrechtlich geschütztes Werk einstuft und unter Hinweis auf § 12 Abs. 2 Nr. 7 c UStG den Standpunkt vertritt, es seien tatsächlich nur 7 Prozent Mehrwertsteuer geschuldet. Der Kunde des Designers wird in diesem Fall nur 7 Prozent Mehrwertsteuer als Vorsteuer absetzen können, während der Designer die in seiner Rechnung ausgewiesenen 16 Prozent Mehrwertsteuer vollständig an das Finanzamt abführen muss. Das führt zwangsläufig zu Konflikten, da der Kunde nicht bereit sein wird, die Belastung mit der nicht absetzbaren Mehrwertsteuerdifferenz von 9 Prozent zu übernehmen.

Den Designern scheint damit nur die Wahl zwischen zwei Übeln zu bleiben. Entweder rechnen sie ihre Leistung mit 7 Prozent Mehrwertsteuer ab und riskieren, dass das Finanzamt später die urheberrechtliche Schutzfähigkeit verneint und die Mehrwertsteuerdifferenz von ihnen nachfordert. Oder aber sie berechnen gleich 16 Prozent Mehrwertsteuer und setzen ihre Kunden damit dem Risiko aus, dass diese von den gezahlten 16 Prozent Mehrwertsteuer nur 7 Prozent als Vorsteuer absetzen können, weil das Finanzamt die Designleistung als urheberrechtlich geschütztes Werk einstuft. Weder das eine noch das andere Risiko lässt sich mit Sicherheit ausschließen. Deshalb können Designer bei der Wahl des Mehrwertsteuersatzes letztlich nur danach entscheiden, welches Risiko im konkreten Fall geringer und in Bezug auf die möglichen Folgen weniger belastend ist.

Übertragung der urheberrechtlichen Nutzungsrechte als Hauptleistung

Die Übertragung der urheberrechtlichen Nutzungsrechte an den Designarbeiten muss den wirtschaftlichen Gehalt des Geschäfts ausmachen und die eigentliche Hauptleistung des Designers darstellen.

Die Verwertung einer urheberrechtlich geschützten Designarbeit setzt zwingend den Erwerb der Nutzungsrechte voraus. Dem Auftraggeber eines Designers geht es deshalb in erster Linie darum, die urheberrechtlichen Nutzungsrechte zu erwerben. Die Übergabe der Entwürfe und Werkzeichnungen hat demgegenüber nur die Bedeutung einer unselbständigen Nebenleistung, die der eigentlichen Hauptleistung – der Übertragung der Nutzungsrechte – nachgeordnet ist. Die Umsätze, die ein Designer mit seinen urheberrechtlich geschützten Werken erzielt, unterliegen daher im Regelfall dem ermäßigten Steuersatz.

Wenn ausnahmsweise nur Entwürfe angefertigt und keine Nutzungsrechte übertragen werden, fehlt die für eine Anwendung des Mehrwertsteuerprivilegs erforderliche Hauptleistung. Es ist dann der volle Steuersatz (16 Prozent) anzuwenden.

Haupt- und Nebenleistungen

Kommt es – wie im Regelfall – zu einer Nutzungsrechtsübertragung, erfasst der dann anzuwendende ermäßigte Steuersatz auch die Zusatzleistungen, sofern es sich im Verhältnis zur Nutzungsrechtsübertragung (Hauptleistung) um unselbständige Nebenleistungen handelt. Das ist der Fall, wenn sie mit der Hauptleistung in einem engen Zusammenhang stehen und diese überhaupt erst ermöglichen, abrunden oder ergänzen (wie z.B. Entwurfs- und Werkzeichnungsarbeiten).

Erbringt dagegen ein Designer bei der Abwicklung eines Auftrages selbständige Zusatzleistungen, die mit der Nutzungsrechtsübertragung in keinem engen oder notwendigen Zusammenhang stehen (z.B. Anzeigenschaltung, Drucküberwachung), so ist das Honorar für diese Zusatzleistungen mit dem Regelsatz von derzeit 16 Prozent zu versteuern.

Bei der Gesamtabrechnung kann also unter Umständen ein Splitting der Steuersätze notwendig sein:

- 7 Prozent Mehrwertsteuer für die Übertragung der urheberrechtlichen Nutzungsrechte und die damit in engem Zusammenhang stehenden unselbständigen Nebenleistungen (z.B. Entwurfs- und Werkzeichnungsarbeiten);
- 16 Prozent Mehrwertsteuer für die selbständigen Zusatzleistungen, die mit der Nutzungsrechtsübertragung in keinem engen oder notwendigen Zusammenhang stehen.

BUCHFÜHRUNG

Wolfgang Emmerling

1 — Begriff und Zweck der Buchführung

Die Buchführung (Finanzbuchhaltung, Geschäftsbuchhaltung) ist ein Rechenwerk, das die Aufgabe hat, für einen bestimmten Zeitabschnitt den Stand und die Veränderung des Anlage- und Umlaufvermögens sowie des Eigen- und Fremdkapitals fortlaufend und systematisch aufzuzeichnen. Daher müssen aus der Buchführung alle wirtschaftlich und rechtlich relevanten Vorgänge, die das betriebliche Vermögen und Kapital betreffen, ersichtlich sein.

Zu buchen sind insbesondere alle Geschäftsvorfälle, die den wirtschaftlichen Verkehr mit der Außenwelt (Geschäftsverbindungen) betreffen. Die Buchführung muss bei bilanzierungspflichtigen Unternehmern gewährleisten, dass am Ende des Geschäftsjahres die Aufstellung einer Bilanz und einer Gewinn- und Verlustrechnung möglich wird.

2 — Umfang der Buchführungs- und Aufzeichnungspflichten

Anforderungen an die Buchführung

Zur Erfüllung der Buchführungspflichten, die aufgrund handelsrechtlicher und steuerrechtlicher Vorschriften bestehen, muss die Buchführung folgende Mindesterfordernisse erfüllen:
- zeitnahe und geordnete Erfassung sämtlicher Geschäftsvorfälle in einem oder mehreren Grundbüchern;
- Erfassung aller Forderungen und Schulden, die gegenüber Kunden und Lieferanten bestehen, in einem „Geschäftsfreundebuch" oder durch Offene-Posten-Buchhaltung;
- jährliche Abschlüsse mit Bestandsaufnahmen.

An die Bücher und Aufzeichnungen sind allgemein folgende Anforderungen zu stellen:
- Die Eintragungen müssen vollständig, richtig, zeitgerecht und geordnet vorgenommen werden.
- Es muss jederzeit möglich sein, den Soll- und Ist-Bestand einer Geschäftskasse zu vergleichen.

▪ Die Buchführung muss so beschaffen sein, dass ein sachverständiger Dritter (z.B. Wirtschaftsprüfer, Steuerberater, Betriebsprüfer) in angemessener Zeit einen Überblick über die Vermögens- und Ertragslage und die Geschäftsvorfälle des Unternehmens gewinnen kann.
▪ Entstehung und Verlauf von Geschäftsvorfällen müssen sich verfolgen lassen.

Steuerliche Aufzeichnungspflichten

Neben der allgemeinen Buchführungspflicht gibt es spezielle steuerliche Aufzeichnungspflichten, die vom gewerblichen Unternehmer fordern, den Wareneingang aufzuzeichnen (§ 143 Abs. 1 AO), oder von den Handelsbetrieben, den Warenausgang aufzuzeichnen (§ 144 Abs. 1 AO). Auch aus anderen Steuergesetzen (z.B. Umsatzsteuergesetz) ergeben sich bestimmte Aufzeichnungspflichten. Zu den steuerlichen Aufzeichnungspflichten gehört insbesondere:
▪ die Pflicht, Entgelte als Bemessungsgrundlage für bestimmte Leistungen oder den Eigenverbrauch aufzuzeichnen;
▪ die Pflicht, Verzeichnisse für geringwertige Wirtschaftsgüter (= Anlagegüter bis 410,00 € netto Anschaffungskosten) zu führen;
▪ die Pflicht, besondere Aufzeichnungen über nichtabzugsfähige Betriebsausgaben im Sinne des § 4 Abs. 5 EStG zu fertigen;
▪ die Pflicht des Arbeitgebers, am Ort seiner Betriebsstätte für jeden Arbeitnehmer ein Lohnkonto zu führen.

Aufzeichnungspflichten für Überschussrechner

Personen, die nicht zur Buchführung verpflichtet sind (Kleingewerbetreibende und Freiberufler) und lediglich eine Einnahmenüberschussrechnung machen, müssen mindestens ihre Betriebseinnahmen und -ausgaben aufzeichnen. Darüber hinaus besteht auch eine Verpflichtung zur Aufzeichnung der für die Umsatzsteuer relevanten Daten (§ 22 UStG).

Aus der Rechtsprechung ergibt sich auch die Notwendigkeit der Erfassung von privaten Entnahmen und Einlagen, soweit es sich um Sachentnahmen und -einlagen handelt. Weiterhin kann es erforderlich sein, dass ein Anlageverzeichnis und zusätzliche Aufzeichnungen für besondere Betriebsausgaben (§ 4 Abs. 5 EStG) sowie weitere spezielle Aufzeichnungen geführt werden.

Angesichts der scheinbaren Vorteile der reduzierten Aufzeichnungspflichten bei Überschussrechnern sei darauf hingewiesen, dass die vereinfachte Form der Aufzeichnungen im Gegensatz zur Buchführung auch problematisch sein kann, weil sie nie den Nachweis von Vollständigkeit zu erbringen vermag. Daher lassen sich Zweifel an dem Ergebnis der Aufzeichnungen auch nicht positiv entkräften.

3 Inventur und Inventar

Grundlegende Voraussetzung einer ordnungsgemäßen Buchführung ist eine Bestandsaufnahme über das Betriebsvermögen (Inventur). Die Inventur muss mindestens einmal jährlich zum Abschlussstichtag erfolgen. Ein längerer Zeitraum als ein Jahr ist nicht zulässig.

Bestandsaufnahmen sind allerdings nur erforderlich, wenn Buchführungspflicht besteht oder freiwillig Bücher geführt werden. Wird der Gewinn durch eine Einnahmenüberschussrechnung ermittelt, kann eine Inventur entfallen.

Das Ergebnis der Inventur wird durch das sogenannte Inventar aufgezeichnet. Dies ist das Verzeichnis über alle Wirtschaftsgüter des Anlagevorratsvermögens sowie die Schulden und das Eigenkapital.

4 Aufbewahrungspflichten

Alle Bücher, Aufzeichnungen und sonstigen Unterlagen (Rechnungen, Belege, Lieferscheine, etc.) unterliegen einer Aufbewahrungspflicht, die sowohl im Handelsgesetzbuch (§ 257 HGB) als auch in der Abgabenordnung (§ 147 Abs. 1 AO) geregelt ist. Letztere ist umfassend und betrifft neben den Kaufleuten alle buchführungs- und aufzeichnungspflichtigen Personen.

Die Aufbewahrungspflicht beträgt zehn Jahre. Es ist zu beachten, dass die Aufbewahrungsfrist nicht abläuft, soweit die Unterlagen für Steuern von Bedeutung sind, für welche die Festsetzungsfrist noch nicht abgelaufen ist.

Die Aufbewahrungsfrist beginnt mit dem Abschluss des Kalenderjahres, in dem die letzte Eintragung in das Buch gemacht, das Inventar und die Bilanz aufgestellt wurden, der Geschäftsbrief empfangen oder abgesandt wurde oder der Buchungsbeleg bzw. die sonstigen Unterlagen entstanden sind.

5 Buchführungsmängel und Verletzung von Buchführungsvorschriften

Eine ordnungsgemäße Buchführung ermöglicht in erster Linie die Erfüllung der verschiedenen gesetzlichen Verpflichtungen und hat Beweiskraft als Bemessungsgrundlage für steuerliche Auswertungen. Bei Buchführungsmängeln sind zwar grundsätzlich keine Steuervergünstigungen in Gefahr, doch können die Mängel dem Gewicht nach so groß sein, dass die Beweiskraft der Buchführung nicht mehr gewährleistet ist, das Ergebnis deshalb nicht mehr der Besteuerung zugrunde gelegt wird und an ihre Stelle eine Schätzung tritt (§ 162 AO).

Die Erfüllung von Buchführungs- und Aufzeichnungspflichten kann durch Festsetzung eines Zwangsgeldes erzwungen werden. In Fällen von leichtfertiger oder vorsätzlich unrichtiger Aufzeichnung von Geschäftsvorfällen und damit verbundener Verkürzung von Steuereinnahmen kann eine Geldbuße verhängt werden oder gar eine Bestrafung wegen Steuerhinterziehung oder Insolvenzvergehens erfolgen.

6 Buchführungssysteme

Man unterscheidet grundsätzlich zwei kaufmännische Buchführungssysteme, nämlich die einfache und die doppelte Buchführung.

Einfache Buchführung

In der einfachen Buchführung wird normalerweise nur ein Grundbuch geführt, in dem in zeitlicher Reihenfolge sämtliche Geschäftsvorfälle erfasst werden, unabhängig davon, ob sie bar oder unbar erfolgen. Der Gewinn kann dabei nur in einfacher Weise (durch Betriebsvermögensvergleich) ermittelt, das Betriebsvermögen nur durch Inventur festgestellt werden. Eine Kontrolle ist nicht möglich, da es keine entgegengesetzten Doppelbuchungen gibt. In der kaufmännischen Praxis hat diese Art der Buchführung keinerlei Bedeutung mehr.

Doppelte Buchführung

Bei der doppelten Buchführung werden die Geschäftsvorfälle nicht nur in zeitlicher, sondern auch in sachlicher Ordnung festgehalten. Es werden für alle Bilanzposten (Vermögens- und Schuldposten) und alle Erfolgsquellen (Aufwendungen und Erträge) sogenannte Sachkonten eingerichtet, die sämtliche Veränderungen aufnehmen. Alle Buchungen werden jeweils auf zwei Konten dargestellt, einmal im Soll und einmal im Haben.

Die Vorteile der doppelten Buchführung liegen darin begründet, dass größere Kontrollmöglichkeiten bestehen, zum einen weil die Bestände auf den Konten jederzeit ausgewiesen werden und damit eine sachliche Kontrolle möglich ist. Darüber hinaus wird der Gewinn nicht nur durch Betriebsvermögensvergleich ermittelt, sondern gleichzeitig auch in Verbindung mit einer Gewinn- und Verlustrechnung. Beide Rechnungen müssen zum gleichen Ergebnis führen.

Der Wert der doppelten Buchführung liegt also insbesondere darin begründet, dass durch die beiden verschiedenen Arten der Gewinnermittlung, nämlich Betriebsvermögensvergleich und Vergleich von Erträgen und Aufwendungen, auch das Zustandekommen des Gewinns ersichtlich ist und nicht nur dessen Bestand dokumentiert wird.

Das System der doppelten Buchführung kann auf vielfältige Art umgesetzt werden (z.B. Amerikanisches Journal, Durchschreibebuchführung). Eine dem heutigen Stand der Technik angemessene Form ist die Buchführung mit Hilfe der EDV. Hierfür gibt es eine Vielzahl von Buchführungsprogrammen, die den individuellen betrieblichen Erfordernissen angepasst werden können. Solche Programme gewährleisten in der Regel jederzeit einen Einblick in die Vermögens- und Ertragslage des Unternehmens.

Die Ordnungsmäßigkeit einer EDV-Buchführung unterliegt grundsätzlich den gleichen Vorschriften und Grundsätzen, die auch für alle anderen Buchführungsformen gelten. Bei der Auswahl eines Buchführungsprogramms sollte man sich vom Hersteller garantieren lassen, dass die vom Bundesfinanzminister aufgestellten „Grundsätze ordnungsmäßiger Speicherbuchführung" erfüllt sind. Nur so kann man sicher sein, dass die EDV-Buchführung den strengen handels- und steuerrechtlichen Vorschriften genügt.

Einen anerkannten Standard der EDV-Buchführung gewährleistet das sogenannte DATEV-System, das von den Angehörigen der steuerberatenden Berufe eingesetzt wird. Die von der DATEV entwickelten Kontenpläne gelten heute als die Standardkontenpläne und sind für die verschiedensten Branchen einsetzbar.

7 — Datenzugriff

Seit Beginn des Jahres 2002 hat die Finanzverwaltung im Rahmen der Betriebsprüfung Zugriff auf die im betrieblichen EDV-System gespeicherten Daten. Der Zugriff erstreckt sich nicht nur auf die Daten des laufenden Jahres, sondern auch auf Daten früherer Jahre, sofern diese auf dem EDV-System gespeichert sind. Der Prüfer hat drei Möglichkeiten des Datenzugriffs, die er auch kumulativ wählen kann:

Unmittelbarer Datenzugriff Der Prüfer hat das Recht, unmittelbar Einsicht in die gespeicherten Daten zunehmen und dafür das Datenverarbeitungssystem des Steuerpflichtigen zu nutzen.

Mittelbarer Datenzugriff Der Prüfer kann verlangen, dass die Daten nach seinen Vorgaben maschinell ausgewertet werden, damit er sie prüfen kann. Dazu ist ihm geeignetes EDV-Personal zur Verfügung zu stellen.

Datenträgerüberlassung Der Prüfer kann verlangen, dass ihm die Daten auf einem maschinell verwertbaren Datenträger zur Auswertung überlassen werden. Die Bereitstellung der Daten muss in einem standardisierten Format erfolgen, das auf dem PC des Prüfers mit der Prüfungssoftware IDEA lesbar ist.

DESIGNER ALS ARBEITGEBER

Wolfgang Emmerling

1 Einführung

Ein Großteil der freiberuflich tätigen Designer wird ausschließlich alleine arbeiten und ohne die Mithilfe von fremden Personen auskommen. Manchmal werden jedoch vielleicht Familienangehörige bei der beruflichen Tätigkeit mithelfen oder auch fremde Dritte beschäftigt sein, sei es bei der Erledigung von Sekretariatsarbeiten, als Putzhilfe in den Studioräumen oder als angestellte Fachkraft (z.B. Assistent).

In all den Fällen, in denen ein Entgelt gezahlt wird, hat dies sofort sozialversicherungsrechtliche und lohnsteuerliche Konsequenzen. Der Designer wird zum Arbeitgeber mit entsprechenden Verpflichtungen.

2 Sozialversicherungsrechtliche Verpflichtungen

Regelfall

Alle nichtselbständigen Beschäftigungen, die gegen Entgelt ausgeübt werden, sind in der Regel sozialversicherungspflichtig. Eine Versicherungspflicht besteht in folgenden Sparten:
- Krankenversicherung;
- Pflegeversicherung;
- Rentenversicherung;
- Arbeitslosenversicherung;
- Umlagelohnfortzahlung zum Mutterschutz;
- Umlage zur Krankheitslohnfortzahlung (bei einer gewerblichen Beschäftigung).

Der Arbeitgeber (Designer) hat seinen Arbeitnehmern bei dem zuständigen Träger der Sozialversicherung (in der Regel die Allgemeine Ortskrankenkasse) bei Beginn der Beschäftigung an- und am Ende der Beschäftigung abzumelden. Dazwischen erfolgt zum Jahresende die Abgabe eines Versicherungsnachweises.

Der Arbeitgeber hat die Sozialversicherungsbeiträge auf einem Vordruck, getrennt nach Beitragsgruppen, zu berechnen und abzuführen. Das gilt für alle Sparten der Sozialversicherung, in denen für den betreffenden Arbeitnehmer eine Versicherungspflicht besteht.

Geringfügige Beschäftigungen (geringfügige Minijobs)

Für geringfügige Beschäftigungen gibt es besondere Regelungen, die allerdings nicht für Auszubildende und Praktikanten in einem vorgeschriebenen Praktikum gelten. Es sind zwei Kategorien von geringfügigen Beschäftigungen zu unterscheiden:

Kurzfristige Beschäftigungen

Für Arbeitnehmer, die längstens zwei Monate oder 50 Arbeitstage pro Kalenderjahr beschäftigt werden, braucht der Arbeitgeber keine Sozialversicherungsbeiträge abzuführen, wenn
- die Beschäftigung nicht berufsmäßig ausgeübt oder bei berufsmäßiger Ausübung kein Arbeitsentgelt von mehr als 400,00 € pro Monat erzielt wird,
- die zeitliche Beschränkung der Beschäftigung auf zwei Monate oder 50 Arbeitstage pro Jahr vertraglich im Voraus festgelegt wird oder sich aus der Art des Beschäftigungsverhältnisses ergibt und
- keine regelmäßige (jährliche) Wiederholung innerhalb eines Rahmenvertrages vorliegt.

Die kurzfristigen Beschäftigungen sind sowohl für den Arbeitnehmer als auch für den Arbeitgeber sozialversicherungsfrei.

Geringfügig entlohnte Beschäftigungen

Bei den geringfügig entlohnten Beschäftigungen sind drei Fallgruppen zu unterscheiden:
- Geringfügig entlohnte Beschäftigung ohne gleichzeitige Hauptbeschäftigung
- Geringfügig entlohnte Beschäftigung neben einer Hauptbeschäftigung
- Geringfügig entlohnte Beschäftigung im Privathaushalt

Arbeitnehmer, deren Arbeitsentgelt regelmäßig die Geringfügigkeitsgrenze von 400,00 € pro Monat nicht übersteigt und die keine Hauptbeschäftigung haben, sind in der Sozialversicherung versicherungsfrei. Die wöchentliche Arbeitszeit spielt dabei keine Rolle. Wird die Beschäftigung während eines laufenden Monats aufgenommen, ist die Entgeltgrenze anteilig zu berechnen (Formel: 400,00 € x Kalendertage ./. 30).

Mehrere geringfügige Beschäftigungen, die nebeneinander ausgeübt werden, sind zusammenzurechnen. Sofern die Zusammenrechnung ergibt, dass das Arbeitsentgelt aus allen diesen Beschäftigungen 400,00 € übersteigt, sind sämtliche Beschäftigungsverhältnisse sozialversicherungspflichtig. Treffen geringfügig entlohnte Beschäftigungen und kurzfristige Beschäftigungen zusammen, erfolgt keine Zusammenrechnung.

Wird eine geringfügig entlohnte Beschäftigung neben einer Hauptbeschäftigung ausgeübt, ist die geringfügige Beschäftigung für den Arbeitnehmer sozialversicherungsfrei. Werden allerdings neben einer Hauptbeschäftigung mehrere geringfügig entlohnte Beschäftigungen ausgeübt, ist nur das erste (älteste) Beschäftigungsverhältnis versicherungsfrei. Die weiteren Beschäftigungen werden mit der Hauptbeschäftigung zusammengerechnet; sie sind – außer in der Arbeitslosenversicherung – in allen übrigen Sparten der Sozialversicherung versicherungspflichtig.

Liegt eine begünstigte geringfügig entlohnte Beschäftigung vor, zahlt der Arbeitgeber in der Regel Pauschalabgaben in Höhe von 25 Prozent, die sich wie folgt aufgliedern:

- 11 Prozent pauschale Krankenversicherung (wenn der Arbeitnehmer Mitglied einer gesetzlichen Krankenversicherung oder dort familienversichert ist)
- 12 Prozent pauschale Rentenversicherung mit Aufstockungsoption für Arbeitnehmer
- 2 Prozent Pauschsteuer mit Abgeltungswirkung einschließlich Kirchensteuer und Solidaritätszuschlag.

Eine Ausnahme gilt bei der Krankenversicherung für geringfügig entlohnte Beschäftigte, die (z.B. als Beamte oder privat krankenversicherte Selbständige) nicht Mitglied einer gesetzlichen Krankenversicherung und auch nicht als Familienmitglied in einer Krankenkasse mitversichert sind. Für diese Personen ist kein Krankenversicherungsbeitrag, sondern nur der pauschale Rentenversicherungsbeitrag von 12 Prozent zu bezahlen.

Alle in der Rentenversicherung versicherungsfreien geringfügig entlohnten Beschäftigten haben die Möglichkeit, durch freiwillige Aufstockung der Arbeitnehmerbeiträge um 7,5 Prozent den Pflichtversichertenstatus in der Rentenversicherung zu erlangen.

Alle vorgenannten Pauschalbeiträge, also auch die Pauschsteuer, werden zur Vermeidung von Bürokratie an eine gemeinsame Einzugstelle bei der Bundesknappschaft gezahlt.

Die Regeln für geringfügige Beschäftigungen gelten auch für Beschäftigungen im Privathaushalt. Der Unterschied besteht darin, dass der Arbeitgeber hier Pauschalbeiträge in Höhe von insgesamt 12 Prozent (5 Prozent Krankenversicherung, 5 Prozent Rentenversicherung, 2 Prozent Pauschsteuer) zu zahlen hat. Weitere Informationen unter:

- www.bundesknappschaft.de

Für Beschäftigte im privaten Haushalt gilt ein vereinfachtes Meldeverfahren, das sogenannte Haushaltsscheckverfahren. Auch hier ist die

Bundesknappschaft zuständig. Nähere Auskünfte und Formulare können dort oder auch im Internet abgerufen werden unter:
- www.haushaltsscheck.de

Minijobs:
Neue Gleitzone

Durch eine neue Gleitzone wird die sogenannte Niedriglohnschwelle beseitigt. Sie lag bis zum 31. März 2003 bei 325,00 €. Bei einem Überschreiten dieser Schwelle stiegen dann die Sozialversicherungsbeiträge abrupt von ca. 21 Prozent auf über 42 Prozent an. Um diesen abrupten Anstieg zu vermeiden und damit einen Wechsel von geringfügigen Beschäftigungen in ein versicherungspflichtiges Beschäftigungsverhältnis zu erleichtern, wurde zum 1. April 2003 Folgendes geändert:
- Der Arbeitnehmerbeitrag zur Sozialversicherung steigt im Einkommensbereich von 400,01 € bis 800,00 € von ca. 4 Prozent bei 400,01 € auf den vollen Arbeitnehmerbeitrag (ca. 21 Prozent) bei 800,00 € an.
- Der Arbeitgeberbeitrag bleibt gegenüber dem bisherigen Recht unverändert (ca. 21 Prozent).
- Die Besteuerung erfolgt in diesem Einkommensbereich individuell nach Lohnsteuerkarte.

Die Regelungen für die Gleitzone gelten nicht für Auszubildende und Praktikanten im vorgeschriebenen Praktikum und Studenten.

Melde- und
Aufklärungspflichten

Alle geringfügigen Beschäftigungen, auch die geringfügigen Alleinbeschäftigungen mit einem monatlichen Verdienst bis zu 400,00 €, sind der Sozialversicherung zu melden. Der Arbeitgeber muss nicht nur die An- und Abmeldungen, sondern auch alle anderen Meldungen an die zuständige Krankenkasse oder Bundesknappschaft erstatten. Für kurzfristige Beschäftigungen von längstens zwei Monaten oder höchstens 50 Arbeitstagen im Jahr brauchen jedoch keine Unterbrechungsmeldungen und auch keine Jahresmeldungen abgegeben zu werden.

Der Arbeitgeber ist nicht nur zur Erstattung von Meldungen, sondern auch zu einer Aufklärung des geringfügig beschäftigten Arbeitnehmers verpflichtet. Er muss den Arbeitnehmer darüber informieren, dass geringfügig entlohnte Beschäftigte die Möglichkeit haben, die pauschalen Arbeitgeberbeiträge zur Rentenversicherung in Höhe von 12 Prozent durch eigene freiwillige Zahlungen zu vollwertigen Pflichtbeiträgen aufzustocken und so Ansprüche auf das volle Leistungsspektrum der Rentenversicherung zu erwerben. Wenn der Arbeitnehmer von dieser Aufstockungsmöglichkeit Gebrauch macht, muss der Arbeitgeber seinen Beitrag gemeinsam mit dem Arbeitnehmeranteil an die Bundesknappschaft überweisen, die den Rentenversicherungsbeitrag an den zuständigen Versicherungsträger weiterleitet. Den Arbeitnehmeranteil behält der Arbeitgeber vom Bruttolohn des Beschäftigten ein.

Beschäftigung von Studenten

Studenten werden entweder als geringfügig Beschäftigte behandelt oder unterliegen – wenn sie mehr als 400,00 € regelmäßig verdienen und nicht berufsmäßig (Faustregel: unter 20 Std. wöchentlich) arbeiten – der Besonderheit, dass sie bis zum Alter von 27 Jahren nicht kranken- und arbeitslosenversicherungspflichtig sind, aber dem vollen Beitrag in der Rentenversicherung unterliegen. Bis zur Vollendung des 25. Lebensjahres können sie in der Krankenversicherung familienversichert sein. Danach kommt bis zum 27. Lebensjahr eine eigene freiwillige Versicherung in der gesetzlichen Krankenversicherung in Betracht. Die Regelungen für die Minijobs in der Gleitzone finden keine Anwendung.

3 Lohnsteuerliche Pflichten

Lohnkonto

Der Arbeitgeber hat für jeden Beschäftigten, also auch für geringfügig oder kurzfristig beschäftigte Arbeitnehmer, ein Lohnkonto zu führen. Auf dem Lohnkonto müssen die persönlichen Daten (Name, Geburtsdatum, Anschrift, Steuerklasse, auf der Lohnsteuerkarte enthaltene Freibeträge sowie – für die Sozialversicherung – Versicherungsnummer, Zugehörigkeit zur Krankenkasse etc.) vermerkt sein.

Es sind die Lohnzahlungszeiträume (längstens ein Monat) und der abgerechnete Lohn mit den entsprechenden Abzügen und Bezügen sowie den Auszahlungsbeträgen zu vermerken. Bei Beendigung der Beschäftigung oder am Ende eines Kalenderjahres werden die Gesamtbeträge vom Lohnkonto auf die Lohnsteuerkarte übertragen.

Einbehaltung und Abführung der Lohnsteuer

Die Lohnsteuer ist gemäß der vom Arbeitnehmer vorgelegten Lohnsteuerkarte vom Arbeitslohn einzubehalten und beim Finanzamt mit einer Lohnsteueranmeldung anzumelden und in der Regel monatlich bis zum Zehnten des nächsten Monats abzuführen. Legt der Arbeitnehmer keine Lohnsteuerkarte vor, dann ist Lohnsteuer nach der Lohnsteuerklasse VI einzubehalten und abzuführen.

Besteuerung der geringfügig Beschäftigten

In den Fällen, in denen Arbeitnehmer nur kurzfristig oder gegen geringen Arbeitslohn beschäftigt werden, gelten für die Besteuerung der Einkünfte folgende Regeln:

Besteuerung nach Lohnsteuerkarte

Das Arbeitsentgelt aus einer geringfügigen oder kurzfristigen Beschäftigung kann nach Maßgabe einer vorgelegten Lohnsteuerkarte versteuert werden. Die Höhe des Steuerabzugs hängt dann entscheidend von der Lohnsteuerklasse ab.

Arbeitnehmer, die mehrere geringfügige Beschäftigungen ausüben oder neben einer Hauptbeschäftigung auch einer oder mehreren geringfügigen Beschäftigung nachgehen, erhalten bei ihrer Gemeinde- oder Stadtverwaltung eine oder mehrere Lohnsteuerkarte(n) mit der Lohnsteuerklasse VI.

Pauschalbesteuerung

Der Arbeitgeber kann unter Verzicht auf die Vorlage einer Lohnsteuerkarte bei Arbeitnehmern, die nur kurzfristig oder gegen geringen Arbeitslohn beschäftigt werden, die Lohnsteuer pauschalieren. Die Pauschalierung der Lohnsteuer kommt vor allem bei solchen Arbeitnehmern in Betracht, die keine Lohnsteuerkarte vorlegen (wollen). Steuerschuldner der pauschalen Lohnsteuer ist der Arbeitgeber.

Bei der Pauschalbesteuerung sind folgende Fälle zu unterscheiden:
▪ Für geringfügig entlohnte Beschäftigungen, für die Pauschal- oder Aufstockungsbeiträge zur Rentenversicherung gezahlt werden, kann der Arbeitgeber eine Pauschalsteuer („Pauschsteuer") in Höhe von 2 Prozent (inkl. Solidaritätszuschlag und Kirchensteuer) als Abgeltungssteuer zahlen. Dieser Arbeitslohn wird dann nicht in die persönliche Einkommensteuerveranlagung einbezogen. Diese Pauschalversteuerung gilt nicht für kurzfristig Beschäftigte.
▪ Bei einer geringfügig entlohnten Beschäftigung, die in der Rentenversicherung nicht pauschaliert wird (z.B. bei mehreren geringfügig entlohnten Arbeitsverhältnissen neben einer Hauptbeschäftigung), beträgt der pauschale Lohnsteuersatz 20 Prozent des Arbeitslohns.
▪ Bei kurzfristigen Beschäftigungen beträgt der pauschale Lohnsteuersatz 25 Prozent vom Arbeitslohn. Eine kurzfristige Beschäftigung (im steuerrechtlichen Sinne!) liegt vor, wenn der Arbeitnehmer bei dem Arbeitgeber gelegentlich, nicht regelmäßig wiederkehrend beschäftigt wird, die Dauer der Beschäftigung 18 zusammenhängende Arbeitstage nicht übersteigt und der Arbeitslohn während der Beschäftigungsdauer durchschnittlich 62,00 € je Arbeitstag nicht übersteigt oder die Beschäf-

tigung zu einem unvorhersehbaren Zeitpunkt sofort erforderlich wird. Die steuerrechtliche Definition unterscheidet sich damit deutlich von der Definition der „kurzfristigen Beschäftigung" im Bereich der Sozialversicherung.

Sowohl bei der kurzfristigen Beschäftigung als auch bei der Beschäftigung gegen geringen Arbeitslohn kommen zu der Lohnsteuerpauschale von 25 Prozent bzw. 20 Prozent noch die pauschalierte Kirchensteuer (in der Regel 7 Prozent der Lohnsteuer) und der Solidaritätszuschlag (5,5 Prozent der Lohnsteuer) hinzu. Nicht zulässig ist in beiden Fällen die Lohnsteuerpauschalierung, wenn der Arbeitslohn während der Beschäftigungsdauer durchschnittlich 12,00 € je Arbeitsstunde übersteigt.

4 ──── Vertragliche Vereinbarungen

Schriftlicher Arbeitsvertrag

Es empfiehlt sich in jedem Fall, mit den Arbeitnehmern vertragliche Vereinbarungen schriftlich festzuhalten. Das gilt auch und gerade für Aushilfsbeschäftigungen. Die schriftliche Fixierung der getroffenen Vereinbarungen ist notwendig, um sich arbeitsrechtlich abzusichern und um den Nachweis erbringen zu können, dass insbesondere bei Sozialversicherungsfreiheit oder bei steuerlichen Vergünstigungen (z.B. Pauschalierung von Lohnsteuern) die entsprechenden Grenzen und Voraussetzungen eingehalten bzw. erfüllt werden.

Empfehlenswert ist in diesem Zusammenhang die Verwendung von Personalstammblättern, die der Arbeitgeber von dem Aushilfsbeschäftigten ausfüllen lässt und die alle wesentlichen Daten enthalten. Wichtig sind auch – gerade bei Aushilfsbeschäftigten – Lohnquittungen, aus denen die Lohnzahlungszeiträume, der Auszahlungszeitpunkt, der gezahlte Stundenlohn, die abgerechneten Stunden etc. hervorgehen.

Ehegatten-Arbeitsverhältnisse

Grundsätzlich ist es möglich, auch mit dem Ehegatten ein Arbeitsverhältnis zu vereinbaren. Steuerlich (und auch sozialversicherungsrechtlich) wird dies nur dann anerkannt, wenn es schriftlich vereinbart sowie ernsthaft gewollt und durchgeführt wird. Die arbeitsvertraglichen Regelungen müssen denen entsprechen, die auch mit fremden Dritten

vereinbart worden wären. Der Vertrag sollte deshalb mindestens folgende Punkte regeln:
- Beginn und Art der Beschäftigung;
- Arbeitszeit und Arbeitsvergütung;
- Lohn-/Gehaltsfortzahlung im Krankheitsfall;
- Nebenleistungen (z.B. zusätzliche soziale Leistungen, Weihnachtsgratifikation);
- Urlaub;
- Kündigung.

Auf jeden Fall ist sicherzustellen, dass der Lohn oder das Gehalt (regelmäßig!) auf ein eigenes Konto des Ehegatten überwiesen wird, auf das der Arbeitgeber-Ehegatte keinen Zugriff hat. Der Arbeitslohn kann natürlich auch in bar gegen Quittung ausgezahlt werden.

Auch bei Beschäftigung anderer naher Angehöriger (z.B. Kinder, Eltern) ist es immer ratsam, die Voraussetzungen wie beim Ehegatten-Arbeitsverhältnis zu erfüllen.

Sozialversicherungen 11

KÜNSTLERSOZIALVERSICHERUNG

Künstlersozialkasse

1 — Soziale Absicherung für selbständige Künstler und Publizisten

Mit der Künstlersozialversicherung werden selbständige Künstler und Publizisten in das gesetzliche Sozialversicherungssystem einbezogen. Sie sind pflichtversichert in der gesetzlichen Renten-, Kranken- und Pflegeversicherung.

Das Besondere: Die selbständigen Künstler und Publizisten brauchen nur die Hälfte ihrer Beiträge zu tragen und sind damit ähnlich günstig gestellt wie Arbeitnehmer. Die andere Beitragshälfte wird durch eine Abgabe der Kunst- und Publizistikverwerter (z.B. Verlage, Konzertdirektionen, Rundfunk, Fernsehen, Galerien, Werbeagenturen, Kunst- und Musikschulen) und durch einen Bundeszuschuss finanziert.

Das Künstlersozialversicherungsgesetz (KSVG) wird bundesweit durch die Künstlersozialkasse in Wilhelmshaven (KSK) durchgeführt.

2 — Voraussetzungen für die Versicherung nach dem KSVG

Damit die Versicherungspflicht nach dem KSVG zustande kommt, müssen einige gesetzliche Voraussetzungen erfüllt sein:

Selbständige Erwerbstätigkeit als Künstler oder Publizist

Künstler ist nach dem Wortlaut des KSVG, wer Musik, darstellende oder bildende Kunst schafft, ausübt oder lehrt. Publizist ist, wer als Schriftsteller, Journalist oder in anderer Weise publizistisch tätig ist oder Publizistik lehrt.

Die künstlerische oder publizistische Tätigkeit muss selbständig, erwerbsmäßig und nicht nur vorübergehend ausgeübt werden. Selbständig ist jede Berufstätigkeit, die nicht im Rahmen eines abhängigen Beschäftigungsverhältnisses bzw. Arbeitsverhältnisses ausgeübt wird. Von Erwerbsmäßigkeit spricht man dann, wenn die Tätigkeit nicht nur hobbymäßig bzw. aus Liebhaberei ausgeübt wird, sondern auf eine ernsthafte Beteiligung am Wirtschaftsleben und auf die Erzielung von Arbeitseinkommen ausgerichtet ist. Die Tätigkeit muss von vornherein auf Dauer angelegt sein. Nur vorübergehend wäre beispielsweise eine Urlaubsvertretung für einen Monat, hierbei würde keine Versicherungspflicht nach dem KSVG zustande kommen.

Selbständige Künstler oder Publizisten, die eine starke Arbeitgeberstellung inne haben, werden vom Gesetzgeber nicht für schutzbedürftig gehalten: Wer mehr als einen Arbeitnehmer beschäftigt, ist nicht nach dem KSVG versichert. Lehrlinge oder geringfügig Beschäftigte können allerdings für einen Künstler oder Publizisten tätig werden, ohne dass dies nachteilige Auswirkungen auf seinen eigenen Versicherungsschutz nach dem KSVG hat. Eine Beschäftigung ist geringfügig, wenn das monatliche Bruttoentgelt 400,00 € nicht übersteigt und die Arbeitszeit regelmäßig weniger als 15 Stunden pro Woche beträgt.

Überschreiten der Geringfügigkeitsgrenze

*Zum Begriff des voraussichtlichen Arbeitseinkommens lesen Sie bitte S. 290 f.

Weitere Voraussetzung für die Versicherungspflicht nach dem KSVG: Das voraussichtliche Arbeitseinkommen* aus der selbständigen künstlerischen oder publizistischen Tätigkeit muss die in der Künstlersozialversicherung geltende Geringfügigkeitsgrenze überschreiten. Diese Grenze liegt derzeit bei einem Jahresarbeitseinkommen von 4.800,00 €.

Für Berufsanfänger, die sich ihre wirtschaftliche Existenz erst noch erschließen müssen, sieht das Gesetz einen besonderen Schutz vor. Berufsanfänger werden auch dann nach dem KSVG versichert, wenn sie mit ihrem Arbeitseinkommen die Geringfügigkeitsgrenze voraussichtlich nicht überschreiten werden. Als Berufsanfängerzeit gelten die ersten drei Jahre seit erstmaliger Aufnahme der selbständigen künstlerischen oder publizistischen Tätigkeit. Kommt es während dieser Drei-Jahres-Frist etwa durch Kindererziehung, Wehrdienst oder ein zwischenzeitliches Beschäftigungsverhältnis zu einer Unterbrechung der selbständigen künstlerischen/publizistischen Tätigkeit, verlängert sich die Berufsanfängerzeit entsprechend.

Für Antragsteller, die ihre Tätigkeit vor dem 1. Juli 2001 aufgenommen haben, gilt eine Berufsanfängerzeit von fünf Jahren, die nicht durch Unterbrechungszeiten verlängert werden kann.

3 — Ausnahmen von der Versicherungspflicht nach dem KSVG

Das Gesetz enthält eine Reihe von Ausnahmeregelungen. Auch wenn die im vorhergehenden Abschnitt dargestellten Versicherungsvoraussetzungen erfüllt sind, kommt in diesen Fällen keine Versicherungspflicht nach dem KSVG zustande. Die Künstlersozialversicherung soll nur denjenigen Personen sozialen Schutz bieten, die nicht bereits aus anderen Gründen ausreichend abgesichert sind oder nach ihrer persönlichen Situation abgesichert sein können.

Ausnahmen von der Rentenversicherungspflicht

In der Rentenversicherung werden selbständige Künstler/Publizisten, die ein zusätzliches Einkommen aus abhängiger Beschäftigung oder aus einer anderen selbständigen Tätigkeit haben, nicht versicherungspflichtig,
- wenn sie aufgrund dieser Beschäftigung oder Tätigkeit versicherungsfrei sind (z. B. Beamte) oder
- wenn ihr Einkommen als Arbeitnehmer oder aus einer anderen selbstständigen Tätigkeit die halbe Beitragsbemessungsgrenze in der Rentenversicherung erreicht bzw. überschreitet; die halbe Beitragsbemessungsgrenze liegt bei 30.600,00 € pro Jahr (West) bzw. 25.500,00 € (Ost), entsprechend 2.550,00 € monatlich (West) bzw. 2.125,00 € monatlich (Ost).

Darüber hinaus ist nicht nach dem KSVG rentenversicherungspflichtig, wer
- als Handwerker in die Handwerksrolle eingetragen ist (gilt nicht für Nebenbetriebe);
- Landwirt im Sinne des § 1 des Gesetzes über die Alterssicherung der Landwirte ist bzw. eine Alters- oder Landabgaberente bezieht;
- eine Vollrente wegen Alters aus der gesetzlichen Rentenversicherung erhält;
- als Wehr- oder Zivildienstleistender rentenversichert ist;
- das 65. Lebensjahr vollendet hat und bisher nicht rentenversichert war;
- einen Existenzgründungszuschuss vom Arbeitsamt erhält.

Ausnahmen von der Kranken- und Pflegeversicherungspflicht

Auch für den Bereich der Krankenversicherung gibt es Ausnahmen von der Versicherungspflicht nach dem KSVG. Die wichtigsten Ausnahmetatbestände sind Beschäftigungen oder selbständige Tätigkeiten, die neben der künstlerischen Tätigkeit ausgeübt werden.
- Wird neben der selbständigen künstlerischen Tätigkeit eine sozialversicherungspflichtige abhängige Beschäftigung ausgeübt, muss die zuständige Krankenkasse anhand der wirtschaftlichen Bedeutung entscheiden, welche der beiden Berufstätigkeiten als hauptberuflich anzusehen ist. Kommt die Krankenkasse zu dem Ergebnis, dass das Beschäftigungsver-

hältnis den Hauptberuf darstellt, besteht Krankenversicherungspflicht allein aufgrund dieser abhängigen Beschäftigung; für eine zusätzliche Krankenversicherung nach dem KSVG besteht keine Notwendigkeit. Umgekehrt besteht ausschließlich Krankenversicherungspflicht nach dem KSVG, wenn die selbständige künstlerische oder publizistische Tätigkeit wirtschaftlich überwiegt, also hauptberuflich ausgeübt wird.

- Wer neben der selbständigen künstlerischen/publizistischen Tätigkeit eine nichtkünstlerische bzw. nichtpublizistische Tätigkeit erwerbsmäßig ausübt, kann nicht nach dem KSVG krankenversichert werden. Für den Ausschluss aus der Krankenversicherung nach dem KSVG genügt bereits das Überschreiten der Geringfügigkeitsgrenze mit der anderen selbständigen Tätigkeit. Eine nichtkünstlerische/nichtpublizistische selbständige Tätigkeit ist geringfügig, wenn der Jahresgewinn 4.800,00 € nicht übersteigt und die Arbeitszeit regelmäßig weniger als 15 Stunden pro Woche beträgt. Diese Rechtslage gilt selbst dann, wenn die selbständige künstlerische/publizistische Berufstätigkeit wirtschaftlich überwiegt.

Darüber hinaus ist nicht nach dem KSVG krankenversichert, wer
- das 55. Lebensjahr vollendet hat und in den letzten fünf Jahren zu keiner Zeit gesetzlich krankenversichert gewesen ist;
- bereits nach anderen gesetzlichen Bestimmungen krankenversicherungspflichtig ist (z. B. aufgrund eines Leistungsbezuges vom Arbeitsamt, nach dem Gesetz über die Krankenversicherung der Landwirte);
- nach den allgemeinen Vorschriften über die Krankenversicherung versicherungsfrei ist (z. B. wegen Überschreitung der Jahresarbeitsentgeltgrenze als Arbeitnehmer oder wegen einer Berufstätigkeit als Beamter oder Soldat) oder wer bereits durch Bescheid einer gesetzlichen Krankenkasse von der gesetzlichen Krankenversicherungspflicht befreit worden ist;
- Wehr- oder Zivildienstleistender ist;
- die selbständige künstlerische/publizistische Tätigkeit erst nach Vollendung des 65. Lebensjahres aufgenommen hat;
- ordentlicher Studierender ist und die selbständige Tätigkeit nur als Nebentätigkeit ausübt.

Alle Ausnahmetatbestände zur Krankenversicherung gelten für die soziale Pflegeversicherung entsprechend.

4 Versicherungsbeiträge

Versicherungspflicht bedeutet auch Beitragspflicht. Selbständige Künstler und Publizisten, die nach dem KSVG versichert sind, müssen monatlich Beitragszahlungen an die KSK leisten. Berechnungsfaktoren sind die voraussichtlichen Einkünfte aus der selbständigen künstlerischen/publizistischen Tätigkeit und die halben Beitragssätze zu den einzelnen Versicherungszweigen.

Voraussichtliches Jahresarbeitseinkommen

Wegen der schwankenden Einkommensverhältnisse bei einer selbständigen Tätigkeit kommt es für die Ermittlung der monatlichen Versicherungsbeiträge nicht auf ein Monatseinkommen an, sondern auf das voraussichtliche Jahresarbeitseinkommen aus selbständiger künstlerischer/publizistischer Tätigkeit.

Das Arbeitseinkommen entspricht der Differenz aus Betriebseinnahmen und Betriebsausgaben. Es ist das Ergebnis einer nach den allgemeinen Gewinnermittlungsvorschriften des Einkommensteuerrechts aufgestellten Gewinn- und Verlustrechnung.

Betriebseinnahmen sind
- alle Einnahmen in Geld- und Geldeswert, die unmittelbar aus der selbständigen künstlerischen/publizistischen Tätigkeit resultieren (z. B. Entgelte, Gagen, Honorare, Verkaufserlöse, Tantiemen und Lizenzen, Ausfallhonorare und Sachleistungen);
- urheberrechtliche Vergütungen (z.B. über Verwertungsgesellschaften wie die GEMA oder VG BILD-KUNST);
- Stipendien, soweit sie einkommensteuerpflichtig sind.

Betriebsausgaben sind alle Ausgaben (auch Kosten), die mit der selbständigen künstlerischen oder publizistischen Tätigkeit zusammenhängen, z.B.
- Aufwendungen für Betriebsmittel (z.B. Musikinstrumente, Büroausstattung, Computer, soweit steuerlich anerkannt);
- Aufwendungen für Betriebsräume (Miete, Heizung, Reinigung);
- Fahrtkosten, Kosten für berufliche Fortbildung, Material-, Porto-, Telefonkosten und ähnliche Werbungskosten;
- Betriebliche Versicherungen (Betriebshaftpflicht-, Rechtsschutz-, Sachversicherungen);
- Beiträge zu Berufsverbänden;
- Aufwendungen für Hilfskräfte (Lohn, Arbeitgeberanteile der Sozialversicherungsbeiträge);
- Abschreibungen für Abnutzung und Substanzverringerung.

Nicht abzugsfähig sind Sonderausgaben nach dem Einkommensteuergesetz (wie z.B. Beiträge zur Künstlersozialversicherung oder Prämien zur privaten Kranken- oder Lebensversicherung). Das für die Beitragsberechnung nach dem KSVG maßgebende Arbeitseinkommen aus künstlerischer/publizistischer Tätigkeit wird in den meisten Fällen den „Einkünften aus selbständiger Arbeit" im Einkommensteuerbescheid entsprechen (also nicht dem „zu versteuernden Einkommen").

Der selbständige Künstler/Publizist muss gegenüber der KSK eine Einschätzung über sein voraussichtliches Arbeitseinkommen abgeben. Dabei empfiehlt es sich, den im letzten Einkommensteuerbescheid ausgewiesenen Gewinn als Anhaltspunkt für das voraussichtliche Arbeitseinkommen heranzuziehen. Aktuelle Entwicklungen (z.B. Verbesserung oder Verschlechterung der Geschäftslage) sollten bei der Ermittlung des voraussichtlichen Arbeitseinkommens berücksichtigt werden. Falls noch kein Einkommensteuerbescheid vorliegt, kann auch auf die letzte Einkommensteuererklärung oder auf den letzten Jahresabschluss (Bilanz, Einnahme-Überschussrechnung, Gewinn- und Verlustrechnung) zurückgegriffen werden. Steht der Künstler/Publizist noch ganz am Anfang seiner selbständigen Berufstätigkeit, muss er über sein voraussichtliches Arbeitseinkommen eine freie Schätzung abgeben.

Erweist sich das einmal geschätzte Jahresarbeitseinkommen als zu hoch oder zu niedrig, besteht die Möglichkeit, der KSK ein geändertes voraussichtliches Arbeitseinkommen mitzuteilen. Die Beitragshöhe ändert sich dann ab dem Folgemonat nach Eingang der Änderungsmeldung bei der KSK. Eine Beitragskorrektur für vergangene Monate findet nicht statt.

Beitragssätze zur Renten-, Kranken- und Pflegeversicherung

Der Beitragssatz zur gesetzlichen Rentenversicherung wird durch die Bundesregierung per Verordnung festgesetzt. Dies geschieht im Regelfall in jährlichen Abständen. Der Beitragssatz zur Krankenversicherung ist von Krankenkasse zu Krankenkasse unterschiedlich; er wird von der jeweiligen Krankenkasse durch Satzung festgesetzt. Zur sozialen Pflegeversicherung besteht ein bundeseinheitlicher gesetzlicher Beitragssatz.

Zur Zeit (Stand: Februar 2003) beträgt der Beitragssatz zur gesetzlichen Rentenversicherung 19,5 Prozent (Anteil des Versicherten: 9,75 Prozent). Der Beitragssatz zur gesetzlichen Krankenversicherung liegt bei den meisten Krankenkassen bei 14,0 Prozent bis 15,0 Prozent (Anteil des Versicherten: 7,0 Prozent bis 7,5 Prozent). Der Beitragssatz zur Pflegeversicherung beträgt 1,7 Prozent (Anteil des Versicherten: 0,85 Prozent).

Beispiel   *Beispiel für die monatliche Beitragsberechnung bei einem voraussichtlichen Jahresarbeitseinkommen von 10.000,00 € und bei Annahme eines Beitragssatzes zur Krankenversicherung von 15,0 Prozent:*

Monatsbeitrag zur Rentenversicherung:
9,75 Prozent von 10.000,00 € →   975,00 € : 12 = 81,25 €
Monatsbeitrag zur Krankenversicherung:
7,50 Prozent von 10.000,00 € →   750,00 € : 12 = 62,50 €
Monatsbeitrag zur Pflegeversicherung:
0,85 Prozent von 10.000,00 € →   85,00 € : 12 = 7,08 €

monatlicher Gesamtbeitrag des Versicherten   150,83 €

Mindest- und Höchstbeiträge

Der Grundsatz, dass die Beiträge nach dem Arbeitseinkommen ermittelt werden, gilt zwar für den weitaus größten Teil der nach dem KSVG versicherten Künstler und Publizisten. Er gilt jedoch nicht uneingeschränkt. So ist es beispielsweise bei Berufsanfängern möglich, dass Versicherungspflicht besteht, obwohl das Arbeitseinkommen die Geringfügigkeitsgrenze unterschreitet. In diesen Fällen, wenn z.B. ein nur geringfügiger Gewinn oder gar ein Verlust aus der selbständigen Tätigkeit erwartet wird, werden Mindestbeiträge berechnet, die sich an der Geringfügigkeitsgrenze orientieren.

Bei sogenannten Höherverdienenden gelten in der Sozialversicherung Beitragsbemessungsgrenzen, die in den verschiedenen Versicherungszweigen unterschiedlich hoch sind. Überschreitet das voraussichtliche Arbeitseinkommen diese Grenzen, werden Höchstbeiträge festgesetzt.

Welche Mindest- und Höchstbeiträge derzeit (Stand: April 2003) gelten und welche Berechnungsgrundlagen maßgebend sind, zeigt die folgende Übersicht:

31,69 €	Mindestbeitrag zur Rentenversicherung
497,25 €	Höchstbeitrag zur Rentenversicherung (West)
414,38 €	Höchstbeitrag zur Rentenversicherung (Ost)
29,75 €	Mindestbeitrag zur Krankenversicherung (angenommener Beitragssatz 15 Prozent)
258,75 €	Höchstbeitrag zur Krankenversicherung (angenommener Beitragssatz 15 Prozent)
3,37 €	Mindestbeitrag zur Pflegeversicherung
29,33 €	Höchstbeitrag zur Pflegeversicherung

Die Zahlenangaben in Euro beziehen sich auf den vom Versicherten zu tragenden monatlichen Beitragsanteil. Beiträge zur Kranken- und Pflegeversicherung werden mindestens nach einem Einkommen von 4.760,00 € pro Jahr, entsprechend 396,67 € monatlich, und höchstens nach einem Einkommen von 41.400,00 €, entsprechend 3.450,00 € monatlich, berechnet. Beiträge zur Rentenversicherung werden mindestens nach einem Einkommen von 3.900,00 € pro Jahr, entsprechend 325,00 € monatlich, berechnet.

Berechnungsgrundlage für die Höchstbeiträge zur Rentenversicherung ist die Beitragsbemessungsgrenze, die zur Zeit bei 61.200,00 € pro Jahr (West) bzw. 51.000,00 € (Ost), entsprechend 5.100,00 € monatlich (West) bzw. 4.200,00 € monatlich (Ost), liegt.

Fälligkeit der Beiträge, Rechtsfolgen bei Zahlungsverzug

Die Beiträge zur Renten-, Kranken- und Pflegeversicherung sind am Fünften des Folgemonats fällig. Beispiel: Beiträge für den Monat Januar sind bis zum 5.2. zu zahlen.

Kommt der Versicherte seinen Zahlungsverpflichtungen nur zum Teil nach, werden die Zahlungen vorrangig zur Begleichung der Beitragsrückstände in der Kranken- und Pflegeversicherung verwandt. Rentenanwartschaften können nur insoweit begründet werden, als der Versicherte seine Beitragsanteile an die KSK entrichtet hat. Eine Verletzung von Zahlungsverpflichtungen wird somit negative Auswirkungen auf künftige Leistungsansprüche aus der Rentenversicherung haben.

Besondere Auswirkungen zieht ein Zahlungsverzug für den Bereich der Kranken- und Pflegeversicherung nach sich: Wächst der Zahlungsrückstand auf die Summe von zwei Monatsbeiträgen zur Kranken- und Pflegeversicherung an, droht das Ruhen aller Krankenversicherungsleistungen (z.B. Arzneimittel, ärztliche Behandlung, Krankengeld). Säumige Beitragszahlung kann somit in relativ kurzer Zeit zum Verlust des Versicherungsschutzes führen. Zur Vermeidung derartiger Nachteile empfiehlt es sich, am Beitragseinzugsverfahren teilzunehmen oder einen Dauerauftrag einzurichten.

5 ____ Vorgezogenes Krankengeld – eine Gestaltungsmöglichkeit in der gesetzlichen Krankenversicherung

Zu den Leistungen aus der gesetzlichen Krankenversicherung gehört u.a. der Anspruch auf Krankengeld. Hiermit wird der durch eine längerfristige Arbeitsunfähigkeit entstehende Einkommensausfall abgesichert. Die Höhe des Krankengeldes beträgt 70 Prozent desjenigen Arbeitseinkommens, welches der Beitragsbemessung der letzten zwölf Kalendermonate vor Beginn der Arbeitsunfähigkeit zugrunde gelegen hat. Der Krankengeldanspruch beginnt mit der siebten Woche der Arbeitsunfähigkeit. Es gilt also dieselbe Regelung wie für Arbeitnehmer, die in den ersten sechs Wochen der Arbeitsunfähigkeit einen Lohnfortzahlungsanspruch gegenüber ihrem Arbeitgeber haben.

Selbständige Künstler und Publizisten haben keinen Arbeitgeber und somit auch keinen Lohnfortzahlungsanspruch in den ersten sechs Wochen der Arbeitunfähigkeit. Für sie besteht die Möglichkeit, gegenüber der KSK zu erklären, dass das Krankengeld bereits zu einem früheren Zeitpunkt beginnen soll (= „vorgezogenes Krankengeld"). Das vorgezogene Krankengeld beginnt am 15. Tag der Arbeitsunfähigkeit, bei einigen Krankenkassen auch bereits früher. Den Beitragsaufschlag (auch dieser ist von Krankenkasse zu Krankenkasse unterschiedlich hoch) für den vorzeitigen Beginn des Krankengeldes hat der Versicherte allein zu tragen, die KSK fügt insoweit keinen zweiten Beitragsanteil hinzu.

Entsprechende Informationen sowohl zur Beitragshöhe als auch zum Beginn des vorgezogenen Krankengeldes sollten direkt bei der Krankenkasse eingeholt werden.

6 ──── Verfahren bei der KSK

Im Verhältnis zu den selbständigen Künstlern und Publizisten nimmt die KSK im Wesentlichen zwei Hauptaufgaben wahr: Zum einen die Feststellung der Versicherungspflicht nach dem KSVG und zum anderen die Berechnung, Einziehung und Abführung der Versicherungsbeiträge.

Feststellung der Versicherungspflicht nach dem KSVG

Die KSK prüft anhand eines ausführlichen Fragebogens, ob die gesetzlichen Voraussetzungen für die Versicherungspflicht nach dem KSVG vorliegen und ob ggf. Ausnahmetatbestände zu beachten sind. Elementarer Bestandteil dieser Prüfung ist die Auswertung von Tätigkeitsnachweisen, mit denen ein selbständiger Künstler bzw. Publizist seine Zugehörigkeit zu dem versicherungspflichtigen Personenkreis glaubhaft machen muss.

Sind alle Versicherungsvoraussetzungen erfüllt, erteilt die KSK einen Feststellungsbescheid. Sie nimmt gegenüber derjenigen gesetzlichen Kranken- bzw. Pflegekasse, die der Versicherte gewählt hat, und gegenüber dem Rentenversicherungsträger (Bundesversicherungsanstalt für Angestellte) die Anmeldung vor.

Die Versicherungspflicht nach dem KSVG beginnt grundsätzlich mit dem Tage, an dem der Versicherte sich bei der KSK oder bei einem anderen Sozialversicherungsträger gemeldet hat. Besteht zum Zeitpunkt der Meldung bei der KSK Arbeitsunfähigkeit, beginnt die Versicherungspflicht erst mit Wiedereintritt der Arbeitsfähigkeit.

Für die Leistungen aus dem Versicherungsverhältnis nach dem KSVG sind ausschließlich die Leistungsträger, d.h. die gesetzliche Kranken- und Pflegekasse sowie die BfA zuständig. Über die richtigen Ansprechpartner in Leistungsfragen informiert die KSK in ihrem Feststellungsbescheid.

Beendet der Versicherte seine selbständige künstlerische/publizistische Tätigkeit, endet auch seine Versicherungspflicht nach dem KSVG. Der Versicherte ist verpflichtet, eine Änderung in seinen Tätigkeiten der KSK unverzüglich mitzuteilen. Entsprechendes gilt auch, wenn einer der oben S. 287 ff. aufgeführten Sachverhalte eintritt.

Einziehung und Abführung der Versicherungsbeiträge

Die KSK fungiert als „Einzugsstelle" für die Beitragsanteile der Versicherten. Sie errechnet die Höhe der Beitragsforderung, erteilt dem Versicherten hierüber eine spezifizierte Aufstellung und überwacht die Einhaltung der Zahlungsverpflichtungen durch den Versicherten. Sobald der Versicherte seinen Beitragsanteil gezahlt hat, fügt die KSK den zweiten Beitragsanteil hinzu und führt die Gesamtsozialversicherungsbeiträge an die Kranken-/Pflegekasse und an die BfA ab.

Für eventuelle Fragen zur Beitragshöhe, zu Zahlungsmodalitäten oder zum Stand des Beitagskontos steht die KSK als alleiniger Ansprechpartner zur Verfügung.

Gegen Ende eines Kalenderjahres werden alle nach dem KSVG versicherten Künstler und Publizisten nach ihrem voraussichtlichen Arbeitseinkommen für das nachfolgende Kalenderjahr gefragt. Nach dem KSVG ist eine entsprechende Meldung bis zum 1.12. eines Jahres abzugeben. Die KSK benötigt die Angaben zum voraussichtlichen Arbeitseinkommen zur Berechnung der monatlichen Versicherungsbeiträge. Zum voraussichtlichen Arbeitseinkommen siehe oben S. 290 f.

7 — Befreiung von der Krankenversicherungspflicht

Berufsanfänger und Höherverdienende können zugunsten einer privaten Kranken- und Pflegeversicherung einen Antrag auf Befreiung von der gesetzlichen Kranken-/Pflegeversicherungspflicht stellen. Eine Befreiungsmöglichkeit von der Rentenversicherungspflicht existiert nicht. Dies gilt auch dann, wenn eine anderweitige Absicherung z.B. durch einen Lebensversicherungsvertrag bereits besteht.

Befreiung von der Krankenversicherungspflicht als Berufsanfänger

Berufsanfänger können sich von der gesetzlichen Krankenversicherungspflicht befreien lassen. Voraussetzung ist der Nachweis einer privaten Krankenversicherung. Üblicherweise wird der Befreiungsantrag im Rahmen des Feststellungsverfahrens zur grundsätzlichen Versicherungspflicht gestellt. Spätestens ist er drei Monate nach Erteilung eines Feststellungsbescheides über die Versicherungspflicht nach dem KSVG zu stellen. Richtiger Adressat für einen Befreiungsantrag ist die KSK.

Wer als Berufsanfänger von der Krankenversicherungspflicht befreit worden ist, bleibt mindestens für den Zeitraum seiner Berufsanfängerzeit an diese Befreiung gebunden. Eine Rückkehr in die gesetzliche Krankenversicherung ist nach Ablauf der Drei- bzw. Fünf-Jahres-Frist möglich, wenn der Versicherte dies wünscht und rechtzeitig vor Ablauf der Berufsanfängerzeit gegenüber der KSK ausdrücklich erklärt. Nach Ablauf der Drei- bzw. Fünf-Jahres-Frist wird die Befreiung unwiderruflich, eine Mitgliedschaft in der gesetzlichen Krankenversicherung ist für den Rest der beruflichen Laufbahn als selbständiger Künstler/Publizist ausgeschlossen.

Befreiung als Höherverdienender

Wenn das Arbeitseinkommen aus selbständiger künstlerischer oder publizistischer Tätigkeit für einen Zeitraum von drei Kalenderjahren eine bestimmte Grenze überschritten hat, besteht auch für Personen, die nicht mehr Berufsanfänger sind, die Möglichkeit der Befreiung von der Krankenversicherungspflicht. Zur Höhe der Einkommensgrenze: Wer im Jahre 2003 einen Befreiungsantrag stellen möchte, muss in dem Zeitraum 2000 bis 2002 ein Einkommen von mehr als 120.108,14 € (West) bzw. 113.205,70 € (Ost) erzielt haben.

Der Befreiungsantrag kann anlässlich des Feststellungsverfahrens über die grundsätzliche Versicherungspflicht nach dem KSVG gestellt werden. Er kann aber auch dann gestellt werden, wenn die Versicherungspflicht nach dem KSVG bereits durchgeführt wird. Im letzteren Fall muss der Antrag bis zum 31.3. des auf den Drei-Jahres-Zeitraum folgenden Kalenderjahres gestellt werden. Eine einmal ausgesprochene Befreiung von der Versicherungspflicht als Höherverdienender kann nicht widerrufen werden. Ein Wiedereintritt in die gesetzliche Krankenversicherung aufgrund einer Tätigkeit als selbständiger Künstler oder Publizist ist generell ausgeschlossen.

Auswirkung einer Befreiung von der Krankenversicherungspflicht auf die Pflegeversicherung

Es gilt der Grundsatz: Die Pflegeversicherung folgt der Krankenversicherung. Wer sich also zugunsten einer privaten Krankenversicherung von der gesetzlichen Krankenversicherungspflicht nach dem KSVG befreien lässt, muss auch das Risiko der Pflegebedürftigkeit privat absichern.

Anspruch auf Beitragszuschüsse

Die KSK gewährt selbständigen Künstlern und Publizisten, die von der Krankenversicherungspflicht befreit worden sind, auf Antrag einen Zuschuss zu ihren Aufwendungen zur privaten Kranken- und Pflegeversicherung. Die Höhe des Zuschusses richtet sich nach dem Arbeitseinkommen und nach den Aufwendungen für die private Kranken- und Pflegeversicherung. Die Zuschussberechnung folgt grundsätzlich den Prinzipien der Berechnung der gesetzlichen Krankenversicherungsbeiträge, wobei die Zuschusshöhe nach oben durch die Hälfte der Prämienaufwendungen für die private Versicherung begrenzt ist.

Selbständige Künstler und Publizisten, die erwägen, einen Befreiungsantrag zu stellen, sollten unbedingt beachten, dass bei einem vergleichsweise geringen Arbeitseinkommen auch nur ein vergleichsweise geringer Zuschuss gewährt werden kann.

Wer als Berufsanfänger befreit ist, erhält Zuschüsse nur zu einer privaten Kranken- und Pflegeversicherung. Wer als Höherverdienender befreit ist, kann auch Zuschüsse zu einer freiwilligen gesetzlichen Kranken- und Pflegeversicherung beantragen.

Wolfgang Maaßen

SOZIALVERSICHERUNG DER EXISTENZGRÜNDER, SCHEINSELBSTÄNDIGEN UND ARBEITNEHMERÄHNLICHEN SELBSTÄNDIGEN

Designer, die abhängige und fremdbestimmte Arbeit leisten, sind Arbeitnehmer. Für sie besteht eine Versicherungspflicht in der gesetzlichen Sozialversicherung. Selbständige Designer arbeiten dagegen frei und unabhängig von fremden Weisungen. Sie sind zwar in der Regel künstlersozialversicherungspflichtig, doch besteht für sie keine Pflichtmitgliedschaft in der gesetzlichen Sozialversicherung.

Zwischen dem abhängigen Beschäftigungsverhältnis und der selbständigen Berufsausübung gibt es eine Grauzone, in der oft nur schwer zu entscheiden ist, zu welchem dieser beiden Bereiche die jeweils ausgeübte Tätigkeit gehört. Das Gesetz unterscheidet hier zwischen den Existenzgründern, den scheinselbständigen Arbeitnehmern und den arbeitnehmerähnlichen Selbständigen. Für diese Gruppen gelten unterschiedliche Regeln.

1 Existenzgründer

Existenzgründer werden gerade zu Beginn ihrer Tätigkeit nur selten über die Unabhängigkeit verfügen, die für Selbständige charakteristisch ist. Das gilt in besonderem Maße für diejenigen, die vom Arbeitsamt einen Existenzgründungszuschuss erhalten oder einen solchen Zuschuss beantragt haben (Einzelheiten dazu auf Seite 28 ff.). Bei solchen Personen kann sich die Frage stellen, ob sie tatsächlich selbständig sind oder ob nicht in Wirklichkeit ein abhängiges Beschäftigungsverhältnis besteht. Um hier für alle Beteiligten klare Verhältnisse zu schaffen, wird die Ausübung einer selbständigen Tätigkeit bei Personen, die einen Existenzgründungszuschuss beantragen, vom Gesetz unterstellt (§ 7 Abs. 4 SGB IV). Für die Dauer des Bezugs dieses Zuschusses gelten die Existenzgründer als Selbständige.

Die vom Gesetz unterstellte Selbständigkeit bedeutet allerdings nicht, dass für die Bezieher eines Existenzgründungszuschusses keine Sozialversicherungspflicht besteht. Da gerade solche Personen den Risiken des freien Unternehmertums nicht sofort und nicht in vollem Umfang ausgesetzt sein sollen, sieht das Gesetz für diejenigen Existenzgründer, die einen Zuschuss erhalten, für die Dauer des Bezugs eine Versicherungspflicht in der gesetzlichen Rentenversicherung vor. Diese

Pflichtversicherung hat Vorrang vor der Künstlersozialversicherung. Ein Designer, der einen Existenzgründungszuschuss bezieht, bleibt daher während der Zeit, für die der Zuschuss gezahlt wird, aus der Rentenversicherung nach dem Künstlersozialversicherungsgesetz ausgeschlossen.

Die Bezieher von Existenzgründungszuschüssen werden dem zuständigen Rentenversicherungsträger vom Arbeitsamt gemeldet. Der Rentenversicherungsträger wird sich wegen der weiteren notwendigen Angaben hinsichtlich der Beitragshöhe und des Zahlungsweges an den Versicherten wenden. Der Versicherte braucht sich also nicht selbst zu melden.

Als Existenzgründer zahlen die Versicherten regelmäßig einen reduzierten Beitrag, der zur Zeit (Stand: März 2003) monatlich 232,05 € und in den neuen Bundesländern monatlich 194,51 € beträgt (halber Regelbeitrag). Auf Antrag des Existenzgründers können auch einkommensgerechte Beiträge gezahlt werden. Grundlage für die Berechnung der einkommensgerechten Beiträge ist regelmäßig das Arbeitseinkommen aus der selbständigen Tätigkeit.

2 Scheinselbständige Arbeitnehmer

Die verschärfte Situation auf dem Arbeitsmarkt hat zu einem Anstieg der Scheinselbständigkeit geführt. Immer häufiger wird eine Tätigkeit als selbständige Berufsausübung oder freie Mitarbeit deklariert, obwohl tatsächlich ein abhängiges Beschäftigungsverhältnis wie bei einem Arbeitnehmer vorliegt. Zweifellos besteht für solche scheinselbständigen Arbeitnehmer eine Versicherungspflicht in allen Zweigen der Sozialversicherung. Der Nachweis einer abhängigen Beschäftigung ist aber für die Sozialversicherungsträger in solchen Fällen oft nur schwer zu führen. Deshalb wurde im Jahre 1999 eine Regelung eingeführt, die unter der Voraussetzung, dass bestimmte Indizien auf eine Scheinselbständigkeit hindeuten, eine Umkehrung der Beweislast vorsah und von denjenigen, die vorgeblich eine selbständige Tätigkeit ausübten, einen Nachweis der Selbständigkeit forderte. Inzwischen wurde diese Regelung wieder abgeschafft. Seit dem 1. Januar 2003 liegt die Beweislast für die Scheinselbständigkeit wieder bei den Sozialversicherungsträgern.

Merkmale der Scheinselbständigkeit

In der Praxis werden sich die Sozialversicherungsträger bei der Statusüberprüfung von freien Mitarbeitern und anderen potentiellen Scheinselbständigen wohl weiterhin an den Kriterien orientieren, die nach der früheren Regelung für die Einstufung einer Tätigkeit als abhängiges Beschäftigungsverhältnis maßgebend waren. Es handelt sich dabei um folgende Merkmale:

- Die Person, deren Status zu beurteilen ist, beschäftigt im Zusammenhang mit ihrer Tätigkeit regelmäßig keinen versicherungspflichtigen Arbeitnehmer, dessen Arbeitsentgelt aus diesem Beschäftigungsverhältnis die Geringfügigkeitsgrenze von regelmäßig 400,00 € im Monat übersteigt;
- sie ist auf Dauer und im wesentlichen nur für einen Auftraggeber tätig;
- ihr Auftraggeber oder ein vergleichbarer Auftraggeber lässt entsprechende Tätigkeiten regelmäßig durch von ihm beschäftigte Arbeitnehmer verrichten;
- ihre Tätigkeit lässt typische Merkmale unternehmerischen Handelns nicht erkennen;
- ihre Tätigkeit entspricht dem äußeren Erscheinungsbild nach der Tätigkeit, die sie für denselben Auftraggeber zuvor aufgrund eines Beschäftigungsverhältnisses ausgeübt hatte.

Generell spricht eine Tätigkeit nach Weisungen und eine Eingliederung in die Arbeitsorganisation des Auftraggebers für eine abhängige Beschäftigung. Aber auch wenn keine Weisungsgebundenheit besteht und keine Eingliederung in einen fremden Betrieb feststellbar ist, kann die für einen Arbeitnehmer typische Abhängigkeit gegeben sein, sofern die oben aufgeführten Merkmale erfüllt sind.

Nichtbeschäftigung von Arbeitnehmern

Die Beschäftigung von Arbeitnehmern ist ein typisches Kennzeichen der selbständigen Berufsausübung, denn ein abhängig Beschäftigter hat nicht die Möglichkeit, die von ihm zu erbringende Arbeitsleistung auf andere Personen zu übertragen. Umgekehrt wertet der Gesetzgeber die Nichtbeschäftigung von Arbeitnehmern als Indiz dafür, dass ein abhängiges Beschäftigungsverhältnis (Scheinselbständigkeit) besteht.

Bindung an einen Auftraggeber

Wer nicht nur vorübergehend, sondern auf Dauer und im wesentlichen nur für einen Auftraggeber arbeitet, kann durch diese Bindung an einen einzigen Kunden in das für einen Arbeitnehmer typische Abhängigkeitsverhältnis geraten. Die Sozialversicherungsträger gehen davon aus, dass jemand im wesentlichen nur für einen Auftraggeber tätig ist, wenn er mindestens fünf Sechstel seiner gesamten beruflichen Einkünfte aus der Tätigkeit für einen Auftraggeber erzielt.

Eine Tätigkeit für mehrere Auftraggeber liegt auch dann vor, wenn jemand nacheinander für verschiedene Kunden arbeitet. Wer dagegen zeitlich begrenzte Auftragsverhältnisse mit demselben Auftraggeber regelmäßig wiederholt, ist letztlich nur für einen Auftraggeber tätig. In Zweifelsfällen wird es darauf ankommen, ob die Person, deren Status zu beurteilen ist, nach ihrem Unternehmenskonzept die Zusammenarbeit mit mehreren Auftraggebern anstrebt und ob dieses Konzept nach den tatsächlichen und rechtlichen Gegebenheiten auch realisierbar ist.

Verrichtung entsprechender Tätigkeiten durch Arbeitnehmer

Wenn der Auftraggeber die Tätigkeiten, die der freie Mitarbeiter ausführen soll, in seinem Betrieb üblicherweise von Arbeitnehmern verrichten lässt, so ist das ein Indiz für die Scheinselbständigkeit des beauftragten Unternehmers. Dasselbe gilt für den Fall, dass zwar nicht der konkrete Kunde, wohl aber vergleichbare Auftraggeber solche Tätigkeiten regelmäßig von Arbeitnehmern und nicht von freien Mitarbeitern ausführen lassen.

Bei der Überprüfung dieses Kriteriums kommt es entscheidend darauf an, ob die Tätigkeit des freien Mitarbeiters und die Tätigkeiten, die der Auftraggeber oder ein vergleichbarer Auftraggeber regelmäßig durch von ihm beschäftige Arbeitnehmer verrichten lassen, einander entsprechen. Ist bei einem Vergleich dieser Tätigkeiten kein wesentlicher Unterschied festzustellen, spricht das für ein abhängiges Beschäftigungsverhältnis des „freien" Mitarbeiters.

Fehlen der typischen Merkmale unternehmerischen Handelns

Ein weiteres Kennzeichen der Scheinselbständigkeit ist das Fehlen der unternehmerischen Entscheidungsfreiheit. Wer über Einkaufs- und Verkaufspreise, den Warenbezug, die Einstellung von Personal oder den Einsatz von Maschinen und Kapital nicht eigenständig entscheiden kann, gehört nicht zum Kreis der Personen, die selbständig tätig sind.

Übereinstimmung der Tätigkeit mit zuvor ausgeübter abhängiger Beschäftigung

Wenn eine Tätigkeit, die jemand als freier Mitarbeiter erbringt, nach ihrem äußeren Erscheinungsbild der Tätigkeit entspricht, die er zuvor für denselben Auftraggeber als abhängig beschäftigter Arbeitnehmer verrichtet hat, so spricht das für einen Fortbestand der abhängigen Beschäftigung unter dem Deckmantel der (scheinbaren) Selbständigkeit.

Statusfeststellungsverfahren

Für die Beteiligten ist es oft sehr schwierig festzustellen, ob ihre Vertragsbeziehung als abhängiges Beschäftigungsverhältnis einzustufen ist oder ob eine selbständige Tätigkeit vorliegt. In solchen Fällen besteht die Möglichkeit, den sozialversicherungsrechtlichen Status verbindlich feststellen zu lassen und so die notwendige Rechtssicherheit herzustellen.

Das Statusfeststellungsverfahren ist in § 7 a SGB IV geregelt. Für die Durchführung des Verfahrens ist ausschließlich die Bundesversicherungsanstalt für Angestellte (BfA) als bundesweite Clearingstelle zuständig. Die Statusentscheidungen der BfA sind für die anderen Sozialversicherungsträger verbindlich.

Der Antrag auf Statusfeststellung kann von jedem, dessen Vertragsbeziehung klärungsbedürftig ist, gestellt werden. Antragsberechtigt sind also der Auftraggeber/Arbeitgeber und der Auftragnehmer/Arbeitnehmer. Es genügt, wenn einer der Beteiligten Zweifel hat und deshalb die Statusentscheidung beantragt.

Das Statusfeststellungsverfahren ist nur für die Fälle vorgesehen, in denen objektive Zweifel an dem sozialversicherungsrechtlichen Status bestehen. Deshalb bedarf es keiner Entscheidung durch die BfA, wenn zwischen den Beteiligten Einvernehmen darüber besteht, dass beispielsweise ein abhängiges Beschäftigungsverhältnis vorliegt. Das Anfrageverfahren ist außerdem dann nicht durchzuführen, wenn eine Einzugsstelle oder ein Rentenversicherungsträger bereits ein Verwaltungsverfahren eingeleitet hat, in dem auch über das Bestehen einer versicherungspflichtigen Beschäftigung entschieden werden kann (z.B. durch Ankündigung einer Betriebsprüfung).

Der Antrag auf Statusfeststellung ist schriftlich bei der BfA zu stellen. Das kann formlos oder mit dem dafür vorgesehenen Formular geschehen. Das Formular kann bei der BfA in Berlin sowie bei allen Auskunfts- und Beratungsstellen angefordert werden. Der Antrag, dem die von den Beteiligten getroffenen schriftlichen Vereinbarungen beizufügen sind, ist an folgende Anschrift zu schicken:

- Clearingstelle der BfA (BKZ 2351), Sieversufer 9, 12359 Berlin

Wenn nur einer der Beteiligten (z.B. Auftragnehmer) die Statusfeststellung beantragt, informiert die BfA den anderen Beteiligten (z.B. Auftraggeber) und zieht ihn zu dem Verfahren hinzu. Beide Parteien werden aufgefordert, innerhalb einer angemessenen Frist die für die Statusentscheidung benötigten weiteren Angaben zu machen und alle erforderlichen Unterlagen vorzulegen. Ist der Sachverhalt geklärt, teilt die BfA den Beteiligten mit, welche Entscheidung sie zu treffen beabsichtigt und auf welche Tatsachen sie ihre Entscheidung stützen will. Beide Parteien erhalten Gelegenheit, sich zu der beabsichtigten Entscheidung zu äußern.

Nach Abschluss des Anhörungsverfahrens ergeht an beide Parteien ein Bescheid, in dem der Status der Person, deren Erwerbstätigkeit zu beurteilen ist, sowie das Bestehen oder Nichtbestehen der Sozialversicherungspflicht verbindlich festgestellt wird. Gegen den Bescheid ist Widerspruch möglich, sofern der beantragte Status nicht zuerkannt wird oder die Entscheidung aus einem anderen Grund für einen der Beteiligten nachteilig ist. Widerspruch und Klage gegen den Statusbescheid haben aufschiebende Wirkung.

Beginn der Sozialversicherungspflicht bei Feststellung eines abhängigen Beschäftigungsverhältnisses

Grundsätzlich beginnt die Sozialversicherungspflicht bei abhängig Beschäftigten mit Aufnahme der Beschäftigung. Wer daher einen Mitarbeiter des Designstudios als selbständigen Designer behandelt, obwohl der Mitarbeiter tatsächlich den Status eines Arbeitnehmers hat, muss unter Umständen damit rechnen, dass er rückwirkend ab dem Beginn der „freien Mitarbeit" zur Nachzahlung von Sozialversicherungsbeiträgen herangezogen wird.

Abweichend von dieser Regel verschiebt sich der Beginn der Versicherungspflicht in bestimmten Fällen auf einen späteren Zeitpunkt:

Beginn der Versicherungspflicht bei Durchführung eines Statusfeststellungsverfahrens (§ 7 a Abs. 6 SGB IV)

Wird innerhalb eines Monats nach Aufnahme einer Erwerbstätigkeit eine Statusfeststellung beantragt und in dem anschließenden Verfahren von der BfA ein abhängiges Beschäftigungsverhältnis festgestellt, tritt die Sozialversicherungspflicht erst mit der Bekanntgabe der Statusentscheidung ein, wenn
- der Beschäftigte zustimmt und
- er für den Zeitraum zwischen Aufnahme der Beschäftigung und der Entscheidung eine Absicherung gegen das finanzielle Risiko von Krankheit und zur Altersvorsorge vorgenommen hat, die der Art nach den Leistungen der gesetzlichen Krankenversicherung und der gesetzlichen Rentenversicherung entspricht.

Beginn der Versicherungspflicht außerhalb eines Statusfeststellungsverfahrens (§ 7 b SGB IV)

Auch in den Fällen, in denen ein Sozialversicherungsträger (z.B. die zuständige Krankenkasse) außerhalb eines Statusverfahrens feststellt, dass eine versicherungspflichtige Beschäftigung vorliegt, tritt die Versicherungspflicht erst mit der Bekanntgabe dieser Entscheidung ein, sofern
- der Beschäftigte zustimmt,
- er für den Zeitraum zwischen Aufnahme der Beschäftigung und der Entscheidung eine Absicherung gegen das finanzielle Risiko von Krankheit und zur Altersvorsorge vorgenommen hat, die der Art nach den Leistungen der gesetzlichen Krankenversicherung und der gesetzlichen Rentenversicherung entspricht, und
- er oder sein Arbeitgeber weder vorsätzlich noch grob fahrlässig von einer selbständigen Tätigkeit ausgegangen ist.

Ist also einem der Beteiligten nachzuweisen, dass er das Beschäftigungsverhältnis vorsätzlich oder grob fahrlässig als selbständige Tätigkeit ausgegeben hat, bleibt es bei der Regel, dass die Sozialversicherungspflicht mit Aufnahme der Erwerbstätigkeit beginnt.

3 Arbeitnehmerähnliche Selbständige

Für arbeitnehmerähnliche Selbständige besteht ebenso wie für Existenzgründer, die einen Gründungszuschuss des Arbeitsamtes erhalten, eine Versicherungspflicht in der gesetzlichen Rentenversicherung. Arbeitnehmerähnliche Selbständige sind Personen, die
- im Zusammenhang mit ihrer selbständigen Tätigkeit regelmäßig keinen versicherungspflichtigen Arbeitnehmer beschäftigen, dessen Arbeitsentgelt aus diesem Beschäftigungsverhältnis regelmäßig 400,00 € im Monat übersteigt, und
- auf Dauer und im wesentlichen nur für einen Auftraggeber tätig sind.

Im Unterschied zu den scheinselbständigen Arbeitnehmern müssen die arbeitnehmerähnlichen Selbständigen die Beiträge zur gesetzlichen Rentenversicherung in voller Höhe selbst aufbringen. Sie haben also nicht nur den Arbeitnehmeranteil, sondern auch den Arbeitgeberanteil zu zahlen und an die BfA abzuführen. Diese Zahlung bleibt ihnen nur erspart, wenn sie
- als Existenzgründer von der im Gesetz vorgesehenen Möglichkeit Gebrauch machen, sich für die Dauer von drei Jahren nach der erstmaligen Aufnahme ihrer selbständigen Tätigkeit vorübergehend von der Rentenversicherungspflicht befreien zu lassen (§ 6 Abs. 1 a Nr. 1 SGB VI);
- nach Vollendung des 58. Lebensjahres und nach einer zuvor ausgeübten selbständigen Tätigkeit erstmals zu arbeitnehmerähnliche Selbständigen werden und daraufhin die Befreiung von der Rentenversicherungspflicht beantragen (§ 6 Abs. 1 a Nr. 2 SGB VI);
- zu den Personen gehören, die sich ausnahmsweise von der Rentenversicherungspflicht befreien lassen können, weil sie vor dem 2. Januar 1949 geboren sind oder vor dem 10. Dezember 1998 eine mit der gesetzlichen Rentenversicherung vergleichbare Vorsorge für das Alter getroffen haben. (§ 231 Abs. 5 SGB VI);
- als selbständige Künstler oder Publizisten Mitglied der Künstlersozialkasse sind (oder werden).

Die KSK-Mitgliedschaft führt zwar nicht zu einer vollständigen Befreiung von der Rentenversicherungspflicht. Sie hat aber für arbeitnehmerähnliche Selbständige den Vorteil, dass sie die Beiträge zur Rentenversicherung nicht in voller Höhe, sondern nur zur Hälfte selbst bezahlen müssen. Diese vorteilhafte Regelung hat nach dem in der Sozialversicherung geltenden Günstigkeitsprinzip bei arbeitnehmerähnlichen Künstlern und Publizisten den Vorrang vor den Bestimmungen, die das Gesetz für arbeitnehmerähnliche Selbständige vorsieht.

GESETZLICHE UNFALLVERSICHERUNG

Christian Sprotte

1 — Entstehung und Entwicklung der gesetzlichen Unfallversicherung

Die gesetzliche Unfallversicherung wurde vor über 100 Jahren als ein wichtiger Teil der Sozialversicherung geschaffen. Die Arbeitnehmer erhielten bei Arbeitsunfällen einen Anspruch gegen eine Institution, die neu geschaffen wurde: die Berufsgenossenschaft. Mitglieder der Berufsgenossenschaften sind die Unternehmer, die auch die Ausgaben finanzieren müssen. Verunglückte Arbeiter mussten jetzt nicht mehr gegen ihren Arbeitgeber klagen, um eine Entschädigung zu erhalten. Aber auch für die Arbeitgeber brachte das neue Gesetz Vorteile: Für sie wäre es – z.B. bei Massenunfällen – gar nicht möglich gewesen, aus eigener Kraft alle Schadensersatzansprüche zu befriedigen.

Die Berufsgenossenschaften sind nach Berufsgruppen eingeteilt, weil jeder Gewerbezweig seine eigenen Gefahren und Lasten selber tragen soll. Die Buchdrucker-Berufsgenossenschaft gründete sich als erste gewerbliche Berufsgenossenschaft am 7. Januar 1885 in Leipzig. Heute gibt es 35 gewerbliche Berufsgenossenschaften.

Für die Grafikdesigner und Fotodesigner ist die BG Druck und Papierverarbeitung der zuständige Unfallversicherungsträger. Die Industriedesigner fallen dagegen in den Zuständigkeitsbereich der Verwaltungs-Berufsgenossenschaft.

Die Aufgaben der Berufsgenossenschaften wurden im Laufe der Jahre erheblich erweitert. So wurde bereits kurze Zeit nach der Gründung auch die Aufgabe, sich um die Sicherheit der Mitarbeiter zu kümmern, in die Hände der Berufsgenossenschaften gelegt, denn man erkannte sehr bald: Unfälle verhüten ist besser als Unfälle entschädigen.

2 — Organisation der gesetzlichen Unfallversicherung der Bundesrepublik

Die Berufsgenossenschaft ist eine Körperschaft des öffentlichen Rechts, d.h. Entscheidungen werden im Rahmen der Gesetze des öffentlichen Rechts getroffen. Sie wird von ihren Mitgliedern und Versicherten, für die sie da ist, selbst verwaltet. Diese Form der Verwaltung nennt man Selbstverwaltung.

Wahlen für die Organe der Selbstverwaltung (Sozialwahlen) finden alle sechs Jahre statt. Wahlberechtigt sind bei der Berufsgenossenschaft Druck und Papier ca. 800.000 Arbeitnehmer aus der Druck und Papierverarbeitung und ca. 30.000 Unternehmer. Arbeitgeber und Arbeitnehmer wählen jeweils 19 Vertreter, üblicherweise in Form von Listenwahlen, in die Vertreterversammlung. Diese wählt den Vorstand.

3 ⎯⎯ Das Recht der gesetzlichen Unfallversicherung

Versicherte Personen

Arbeitnehmer, Auszubildende, vorübergehend Beschäftigte, Heimarbeiter

Arbeitnehmer, vorübergehend Beschäftigte, Heimarbeiter und Auszubildende sind kraft Gesetzes versichert, ohne dass es dazu einer besonderen Erklärung oder einer Anmeldung bedarf. Entsprechendes gilt für den Ehegatten des Unternehmers im Rahmen eines Arbeitsverhältnisses.

Unternehmer

Jeder Unternehmer aus dem Zuständigkeitsbereich der BG Druck und Papierverarbeitung ist nach der Satzung gegen die Folgen von Arbeitsunfällen und Berufskrankheiten pflichtversichert. Diese Pflichtversicherung besteht auch für den im Unternehmen mitarbeitenden Ehegatten eines Unternehmers, sofern der Ehegatte nicht schon kraft Gesetzes versichert ist. Eine Besonderheit gilt allerdings bei Unternehmern, die keine Mitarbeiter beschäftigen. Für sie und ihre im Unternehmen mitarbeitenden Ehegatten beginnt die Versicherung erst mit ihrer Meldung bei der Berufsgenossenschaft (§ 43 Abs. 3 der Satzung). Meldet sich ein solcher Unternehmer verspätet an, werden für zurückliegende Jahre keine Beiträge erhoben. Allerdings werden dann auch rückwirkend keine Arbeitsunfälle oder Berufskrankheiten entschädigt.

Keine Pflichtversicherung besteht für unternehmerähnlich tätige Gesellschafter oder Geschäftsführer einer GmbH. Sie können aber der Unfallversicherung freiwillig beitreten. Die Versicherung wird einen Tag nach Eingang des Antrags bei der Berufsgenossenschaft wirksam.

Meldepflicht bei Unternehmensgründung

Jede Unternehmensgründung muss der zuständigen Berufsgenossenschaft angezeigt werden. Die Anzeigepflicht besteht auch dann, wenn bereits bei der Gemeindebehörde ein Gewerbe angemeldet ist. Die Mitgliedschaft in der Berufsgenossenschaft beginnt mit der Eröffnung des Unternehmens oder der Aufnahme der vorbereitenden Arbeiten für das Unternehmen.

Versicherungsfälle

Arbeitsunfälle

Alle Arbeitsunfälle sind versichert. Ein Arbeitsunfall liegt vor, wenn
- die Tätigkeit, bei der der Unfall passiert ist, zu den versicherten Tätigkeiten gehört (nicht versichert sind u.a. Mittagessen in der Kantine oder private Arbeiten, z.B. im Anschluss an die berufliche Tätigkeit);
- der Unfall mit der versicherten Tätigkeit zusammenhängt (dies ist z.B. nicht der Fall, wenn der Unfall auf Trunkenheit zurückzuführen ist);
- der Körperschaden mit dem Unfall zusammenhängt (dies ist nicht der Fall, wenn der Körperschaden zwar durch den Unfall erkennbar, offenkundig aber durch eine ganz andere Krankheit verursacht wird).

Die genaue Abgrenzung zwischen Arbeitsunfall und dem Unfall, der zum Privatbereich zählt, kann im Einzelfall schwierig sein. Dazu gibt es eine jahrzehntelange Rechtsprechung.

Wegeunfälle

Auch Wegeunfälle sind versichert. Als „Wegeunfälle" werden alle Unfälle bezeichnet, die sich auf dem direkten Weg von und zur Arbeitsstätte ereignen. Es muss also folgender Zusammenhang erfüllt sein:
- Der Unfall muss auf dem versicherten Weg passiert sein.
- Der Unfall muss mit diesem Weg zusammenhängen.
- Der Körperschaden muss – wie beim Arbeitsunfall – auf dem Unfall beruhen.

Der weitaus überwiegende Anteil der Unfälle auf dem Weg zur Arbeit ist hinsichtlich der Frage des Versicherungsschutzes völlig klar, da er auf dem üblichen, jeden Morgen und jeden Abend gegangenen bzw. gefahrenen Arbeitsweg geschieht. Aber es gibt auch Grenzfälle:
- Der versicherte Weg beginnt und endet an der Außentür des Hauses.
- Nur der unmittelbare Weg von und zu der Arbeits- oder Ausbildungsstätte ist versichert.
- Umwege sind – sofern sie nicht unbedeutend sind – nicht versichert. Ausnahmen: Ein Umweg ist dann versichert, wenn ihn der Versicherte einschlägt, um schneller und sicherer zum Ziel zu gelangen (z.B. Umgehungsstraße), oder wenn er notwendig wird (z.B. Umleitung).
- Abwege – Wege, die vom unmittelbaren Weg abweichen und in eine andere Richtung als den Zielort (Wohnung oder Betrieb) führen – sind nicht versichert. Sie unterbrechen den versicherten Weg. Betritt ein Versicherter ein an dem unmittelbaren Weg liegendes Geschäft aus persönlichen Gründen, wird der Versicherungsschutz ebenfalls unterbrochen.
- Der Versicherungsschutz lebt nach einer kurzen Unterbrechung wieder auf, wenn der Versicherte sich wieder auf seinem üblichen Weg befindet.

■ Der Versicherungsschutz ist endgültig erloschen, wenn der Heimweg aus eigenwirtschaftlichen Gründen mehr als zwei Stunden verspätet angetreten oder unterbrochen wird (z.B. Gasthausaufenthalt).

Berufskrankheiten   Erkrankungen, die durch den Beruf verursacht sind, sind einem Arbeitsunfall gleichgestellt. Als berufsbedingt anerkannt werden jedoch nur ganz bestimmte festgelegte Erkrankungen, wenn die Personengruppen durch die Arbeit den schädigenden Einwirkungen in erheblich höherem Grad als die überwiegende Bevölkerung ausgesetzt sind. Sie sind in einer Liste, der „Berufskrankheiten-Liste", zusammengestellt. Diese Liste wird von einem Expertengremium der Bundesregierung festgelegt. Eine weitere Bedingung für die Anerkennung einer Berufskrankheit ist auch wieder der enge Zusammenhang zwischen der Tätigkeit und der Erkrankung.

Die häufigsten Anzeigen auf Verdacht einer Berufskrankheit im Bereich der BG Druck und Papierverarbeitung: Hauterkrankungen, Wirbelsäulenerkrankungen, Lärmschwerhörigkeit, Atemwegserkrankungen und Erkrankungen durch Lösungsmittel.

Leistungen an Verletzte und Erkrankte

Verletztengeld   Für die Dauer der Arbeitsunfähigkeit wird Verletztengeld gezahlt. Seine Höhe entspricht meist dem zuvor verdienten Nettoeinkommen. Das Verletztengeld wird bis zum Wiedereintritt der Arbeitsfähigkeit bzw. bis zum Beginn der Verletztenrente geleistet.

Übergangsgeld   Während einer Maßnahme der beruflichen Rehabilitation wird Übergangsgeld gewährt. Es beträgt 68 Prozent bzw. 75 Prozent des Verletztengeldes, je nach den Familienverhältnissen.

Verletztenrente   Bleibt durch einen Unfall ein dauernder Schaden zurück, wird Verletztenrente gezahlt. Gradmesser für den zurück gebliebenen Körperschaden ist die „Minderung der Erwerbsfähigkeit" (MdE). Hierunter versteht man, in welchem Umfang die Arbeitsmöglichkeiten auf dem gesamten Gebiet des Erwerbslebens durch den Unfall verschlossen bleiben. In der Praxis haben sich Erfahrungswerte herausgebildet, die Auskunft über die Höhe der MdE bei bestimmten Verletzungen geben. Bei einer geringfügigen MdE wird noch keine Rente gezahlt. Im Gesetz ist festgelegt dass die Erwerbsfähigkeit um mindestens 20 Prozent eingeschränkt sein muss. Die Vollrente (d.h. MdE 100 Prozent) beträgt Zweidrittel des Jahresarbeitsverdienstes.

Hinterbliebenenleistungen   Stirbt der Verletzte an den Folgen des Arbeitsunfalls, werden Hinterbliebenenleistungen gezahlt. Witwen-/Witwerrente wird für 24 Monate gezahlt. Waisen erhalten eine Rente bis zur Vollendung des 18. Lebensjahres bzw., wenn sie weiter in Ausbildung sind, bis zum 27. Lebensjahr. Dabei wird das eigene Einkommen der Hinterbliebenen unter Berücksichtigung eines Freibetrages angerechnet.

Die Witwen-/Witwerrente und die Waisenrente wird um 40 Prozent des Betrages gekürzt, um den das eigene Einkommen des Hinterbliebenen monatlich einen Freibetrag übersteigt. Der Freibetrag erhöht sich für jedes waisenrentenberechtigte Kind. Die Freibeträge werden jährlich angepasst.

Weitere Leistungen   Als weitere Leistungen gewährt die Berufsgenossenschaft unter den im Gesetz genannten Voraussetzungen: Hilfsmittel, Pflegegeld, Übergangsleistungen bei Berufskrankheiten, Leistungen zur Teilhabe am Arbeitsleben und zum Leben in der Gemeinschaft (z.B. Wohnungshilfe, Kraftfahrzeughilfe), Witwen-/Witwer- und Waisenbeihilfe, Sterbegeld, Rentenabfindung.

Heilbehandlung   Das Gesetz fordert von den Berufsgenossenschaften, die Heilbehandlung mit allen geeigneten Mitteln zu gewährleisten. Das Recht auf Heilbehandlung ist zeitlich unbegrenzt.

Ein gezielt durchgeführtes Heilverfahren mit einem optimalen Heilergebnis ist die Voraussetzung für die Rehabilitation eines Verletzten. Deshalb muss jeder Versicherte, der durch einen Arbeitsunfall arbeitsunfähig wird, zunächst den Durchgangsarzt aufsuchen. Bei leichteren Verletzungen überweist der Durchgangsarzt den Patienten an einen Arzt seiner Wahl. Auch in diesen Fällen trägt die Berufsgenossenschaft die Kosten.

Stationäre Heilverfahren werden für Rechnung der Berufsgenossenschaft nur in besonderen, von der Berufsgenossenschaften ausgewählten Krankenhäusern oder in berufsgenossenschaftlichen Kliniken und Beratungsstellen (Unfallkliniken, Sonderstationen) durchgeführt. Diese Krankenhäuser sind hinsichtlich der Ausstattung und fachlichen Qualifikation der Ärzte besonders geeignet.

Berufliche Rehabilitation   Rehabilitation geht vor Rente. Durch die berufliche Rehabilitation soll der Verletzte entsprechend seiner Leistungsfähigkeit möglichst auf Dauer beruflich wieder eingegliedert werden. Ist ein Einsatz am alten Arbeitsplatz nicht möglich, arbeitet die Berufsgenossenschaft mit dem Verletzten und dem Betrieb zusammen an einer Umsetzung im Betrieb, die von der Berufsgenossenschaft finanziell gefördert wird. Ist eine Umsetzung nicht möglich, kann eine Umschulung in Frage kommen.

Beispiel   *Frau M. erleidet auf dem Weg zur Arbeit einen schweren Unfall. Die Folgen des Unfalls zwingen sie zur Aufgabe ihres bisherigen Berufes, eine Umsetzung im Betrieb ist nicht möglich. In Zusammenarbeit mit Ärzten, dem Arbeitsamt und dem Berufshelfer der Berufsgenossenschaft wird über mögliche, sinnvolle Umschulungsmaßnahmen gesprochen. Die Neigungen von Frau M. werden hierbei selbstverständlich besonders berücksichtigt. Nachdem die Heilung der Unfallfolgen befriedigend verläuft, beginnt die Umschulung. Die Kosten hierfür übernimmt die Berufsgenossenschaft. Während der Umschulung wird Übergangsgeld gezahlt. Wenn eine Minderung der Erwerbsfähigkeit vorliegt, wird bereits während der Umschulung eine Unfallteilrente gezahlt.*

4   Berechnungsbeispiele zur Beitragshöhe

Die folgenden Berechnungsbeispiele verdeutlichen, welche Beiträge ein selbständiger Grafikdesigner für seine eigene gesetzliche Unfallversicherung und für die Unfallversicherung seiner angestellten Mitarbeiter an die BG Druck und Papierverarbeitung zu zahlen hat (Stand: Beitragsjahr 2001):

Beitrag für den selbständigen Grafikdesigner

Die Höhe des Beitrags ist abhängig von der gewählten Versicherungssumme. Die Versicherungssumme kann frei zwischen der Mindestversicherungssumme (in Westdeutschland 17.100,00 €, in Ostdeutschland 14.400,00 €) und der Höchstversicherungssumme (63.000,00 €) gewählt werden. Die Versicherungssumme ist unabhängig vom tatsächlichen Einkommen. Für einen ausschließlich als Grafiker tätigen Selbständigen beträgt der Beitrag bei

Versicherungssumme	Beitrag
14.400,00 €	60,28 €
17.100,00 €	71,58 €
30.000,00 €	125,58 €
63.000,00 €	263,72 €

Von der Höhe der Versicherungssumme hängt die Höhe der Geldleistungen im Falle eines Arbeitsunfalls ab. So beträgt zum Beispiel das tägliche Verletztengeld bei

Versicherungssumme	tägliches Verletztengeld
14.400,00 €	32,00 €
17.100,00 €	38,00 €
30.000,00 €	66,67 €
63.000,00 €	140,00 €

Die medizinische Versorgung und die Rehabilitation sind dagegen unabhängig von der Höhe der Versicherungssumme. Sie richten sich ausschließlich nach den medizinischen Erfordernissen.

Beitrag für angestellte Mitarbeiter

Die Höhe des Beitrags richtet sich nach dem Bruttojahresgehalt, das an den Mitarbeiter gezahlt wird, sowie nach der Gefahrenklasse, in die der Mitarbeiter je nach Art seiner Tätigkeit einzustufen ist. Dazu zwei Beispiele:

$$\frac{Bruttojahresgehalt \times 0{,}7 \ (Gefahrklasse) \times 5{,}98 \ (Beitragsfuß)}{1000} = Jahresbeitrag$$

$$\frac{30.000 \ € \times 0{,}7 \times 5{,}98}{1000} = 125{,}58 \ €$$

$$\frac{Bruttojahresgehalt \times 0{,}6 \ (Gefahrklasse) \times 5{,}98 \ (Beitragsfuß)}{1000} = Jahresbeitrag$$

$$\frac{10.000 \ € \times 0{,}6 \times 5{,}98}{1000} = 35{,}88 \ €$$

Beitragsnachlass

Nach zwei Jahren Mitgliedschaft nehmen Unternehmer am Nachlass/Zuschlagverfahren teil. Wer weniger Unfälle als der Durchschnitt seines Gewerbezweiges oder keine Unfälle hat, erhält bis zu zehn Prozent Nachlass auf den Beitrag.

Anhang **12**

WICHTIGE ADRESSEN

Berufsverbände der Designer

Allianz deutscher Designer (AGD)
Steinstraße 3
38100 Braunschweig
Telefon: 05 31/1 67 57
Telefax: 05 31/1 69 89
eMail: info@agd.de
www.agd.de

Arbeitsgemeinschaft Selbständige Industriedesigner (ASID)
Steinkamp 26
38104 Braunschweig
Telefon: 05 31/36 17 91
Telefax: 05 31/36 17 48

Art Directors Club für Deutschland (ADC)
Leibnitzstraße 65
10629 Berlin
Telefon: 0 30/59 00 31 00
Telefax: 0 30/5 90 03 10 11
eMail: adc@adc.de
www.adc.de

Bund Deutscher Grafikdesigner (BDG)
Flurstraße 30
22549 Hamburg
Telefon: 0 40/83 29 30 43
Telefax: 0 40/83 29 30 42
eMail: info@bdg-deutschland.de
www.bdg-deutschland.de

Bund Freischaffender Foto-Designer (BFF)
Tuttlinger Straße 95
70619 Stuttgart
Telefon: 07 11/47 34 22
Telefax: 07 11/47 52 80
eMail: info@bff.de
www.bff.de

Deutscher Designer Club (DDC)
Hanauer Landstraße 139
60314 Frankfurt am Main
Telefon: 0 69/40 57 86 24
Telefax: 0 69/40 57 85 97
eMail: office@ddc.de
www.ddc.de

Deutscher Designertag (DT)
Grindelberg 15 A
20144 Hamburg
Telefon: 0 40/45 48 34
Telefax: 0 40/45 48 32
www.designertag.de

Selbständige Design-Studios (SDSt)
Stobenstraße 13
38100 Braunschweig
Telefon: 05 31/4 41 24
Telefax: 05 31/4 43 34

Verband der Grafik-Designer (VGD)
Ryckestraße 2
10405 Berlin
Telefon: 0 30/4 41 13 13
Telefax: 0 30/4 41 13 15
eMail: info@vgdev.de
www.vgdev.de

Verband Deutscher Industrie-Designer (VDID)
Gelsenkirchener Straße 181
45309 Essen
Telefon: 0201/8 30 40 10
Telefax: 0201/8 30 40 19
eMail: ddv@germandesign.de
www.germandesign.de

Verband Deutscher Mode- und Textildesigner (VDMD)
Semmelstraße 42
97070 Würzburg
Telefon: 09 31/5 27 15
Telefax: 09 31/4 65 22 55
eMail: vdmd@germandesign.de
www.modedesign.de

Designzentren

Internationales Design Zentrum Berlin (IDZ)
Rotherstraße 16
10245 Berlin
Telefon: 0 30/2 93 35 10
Telefax: 0 30/29 33 51 11
eMail: idz@idz.de
www.idz.de

designtransfer
Universität der Künste Berlin
Grolmanstraße 16
10623 Berlin
Telefon: 0 30/31 50 32 85
Telefax: 0 30/31 50 32 87
eMail: dt@udk-berlin.de
www.designtransfer.udk-berlin.de

Designinitiative Brandenburg-Berlin
c/o Fachhochschule Potsdam
Pappelallee 8 – 9
14469 Potsdam
Telefon: 03 31/5 80 14 36
Telefax: 03 31/5 80 24 99

Designtransfer Braunschweig
Wilhelm-Bode-Straße 14
38106 Braunschweig
Telefon: 05 31/2 80 90 20
Telefax: 05 31/2 80 90 44
eMail: r.fellenberg@t-online.de
www.designtransfer.de

Design Zentrum Bremen
Am Wall 209
28195 Bremen
Telefon: 04 21/33 88 10
Telefax: 04 21/3 38 81 10
www.designzentrumbremen.de

DesignLabor Bremerhaven
Institut für System- und Produktgestaltung
An der Geeste 25
27570 Bremerhaven
Telefon: 04 71/4 60 01
Telefax: 04 71/4 60 00
eMail: info@designlabor.com
www.designlabor.com

Designerinnen Forum
Stresemannstraße 375/IV
22761 Hamburg
Telefon: 0 40/8 90 11 68
Telefax: 0 40/8 90 11 93
eMail: designerinnen-forum@
t-online.de
www.designerinnen-forum.org

Design-Initiative Nord
Carlsstraße 187
24537 Neumünster
Telefon: 0 43 21/5 13 43
Telefax: 0 43 21/5 34 80

Design Zentrum Hessen
Eugen-Bracht-Weg 6
64287 Darmstadt
Telefon: 0 61 51/42 48 81
Telefax: 0 61 51/4 61 13
eMail: d.z.h.@t-online.de
www.designzentrum-hessen.de

Designzentrum Ludwigshafen
Walzmühlstraße 63
67061 Ludwigshafen
Telefon: 06 21/5 66 96 60
Telefax: 06 21/5 66 96 61
eMail: designzentrum.lu@t-online.de

DesignZentrum Mecklenburg-Vorpommern
Friedrich-Barnewitz-Straße 3
18119 Rostock
Telefon: 03 81/5 19 63 66
Telefax: 03 81/5 19 62 66
eMail: dz-mv@t-online.de

Design Zentrum München
Richard-Strauss-Straße 82
81679 München
Telefon: 0 89/92 21 23 11
Telefax: 0 89/92 21 23 49
eMail: info@d-z-m.de
www.d-z-m.de

Design Zentrum Nordrhein-Westfalen
Gelsenkirchener Straße 181
45309 Essen
Telefon: 02 01/30 10 40
Telefax: 02 01/3 01 04 40
eMail: info@dznrw.com
www.design-germany.de

Designforum Nürnberg
Luitpoldstraße 3
90402 Nürnberg
Telefon: 09 11/2 40 22 30
Telefax: 09 11/2 40 22 39
eMail: info@designforum-nbg.de
www.designforum-nbg.de

Design Zentrum Saar
Schloßbergstraße 54
66790 Wallerfangen
Telefon: 0 68 31/6 94 38
Telefax: 0 68 31/6 94 38

Designzentrum Sachsen
Grüne Straße 16
01067 Dresden
Telefon: 03 51/4 96 57 70
Telefax: 03 51/4 96 57 74
eMail:post@designzentrumsachsen.de
www.designzentrumsachsen.de

Designzentrum Sachsen-Anhalt
Franzstraße 164
06842 Dessau
Telefon: 03 40/8 82 21 38
Telefax: 03 40/8 82 41 40
eMail: designdz@aol.com

Design Center Stuttgart
Willi-Bleicher-Straße 19
70147 Stuttgart
Telefon: 07 11/1 23 27 81
Telefax: 07 11/1 23 25 77
eMail: design@lgabw.de
www.design-center.de

Design Zentrum Thüringen
Rathenauplatz 6
99423 Weimar
Telefon: 0 36 43/8 71 10
Telefax: 0 36 43/87 11 11
design.thüringen@gast.uniweimar.de

Sozialversicherungsträger

Berufsgenossenschaft Druck und Papierverarbeitung
Rheinstraße 6 – 8
65185 Wiesbaden
Telefon: 06 11/13 10
Telefax: 06 11/13 11 00
www.bdgp.de

Verwaltungs-Berufsgenossenschaft
Deelbögenkamp 4
22297 Hamburg
Telefon: 0 40/5 14 60
Telefax: 0 40/51 46 21 46

*Künstlersozialkasse
bei der Unfallkasse des Bundes*
26380 Wilhelmshaven
Telefon: 0 44 21/30 80
Telefax: 0 44 21/30 82 54/-2 56
www.kuenstlersozialkasse.de

Verwertungsgesellschaften

Verwertungsgesellschaft Bild-Kunst
Weberstraße 61
53113 Bonn
Telefon: 02 28/9 1 53 40
Telefax: 02 28/9 15 34 39
eMail: info@bildkunst.de
www.bildkunst.de

Verwertungsgesellschaft Bild-Kunst
Köthener Straße 44
10963 Berlin
Telefon: 0 30/2 61 27 51
Telefax: 0 30/23 00 36 29
eMail: vgbuero@t-online.de

Verwertungsgesellschaft Wort
Goethestraße 49
80336 München
Telefon: 0 89/51 41 20
Telefax: 0 89/5 14 12 58
eMail: vgw@vgwort.de
www.vgwort.de

Meldestellen für Patente, Muster und Marken

Deutsches Patent- und Markenamt
Zweibrückenstraße 12
80331 München
Telefon: 0 89/2 19 50
Telefax: 0 89/21 95 22 21
eMail: post@dpma.de
www.dpma.de

*Deutsches Patent- und Markenamt
Technisches Informationszentrum
Berlin*
Gitschiner Straße 97
10969 Berlin
Telefon: 0 30/25 99 20
Telefon: 0 30/25 99 24 04

Europäisches Patentamt (EPA)
Erhardtstraße 27
80331 München
Telefon: 0 89/2 39 90
Telefax: 0 89/23 99 44 65
www.european-patent-office.org

Harmonisierungsamt für den Binnenmarkt (Marken, Muster, Modelle)
Apartado de Correos, 11
E – 03080 Alicante
Telefon: 00 34/9 65 13 91 00
Telefax: 00 34/9 65 13 91 73
eMail: information@oami.eu.int
www.oami.eu.int

*World Intellectual Property
Organisation (WIPO)
Weltorganisation für geistiges
Eigentum*
34, Chemin des Colombettes
CH – 1211 Genf 20
Telefon: 00 41/22/7 30 91 11
Telefax: 00 41/22/7 33 54 28
eMail: publicinf@wipo.int
www.wipo.int

FACHLITERATUR (AUSWAHL)

Goetz Buchholz
Ratgeber Freie – Kunst und Medien
5. Auflage Stuttgart 1998
ISBN 3-00-002630-4

Heide Hackenberg
Kommunikationsdesign. Akquisition und Kalkulation
Mainz 2002
ISBN 3-87439-616-9

Dietrich Harke
Ideen schützen lassen? Patente, Marken, Design, Copyright, Werbung
Beck-Rechtsberater im dtv
München 2000
ISBN 3-423-05642-8

Dietrich Harke
Urheberrecht – Fragen und Antworten
2. Auflage Köln/Berlin/Bonn/München 2001
ISBN 3-452-24720-1

Uwe Koch/Dirk Otto/Mark Rüdlin
Recht für Grafiker und Webdesigner –
Verträge, Schutz der kreativen Leistung, Selbständigkeit, Versicherungen, Steuern
Bonn 2002
ISBN 3-89842-186-4

Wolfgang Maaßen
Kunst oder Gewerbe?
Die Abgrenzung der künstlerischen von der gewerblichen Tätigkeit im Steuerrecht,
Handwerksrecht, Künstlersozialversicherungsrecht und in anderen Rechtsbereichen
3. Auflage Heidelberg 2001
ISBN 3-81114-0868-2

Wolfgang Maaßen
Designers' Calculator
Kalkulationshilfen zur Berechnung von Designhonoraren
Düsseldorf 2002
ISBN 3-934482-03-1

Wolfgang Maaßen/Margarete May
Designers' Contract
Vertragsmuster, Formulare und Musterbriefe für selbständige Designer
Düsseldorf 2000
ISBN 3-934482-02-3

Gernot Schulze
Meine Rechte als Urheber – Urheber- und Verlagsrecht
Beck-Rechtsberater im dtv
4. Auflage München 2001
ISBN 3-423-05291-0

Sabine Zentek
Ein Handbuch für Recht in Kunst und Design
Stuttgart 1998
ISBN 3-929638-16-9

Sabine Zentek/Dieter Blase
Handbuch Kommunikationsdesign Berufspraxis
Ludwigsburg 2001
ISBN 3-929638-42-8

FACHZEITSCHRIFTEN (AUSWAHL)

design report	BLUE C. Verlag GmbH, Neckarstraße 121, 70190 Stuttgart, www.design-report.de
Designers Digest	C. Q. Communication K. Tiedge, Im Häsen 9, 27419 Sittensen www.designers-digest.de
form	Birkhäuser Verlag AG, Am Forsthaus Grevenbroich 5, 63263 Neu-Isenburg www..form.de
form+zweck	form+zweck-Verlag, Dorotheenstraße 4, 12557 Berlin www.formundzweck.de
Graphis	Graphis Graphis-Verlag AG, Dufourstraße 107, CH - 8008 Zürich
Horizont	Deutscher Fachverlag GmbH, Mainzer Landstraße 251, 60326 Frankfurt/Main www.horizont.net
Kunsthandwerk+Design	Verlag Ritterbach, Rudolf-Dieselstraße 5-7, 50226 Frechen www.kunsthandwerk-design.de
Lürzer's Archiv	Lürzer's Archiv, Hamburger Allee 45, 60686 Frankfurt am Main www.luerzersarchive.com
MACup	MACup Verlag GmbH, Leverkusener Straße 54, 22761 Hamburg www.macup.com
novum	New Media Magazine Verlag GmbH, Redaktion novum, Dietlindenstraße 18, 80802 München www.novumnet.de
PAGE	MACup Verlag GmbH, Leverkusener Straße 54, 22761 Hamburg www.page-online.de
w&v	Europa-Fachpresse-Verlag, Emmy - Noether - Straße 2/E, 80992 München www.wuv.de
wörkshop	GIT-Verlag GmbH, Rößlerstraße 90, 64293 Darmstadt www.woerkshop.de

ABKÜRZUNGEN

A

AB	Art Buyer
Abs.	Absatz
AD	Art Director
AG	Aktiengesellschaft
AGB	Allgemeinen Geschäftsbedingungen
AGD	Allianz deutscher Designer
AO	Abgabenordnung
ArbGG	Arbeitsgerichtsgesetz
Art.	Artikel
AStG	Außensteuergesetz
AuslInvG	Gesetz über den Vertrieb ausländischer Investmentanteile und über die Besteuerung der Erträge aus ausländischen Investmentanteilen

B

BAFA	Bundesamt für Wirtschaft und Ausfuhrkontrolle
BDG	Bund Deutscher Grafik-Designer
BfA	Bundesversicherungsanstalt für Angestellte
BFF	Bund Freischaffender Foto-Designer
BFH	Bundesfinanzhof
BG	Berufsgenossenschaft
BGB	Bürgerliches Gesetzbuch
BGBl.	Bundesgesetzblatt
BGH	Bundesgerichtshof
BKZ	Bearbeiterkennzeichen
BLZ	Bankleitzahl
BMWA	Bundesministerium für Wirtschaft und Arbeit
BSG	Bundessozialgericht
BStBl.	Bundessteuerblatt
BT-Drucksache	Bundestags-Drucksache
BUrlG	Bundesurlaubsgesetz
BWA	Betriebswirtschaftliche Auswertung
bzw.	beziehungsweise

C

ca.	circa
CD	Compact Disk
CD-ROM	Compact Disk - Read Only Memory

D

d.h.	das heißt
DtA	Deutsche Ausgleichsbank
DTP	Desk Top Publishing
DVD	Digital Versatile Disc (ursprünglich: Digital Video Disc)

E

EDV	Elektronische Datenverarbeitung
EFG	Entscheidungen der Finanzgerichte
EGVO	Verordnung (EWG) Nr. 2137/85 des Rates der Europäischen Gemeinschaften vom 25. Juli 1985 über die Schaffung einer Europäischen wirtschaftlichen Interessenvereinigung (EWIV)
EIF	Europäischer Investitionsfonds
EKH	Eigenkapitalhilfe
EPA	Europäisches Patentamt
ERP	European Recovery Program (Europäisches Wiederaufbauprogramm)
EStDV	Einkommensteuer-Durchführungsverordnung
EStG	Einkommensteuergesetz
etc.	et cetera (und so weiter)
EU	Europäische Union
EWIV	Europäische wirtschaftliche Interessenvereinigung

F

f.	folgend
ff.	fortfolgend
FG	Finanzgericht
FördG	Fördergebietsgesetz

G

GbR	Gesellschaft bürgerlichen Rechts
GEMA	Gesellschaft für musikalische Aufführungs- und mechanische Vervielfältigungsrechte
GeschmMG	Geschmacksmustergesetz
GewStG	Gewerbesteuergesetz
GmbH	Gesellschaft mit beschränkter Haftung
GuW	Gründungs- und Wachstumsfinanzierung

H

HGB	Handelsgesetzbuch
HMA	Haager Abkommen über die Hinterlegung gewerblicher Muster und Modelle
HTML	Hypertext Markup Language

I

IBH	InvestitionsBank Hessen
i.S.d.	im Sinne des/der

K

KfW	Kreditanstalt für Wiederaufbau
KG	Kommanditgesellschaft
KG a.A.	Kommanditgesellschaft auf Aktien
KMU	kleine und mittelständische Unternehmen
KSK	Künstlersozialkasse
KSVG	Gesetz über die Sozialversicherung der selbständigen Künstler und Publizisten (Künstlersozialversicherungsgesetz)
KUG	Gesetz betreffend das Urheberrecht an Werken der bildenden Künste und der Photographie

L

L-Bank	Landeskreditbank Baden-Württemberg - Förderbank
LSG	Landessozialgericht

M

MdE	Minderung der Erwerbsfähigkeit
MMA	Madrider Markenabkommen
MWSt	Mehrwertsteuer

N

Nr.	Nummer
NRW	Nordrhein-Westfalen

O

OFD	Oberfinanzdirektion
o.g.	oben genannt/e/r
OHG	Offene Handelsgesellschaft

P

PartGG   Gesetz über Partnerschaftsgesellschaften Angehöriger Freier Berufe (Partnerschaftsgesellschaftsgesetz)
PC   Personal Computer

R

RFH   Reichsfinanzhof

S

SAB   Sächsische AufbauBank
SDSt   Verband der Selbständigen Design-Studios
SG   Sozialgericht
SGB   Sozialgesetzbuch
SIKB   Saarländische Investitionskreditbank
s.o.   siehe oben
Stck.   Stück
Std.   Stunde
StGB   Strafgesetzbuch
s/w   schwarz-weiß

U

u.a.   unter anderem
UrhG   Gesetz über Urheberrecht und verwandte Schutzrechte (Urheberrechtsgesetz)
URL   Uniform Ressource Locator
UStG   Umsatzsteuergesetz
UWG   Gesetz gegen den unlauteren Wettbewerb

V

VG   Verwaltungsgericht

W

WahrnG   Gesetz über die Wahrnehmung von Urheberrechten und verwandten Schutzrechten (Urheberrechtswahrnehmungsgesetz)
WIPO   World Intellectual Property Organisation (Weltorganisation für geistiges Eigentum)

Z

z.B.   zum Beispiel
ZUM   Zeitschrift für Urheber- und Medienrecht

STICHWORTVERZEICHNIS

A

Abhängige Beschäftigung **300** f.
Abnahme **97**
Abnahmebestätigung **104**
Abrechnungsmodus **225**
Abschlusszwang **155, 161** f.
Abschnittprinzip **226**
Adressdatenbank **53**
AGD-Vergütungstarifvertrag **89, 195**
Ähnlicher Beruf **216** f.
Akquisition **45** ff.
Akquisitionsstrategien **46** ff.
Allgemeine Beratung **14**
Allgemeine Geschäftsbedingungen **85** f., **103**
Änderungsverbot **144**
Anerkennung als Freiberufler **213** ff.
Angebot **84** f., **112** f.
Angemessene Vergütung **148** f.
Angestellte **82**
Anmeldegebühr **168**
Annahme **84**
Anwaltssuchdienst **122**
Anwaltszwang **125**
Anzeigenschaltung **88**
Arbeitgeber **277** ff.
Arbeitnehmer **82, 299** ff.
Arbeitnehmerähnliche Designer **82, 304** f.
Arbeitseinkommen **290** f.
Arbeitsgemeinschaft **260**
Arbeitslosengeld **30**
Arbeitslosenhilfe **30**
Arbeitslosenversicherung **29** f., **277**
Arbeitsstunden **201** f.
Arbeitsunfälle **308**
Arbeitsvertrag **283** f.
Arbeitszeit **47**
Art Buying **50**
Ateliergemeinschaft **63, 247, 260** f.
Aufbauberatung **13** f.
Aufbewahrungsfrist **273**

Aufbewahrungspflicht **273**
Auffälliges Missverhältnis **149** f.
Aufklärungspflichten **280** f.
Aufrechterhaltungsgebühr **168, 176, 179**
Auftragsabwicklung **99** ff., **102** ff.
Auftragsakquisition **50** ff.
Auftragsänderung **104**
Auftragserteilung **109**
Auftragserweiterung **104**
Auftragsstornierung **91** f., **105**
Auftragszettel **116**
Aufwendungsersatz **97**
Aufzeichnungspflicht **272** f.
Augenscheinseinnahme **128**
Ausbildung **224, 233** f.
Auskunftsanspruch **153**
Ausschließliches Nutzungsrecht **147**
Außengesellschaft **59**
Außergewöhnliche Belastungen **257** f.
Ausstellungsrecht **137**

B

Basiszinssatz **121** f.
BDG-Honorarempfehlungen **89, 195** ff.
Bearbeitungen **138**
Befreiung von der Krankenversicherungspflicht **296** f.
Befreiungsantrag **296** f.
Behinderung **191**
Beitragsbemessungsgrenze **292** f.
Beitragshöhe **311** f.
Beitragsnachlass **312**
Beitragssätze **291** ff.
Beitragszuschuss **297**
Beratungsbericht **13**
Beratungsförderung **13** ff.
Beratungskosten **13** ff.
Beratungsprogramm Wirtschaft **14**

Beratungszentren **11**
Berechnung von Designhonoraren **193 ff.**
Berechnungsformel **198**
Bereitstellungskosten **32**
Berufliche Rehabilitation **310 f.**
Berufsanfänger **287, 292, 296, 297**
Berufsbild **225**
Berufsgenossenschaft **35, 306 ff.**
Berufsgruppen **156**
Berufskrankheiten **309**
Berufung **129**
Berühmte Marken **182, 183**
Beschäftigung von Mitarbeitern **243 ff., 277 ff.**
Beschränkung von Nutzungsrechten **147**
Bestätigungsschreiben **85, 102, 110, 114**
Bestsellerparagraph **149 f.**
Betriebsausgaben **255 f., 290 f.**
Betriebseinnahmen **254, 290**
Betriebskosten **32, 199 f.**
Betriebsvermögensvergleich **254**
Beweisaufnahme **128**
Beweismittel **128**
Beweissicherung **248**
BG Druck und Papierverarbeitung **35, 306**
BGB-Gesellschaft **58 ff.**
Bibliotheksgroschen **139, 154, 163**
Bibliothekstantieme **139, 154, 163**
Bilanz **254**
Bilanzierungspflicht **214**
Bildnisse **143 f.**
Blatt für Gemeinschaftsgeschmacksmuster **171**
Briefing **87, 108**
Browser-Check **54, 56**
Buchführung **271 ff.**
Buchführungsmängel **274**
Buchführungspflicht **214, 271 f.**
Buchführungssysteme **274 f.**
Bundesamt für Wirtschaft und Ausfuhrkontrolle **13**
Bundesknappschaft **279, 280**
Bundesministerium für Wirtschaft und Arbeit **10 ff.**
Bürogemeinschaft **63, 247, 260 f.**
Business-Plan **40**
Business-Planer **10**
Buyout **103, 149, 210**

C

Checkliste für Wettbewerbsausschreibungen **79 f.**
Checklisten zur Erfassung des Zeitaufwands **205**
Checklisten zur Existenzgründung **31 ff.**
Clearingstelle **302**
Coaching **14**
Copyrightanteil **203 f.**

D

Darstellungen technischer Art **132**
Darstellungen wissenschaftlicher Art **132**
Datenzugriff **276**
Designhonorare **193 ff.**
Designschutz **166**
Designverträge **86 f.**
Designwettbewerbe **75 ff.**
Deutsche Ausgleichsbank **10, 15 ff.**
Dienstleistungsklassen **182**
Doppelte Buchführung **274 f.**
Drittbeteiligung **99 ff.**
Drucküberwachung **88**
DtA-Existenzgründungsdarlehen **19 ff., 21**
DtA-Mikro-Darlehen **23 ff.**
DtA-StartGeld **22 f.**
Dumpingpreise **48**
Durchlaufende Posten **256**

E

EDV-Buchführung **275**
Ehegatten-Arbeitsverhältnisse **283 f.**
Eigenart **173**
Eigenkapitalhilfedarlehen **16 ff.**
Eigentum **80**
Eigentümlichkeit **166, 173, 175**

Eigentumsvorbehalt **106**
Einfache Buchführung **274**
Einfaches Nutzungsrecht **147**
Einfuhrumsatzsteuer **264**
Eingetragene Marken **179** f., **183**
Eingetragene Muster **171**
Einkommen **253**
Einkommensteuer **250** ff.
Einkünfte aus Gewerbebetrieb **251**
Einkünfte aus nichtselbständiger Arbeit **251** f.
Einkünfte aus selbständiger Arbeit **251**
Einkunftsarten **250**
Einmann-Unternehmen **35**
Einnahmenüberschussrechnung **254, 272** f.
Einräumung von Nutzungsrechten **147** f.
Einsendeschluss **80**
Eintragungshindernisse **181**
Einzelanmeldung **168**
Entscheidungswidersprüche **78**
Entwicklungsarbeiten **84** f.
Entwürfe **84** f.
Erfahrungsbericht **37** ff.
Erfindung **178, 179**
Erfindungshöhe **178, 179**
Erfolgsplan **33**
Erfüllungsort **126**
ERP-Eigenkapitalhilfedarlehen **16** ff.
ERP-Existenzgründungsdarlehen **18** f.
Erreichbarkeit **47**
Ersatzauftrag **91** f.
Ersatzverdienst **91** f.
Erschleichen **191**
Ersparte Kosten **91**
Europäische wirtschaftliche Interessenvereinigung **72** ff.
EWIV **72** ff.
Existenzfestigung **16**
Existenzgründer **298** f.
Existenzgründung **9** ff.
Existenzgründungsberater **10, 11** f.

Existenzgründungsdarlehen **18** f., **19** ff., **21**
Existenzgründungszuschuss **28** ff., **34, 298**

F
Fachanwalt **122**
Fachkreise **172**
Fachzeugnisse **33**
Faktor „Nutzungsart" **207** f.
Faktor „Nutzungsdauer" **209**
Faktor „Nutzungsgebiet" **209** f.
Faktor „Nutzungsrecht" **207**
Faktor „Nutzungsumfang" **208** f.
Faktorensystem **194**
Familien-AG **28**
Festigungsvorhaben **26**
Finanzierung **31, 40**
Finanzierungshilfen **15** ff.
Finanzierungsstruktur **33**
Finanzplan **33**
Folgerecht **139, 154**
Förderberatung **11, 13** ff.
Förderdatenbank **12, 14, 15**
Förderprogramme **11, 13** ff.
Forderungsmanagement **121** ff.
Forderungspfändung **130**
Förderzuschuss **13** f., **14** f.
Fotokopierabgabe **154, 163**
Freiberufliche Tätigkeit **215** ff.
Freie Benutzung **138**
Fremde Eigentumsrechte **146**
Fristbestimmung **76, 94**
Fristen **80, 94, 105, 106**

G
Garantieerklärung **91**
Gebrauchsmusterregister **179**
Gebrauchsmusterschutz **179**
Gebührenordnung **194**
GEMA **156**
Gemeinsame Vergütungsregeln **150** f.
Gemeinschaftsgeschmacksmuster **171** ff.
Gemeinschaftsmarke **186**

Gemischte Tätigkeiten **240 ff.**
Gerichtskostenvorschuss **126**
Gerichtsstand **126**
Gerichtsverfahren **123 ff.**
Gerichtsvollzieher **124, 129 f.**
Geringfügig entlohnte Beschäftigungen **278 ff.**
Geringfügige Beschäftigung **278 ff., 282 f.**
Geringfügigkeitsgrenze **287**
Gesamtabrechnung **111, 120**
Gesamtbetrag der Einkünfte **252**
Gesamtverträge **162**
Geschäftliche Bezeichnung **187 f.**
Geschäftsabzeichen **187 f.**
Geschmacksmusterblatt **167**
Geschmacksmusterrichtlinie **170**
Geschmacksmusterschutz **135, 166 ff.**
Geschützte Werke **132 ff.**
Gesellschaft bürgerlichen Rechts **58 ff.**
Gesellschaft mit beschränkter Haftung **42 f., 68 ff.**
Gesetzliche Unfallversicherung **306 ff.**
Gesetzliche Vergütungsansprüche **139 f.**
Gestaltungsfreiheit **93**
Gewährleistungsrechte **94 ff.**
Gewerbebetrieb **251, 259 f.**
Gewerbeertrag **261**
Gewerbemeldestelle **36**
Gewerberegister **36, 225**
Gewerbesteuer **259 ff.**
Gewerbesteueranrechnung **262 f.**
Gewerbesteuerbescheid **259**
Gewerbesteuermessbescheid **259**
Gewerbesteuerpflicht **214**
Gewinn **254**
Gewinnermittlung **254**
Gleitzone **280**
GmbH **42 f., 68 ff.**
Grundkosten **200**
Gründungs- und Wachstumsfinanzierung **25 ff.**

Gründungsberatung **10, 13, 14 f.**
Gründungsfinanzierung **10, 15 ff., 28 ff.**
Gründungskatalog **10**
Gründungskonzept **31**
Gründungsmarktplatz **10**
Gründungstools **10**
Gruppenpräsentation **53**
Gutachterausschüsse **231 ff.**
Güteverhandlung **127**
GuW-Finanzierung **25 ff.**

H

Haager Musterabkommen **169 f.**
Haftung **60 f., 65 f., 80, 88, 97 f., 107**
Haftungsausschluss **88, 97 f.**
Haftungsbeschränkung **88, 97 f., 107**
Haftungsrisiko **88**
Handelsgesellschaft **68**
Handelsregister **225**
Handwerksrolle **234**
Harmonisierungsamt für den Binnenmarkt **171, 186**
Haushaltsscheckverfahren **280**
Hebesatz **261**
Heilbehandlung **310**
Herausgabe **153**
Hinterbliebenenleistungen **310**
Höchstbeitrag **292**
Höherverdienende **292, 296, 297**
Homepage **53 ff.**
Honorar für Designleistungen **193 ff., 198 ff.**
Honorar für Zusatzleistungen **210 f.**
Honorarberechnung **193 ff., 198 ff.**
Honorarberechnungssysteme **194 ff.**
Honorarordnung für Gebrauchsgrafiker **194**
Honorarvereinbarung **90, 106**

I

Ich-AG **28 ff.**
Ideenfindung **84 f.**
Imageförderung **48**
Impressum **54 f.**
Individuelle Handschrift **222**

Individueller Stundensatz **199** ff.
Informationsquellen **10** ff.
Internationale Registrierung **185** f.
Internationaler Geschmacksmusterschutz **169** ff.
Internationaler Markenschutz **185** f.
Internet **10**, **53** ff.
Internetauftritt **53** ff.
Inventar **273**
Inventur **273**
Investitionszuschüsse **43**

J
Jahresarbeitseinkommen **290** f.
Jahresarbeitstage **201**
Jurierung **79**
Juroren **76** f., **80**

K
Kalkulation von Designhonoraren **193** ff.
Kalkulationshilfen **89**, **194** ff., **198** ff.
Kalkulatorische Kosten **200**
Kalkulatorischer Gewinn **200** f.
Kapitaldienst **32**
Kapitalgesellschaft **68** ff.
Katalogberuf **215** f.
Katalogbilder **142** f.
Kennzeichenschutz **180** ff.
Klageerwiderung **127**
Klageschrift **126**
Klageverfahren **125** ff.
Kleines Patent **179**
Kleines Urheberrecht **166**
Kleinunternehmer **267** f.
Knebelungsverträge **83**
Kollidierende Muster **172**
Kostenanfrage **111**, **119**
Kostenentscheidung **129**
Kostenerfassung **110**, **116**
Kostenplan **32**
Kostenschätzung **102**
Kostenüberschreitung **104**
Kostenvoranschlag **84**, **90** f., **102**, **108** f., **112** f.
Krankengeld **293** f.

Krankenversicherung **29**, **218**, **277**, **279**, **288**, **291** ff., **296** f.
Krankheitslohnfortzahlung **277**
Kreditanstalt für Wiederaufbau **15**
Kreditsicherheiten **33**
Kundenbeziehungen **47**
Kunden-Login **56**
Kundenorientierung **47**
Künstler **218**, **221** ff., **286** f.
Künstlereigenschaft **213** ff.
Künstlerische Gestaltungshöhe **132** f., **173**, **223**
Künstlerische Tätigkeit **218**, **221** ff.
Künstlersozialabgabe **71**, **219** f., **235** f.
Künstlersozialkasse **34**, **43**, **286** ff.
Künstlersozialversicherung **62**, **218**, **233** ff., **244** f., **286** ff.
Künstlersozialversicherungsgesetz **34**, **286** ff.
Künstlersozialversicherungspflicht **218** f., **234** f., **286** ff.
Kurzfristige Beschäftigung **278**, **282** f.

L
Lebenshaltungskosten **255** f.
Lebenslauf **32**
Leistungsbeschreibung **105**
Leistungsort **265** f.
Leistungsübernahme **189**, **192**
Leistungsumfang **90**, **102**
Leitstelle **13** f.
Lesezirkelabgabe **163**
Lichtbilder **133** f.
Lichtbildwerke **132**, **133** f.
Lieferungen **264**
Lizenz **88** f., **185**
Lizenzvergütung **162**
Lizenzverträge **88** f., **161**
Lohnkonto **281**
Lohnsteuer **252**, **281** f.
Lohnsteuerkarte **282**
Lohnsteuerliche Pflichten **281** ff.

M

Madrider Markenabkommen **185**
Mahnbescheid **123** f.
Mahnung **121** f.
Mailings **48**
Mängelbeseitigung **94**
Mängelhaftung **92** ff., **106**
Mängelrügen **105**
Mappe **51** f.
Marken **180** ff.
Marken kraft Verkehrsgeltung **183**
Markenfähige Zeichen **180**
Markengesetz **180** ff.
Markeninhaber **183** f.
Markenregister **181**
Markenschutz **180** ff.
Markenschutz durch Eintragung **181** f.
Markenschutz kraft Verkehrsgeltung **183**
Marktchancen **31**
Mehrwertsteuer **212, 264** ff.
Mehrwertsteuerprivileg **268** ff.
Mehrwertsteuersätze **266**
Meldeempfehlungen **34** ff.
Meldepflichten **34** f., **280** f., **307**
Meldeverfahren **239** f.
Meldezettel **164**
Mikro-Darlehen **23** ff.
Minderung **96**
Mindestbeitrag **292**
Minijobs **278** ff., **280** f.
Mittelstandsbank **15**
Miturheber **136**
Modell **166**
Mündliche Verhandlung **127**
Muster **166**
Musterregister **167, 171, 176**
Musterregister für typographische Schriftzeichen **176**
Musterurheber **168** f.
Mutterschutz **277**

N

Nachahmung **172**
Nachbildung **169**
Nacherfüllung **94**
Nebenkosten **110, 211** f.
Nebenkosten-Vorschussrechnung **110, 115**
Nebenleistungen **88**
Netzwerke **47**
Neuheit **166, 173, 175, 178**
Neuheitsprüfung **173**
Neuherstellung **94**
Neuinvestitionen **16**
Nicht eingetragene Muster **171** f.
Niederlegung **127**
Niveaukontrolle **233**
Notorische Bekanntheit **182**
Nutzungsart **207** f.
Nutzungsdauer **209**
Nutzungsfaktor **206** ff.
Nutzungsgebiet **209** f.
Nutzungsrechte **80, 87, 103, 106, 107, 147** f., **207**
Nutzungsumfang **208** f.

O

Obligatorische Streitschlichtung **124** f.
Öffentliche Anerkennung **224**
Öffentliche Wiedergabe **137** f., **141**
Öffentlichkeit **172**
Online Akademie **11**
Originale **105**

P

Pareto-Prinzip **49**
Partnerschaft **41, 63** ff.
Partnerschaftsgesellschaft **41, 43, 63** ff.
Partnerschaftsgesellschaftsgesetz **63** ff.
Partnerschaftsregister **64** f.
Partnerschaftsvertrag **64**
Patent- und Markenamt **167, 171, 176, 178, 179, 181, 186**
Patente **178**

Patenterteilungsverfahren **178**
Patentrecht **178** f.
Patentregister **178**
Patentschutz **178** f.
Pauschalabgabe **279**
Pauschalbesteuerung **282** f.
Pauschsteuer **279**
Personengesellschaften **58** ff., **63** ff., **72** ff.
Persönliche geistige Schöpfungen **132** f.
Pfändung **129** f.
Pflegegeld **310**
Pflegeversicherung **29**, **277**, **288**, **291** ff., **297**
Portfoliopräsentationen **53** ff.
Präsentation **50** ff., **102** ff.
Preisausschreiben **76**
Preise **80**
Preisgarantie **91**
Preisgericht **77**
Preisrichter **76**
Preissumme **80**
Pressespiegelvergütung **154**, **163**
Private Ausgaben **32**
Produktive Arbeitsstunden **201** f.
Publizist **218**, **286** f.

Q
Quellenangabe **144**

R
Rechnung **111**, **120**
Rechnungstext **105**
Recht am eigenen Bild **145** f.
Rechtsanwalt **122** f.
Rechtsanwaltsgebühren **126**
Rechtsmängel **93**
Rechtsübertragung **106**, **185**
Rechtsverletzungen **151** ff.
Reisekosten **256**
Rentabilitätsvorschau **31**
Rentenabfindung **310**
Rentenversicherung **29**, **218**, **277**, **279**, **288**, **291** ff., **304**
Replik **127**

Revision **129**
Rückrufrechte **139**
Rücktritt **95** f.
Rufausbeutung **191**

S
Sachkunde **225** f.
Sachmängel **92** f.
Sachverständigengutachten **128**, **225** f.
Sammelanmeldungen **168**, **171**
Schadensersatzanspruch **96** f., **152**
Schadensersatzleistungen **264** f.
Scheinselbständige Arbeitnehmer **299** ff.
Scheinselbständigkeit **299** ff.
Schiedsstelle **162** f.
Schlichtungsstelle **125**
Schlichtungsverfahren **124** f.
Schöpferische Gestaltungsmöglichkeit **221** f.
Schöpfung **132**
Schriftstellerische Tätigkeit **217** f.
Schriftzeichen **175** ff.
Schriftzeichengesetz **175** ff.
Schriftzeichenschutz **175** ff.
Schutzbereich **182** f.
Schutzdauer **168**, **170**, **171**, **172**, **176**, **179**, **183**
Schutzumfang **172**
Selbständige Berufsausübung **82**, **299** ff.
Selbstpräsentation **48**
Selbstvornahme **94** f.
Sicherheitsleistung **127**
Sonderausgaben **256** f., **290** f.
Sonstige Leistungen **264**
Sozialversicherung der Existenzgründer **296** f.
Sozialversicherungen **285** ff.
Sozialwerk **157**
Sprunginvestitionen **25**, **26**
Standortwahl **31**
StartGeld **22** f.
Statusfeststellungsverfahren **301** ff.
Sterbegeld **310**

Steuerfreie Einnahmen **250**
Steuerliche Einstufung **234**
Steuermesszahl **261**
Steuern **214 ff., 249 ff.**
Steuersätze **266**
Steuertarif **253 f.**
Stornierung eines Auftrags **91 f., 105**
Studenten **281**
Studiogemeinschaft **63, 247, 260 f.**
Stundensatz **90, 199 ff.**
Subunternehmer **99 f., 104 f., 107, 110 f., 117**
Subventionsbetrug **34**

T

Tarifvertrag für Designleistungen **195 f.**
Technische Hilfsgemeinschaft **63, 247, 260**
Technische Schutzrechte **178 ff.**
Teilnahmerecht **76**
Teilnehmerkreis **79**
Termine **80, 105, 106**
Titel **129**
Titelschutz **188**
Titelschutzanzeige **188**
Typographische Schriftzeichen **175 ff.**

U

Überbrückungsgeld **29**
Übergangsgeld **309**
Übergangsleistungen **310**
Übliche Vergütung **89**
Umgestaltungen **138**
Umsatzsteuer **264 ff.**
Umsatzsteuersätze **266**
Unfallversicherung **35, 306 ff.**
Unfallversicherungsträger **35, 306**
Unterlassungsanspruch **152**
Unternehmenskennzeichen **187**
Unterrichtende Tätigkeit **218**
Unterscheidungskraft **181**
Unwesentliches Beiwerk **142**
Urheber **135 f.**
Urheber verbundener Werke **136**

Urheberbezeichnung **106, 137**
Urheberpersönlichkeitsrechte **137**
Urheberrecht **131 ff.**
Urheberrechtsschutz **132 ff.**
Urheberrechtsverletzungen **151 ff.**
Urhebervertragsrecht **146 ff.**
Urkunden **128**
Urlaubsanspruch **82**
Urteil **129**

V

Validation **54**
Veranstalter **79**
Verbandsmitgliedschaft **224**
Verbreitungsrecht **137**
Verfahrensfehler **77**
Vergebliche Aufwendungen **97**
Vergütung **89 ff., 148 ff., 198 ff.**
Vergütungsregeln **150 f.**
Vergütungstarifvertrag **89, 195**
Vergütungsvereinbarung **90**
Verjährung **98 f.**
Verjährungsfrist **98 f.**
Verkehrsgeltung **182**
Verletztengeld **309**
Verletztenrente **309**
Vermeidbare Herkunftstäuschung **191**
Vermutung der Urheberschaft **136 f.**
Vernichtung **153**
Veröffentlichungsrecht **137**
Verordnung über das Gemeinschaftsgeschmacksmuster **171 ff.**
Versäumnisurteil **127**
Verteilungspläne **163**
Vertragsabschluss **84 ff.**
Vertragsangebot **84 f.**
Vertragsfreiheit **83 f.**
Vertragsgegenstand **86 ff.**
Vertragsrecht **82 ff.**
Vertragszweck **103, 147**
Vertrauensbruch **191**
Vertrauenstatbestand **226**
Vervielfältigungsrecht **137, 141**
Verwaltungs-Berufsgenossenschaft **35, 306**

Verwaltungskosten **32**
Verwendungszweck **222 f., 234**
Verwertungsgemeinschaft **136**
Verwertungsgesellschaft **35 f., 139, 154 ff.**
Verwertungsrechte **137 f.**
Verzug **121**
Verzugsschaden **121**
Verzugszinsen **121**
VG BILD-KUNST **35 f., 154 ff.**
Vollmacht **101**
Vollstreckungsbescheid **129**
Vollstreckungstitel **129**
Voraussichtliches Jahresarbeitseinkommen **290 f.**
Vorbehaltlose Abnahme **97**
Vorgezogenes Krankengeld **294**
Vorlagen **107**
Vorschussrechnung **110, 115**
Vorsteuerabzug **267**

W
Wachstumsinvestitionen **25**
Wahrnehmung von Urheberrechten **154 ff.**
Wahrnehmungsverträge **157 f.**
Warenklassen **182**
Wegeunfälle **308 f.**
Weiterübertragung von Nutzungsrechten **148**
Werbeagenturen **50 ff.**
Werkbearbeitung **106**
Werke an öffentlichen Plätzen **143**
Werke der angewandten Kunst **132**
Werkleistung **86 f.**
Werktitel **188**
Werkverbindung **136**
Werkvertragsrecht **86 f.**
Wettbewerbliche Eigenart **190**
Wettbewerbsausschreibung **76**
Wettbewerbsrecht **189 ff.**
Wettbewerbsrechtlicher Leistungsschutz **189 ff.**
Wettbewerbssituation **31**
Wettbewerbsverhältnis **190**
Wettbewerbswidrige Umstände **190**

Widerspruch **124**
Wirtschaftliche Abhängigkeit **82**
Wissenschaftliche Tätigkeit **217**
Wohnsitzgericht **126**

Z
Zahlungsfrist **121**
Zeitaufwand **90, 204 ff.**
Zeitbedarf **205**
Zeitprognose **205 f.**
Zeugen **128**
Zielgruppen **46**
Zitate **141**
Zivilrechtsweg **125**
Zugangsrecht **138**
Zusammenarbeit **245 ff., 260 f.**
Zusatzleistungen **210 f.**
Zuschuss **13 f., 14 f.**
Zwangsvollstreckung **129 f.**
Zweckübertragungsregel **147 f.**

STICHWORTVERZEICHNIS

AUTOREN

Wolfgang Emmerling
Steuerberater in der Wirtschaftsprüfer-
und Steuerberatersozietät Emmerling &
Ingmanns
Neusser Straße 77, 41564 Kaarst
Telefon: 0 21 31/76 76 00,
Telefax: 0 21 31/76 76 29
beratung@emmerling-ingmanns.de
www.emmerling-ingmanns.de

Ria Hinzmann
Unternehmensberaterin in Freiburg
Postfach 16 48, 79016 Freiburg
Telefon: 07 61/3 89 46 52
und 01 72/3 80 20 91
Telefax: 07 61/3 89 46 53
RH@ria-incom.com
www.ria-incom.com

Dieter Kahl
Fotodesigner mit dem Schwerpunkt
Stilllife-Fotografie
Collenbachstraße 39,
40476 Düsseldorf
Telefon: 02 11/48 92 71
und 01 71/4 25 77 18
Telefax: 02 11/44 48 34
dkahl@studiokahl.com
www.studiokahl.com

Reinhard Knobelspies
Grafikdesigner und Mitgesellschafter der
studio 38 pure communication GmbH
c/o studio 38,
Rosenthalerstraße 38, 10178 Berlin
Telefon: 0 30/2 85 18 70,
Telefax: 0 30/28 51 87 18
knobelspies@studio38.de
www.studio38.de

Ulla Knütel
bis 1994 Head of Art-Buying bei
Lintas in Hamburg
Ottenschüllstraße 7,
25870 Oldenswort

Dr. Wolfgang Maaßen
Rechtsanwalt und Justitiar des BFF
Bund Freischaffender Foto-Designer
Kreuzbergstraße 1, 40489 Düsseldorf
Telefon: 02 11/40 40 37,
Telefax: 02 11/40 78 01
mail@lawmas.de
www.lawmas.de

Margarete May Rechtsanwältin
Schwanthaler Straße 51,
60596 Frankfurt
Telefon: 0 69/62 27 71,
Telefax: 0 69/96 20 29 65
Margarete.May@t-online.de
www.ra-may.de

Christian Sprotte
Leiter der Stabsstelle Öffentlichkeits-
arbeit der Berufsgenossenschaft Druck
und Papierverarbeitung
c/o BG Druck und Papier-
verarbeitung,
Rheinstraße 6–8, 65185 Wiesbaden
Telefon: 06 11/13 12 59,
Telefax: 06 11/13 11 64
sprotte@BGDP.de
www.BGDP.de

Regelindis Westphal Grafikdesignerin
Willdenowstraße 5, 13353 Berlin
Telefon: 0 30/4 62 40 06,
Telefax: 0 30/4 62 27 28
mail@westphalgrafikdesign.de
www.westphalgrafikdesign.de

Designers' Calculator

KALKULATIONSHILFEN ZUR BERECHNUNG VON DESIGNHONORAREN

Dieses Handbuch unterstützt selbständige Designer bei der Kalkulation ihrer Honorare. Es klärt die Rechtsgrundlagen und Prinzipien der Honorarberechnung, stellt die gängigen Kalkulationshilfen für Designer vor und erläutert die Grundzüge eines Kalkulationssystems, das ganz auf die speziellen Anforderungen der Designberufe abgestimmt ist.

In dem Buch werden unter anderem folgende Themen behandelt:

- Rechtliche Grundlagen der Vergütungen im Designbereich
- Mögliche Formen der Vergütung für Designleistungen (Festpreisvergütung, variable Vergütung, Vergütung nach Preislisten, Tarifen, gemeinsamen Vergütungsregeln etc.)
- Honorarempfehlungen der Berufsverbände in Deutschland, in Österreich und in der Sschweiz (mit Bezugsadressen im Anhang)
- Grundlagen eines Systems zur individuellen Berechnung von Designhonoraren

Zu dem Handbuch gehört eine CD-ROM mit dem Kalkulationsprogramm Designers' Calculator 1.0, das eine Honorarberechnung mit Computerunterstützung ermöglicht. Die Software läuft sowohl unter Windows als auch auf dem Apple Macintosh (Mac OS 9.x und Mac OS X). Die Installation und Anwendung des Kalkulationsprogramms wird in dem Buch ausführlich erläutert.

Der Autor, Dr. Wolfgang Maaßen, ist Rechtsanwalt in Düsseldorf. Seit mehr als 20 Jahren berät er selbständige Designer und deren Berufsverbände. Er hat bereits an dem ersten AGD/SDSt-Vergütungstarifvertrag für Grafik-Design-Leistungen (1978) mitgewirkt und ist Co-Autor des BDG-Kalkulationssystems :DesignHonorar (1997).

17 x 24 cm, 232 Seiten, Paperback mit CD-ROM, 68,00 €

ISBN 3-934482-03-1

Designers' Contract

VERTRAGSMUSTER, FORMULARE UND MUSTERBRIEFE FÜR SELBSTÄNDIGE DESIGNER

Dieses Handbuch enthält eine Sammlung von Vertragsmustern, Formularen und Musterbriefen für Designer und deren Berater. Die Mustertexte sind ganz auf die Bedürfnisse der Praxis zugeschnitten und decken fast alle Bereiche ab, mit denen selbständige Designer bei der Ausübung ihres Berufs in Berührung kommen.

In dem Buch sind unter anderem folgende Formulare und Muster zu finden:

- Kostenvoranschlag und Auftragsbestätigung
- Vollmacht für Fremdaufträge und Aufträge an Subunternehmer
- Schlußrechnung, Zahlungserinnerung und letzte Mahnung
- Allgemeine Geschäftsbedingungen für Designer
- Werkverträge Grafik- und Produktdesign
- Werbeagenturvertrag und Anzeigenauftrag
- Lizenzverträge und Vertrag über Ideenschutz
- Geschmacksmuster- und Markenanmeldung
- Gesellschaftsverträge
- Repräsentantenvertrag
- Verträge mit Mitarbeitern und Praktikanten

Zu dem Handbuch gehört eine CD-ROM, die sowohl unter Windows als auch auf dem Apple Macintosh läuft. Auf der CD sind die meisten Mustertexte in unterschiedlichen Dateiformaten abgespeichert.

Die beiden Autoren, Rechtsanwalt Dr. Wolfgang Maaßen und Rechtsanwältin Margarete May, beraten seit vielen Jahren selbständige Designer in Vertragsangelegenheiten und in urheberrechtlichen Fragen.

17 x 24 cm, 294 Seiten, Paperback mit CD-ROM, 76,00 €

ISBN 3-934482-02-3